◎公　木 / 著

毛泽东诗词鉴赏

纪念版

長春出版社
CHANGCHUN PUBLISHING HOUSE

内 容 简 介

毛泽东诗词在世界文坛享有极高的声誉，其思想性和艺术性达到了完美的统一。为了便于人们对历史巨人毛泽东诗词的学习和鉴赏，我社出版了公木先生的《毛泽东诗词鉴赏》一书。

本书为著名诗人、学者公木先生30余年研究毛泽东诗词的成果，内容博大精深，高远淳美，思想性和艺术性达到完美统一。自1994年出版以来，至今已再版30余次。1999年12月，被中国书刊发行业协会评为全国优秀畅销书。书中对每一首毛泽东诗词的赏析都堪称是优美的散文，人称是“诗的鉴赏”，是“鉴赏的诗”。

本书原收有毛泽东诗词57首，1999年修订时，又加入1996年公开发表的诗10首，共67首。分为毛泽东诗词讲稿、毛泽东诗词补编、毛泽东诗词六首、毛泽东诗十首、学诗启示录五大部分。其中前两部分按毛泽东诗词写作时间的先后编排。

2007年本书荣获第一届吉林省新闻出版精品奖。

出 版 前 言

《毛泽东诗词鉴赏》珍藏本与读者见面了。这是为了满足广大读者珍藏的需要而精心推出的版本。这个版本，在内容上增加了新发表的毛泽东十首诗的笺释,成为较为完备的鉴赏本。珍藏本与普及本同时发行,广大读者可以根据自己的需要进行选择。

诗人、学者公木先生是研究毛泽东诗词的大家。由他撰写的《毛泽东诗词鉴赏》一书,大气磅礴,意境高妙,美不胜收,久销不衰。这是毛泽东诗词本身的魅力所在,也是公木先生对毛泽东诗词的深入研究、深刻理解、完美阐释的结果。

自 20 世纪 30 年代起,公木就活跃于中国文坛。他经受过抗日前线枪林弹雨的洗礼,到达革命圣地延安后,和著名诗人萧三等人共同发起成立了延安诗社、主编《部队文艺》,参加过著名的延安文艺座谈会,创作了包括《八路军进行曲》在内的大量诗歌和歌词,被根据地的人们亲切地称为"八路歌手"。特别是《八路军进行曲》,高扬民族之魂,洋溢着所向无敌的军威和摧枯拉朽的巨大力量,解放战争时期改为《中国人民解放军进行曲》,1988 年定为《中国人民解放军军歌》。一个国家的军歌,其重要性仅次于国歌。这是辉耀华夏的不朽之作。公木是战士,是诗人。这样的经历,使他对毛泽东诗词的理解格外深刻。

公木还是融会古今、中西的杰出学者。他的《中国诗歌史》、《中国诗歌史论》等一大批专著,建构了博采众长而又自成一家的诗学理论,丰富了人们对诗歌本体与功能的理解。他对中国古代哲学,特别是对老子的研究,取得了突出的成就,在海内外产生了重大影响。公木先生这种博大厚重的学识,特别是对中国古典诗词的高深修养,无疑会使他对毛泽东诗词的阐释精美绝伦。

公木先生从 20 世纪 60 年代开始，就为吉林大学中文系的学生们开毛泽东诗词的专题课，一直讲到 80 年代。《毛泽东诗词鉴赏》是他在讲稿的基础上精心加工而成。可以说，《毛泽东诗词鉴赏》是公木先生几十年研究毛泽东诗词的心血的结晶。本书集权威性、艺术性、完整性于一身，具有极高的文化积累价值、学术价值和艺术欣赏价值。

1998 年 10 月，在我们第 13 次赶印《毛泽东诗词鉴赏》普及本之际，公木先生与世长辞了。这是中国文坛和学术界的重大损失。1999 年 1 月，我们推出《毛泽东诗词鉴赏》珍藏本，是为了纪念历史伟人毛泽东，也是为了纪念战士、诗人、学者和教育家公木先生!

2001 年出版的《毛泽东诗词鉴赏》珍藏本是在 1999 年版本的基础上，精心修订而成。增加了数首毛泽东诗词手迹。在装帧上，力求尽善尽美。

2003 年底，为纪念毛泽东诞辰 110 周年，对 2001 年珍藏本重新加以修订：开本由原先的大 32 开改为 16 开本；又增加了几十幅毛泽东的珍贵照片和诗词手迹；装帧上，力求更美。

2006 年 1 月，我社请中国国家话剧院演员、著名演播艺术家张家声先生朗诵了书中的全部 67 首毛泽东诗词，制作了光盘，作为赠品附于书后。我们希望，这有助于读者对毛泽东诗词的欣赏。

2007 年，本书荣获第一届吉林省新闻出版精品奖。

2010 年是公木先生诞辰一百周年，我社推出纪念版，是为了纪念公木先生对中国文化所做的贡献。

编　者

2010 年 5 月

继承 借鉴 创新

（代序言）

公 木

生活是文学艺术的源泉，惟一的源泉。书本上的文艺作品，古代的和外国的文艺作品不是源而是流，“是古人和外国人根据他们彼时彼地所得到的人民生活中的文学艺术原料创造出来的东西”。但是，我们必须继承一切优秀的文学艺术遗产，批判地吸收其中有益的东西，作为创作的借鉴。有没有这个借鉴是大不相同的，有文野之分，有粗细之分，有高低之分，有快慢之分。所以，“我们决不可拒绝继承和借鉴古人和外国人，哪怕是封建阶级和资产阶级的东西”。这是毛泽东同志在延安文艺座谈会上曾经明确讲述过的，半个多世纪以来已成为我们广泛的共识，为我们所经常称颂。

“经纶外，诗词余事，泰山北斗。”（郭沫若《满江红·读毛主席诗词》）堪称为诗词中泰山北斗的毛泽东诗词，反映着中国革命的光辉历程，体现着革命导师的伟大思想，它的根须当然深深扎在现代中国的战斗生活土壤中，又吸吮着马克思列宁主义普遍真理的雨露阳光，生动地表现出一代伟人的自由意识的生命活动，矗立起一个从古典和谐走向现代崇高的抒情主人公的典型性格形象。那么，作为诗人的毛泽东，是怎样继承遗产的呢？是怎样借鉴前人的呢？人所共知，在诗词创作上，外国人那里无可撷取，这是毛泽东诗词的界限；而我们诗词的民族传统则是源远流长，精彩绝艳，形成为一道洸洸乎无淈尽的诗的大河，诗人毛泽东正是在这诗词传统的源头活水中，搏击风浪而成长和崛起的。毛泽东诗词是怎样借鉴古人、继承遗产的呢？

这并不是容易回答的问题。不但由于历史知识的不足，更是限于理论见识的乏力。只凭管窥蠡测，略陈所见，抛出几块砖头瓦片吧。

一、大家都晓得，毛泽东同志具有深厚的古典文学素养，尤其对古典诗词有强烈的爱好。他的一生，不仅在临窗伏案时，而且在戎马倥偬间，也不辍吟哦或默诵，到建国以后，生活条件变了，欣赏起来就更加酣畅淋漓，于日理万机之余，几乎全部沉浸在诗词艺术氛围中。可以说，古典诗词成了他的审美趣味中心，至少是中心的一个重要方面吧。从“三百篇”到《人境庐》，一切伟大和杰出的诗人，无不结识神交，所有重要和优秀的诗篇，尽量搜求饱览。这些，我们只要约略数数毛泽东同志评点圈阅过的古典诗词，相当部分还大圈小圈，圈中点，点套圈，都是反复阅读，多次评点过的，便可见一斑。于评点圈阅之外，我们还读到由中央档案馆整理出版的《毛泽东手书古诗词选》，编选者在“出版说明”中指出，这些古诗词，是毛泽东同志在“工作之余”“凭记忆”书写的“大量古诗词”中的一部分。仅此一部分凡 117 首，上起于宋玉的《大言赋·句》，下讫于林则徐的《出嘉峪关感赋》，即包罗了两千余年间 58 位作家的作品。论者以为，在一般人所目及的古诗词选本中，尚未有任何一家的本子在浩如烟海的旧籍中，选得如此之精严！且就书法而言，因是在“工作之余”随意所为的，故更得天趣之妙。以入选各代诗人的作品数计，其比例略如：李白，15 首，约占总数的 13%；杜牧，9 首，约占总数的 7%；李商隐、刘禹锡，各 6 首；杜甫、温庭筠，各 5 首；王昌龄、辛弃疾，各 4 首。此外，曹操、王之涣、白居易、苏轼、陆游、李煜等，均有 2 至 3 首入选。其中书写于 1961 年 11 月 6 日的高启《梅花》，在诗前特加一个小注：“高启，字季迪，明朝最伟大的诗人。”按《梅花》诗云：“琼姿只合在瑶台，谁向江南处处栽。雪满山中高士卧，月明林下美人来。寒依疏影萧萧竹，春掩残香漠漠苔。自出何郎无好咏，东风愁寂几回开。”无论就格律、文藻、意境来说，都堪称上品。而高启在中国文学史上并未为后人所鼓吹，其姓名几近掩没，为今日学子所少道及，毛泽东同志却于差被遗忘的寂芜中发现了这株异卉奇葩，其涉猎面之广，即此可知。而且于手书的古诗词中，还收录了不少长诗，如《木兰辞》(400 言左右)，李白《梁父吟》(300 言左右)、《梦游天姥吟留别》(300 言左右)，白居易《琵琶行》(600 余言)，这些浩繁的巨著竟能"凭记忆"默书，其记忆力之惊人诚叹为观止；而这些古典诗词在他头脑里印象之深刻，也可由此想见。这说明什么？这说明在中国民族文化中，古典诗词的确有它自己的生命力，正像毛泽东同志《同音乐工作者的谈话》中所说："艺术离不了人民的习惯、感情以至语言，离不了民族的历史发展。艺术的民族保守性比较强一些，甚至可以保持几千年。"这虽然讲的是音乐，但完全或更加适应于古典诗词。古典诗词的形式是经过多年的摩挲砥砺，在实践中已经使大家觉得是一种最方便、最熟练、最能得心应手的文学体裁，可以拈来随口应用；三千年来我们列祖列宗用它来抒情志，明教化，寄神思，逞才性，淘沙拣金，去粗取精。历代诗人以生命写成的颇见性情的篇什，作为一个总体，它之所以使人感动，使人惊异，不单是诗篇的形式，它的语言，它的音韵、节奏和旋律；更重要的是，通过诗篇表现出来的诗人所代表的我们民族的精神内涵——深沉的思想，诚实的品德，宽宏的怀抱，自然的意趣，情致婉约，风骨挺拔，以及操守、格调、丰神，刚柔兼陈，隐秀错采，都有一派扣人心弦、引人入胜的情感的魅力。正是由于这些缘故，毛泽东同志在理性上虽然主张："诗当然应以新诗为主体。旧诗可以写一些，但是不宜在青年中提倡，因为这种体裁束缚思想，又不易学。"但是，在审美趣味上则仍然放在我国悠久而丰富、瑰丽而辉煌的古诗词这一方面。这正是"必然会引导到去重视诗人们通过历代的经验，长期而耐心地锤炼成的诗体，这不仅仅是诗人们的经验，而且是诗人和他们的读者的共同的经验，也就是说，会引导去重视经诗人们的锤炼而为人民所喜闻乐见的诗体。"这是阿拉贡为法国诗人"建立共同的诗学"而说的，岂不正可引以说明，毛泽东同志沉浸于古典诗词，不仅属个人兴趣，而是富有深远意义的吗？

二、毛泽东同志不是一般的古典诗词爱好者和欣赏者，他是一个杰出的诗人、杰出的书法家，又是一个伟大的政治家和思想家，一个革命统帅和国家元首。基于后者，他不能不把“政治标准”放在首位。“对于过去时代的文学艺术作品，也必须首先检查它们对待人民的态度如何，在历史上有无进步意义，而分别采取不同态度。”他喜欢屈原，能够熟练地背诵《离骚》，并且把《离骚》翻印出来分发给党的中央委员们阅读，主要还是肯定屈原敢于面斥君恶，热爱人民，具有“路漫漫其修远兮，吾将上下而求索”的执著精神；对于曹操，给予高度评价，首先还是从政治上着眼。他把曹操同刘表相比较，在《刘表传》中批注：“杀降，不祥，孟德所不为也”；“作土皇帝，孟德不为也。”《武帝纪》中，注释者卢弼指责曹操的《让县自明本志令》是“奸雄欺人之语”，是“志骄气盛，言大而夸”，又说：“文词绝调也，惜出于操，令人不喜读耳。”毛泽东同志不同意，他说：“此篇注文，贴了魏武不少大字报，欲加之罪，何患无词。李太白云：‘魏武营八极，蚁视一祢衡’，此为近之。”1954年夏在北戴河曾对身边的工作人员说：“曹操统一中国北方，创立魏国。那时黄河流域是全中国的中心地区，他改革了东汉的许多恶政，抑制豪强，发展生产，实行屯田制，提倡节俭，使遭大破坏的社会开始稳定、恢复、发展。这些难道不该肯定？难道不是了不起？说曹操是白脸奸臣，书上这么写，剧里这么演，老百姓这么说，是封建正统观念制造的冤案，还有些反动氏族，他们是封建文化的垄断者，他们写东西就是维护封建正统。这个案要翻。”正是在这个前提下，他才对曹操的《短歌行》、《观沧海》、《龟虽寿》诸诗篇十分激赏。沈德潜在《古诗源》笺注中说：“有吞吐宇宙气象”，“写得苍劲萧瑟，于三百篇外，自开奇响。”毛泽东同志完全予以首肯。就这样，对于唐宋以讫明清的诗坛词苑，也莫不是从这同一视角看待的。但是，重视“政治标准”，决不意味着看轻“艺术标准”。虽然“处于没落时期的一切剥削阶级的文艺的共同特点，就是其反动的政治内容和其艺术形式之间的存在的矛盾”，而“我们的要求则是政治和艺术的统一，内容和形式的统一”，这是因为“缺乏艺术性的艺术品，无论政治上怎样进步，也是没有力量的”。所以，毛泽东同志把审美趣味放在古典诗词，正以古典诗词的艺术性高，它具有进步性人民性的政治内容决定活生生的艺术形式，从而也成为艺术性的不可分离的构成因素。在这个意义上:勿宁说是更加看重“艺术标准”的。毛泽东所一贯主张的“剔除其封建性的糟粕,吸收其民主性的精华”,这“封建糟粕”与“民主精华” 便是政治与艺术相统一的两个概念。在古典诗词上的所谓“民主精华”,便是统一了内容与形式的“艺术标准”。这从毛泽东的“评点”和“圈阅”以及记录下来的相关的片言只语就看得更清楚了。于唐诗,人所共知,他最倾倒的是三李:李白、李贺、李商隐,而不是杜甫、白居易;在杜甫诗中他肯定《北征》,更多欣赏晚年流落蜀湘的篇什,而不是脍炙人口的《三吏》、《三别》;在白居易诗中,他称赞《长恨歌》,更尤其是《琵琶行》,而对于流誉后世的《秦中吟》、《新乐府》则很少论及。这些都可视作为重视艺术性的表征。更尤其显著的莫如对宋词的评析和欣赏了,在读过柳永《乐章集》后,毛泽东同志曾说:“词有婉约豪放两派,各有兴会,应当兼读。读婉约派久了厌倦了,要改读豪放派。豪放派读久了,又厌倦了,应当改读婉约派。”说到他自己,他自称兴趣是“偏于豪放,不废婉约”。这是非常真实而确切的表述:偏于豪放,是主流,表现在对苏轼、张元干、岳飞、陆游、辛弃疾诸家的广涉博览,手书背诵,引用唱和,解读宣讲,甚至于董老逝世,时在 1975 年 4 月,悲痛得断食断饮,沉默不语,却整整放了一整天张元干《贺新郎》的录音,时而躺下听,时而用手击拍,还把原词“更南浦,送君去”,改为“君且去,休回顾”! 以寄哀思,以悼亡友。这只是他对豪放派词家深情的一例,自然是完全符合和基本反映那博大胸襟和崇高风范的。但又远不只此,另一方面还是不废婉约的。这表现在对柳永词、李清照词,都亦酷爱。不但李清照的《醉花阴》:“莫道不销魂,帘卷西风,人比黄花瘦”,曾多次摩挲,留有点点圈圈手迹;而且柳永的慢调《望海潮·东南形胜》,曾用五页白纸背诵手书,首尾连贯,一气呵成;至于《雨霖铃·寒蝉凄切》、《八声甘州·对潇潇暮雨洒江天》等名篇,那就更加击节称赏了。谁能说这等审美兴趣是政治掩盖了艺术呢?

完全适应并反映着这样的审美兴趣,毛泽东同志虽然继承并发展了中国诗歌“言志”的传统,从而不得不把立足点放在“干预”生活和“设计”生活的结合点上;而并没有局限在“载道”的轨迹中,从少年时代起,就以一个旧秩序的挑战者和反抗者的姿态出现，尽管在理性上他深刻理解并真挚尊重传统,但在审美需求上则是与那种古典和谐的美格格不入,也就是说,他是反中和的,甚至是崇异端的。在诗词的欣赏中,他总是把首肯的天平倾向于主观个性情感的自由抒发,而对那些所谓“怨而不怒,哀而不伤”的诗教,摇头不顾,甚至视为须待冲决的“词章之网罗”。他欣赏刘禹锡,刘禹锡长期处于政治逆境中,在感愤忧伤情绪下,写了一些讽刺诗,一再被贬,而仍不屈。《再游玄都观》:“种桃道士归何处？前度刘郎今又来”,表现了不畏强暴的硬骨头精神,包括14年前写的《玄都观桃花》,毛泽东同志都很喜爱,曾背诵着挥毫手书,为身边工作人员讲解。还曾说过:“柳宗元是一个唯物主义哲学家,见于他的《天对》,刘禹锡发展了这种唯物主义。”在一本《唐诗别裁》中,于刘禹锡这个名字上面,用红笔画一个大圈记,又用黑笔画一条粗重线,在《酬乐天扬州初逢席上见赠》一诗中,用红黑两色叠加圈点,复于“沉舟侧畔千帆过,病树前头万木春”一联句旁,用红色画上重线,且对原注解所说:“沉舟二语,见人事不齐,造化亦无如之何。悟得此旨,终身无不平之心矣。”打上黑线,并批注说:“此种解释是错误的。”意谓诗中虽自比为“沉舟”、“病树”,而“千帆过”、“万木春”,暗示个人的沉滞算不了什么,世界还是在向前发展着。这种看法,纠正了原注语对诗的形象意义的歪曲,否定了在命运面前无能为力的人生哲学,无疑是符合历史发展规律的。毛泽东正是以这种审美取向,以这种追求运动、抗争和奋进的精神,来泳游于中国古典诗词长河中的。他特别喜欢《离骚》,特别赞赏李白、李贺、李商隐、王勃、苏轼、辛弃疾和汤显祖等人的作品,因为这些作品都具动态的情感形式和气势。他曾说:王勃“为文光昌流丽,反映当时封建盛时的社会动态,很可以读”;又曾夸苏轼的词“气势磅礴,豪迈奔放,一扫晚唐五代词家柔靡纤弱的气息”;还说过辛弃疾的词“慷慨纵横,有不可一世之概”。正如一切具有深厚知解力的读者,每阅读一部作品时,并不是在一张白纸上绘上图画,而是在一定知识修养、语言基础、文化氛围等综合来的生活经验上来阅读作品。先前的生活经验对即刻的阅读必然会产生一定导向整合作用,理解便是在现在经验的规范下出现的,反过来又会积沉在人的生活经验中。从而再构成现在经验与后来体会之间的阐释的循环。毛泽东同志对古典诗词的阅读便是典范。

三、“才华信美多娇,看千古词人共折腰”。这是1945年诗人柳亚子读过《沁园春·雪》以后,对毛泽东诗词的高度赞赏。诚然,无论就创作主体的才德胆识力,无论就描写对象的理事情景神,掂量起来,毛泽东诗词都可称得是千古独步了。但是,任何摩天巨树,也必扎根在大地,受着雨露阳光的滋润,才得生长起来。毛泽东诗词的源泉自然离不开近现代中国和世界波诡云谲石破天惊的生活实践,而在艺术表现上,则不能不借鉴传统精华,他沉浸寄兴的古典诗词,光怪陆离,竞采绝艳,既满足了他的审美需求,便不得不于薰陶渐染、潜移默化中形成为他的审美定势。对一位诗人艺术家来说,所采取的艺术形式便是感性个体的生命投影。诗人毛泽东以传统诗词的形式来抒情言志,驰骋想像,创造意境,这自非偶然,而是具体生活经历和一定修养所决定的。但难能可贵更值得研究的是丰富的巨大的创造性。在尊重传统,继承遗产,“对于过去时代的文艺形式,我们也并不拒绝利用,但这些旧形式到了我们手里,给了改造,加进了新内容,也便变成革命的为人民服务的东西了。”毛泽东在其诗词创作上是怎样体现这一原则或这种精神的呢?

“与天奋斗,其乐无穷!与地奋斗,其乐无穷!与人奋斗,其乐无穷!”毛泽东同志正是以这种奋斗哲学来阅读古典诗词,其所取于古典诗词的便是那勃勃生机、奋进搏击、自强不息、行健有为的思想情感和动态形式。毛泽东诗词从总体上看是继承并发展了这一优良传统精神的。起于1918年《七古·送纵宇一郎东行》以讫1965年《水调歌头·重上井冈山》,47年凡51首,这是我们所见到的毛泽东诗词。数量不算多,但艺象各异,涉及面广,涵盖了自然、社会和人生,反映了现当代全部革命和建设的战斗历程。据此,若从历时性角度来划分,基本上可分为三组,即1935年12月遵义会议以前的作品为第一组,15首;1949年10月建国以前的作品为第二组,13首;建国以后的作品为第三组,23首。合起来读,恰是一部中国无产阶级革命的壮丽史诗,是毛泽东思想形成和发展的形象显现。第一,从“年少峥嵘”、“鲲鹏击浪”的豪情,“昆仑崩绝壁,台风扫寰宇”的壮志,到“问苍茫大地,谁主沉浮”?从而“霹雳一声暴动”,“不周山下红旗乱”。第二,在“刺破青天锷未残”、“而今迈步从头越”的气概中,体现了创作主体性的高扬和诗人理想性的憧憬,于是剑裁昆仑,同匀凉热;于是“俱往矣,数风流人物,还看今朝”;以至于“天翻地覆慨而慷”。第三,“一唱雄鸡天下白”,“敢教日月换新天”;于是“六亿神州尽舜尧”,“极目楚天舒”;这样才得有“我失骄杨”的忆旧的“宽余”,而专注于“我欲因之梦吴越”。论者以为这体现了从打破古典和谐走向近代豪放再迈向现代崇高的美学轨迹和诗人心态。而国际风云的变幻,反“修”斗争的兴起,正是这种历史背景,沉潜在诗人的激化情绪中,从而强化了政治上的失误。但是,如果要说这一时期反“修”斗争的诗词,只可从艺术和审美的角度来理解,那也不一定确切,“风物长宜放眼量”,环顾当前的国内外形势,难道不正是“斥鷃每闻欺大鸟,昆鸡长笑老鹰非”。“今日欢呼孙大圣,只缘妖雾又重来”,岂不还是更富远见性吗?总之,从历时性角度来衡量,诗人毛泽东不同于从而超越于历史上一切伟大诗人之处,他不止于求索,不限于抱负,不只是发出“安得广厦千万间”的浩歌,更不会兴起“旌旗未卷头先白”的慨叹,他辉煌的诗篇都根植于他更伟大的实践,他在中国革命战场上导演了一出出威武雄壮的戏剧,他在“一穷二白”的中国大地上绘出了一幅幅最美丽最鲜艳的图画,他缔造的是中华人民共和国,他开辟的是人类历史的新时代。对于中国古典诗词的战斗传统,这岂止是继承更尤其是大大发展了。再从共时性角度来看,毛泽东诗词亦可概括为三组:第一组侧重自然景物的,突出的为《沁园春·长沙》(1925)、《菩萨蛮·黄鹤楼》(1927)、《菩萨蛮·大柏地》(1933)、《十六字令三首》(1934~1935)、《念奴娇·昆仑》(1935)、《沁园春·雪》(1936)、(《浪淘沙·北戴河》(1954)、《七绝·题庐山仙人洞》(1961)、《卜算子·咏梅》(1961)等等。第二组是侧重于社会历史的,突出的为《西江月·井冈山》(1928)、《清平乐·蒋桂战争》(1929)、《如梦令·元旦》(1930)、《渔家傲·反第一次大“围剿”》(1930)、《渔家傲·反第二次大“围剿”》(1931)、《七律·长征》(1935)、《清平乐·六盘山》(1935)、

《七律·人民解放军占领南京》(1949)、《七律·到韶山》(1959)、《七律·和郭沫若同志》(1961)、《满江红·和郭沫若同志》(1963)、《念奴娇·鸟儿问答》(1965)、《贺新郎·读史》(1964)等等。第三组是侧重人生爱情的,突出的为《七古·送纵宇一郎东行》(1918)、《贺新郎》(1923)、《采桑子·重阳》(1929)、《七律·和柳亚子先生》(1949)、《水调歌头·游泳》(1956)、《蝶恋花·答李淑一》(1957)、《七律·吊罗荣桓同志》(1963)等等。在第一组诗词中,突出地表现出自然景物的雄奇壮美,热情地讴歌大自然富有生命活力的运动状态:"鹰击长空,鱼翔浅底,万类霜天竞自由";"飞起玉龙三百万,搅得周天寒彻";"山舞银蛇,原驰蜡象,欲与天公试比高"……诚然尽如诗人早年所说:"天地盖唯有动而已,而这些'动'更尤其是'养乎吾生,乐乎吾心'。"(《体育之研究》,1917 年 4 月 1 日见《新青年》第 3 卷第 2 期)在第二组诗词中,特别注重描写人民军队的作战运动以及整个社会的历史变迁。打从"六月天兵征腐恶,万丈长缨要把鲲鹏缚";"百万工农齐踊跃,席卷江西直捣湘和鄂";直到"百万雄师过大江","天翻地覆慨而慷";"为有牺牲多壮志,敢教日月换新天"。讴歌向上和抗争的思想情感是一以贯之的。这之中特别应当咀嚼的是《贺新郎·读史》。站在历史唯物主义高度,仅以 115 字的乐章,概括了整个一部人类社会发展史,眼界开阔,气象恢宏,笔墨纵横,实属空前,且于国际上各种反动势力反华大合唱甚嚣尘上之际,纵情歌唱了革命,坚定了胜利的信心。这在今天以至永远都是具有深远和重大意义的。在第三组诗词中,表现出作为一个有血有肉的个体存在,诗人与普通人一样,也有着生死感怀,夫妻离别,亲人牺牲,甚至孤独苍凉的体验:"汽笛一声肠已断,从此天涯孤旅";"人生易老天难老,岁岁重阳,今又重阳";"君今不幸离人世,国有疑难可问谁";"我失骄杨君失柳,杨柳轻飏直上重霄九"。诚然,个体的生存是短暂的,人世的生活总是艰难的。但是,诗人毛泽东还是以自强不息的奋斗精神来处理个体生存的烦恼的:"凭割断愁肠恨缕,要似昆仑崩绝壁,又恰象台风扫寰宇。"到那时,遭受磨难的爱情,才显示意义和价值,并得到升华:"重比翼,和云翥。"这原是在战士眼里,"战地黄花分外香"啊!综合观之,诗人毛泽东对自然、社会、人生的思想感情，归纳起来，就是追求运动、抗争和奋进的动态过程。这些自然是继承和发展了中国古典诗词的优良传统，反之，也可以说是我们诗歌的民族传统在新的历史条件下伟大的实践基础上的飞跃和升华吧。

在语言的熔铸和运用上，诗人毛泽东是怎样对传统精华创造性继承革新的呢？论者指出，运用比喻、象征等习惯手法不落俗套，巧妙采集神话传奇借以构筑独辟蹊径的艺术图像，用典而不为典所用，遵循格律而又不受其束缚，从而别开生面地遣词命意，创造独特意境。凡此一切都构成毛泽东诗词的特点，海内诸家已多有论述，我们现在只略举两例，以作说明。人所共知，毛泽东同志喜欢李贺，也每好化用李诗句意，例如：

《七律·人民解放军占领南京》尾联出句："天若有情天亦老"，全用李诗原文，而本诗《金铜仙人辞汉歌》："衰兰送客咸阳道，天若有情天亦老"，说的是仙人辞汉，凄冷荒凉，苍天若是有情，苍天也会为之黯然神伤，愁白了头。而到"毛主席诗词"中，则完全赋予以新义：首先上承颔联"宜将剩勇追穷寇，不可沽名学霸王"；盖"沽名"亦是"有情"，"不可沽名"也就是"不可有情"，而青天不老，正以其"无情"；所以才说"天若有情"，那"天亦老"了。老者，人老化，老死即停止运动之谓。然后这才又反衬出下句："人间正道是沧桑"，"正道沧桑"也正为"青天不老"，而不是"天亦老"，所以说是反衬出。上下绾合得是多么紧凑啊！是的，"天若有情天亦老"，原在李贺诗中也是情至之语，是情得理真的名句，直赢得历代才人赞赏叹为绝响。宋柳耆卿对以"月如无恨月长圆"，则显露斧凿痕，焉知月有恨，何须曰"如无"？远不如"天若有情"来得自然，一字未废，把它放置在承上启下的关键，配合着"翻天覆地"的大变化，形象地道出了一整套辩证唯物主义和历史唯物主义的大道理，全然改变了原诗句义，境生象外，意酣词畅。不曰起死回生，也是推陈出新。不是大功力，不是大手笔，怎么能办得到呢？有的注家泥于李诗原义，谓一朝倾覆，震动上苍，这就失之毫厘，谬以千里了。

至于《浣溪沙·和柳亚子》中"一唱雄鸡天下白"，也是用李贺《致酒引》中"雄鸡一声天下白"句意。而原诗只是在说眼看鸡鸣天亮，便更加"我有迷魂招不得"了,了无新义。今化用其意,只把歌行声调,稍加调整,改为律句,用在词中,则使这意象,针对"长夜难明赤县天",表现新中国的早晨已经到来。意境顿觉宏阔,无异点铁成金了。

毛泽东同志在诗词创作中,对新与旧的辩证处理,实已达到出神入化的程度,在虚实庄谐上,在形神情理间,确实进到了意味深长、魅力无穷的境界,在中国诗歌史上是空前的。

毛泽东同志曾说过:"诗当然应以新诗为主体,旧诗可以写一些,但是不宜在青年中提倡,因为这种体裁束缚思想,又不易学。"他还说过,对于自己的作品,"历来不愿意正式发表,因是旧体,怕谬种流传,贻误青年"。可是,他又曾多次表达过,不喜欢读新诗,把读新诗的感受,暗示为受洋罪,受折磨;而沉浸在古典诗词中,并创造出灿烂的篇章。这说明:在理论上的理性认识,与在艺术上的审美趣味,不是一码事,是有分歧的。这也正如他尽管主张:"我们决不可拒绝继承和借鉴古人和外国人,哪怕是封建阶级和资产阶级的东西。"而在诗歌上,则只读古人,不读或很少读外国人的东西。这便是他不同于郭沫若、闻一多的地方。虽然说,"口之于味,有同嗜焉",但偏嗜是无可厚非的。或由于习性,或由于修养,都勉强不得。不是也有的诗人宣称:"对我国古典诗歌采取排斥态度"吗?要是只从欣赏趣味出发,那就只可悉听尊便了。

不过,毛泽东同志自称他的作品是"旧体",是"旧诗",那是由于使用了传统的古典的格律,是专指体裁形式说的;若论内容实质,则当属现代范畴,它是用"旧体"写的"新诗",用"古典形式"写的"现代诗歌"。正名当叫做现代诗词,是开放在现代诗坛百花园中的花朵,甚至是无与伦比的异卉奇葩。它是为老百姓所喜闻乐见的中国形式中国气派,是民族的,也是世界的。在诗与艺术上,只有深深扎根在民族土壤中的东西,才能走向世界。谁能否认毛泽东诗词在世界范围放出的光芒呢?

但并不是说"外国人的东西"可读可不读。既然说"诗当然应以新诗为主体",那就不得不承认郭沫若、闻一多开辟的道路应当是主流。攻击它"由韵趋散","洋化,现代主义化是绝对走不通的",也未免偏激。如果明确了现代化并不等于现代派，现代化当是中国诗歌的首要趋势。外国人的东西，即使是资产阶级的，也是不可拒绝的。这是就整体说的，至于各人兴趣不是已经说过"悉听尊便"吗？可是现代化之后，还有个民族化，还有个大众化，都是少不得的。即使专作新诗，立志"以古典+民歌为区别对象"，只"把瞳孔对准国境线外的花朵"，那久了也难免变成色盲，失去了从民族的人民的母体深处吸取营养，步入空虚，是不可能一蹴而"走向世界"的。所以，从事"现代诗词"即旧体创作，不读外国人的作品，也许还能行，但究竟以读一些为好，要创新嘛！从事"现代诗歌"即新诗创作，不读中国古典诗词，就基本上不能行。"目前在许多国家，一谈起诗歌的节奏、韵律、切句法、诗段的变化、音节的配合等等，不说是反动的，至少是有点不体面的。对于这种怪论，我们不能同意。"这是法国的阿拉贡于 20 世纪 50 年代《诗论》中说的。阿拉贡所不同意的"怪论"，在我们广大诗人群的头脑里，可能还占有着支配地位吧。新诗必然发展下去，现代诗词也已成为百花中的一朵，"多样化"是势不可挡的。百花齐放，和而不同，主旋律不在形式上，万紫千红，在创作实践中去自由竞争吧。但毛泽东诗词乃中国诗林中矗立的一株摩天大树，是老中青新旧诗人不可不读，也必然是人人爱读的。作为研究课题，它又是不捐细流，不废荇藻，而一望无际，无限深广、无限丰富的汪洋大海。虽指数方逾半百，而穷我常人毕生之力，恐怕是难得达到尽头的，因为它是没有边涯的呀。

目　录

目　录

毛泽东诗词补编

目　录

目　录

学诗启示录

——诗要用形象思维

毛泽东诗词讲稿

序　　言

——读诗札记

1964 年春，写完《诗词十首小笺》，曾作了一段札记，用作课堂讲授的前言。现在把它全文照录下来，再作这一讲稿的代序。

毛泽东《诗词十首》的发表，是我国文化生活和政治生活当中的一件大事。同主席过去历次发表新的作品一样，全国人民都在兴高采烈地、争前恐后地抢读它，从中受到启发，受到激励，受到鼓舞，受到教育。人们读它，不仅是受到艺术的感染，得到艺术的满足；而且还风发意气，广阔胸襟，砥砺斗志，振奋精神。这是革命现实主义和革命浪漫主义的伟大史诗，这是社会主义和共产主义的政治教科书。

应该怎样阅读？应该怎样学习？

当然，应该首先读懂、理解。这就不容易。这十首诗词，写于前后 14 年间。每首诗词写作的背景，诗的本意，没有注释，我们是不很清楚的；在创作过程中诗人的心境情态，我们只能揣摩设想，难于准确；诗篇的语言，又那么精深，既有来历，又有创新，不加推敲，亦难领会。所以，不作些“纯理性”的分析，不下些“考证”的工夫，便不容易读懂，不容易理解。但必须要先读懂，先理解。“感觉到了的东西，我们不能立刻理解它，只有理解了的东西才更深刻地感觉它。”(《实践论》)第一步，当然须要读懂，须要理解。而理解它则是为的更深刻地感觉它，读懂它则是为的更充分地享受它。

仅仅读懂和理解，决非止境。对待主席的诗词，和对于一切伟大的艺术作品同样，读懂和理解，固然不容易；但终究不是办不到的事，假如我们自己还一时无力办到，慢慢总会有些注释和说解作出来，就能帮助我们办到。不过，办到了这一步，还是远远不够的。既然是诗篇，而且是真正的伟大的诗篇，就必须把它当做诗，当做艺术作品进一步去欣赏、去品味、去涵泳、去探索，那就要神驰于诗的意境中去感受、去体验、去翱翔、去激动，并从而去嗟叹、去咏歌、去手之舞之足之蹈之。读诗,也是一种灵魂的探险,也是一种艺术的创造,也是对现实世界的艺术掌握。因此,必须发挥主观能动性,以积极态度进行学习。诗人郭沫若同志曾这样为自己的诗篇祝愿:

女神哟!
你去,去寻那与我的振动数相同的人,
你去,去寻那与我的燃烧点相等的人;
你去,去在我可爱的青年的兄弟姊妹胸中,
把他们的心弦拨动,
把他们的智光点燃吧!

——《女神》

必须要使自己的"振动数"和诗人的相同起来,必须要使自己的"燃烧点"和诗人的相等起来,然后"心弦"才能被诗篇"拨动",然后"智光"才得被诗篇"点燃"。必须达到这种境地,才得读诗三昧。

读诗,也如同作诗一样,需要想像。要展开想像的翅膀,飞进诗人所创造的意境中去,驰骋在诗的海阔天空中。能飞多高,能飞多远,这取决于自己的才胆识力,取决于自己的生活经验、理论修养和精神状态。毛主席是时代的巨人,是历史的舵手;毛主席的诗词是诗歌的太阳,是艺术的北斗。它的博大,可以囊括宇宙;它的精深,可以包容古今。短弱的翅膀,是不能周流遍览的。深透彻底地领略它、掌握它,对我们说,决非易事。但是,毛泽东是我们的导师,是我们的领袖。他是大海,我们是水滴;他是泰山,我们是沙石。我们的心和那颗巨大的心是相通的。因此,这量的距离,仍不妨碍我们同领袖和导师有着相同的"振动数",有着相等的"燃烧点";仍不妨碍我们同领袖和导师有着共同的感受,有着共同的体验。因为在毛泽东诗词所反映的那种汹涌的精神波涛中,有我们人人的呼吸和脉搏;在毛泽东诗词所发出的那种轰响的战斗风雷中,有我们人人的欢呼和笑声。在他那阳光绚烂的广阔天地间,我们尽可以自由地展翅飞翔,保证能够得到艺术的满足,保证能够得到智慧的启发,保证能够得到精神的鼓舞。

不过,我们同诗人之间,既然存在着难以逾越的量的距离,在我们自身又存在着不易克服的才胆识力的局限性,对于毛泽东诗词如果一定要求百分之百、万无一失的精通,那是自出难题,不敢设想的。于此,诗人郭沫若《给

〈星星〉编辑部的信》中的一段话，就使我们特别感兴趣。他说："对于诗词，读者在合理的范围内是可以有解释的自由的，读者在诗词中可以创造新的意境，所谓仁者见之谓之仁，智者见之谓之智，各人的解释可以不必相同，甚至可以和作者的原意不一定完全若合符契。"（见《星星》1958年10期）我们引述这段话，并非预为挡箭牌，给可能发生或必然不免的误读错解来个自我解嘲。不是这意思。郭老的话实在是符合读诗的规律的。古人也曾说过："作者未必然，读者何必不然。"（清·谭献《复堂词录》）。黑格尔也曾说过："群众有权利要求按照自己的信仰、情感和思想在艺术作品里重新发见它自己，而且能和所表现的对象起共鸣。"（《美学》第306页）这些话是符合实践经验的。这就是为什么读诗也需要想像。读诗既然也需要想像，合理的联想是容许的。读诗不是猜谜。一万个人猜同一谜语，只能有一个谜底，如果没有猜错的话；一万个人读同一首诗，却可能有一万种具体细致的不同感受，而且还不能说那九千九百九十九种一定都是错的，虽然也不一定都是对的。诗的内涵愈广，容量愈大，就愈是能使人"仰之弥高，钻之弥坚，瞻之在前，忽焉在后"（《论语·子罕》）。这就是说，胜境无穷，胜义难尽，是充实之故，是充实而有光辉之故。孟子说："光实之谓美，充实而有光辉之谓大。"（《尽心》下）毛泽东的诗词是既美且大的。

如前所说，这并不足为挡箭牌，不得以此为托词或借口，给可能发生或必然不免的误读错解推脱责任。对待毛泽东的诗词，我们必须采取严肃认真、实事求是的态度，知之为知之，不知为不知，不能以不知为知，而强作臆解；不能明知其"未必然"，而硬要"何必不然"。因为毛泽东诗词既是伟大的革命史诗，是精深的教科书，那就不容不作深思，不下苦功，而漫然处之的。但是，如果要求保证绝对不误读错解，才来读来解；那么，我们就只好永远不要读不要解了。列宁说："只有什么事也不干的人才不会犯错误。"那是懒惰、怯懦与不负责任，不是真正的严肃认真的态度。我们现在要阅读和学习毛泽东的诗词，要把它作为伟大的诗篇来欣赏和享受，这也如同"在科学探索上，错误认识往往是正确认识的先导。正是从错误中接受教训，纠正错误，才能逐渐获得正确的认识。"我们只是本着"不怕犯错误而又勇于改正错误"的精神，来"奇文共欣赏，疑义相与析"吧。

以上这些话，本是仅就"十首"说的；现在移植于此，以冠"三十七首"之前，基本上还是适用的。只是在这里，篇目不仅是10首而是37首了；写作时间也不仅是14年而是38年了。涉及的人与事更复杂了，反映的社会生活更丰富了。阅读与说解起来,如果说一定会遇到困难,这困难无疑是更增加了;如果说难免会发生错误,这错误定然要更易犯了。怎么办呢?只有更多努力吧。学习,是我们的责任;何况读毛泽东的诗词,这不是一般的学习,这乃是最高的享受。"无限风光在险峰。"正因其是险峰,在攀登的过程,纵然气喘吁吁,纵然大汗淋漓,而自然乐在其中。让我们共同来享受这至高至大的快乐吧!

公　木

1965年12月

沁园春

长　沙

一九二五年

独立寒秋，湘江北去，橘子洲头。看万山红遍，层林尽染；漫江碧透，百舸争流。鹰击长空，鱼翔浅底，万类霜天竞自由。怅寥廓，问苍茫大地，谁主沉浮？　携来百侣曾游。忆往昔峥嵘岁月稠。恰同学少年，风华正茂；书生意气，挥斥方遒。指点江山，激扬文字，粪土当年万户侯。曾记否，到中流击水，浪遏飞舟？

题　解　TIJIE

词以长沙标题。人们知道，长沙是湖南省省会，是中国工农革命的策源地，是毛泽东初期革命活动的中心，同时也是毛泽东的故乡。毛泽东于1911年就来长沙，在第一师范读书，常和同学蔡和森、何叔衡、陈章甫、罗学瓒、张昆弟等到水陆洲一带游览和游泳，并畅谈人生国事，慷慨激昂。于1917年毛泽东发起组织新民学会，翌年4月8日正式成立，后来发展到七八十人，大多数也是第一师范的同学。毛泽东离开长沙是在1918年9月。第二年3月一度返回，6月，组织了湖南学生联合会；7月，出版《湘江评论》；冬天又离去。后于1920年7月再度返回，在长沙担任过教学职务，成立了马克思主义研究会，组织过平民夜校和文化书社。这是中国共产党成立的前一年。这时候，毛泽东已经成为一个坚定的马克思主义者了。1922年1月在安源曾经组织过工人补习学校，同年夏又领导过长沙土木工人的罢工，促进了湖南全省总工会的成立。直到1923年4月为当时统治湖南的反动军阀赵恒惕下令通缉，乃赴上海，转广州。一年以后，于1925年1月，又回到湖南，在农村中组织了以反对日本帝国主义为旗帜的雪耻会，事实上就是农民协会的前身。到了是年初冬，反动统治当局察觉到这些活动对于统治集团的危险，加紧防范，有意逮捕，毛泽东才又离开湖南，南下广州，主持农民运动讲习所。《沁园春》词便是在这次离开长沙的前夕作的。此后直到1926年7月，北伐军推翻了赵恒惕，解放了长沙，毛泽东才于12月再度回长沙。从这些记载中，我们可以看到，毛泽东于青少年时代，曾在长沙度过长期的进德修业的生活，以后奔走革命，也曾数度往返出入于此。长沙对毛泽东说来，是具有如何深厚而亲切的政治感情和生活感情啊！特别是近郊一带的风景名区，不仅山川之美，古来共谈；而且由于一群以毛泽东为首的革命青年的登临吟赏，送抱推襟，使它在革命史上焕发出新的时代光辉，更加给人以深刻不磨的印象。这词就是以这样一个典型环境作为背景，抒写旧地重游、抚今溯昔的激情壮志的。

1925年，毛泽东在广州。

笺　注 JIANZHU

一、"独立"三句

【寒秋】 就是深秋、晚秋。秋深已有寒意，所以说是寒秋。

【湘江】 一名湘水，是湖南省的一条大河，源出广西壮族自治区灵川县南的海洋山，长1752里，流经长沙，北入洞庭湖，所以说湘江北去。

【橘子洲】 也简称橘洲，据宋祝穆《方舆胜览》说，洲上多产美橘，故名；又名水陆洲、水鹭洲，俗名下洲。是长沙城西湘江中一个狭长的洲，靠近岳麓山。南北长约11里，东西最宽处约1里。毛泽东七律《答友人》中所谓长岛，指此。自唐代以来，就是游览胜地。以上三句是说：在寒秋季节，独立在橘子洲头，目送着湘江水汩汩北流。

二、“看万”四句

【看】 词中领字直贯下四句，四句 16 字都是看字的宾语。

【万山红遍】 万山指岳麓山的许多山峰。岳麓山枫树最盛，青枫峡是人们所熟知的，爱晚亭也是因唐诗人杜牧《山行》的“停车坐爱枫林晚，霜叶红于二月花”句而得名。不难想像，到深秋时候，青枫变成了丹枫，云蒸霞蔚，多么壮观。这就是所谓“万山红遍”。

【层林尽染】 层林指一层层的枫林，从江中遥望山上，重重叠叠的枫林随着山势一层层高上去，所以说层林。尽染，化用王实甫《西厢记》中“晓来谁染霜林醉”句意。

【漫江碧透】 漫，读 màn，满的意思，漫江就是满江。碧透，指水深而清，透彻见底。郦道元《水经注·湘水》引《湘中记》说：“湘川清照五六丈，下见底石如樗蒲矢，五色鲜明，白沙如霜雪。”水清见底，正是秋景。《楚辞·九辩》：“寂寥兮，收潦而水清。”王逸注：“言川水夏浊而秋清。”

【百舸争流】 百舸，众舸、群舸。舸，读 gě，就是船。或单指大船，扬雄《方言》卷九：“南楚江湘，凡船大者谓之舸。”而《广雅·释水》、《说文新附》均释为舟，也用以指称一般的船。《三国志》卷五十四《吴志·周瑜传》：“又预备走舸，各系大船后。”

三、“鹰击”三句

【鹰击长空】 击，搏击，形容鹰飞的迅捷矫健。是说鹰飞于空中，用有力的翅膀扑击着大气。

【鱼翔浅底】 翔，回飞，本指鸟的盘旋，这里用来形容鱼游的活跃。浅底，指水清彻见底。《诗经·旱麓》：“鸢飞戾天，鱼跃于渊”。《朱传》：“怡然自得”。以上两句，是以生动的形象，分承“红遍”与“碧透”。

【万类霜天竞自由】 万类，指一切生物。霜天，指秋天，也就是寒秋。诗人看到这芸芸众生在明净清爽的秋天里都竞争似的自由自在地生活着。这是主观的感受，更深刻地揭示了客观事象的本质，是以抒情的笔触总括了以上景物的描写。

四、“怅寥”三句

【怅寥廓】 怅，谓怅望；寥廓，指宇宙的广阔；诗人面对广阔无垠的天地而有所探求。

【问苍茫大地】 问，谓向问；苍茫，旷远迷茫；向着旷远迷茫的大地发问。

【谁主沉浮】 主，主宰、支配；沉浮，犹言升沉。是谁在主宰着升沉？这是由沉没在水底的鱼和浮游于天空的鹰这一直接感受而生发出的哲理性问题，意泛指万类，实概言人世。不只表现了对自然奥秘的寻求与探索，而且也是对现实不合理社会秩序的怀疑与挑战。

五、“携来”二句

【携来百侣曾游】 携，谓牵引；来，助词；携来，牵引偕来。百侣，形容伴侣之多。

【忆往昔峥嵘岁月稠】 鲍照《舞鹤赋》：“岁峥嵘而愁暮”。杜甫《敬赠郑谏议》：“旅食岁峥嵘”。峥嵘，本指山的高峻，与岁月连用，于鲍诗则转化为尽头之意；于杜诗是说自己的年齿日高；这里则是不平凡不寻常的意思。稠，有多义，与岁月连用，也就是说长。全句是说回忆过去那段相当长的不平凡的岁月。或曰：岁月稠与春秋富的意义相同，均指未来的岁月而言。未来的岁月既多，则现在的岁月尚少可知。故岁月稠与春秋富就是年轻或少年之谓。这句是说，回忆往昔都是气象峥嵘的少年。两义皆通，惟后者曲折较多，以岁月稠比春秋富，以春秋富代春秋尚富，不如前一义径捷。

六、“恰同”四句

【恰】 词中领字，直贯下四句。恰，值、正当、刚好的意思。

【同学少年】 杜甫《秋兴》：“同学少年多不贱，五陵衣马自轻肥。”毛泽东在湖南第一师范读书时，同学蔡和森等都在二十左右，所以说同学少年。

【风华正茂】 风华，风采、才华。《南史》卷十九《谢晦传》：“时谢琨风华，江左第一。”茂，丰满旺盛的意思。

【书生意气】 书生，指读书之人；意气，意态气概。《史记》卷六十二《管晏列传》：“意气扬扬，甚自得也。”

【挥斥方遒】 挥斥，犹奔放。《庄子·田子方》：“挥斥八极”。注：“挥斥，犹纵放也。”这里用作名词，与风华为对文。遒，尽头、极点。《后汉书》卷九十一《左周黄列传论》：“往车虽折，而来轸方遒。”注引《广雅》曰：“遒，急也。”全句是说，纵放正急，即意气奔放，劲头正足，达到极点。

七、“指点”三句

【指点江山】 欣赏风景，谈论国事，往往对着江山，用手指示比画，所以说指点江山。

【激扬文字】 激扬，有人解为激浊扬清，有人解为激昂慷慨。宋林正大《沁园春》："万世清风更激扬。"激扬等于说扇扬、宣扬。全句是说以文字宣扬革命的意思。

【粪土当年万户侯】 粪土，贱恶之喻。《论语·公冶长》："粪土之墙，不可圬也。"万户侯，汉制，列侯，大者食邑万户。《史记》卷一百九《李将军列传》："万户侯岂足道哉！"这里是借用，指当年先后盘据湖南的反动军阀汤芗铭、傅良佐、张敬尧之流，也可以扩大泛指当时中国一切军阀。或曰：万户侯，指的是个人的功名富贵。过去的知识分子往往把个人功名富贵的追求，作为生活的动力，终极目的是"觅封侯"；而万户侯又是侯爵中最高的一级，因而就成为取得最高政治地位的代称。按：二义可并存，亦可结合，既然蔑视和反对那些军阀，自然不屑于追求其权位了。不过，揆以句中"当年"二字，揆以实指军阀为宜。

八、"曾记"三句

【曾记否】 向忆念中的旧侣泛泛发问，或以为不必如此拘泥。至"粪土"句，语意已足，用此诘问句，提笔另起，以往昔事，合眼前景，如此作结，总提全篇，可谓"山重水复疑无路，柳暗花明又一村"。此记字与"忆往昔"的忆字正相呼应、相衔接。

【到中流击水】 中流，水流之中；到中流击水，一同跃进中流去游泳，拍击着江水卷起重重浪花。或曰：击水，以棹击水；暗用祖逖渡江，中流击楫故事。《晋书·祖逖传》："逖统兵北伐，渡江，中流击楫而誓曰：不能清中原而复济者，有如此江。"这里是说，当年曾和同学旧侣，回棹中流，寄寓着一种少年许国、昂扬奋发的情怀。亦通。

【浪遏飞舟】 遏，读è，阻挡；飞舟，如飞之舟，言其迅速。这是说，游泳时拍击江水，激起的浪涛把江上驶过的船都阻挡住了。或曰：他们自驶着飞舟，逆流上溯，以棹击水，激起的波涛迎面涌来，似乎有意阻拦。但既称飞舟，哪里能够阻拦得住？这就暗示出破浪锐进、奋然前行的气概。前用游泳义较简明，后说稍迂曲。

赏析 SHANGXI

上片记今游，以"独立"开篇；下片忆往事，以"携游"相应。记今游重在写景，景中有情；忆往事重在抒情，情中见景。通览上下，不但楚天湘水，鲜明如绘;意气风华,俊爽风流。而且苍茫沉浮,兴寄旷远;击水飞舟,斗志昂扬。整个说来,浮雕着绚烂的艺术形象,洋溢着炽热的时代精神,真可谓有景有情,情景交融了。

说到这里,借论抒情诗中的情与景问题。

我们说毛泽东此词:景中有情,情中有景;有景有情,情景交融。却不得把情与景二者平列。诗总以抒情为宗,诗词往往有全似写景者,但实际上还是抒情。二者不但不能对立,而且也不得分开。写景也就是抒情,或者说写景乃是抒情方式的一种。清吴乔《围炉诗话》说:

> 或曰:言情叙景若何?答曰:诗以道性情,无所谓景也。三百篇中之兴,关关雎鸠等,有似乎景,后人因以成烟云月露之词,景遂与情并言,而兴以微。然唐诗犹自有兴,宋诗鲜焉,明之瞎盛唐,景尚不成,何况乎兴?

这是把景当做兴来看,很有道理。王夫之说:"情景名为二,而实不可离。神于诗者,妙合无垠。巧者则有情中景,景中情。"(《夕堂永日绪论·内编》)王国维说:"昔人论诗词,有景语情语之别。不知一切景语,皆情语也。"(《人间词话》)这些同吴乔所说的,都是一个意思。但是有些人不谙此诣,"景遂与情并言",甚至以景为景,兴义全失。这实在是有悖为诗之道。所以吴乔又说:

> 古诗多言情,后世之诗多言景。如《十九首》中之"孟冬寒气至",建安中之子建《赠丁仪》"初秋凉气发"者无几;日盛一日,梁陈大盛,至唐末而有清空如话之说,绝无关于性情,画也非诗也。夫诗以情为主,景为宾。景物无自生,惟情所化,情哀则景哀,情乐则景乐。唐诗能融景入情,寄情于景,如子美之"近泪无乾土,低空有断云";沈下贤之"梨花寒食夜,深闭翠微宫";严维之"柳塘春水漫,花坞夕阳迟";祖咏之"迟日园林好,清明烟火新";景中哀乐之情宛然,唐人胜场也。宏嘉人依盛唐皮毛以造句者,本自无意,不能融景,况其叙景惟欲阔大高远,于情全不相关,如寒夜以板为被,赤身而挂铁甲。

这里所涉及的许多具体诗人与具体诗篇，见仁见智，容有不同；其中所揭示的诗的创作原则："情为主，景为宾"，"景物无自生，惟情所化"，"融景入情，寄情于景"，则肯定都是正确的。

让我以毛泽东此词为范例来试作论析：

我们说，上片"重在写景，景中有情"，是否景为主，情为宾呢？不是。第一，开篇便点出"独立"二字，这就是说，那一片山红江碧、鹰击鱼翔的寒秋景色，都是经过一个焦点而集中起来的，这个焦点便是独立在橘子洲头的诗人。其次，诗篇中所描绘的这一片色彩鲜明的秋景，并不是纵目所及，顺手涂抹，而是经过艺术的概括，所以才把这些特征性的景物，联成为一个生气活泼的有机体，意趣蓊然，全无肃杀之气。最后，决定不是为景而景，景而已；诗人从"万类霜天"中以力透纸背之笔揭示出"竞自由"的自然奥秘，并从而向之发出"谁主沉浮"的哲理性诘问，这是对宇宙，也是对社会的挑战，这就造成了不仅是美丽的，而更其是深刻的诗的意境。凡此一切，如果离开作为主体的诗人的情感，单凭客观存在的自然的景物，还能形成吗？当然不能。此所谓"景物无自生，惟情所化"。

至于下片，已如前述，乃是"重在抒情，情中见景"，情主景宾，就更明显了。不过，仍然存在着一个情与景的关系问题。既然是往事的追忆，自然是抒情，为什么还要见景呢？因为：第一，这追忆是由今游引起的，当年"携来百侣曾游"，正是同在眼前这一特定环境，眼前景物就不能不同当年往事联系了起来。其次，今日"独立"，当年"携游"，时间变了，情况不同，指点江山，击水飞舟，正是往昔的具体景象。第三，有了这些具体景象，又通过这些具体景象，才得显现出当年的豪放气概和战斗精神，并从而反映了现实，又评价了生活。此所谓"融景入情，寄情于景"。

综上所论，上片即景生情，下片缘情设景，合上下观之，莫不是"情景不离，妙合无垠"，莫不是"一切景语，皆情语也"，也莫不是"情为主，景为宾"。其实，这本是一切抒情诗的共同特色，不止这一首诗是这样，而且所有的诗都是这样，包括所谓风景诗、山水诗，也不例外。古人说："诗言志。"又说："诗者，持也，持人情性。"如果仅仅是品题泉石，摹绘烟霞，怎能变成诗篇？情感才是诗歌的主要活动因素。古今中外的诗论，于此莫不异口同声；同时，这论断也是早为古今中外的创作实践所已印证过的了。

或问：你这说法岂不是相同于周谷城先生的"使情成体"吗？答曰：这扯到哪里去了？周谷城先生所谓"使情成体"，乃是照搬鲍山葵(B. Bosanguet)的唯心主义美学观点，主张艺术的情感源泉论，或是唯情论。我们这里论述的，只是情主景宾的关系，我们强调情的因素，是对景说的，意在证明不得把情与景二者并列。第一，我们不是惟情论。我们认为情与理是不可分的、统一的，任何情感必然建立在一定理智基础上，没有什么诗歌或什么艺术作品只体现情感，而不体现思想的。论诗或论艺术，往往拈出一个情字，只是就诗与文、艺术与科学的区别性而言的。诗与文、艺术与科学，有区别性，同时又有共同性，而且首先是共同性，然后才是区别性。这共同性便是都体现着一定的思想，因为它们都是一定的社会意识形态。第二，我们不是情感源泉论。生活才是艺术的源泉，而且是惟一的源泉。任何艺术作品，任何诗篇，"都是一定的社会生活在作家头脑中的反映的产物"，在创作过程中，作家或诗人的情感当然起着重要作用；但是社会生活是客观存在，是第一性的，情感是属于主观世界的东西，是第二性的。决不能把艺术作品或诗篇看做是以情感为其源泉的。情感源泉论实际上乃是主观精神扩张论，是表现主义的谬论。在这两点上，我们同周谷城先生的"使情成体"说是风马牛。

或又问：可是你既然承认"景物无自生，惟情所化"；你既然承认"融景入情，寄情于景"，这不同生活源泉论相抵触吗？难道景物不是客观存在，不是第一性的，而情感不是属于主观世界的东西，不是第二性的吗？答曰：单就景与情来说，景是第一性，情是第二性的，这是可以肯定的。但是，难道生活源泉论可以置换作景物源泉论吗？即如在毛泽东这一首词当中，我们说它反映了生活，只是由于它描写了风景吗？山红江碧，鹰击鱼翔，这是单纯的外在自然，它们本身并不能构成诗篇；只有经过诗人的剪裁、概括或点染熔冶，它们才得形成为艺术形象，具有感人的魅力。在这个意义上，我们说："情为主，景为宾。"我们说："景物无自生，唯情所化。"我们说："融景入情，寄情于景"。至于诗篇所反映的生活内容，所揭示的现实意义，却远远不能局限于这些自然景物。诗篇中所树立起的海燕与山鹰般意气风发的抒情主人公形象，诗篇中所流露的长虹与朝霞般光芒耀目的革命乐观主义精神，这岂是仅仅钟灵毓秀于楚天湘水的风光吗？当然不是，主要不是。主要是其源泉乃在于工人运动和农民运动掀起轰轰烈烈的革命风暴，乃在于毛泽东和他的年轻战友们在长沙度过的激情的革命生涯。而这些，作为构成诗篇源泉的社会生活，并不附丽于诗中之景，而是结晶为诗中之情。这情，也就是一定的社会生活在诗人头脑中反映的产物。这也正如吴乔所谓："心不孤起，仗境方生。"（《围炉诗话》）心是主观因素，境是客观因素，境就是环境，就是时代，就是社会生活。描写的是心情，反映的是生活，这叫形象的反映。所以我们否定了景物源泉论，却不等于肯定了情感源泉论，我们主张的还是生活源泉论。

诗与文，艺术与科学，都是反映生活，而只有诗和艺术才描写心情，才通过心情描写进行生活反映。"诗而有境有情，则自有人在其中。"（《围炉诗话》）这个人便是抒情主人公的性格形象。在诗篇本身，便形成其独创风格，所谓"风格就是人"，所谓"诗品出于人品"。即如毛泽东此词，词的情调是慷慨激昂的，风格是豪迈爽朗的。大开大阖，一气呵成，奔雷掣电，吐月吞星。既具壮采的奇观，又富深广的内涵。豪语而以蕴藉出之，不是粗率，而是妩媚；驰骤而间以顿挫摇曳，不是滑易，而是错综。是美与力之间的融合，也就是豪放与妩媚的结合，壮美与优美的结合。而这些，岂不正是青年毛泽东的光辉形象吗？诗以道性情，这一点从诗的风格中表露的算是再显著不过了。

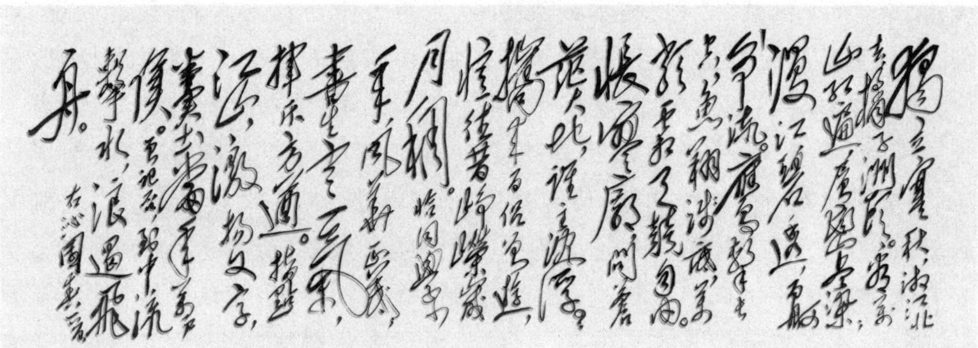

毛泽东手书《沁园春·长沙》

菩萨蛮

黄鹤楼

一九二七年春

茫茫九派流中国，沉沉一线穿南北。烟雨莽苍苍，龟蛇锁大江。　　黄鹤知何去？剩有游人处。把酒酹滔滔，心潮逐浪高。

题解 TIJIE

黄鹤楼，在湖北武昌县西黄鹤矶上，始建于三国孙吴时，南朝以后，就很著名，有"天下绝景"之称。楼本因矶得名，但后人附会仙人乘鹤，又有数说。唐阎伯瑾《黄鹤楼记》引《图经》说："费祎登仙，尝驾鹤返憩于此，遂以名楼。"（见《文苑英华》卷八一〇）《太平寰宇记》卷一一二从之，此一说也。《述异记》卷上说："荀瑰，字叔伟，东游憩江及黄鹤楼上，望西南有物飘然降自霄汉，俄顷已至，乃驾鹤之宾也。鹤止户侧，仙者就席，羽衣霓裳，宾主欢对，已而辞去，跨鹤腾云，渺然烟灭。"此又一说也。《舆地纪胜》卷六六引《南齐志》以为世传王子安每乘黄鹤过此。此又一说也。这些神话，唐代以前，已经很流行；所以崔颢《黄鹤楼》诗有句云："昔人已乘黄鹤去，此地空余黄鹤楼"；李白《江上吟》诗有句云："仙人有待乘黄鹤，海客无心随白鸥。"黄鹤矶在蛇山北端，紧靠江边；近年因修筑长江大桥，楼已拆去，改在蛇山顶上重建。毛泽东此词，作于1927年春，时在第一次国内革命战争期间，"四·一二"事变前夕。是年1月，武汉建立了革命政府，革命群众从帝国主义手里收回了汉口九江的租界，上海工人正在轰轰烈烈地举行三次起义，以湖南为中心的全国农民运动也正在广泛地开展起来，正如毛泽东所说："很短的时间内，将有几万万农民从中国中部、

黄鹤楼

南部和北部各省起来，其势如暴风骤雨，迅猛异常，无论多么大的力量都将压抑不住。他们将冲决一切束缚他们的罗网，朝着解放的路上迅跑。一切帝国主义、军阀、贪官污吏、土豪劣绅，都将被他们葬入坟墓。”（《湖南农民运动考察报告》）总的说来，当时的革命形势是很有利的。不过，另一方面，在革命统一战线当中，还隐藏着像蒋介石、汪精卫等反动派，有的已在明目张胆准备分裂叛变；而在党内由于陈独秀执行右倾机会主义的错误路线，不但对蒋介石的反动气焰没有坚决打击，而且对汪精卫的阴谋活动也一味退让，甚至还收缴工人纠察队和农民自卫军的武器，拒不接受毛泽东和其他许多同志的正确主张。这样，就给革命带来了严重危机。就是在这种政治背景下，毛泽东登临眺望黄鹤楼头，酒后面对滔滔江水，心潮起伏，热血沸腾，因而作了这首词，写下当时的感受。

笺 注 JIANZHU

一、“茫茫”二句

【茫茫九派流中国】 茫茫，广大貌，远貌。可用以形容时间，《文选》左思《魏都赋》：“茫茫终古。”又可用以形容空间，《文选》陆机《叹逝赋》：“何视天之茫茫。”在这里，主要是指空间，也兼有时间的意思。九派，即九江。《书·禹贡》：荆州，“九江孔殷。”九江或九派指的什么，众说纷纭。最通常的解释，以为水的支流叫派，相传长江在湖北江西一带，分为九个支派，称九派，也叫九道、九路。《禹贡》孔安国传：“江于此州界分为九道。”刘安《淮南子》：“禹凿江而通九路。”郭景纯《江赋》：“流九派乎浔阳。”《禹贡》孔颖达疏：“九江谓大江分而为九，犹大河分为九河。”又引张僧鉴《浔阳记》：“九江，一曰乌江，二曰蚌江，三曰乌白江，四曰嘉靡江，五曰畎江，六曰源江，七曰廪江，八曰提江，九曰箘江。”陆德明《释文》引《浔阳地记》，廪江作累江，余并同。陆又引张须元《缘江图》:“一曰三里江,二曰五州江,三曰嘉靡江,四曰乌土江,五曰白蚌江,六曰白乌江,七曰箘江,八曰沙提江,九曰廪江。九江参差,随水长短,或百里,或五十里,始于鄂陵,终于江口,会于桑落洲。”而司马迁《史记·河渠书》说:“余南登庐山,观禹疏九江。”《汉书·地理志》九江郡注:“应劭曰:江自庐江浔阳分为九。”是江分九派,起于浔阳,抑终于浔阳,以及九江之名称与地势,从来即无定说。因此程大昌《禹贡论》说:“江本无九,九江即浔阳之大江,古人命物以数,不必以数相应。”是有部分道理的。另外,汉刘歆以为九江乃“湖汉九水,入彭蠡泽也。”宋蔡沈以为九江“即今之洞庭也”。《太平寰宇记·浔阳记》又以为:“九江在浔阳,去州五里,名曰白马江,是大禹所疏,会于桑落洲,上下三百余里合流,昔秦皇、汉武,并登庐山,以望九江也。”异说甚多,都很牵强。毛泽东此词说:“茫茫九派流中国”,又于《登庐山》诗曰:“云横九派浮黄鹤”,两句参读,毛泽东诗词中所说的九派,应是通常义。中国,就是国中。《孟子·公孙丑下》:“我欲中国而授孟子室。”赵岐注:“王欲于国中而为孟子筑室。”或径用通常意义来解释,亦通。那么,流中国,就是流于中国境内。

【沉沉一线穿南北】 沉沉,也作沈沈、湛湛,深远貌。《文选》司马相如《上林赋》:“沈沈隐隐。”李善注:“沈沈,深貌也。”一线,通认为指今京广铁路。但当时粤汉段尚未全部筑成,此解似不妥。霍玉厚《毛主席诗词讲解斠补》手稿解一线为“当指横在眼前的长江而言”,并引敦诚《四松堂集外诗辑》中《和张尧峰登金山》诗中“大江一线青潮落”作证。又谓:“穿南北,当指横穿南北而言,并非指纵贯南北而言。”按:全词是写登楼望江,由远而近,不得于此句另指铁路,霍说甚是。

二、“烟雨”二句

【莽苍苍】 莽苍,迷茫。《庄子·逍遥游》:“适莽苍者,三餐而反。”成玄英疏:“莽苍,郊野之色遥望之不甚分明也。”陆游《哀郢》诗:“云梦风烟旧莽苍”。莽苍苍,就是莽苍的长言,多出了一个音节。

【龟蛇锁大江】 龟,指龟山,在汉阳东北;蛇,指蛇山,在武昌东。两山夹江对峙,约制着翻滚的江流,故曰锁大江。

三、“黄鹤”二句

唐崔颢《黄鹤楼》诗:“昔人已乘黄鹤去,此地空余黄鹤楼。黄鹤一去不复返,白云千载空悠悠。晴川历历汉阳树,芳草萋萋鹦鹉洲。日暮乡关何处是?烟波江上使人愁。”毛泽东词此二句实是隐括崔诗前四句而成。意思是说,传说中的黄鹤不知哪里去了，如今却剩下这个黄鹤楼供人登临游览。不是怀古，而是把着眼点落在现实的人间。

四、“把酒”二句

【把酒酹滔滔】 酹，读lèi，用酒祭地。《后汉书》卷九五《张奂传》：“以酒酹地。”苏轼《念奴娇》：“一樽还酹江月。”这是此词酹字所本。但此处酹字须活读，“把酒酹滔滔”，只是说持酒对着滔滔江水，不一定是祭。滔滔，大水貌。《诗·小雅·四月》：“滔滔江汉。”此用作江水的代语。

【心潮逐浪高】 心潮，指革命激情在心底所掀起的浩瀚波涛。逐浪高，随着长江滚滚的浪花，一阵高过一阵。

赏　析 SHANGXI

上片写景：登楼纵目，茫茫沉沉，莽莽苍苍，自远而近，宏伟壮彩。一个“锁”字，连结双山大江，不但形象地描绘了龟蛇夹峙的形势，而且暗写出乱石崩云、惊涛掠岸的一段江景。设象意中，而象在意外。蕴藉无穷，引人入胜。

下片言情：倚危把酒，怀古思今，应物斯感，由境及心，豪放深沉。一个“逐”字，绾合心潮江浪，不但生动地写出了浪花的滚滚催进，而且隐喻汹涌澎湃、如火如荼的革命高潮。设意象中，而意在象外。含蓄不尽，耐人寻味。

合上下两片通读，闭目遐想，宛然如见：诗人以酒后豪兴，挥如椽大笔，略作点画，便勾勒出一副雄浑高华的境界。它不仅把黄鹤楼的胜概，把武汉镇的景色，以及祖国山川壮丽寥廓的风光，具有特征性地烘托了出来；而且也把诗人崇高的抱负与激情，把民族伟大的气魄与力量，以及时代风雨和革命精神，都生动地展示在我们面前。诗篇正作于“四·一二”大屠杀的前夕，革命像一艘巨轮，在右倾机会主义者的舵手盲目驾驶下，眼看就触到露出水面的礁石上了。诗人清醒地看到这种形势，而进言不听，正确意见不被采纳，心情怎能不沉重？可是却决不曾绝望。他高扬着超出时代藩篱的头颅，以巨人的双目瞩望着未来。这就是诗篇中所显现的抒情主人公的形象。反复讽诵，不知不觉之中，就开拓了心胸，扩大了眼界，仿佛受到一种感染，而分得一些诗人所特有的那种高瞻远瞩的气概与恢恢有容的风度。这就远远超出一般的写景、一般的言情，而是伟大诗人的主观思想感情和特定环境中客观现实景物谐和交融的艺术精英。虽然仅仅是一首短诗，一阕小令，而收摄风云，囊括古今，它的包容量却是无限辽阔宏大的，实在具有尺幅千里的壮观。

本来像《菩萨蛮》这样小令短诗，只有短短8句，寥寥44字，正如文章中的小品，绘画中的条幅，仅仅适宜于写些小场面，抒宛转、发片断、记零星，才是它的本色。历史上号称豪放词人如辛弃疾，在《稼轩词》中共收此调22首，也只有《书江西造口壁》一首，略较宏阔，博得《艺蘅馆词选》评说："《菩萨蛮》如此大声镗鞳，未曾有也。"其词曰：

郁孤台下清江水，中间多少行人泪？西北望长安，可怜无数山。　青山遮不住，毕竟东流去。江晚正愁予，山深闻鹧鸪。

看来确是宕逸深练，别开生面。不过，亦只是抒感慨、寄忧愤而已。若毛泽东此词，虽是小令，而气象意境，雄深雅健，一如长调；不愧黄钟大吕，禁得引吭高歌。这才真是"器大者声必闳，志高者意必远"(范开《稼轩词序》)。前人拿这两句话称颂辛词，今合转让。太阳出来了，篝火还能发亮吗?"器大志高"之材，"声宏意远"之誉，有毛泽东和毛泽东词在，谁人犹能当之？这论断并非根据我们的偏爱，实取决于公平的比较。毛泽东词不但堪与辛词比，亦且堪与崔诗比；不但远胜辛词，亦且远胜崔诗。黄鹤楼是历史上的名胜，自古以来，不知有多少人登临过，歌咏过；可是自从崔颢题诗之后，许多人都搁笔不敢再题，就连伟大诗人李白也叹服地说："眼前有景道不得，崔颢题诗在上头。"可见写黄鹤楼不落前人窠臼，确是大不容易。而毛泽东此词，字数比崔诗还少，却完全摆脱了晴川阁、鹦鹉洲这些已被前人说滥了的景物，开首就从大处落笔，惊涛骇浪，泱泱大观；随后又作具体描绘，烟雨江山，莽苍胜境。继而隐括神话传说，而又赋予现实意义；最后通过特定动作与特定情境相联系，而吐出了胸中的虹霓，抒发了登临的感受。崔诗只不过是登高望远，发思古之幽情，抒怀乡之羁愁；毛泽东词的根须则是深深扎在当时惊天动地的革命斗争中，深深扎在现实生活的土壤里，他关心的是祖国和民族的未来命运。这才正是所谓"器大声闳，志高意远"。相形之下，崔诗岂不就黯然无光了吗？

西江月

井冈山

一九二八年秋

山下旌旗在望，山头鼓角相闻。敌军围困万千重，我自岿然不动。　　早已森严壁垒，更加众志成城。黄洋界上炮声隆，报道敌军宵遁。

题　解　TIJIE

井冈山，位于罗霄山脉的中段，在湘赣两省的宁冈、酃县、遂州、永新四县之交，周围550里。山中峰峦环抱，林木茂密，形势险要。1927年9月，湖南秋收起义后，毛泽东即率领参加起义的革命武装进驻井冈山。1928年4月，与朱德总司令所部会合，于是就建立了第一个红军根据地。井冈山根据地建立之后，革命力量日益扩大，红色区域日益推广，到了6月间，湘赣边区就进入了全盛时期。这时的斗争形势本来极为有利，可是当时湖南省委派代表杜修经来，坚决主张红军毫不犹豫地向南发展，只留200支枪同赤卫队保卫边界，并说这是"绝对正确"的方针。7月中旬，杜修经强使红军主力二十八团和二十九团进攻郴州。8月，战斗失败。改编后的二十八团退往桂东。毛泽东(时任红四军党代表)听到这个消息，就亲自带了三十一团的第三营前去迎接大队，井冈山只有人数不足的第一营留守。这时，湘敌吴尚第八军及赣敌之一部，见我内部空虚，于是就以比我多十几倍的兵力向山上进犯，我军凭借黄洋界天险奋勇抗拒，终于击退了敌人。这就是黄洋界保卫战。此词当即作于这次保卫战以后。词题作"井冈山"，内容却不是描写山景，而是写保卫井冈山根据地的一次惊心动魄的武装斗争，是一幅生动鲜明的战场速写，是一首雄壮真

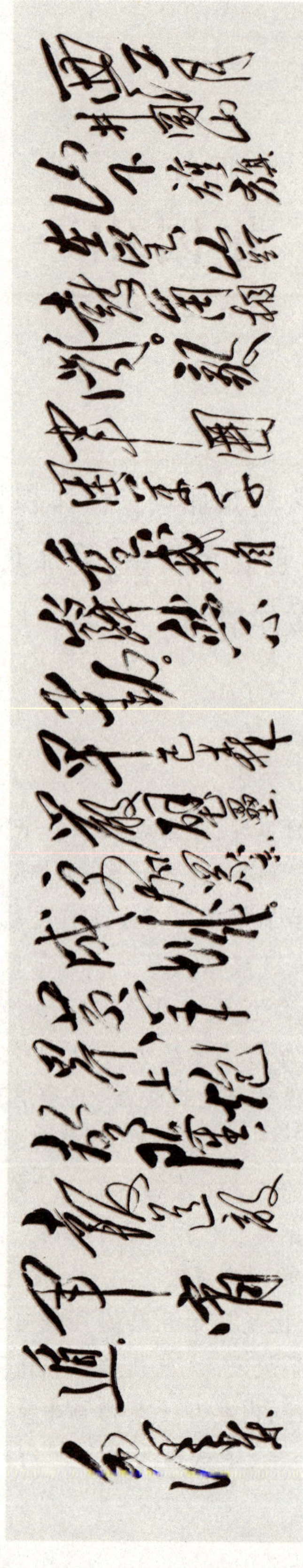

毛泽东手书《西江月·井冈山》

实的革命史诗。

笺　注 JIANZHU

一、"山下"二句

【在望】　在眼前。

【鼓角】　军鼓和警角。古代军中用擂鼓和吹角记时刻，进军时也擂鼓。这里的鼓角，指战鼓和军号。两句都指敌军，言其逼近。

二、"敌军"二句

【岿然不动】　岿，读kuī。《尔雅·释山》："小而众，岿。"像众小山那样的坚固不动。众立的小山正和森严的壁垒相像。又《文选》卷十一王延寿《鲁灵光殿赋序》："而灵光岿然独存。"李善注："高大坚固貌。"此句用以状我军居高临下、沉着顽强的伟大气魄。

三、"早已"二句

【森严壁垒】　森严是严整的意思。壁垒，是古代军营中的围墙，也就是防御工事。森严壁垒，指阵容严整，不可侵犯。

【众志成城】　《国语·周语下》："众志成城。"韦昭注："众心所好，莫之能败，其固若城也。"

四、"黄洋"二句

【黄洋界上炮声隆】　黄洋界，地名，又称汪洋界、望洋界，在井冈山西北，是进入井冈山的一个口子。通向井冈山有5个险要口子，称哨口：东为桐木岭，南为朱砂冲，西为双马石，北为八面山，西北为黄洋界。黄洋界距井冈山的中心茨坪25里，只有一条羊肠小道通往宁冈，形势雄峻，左临深谷，右靠陡壁，有"一夫当关，万夫莫开"之概。当湘敌吴尚第八军进犯，我第一营得讯后，于8月28日星夜兼程赶往迎击，29日到达黄洋界，加固工事。30日，敌人以优势兵力先后向我作四次进攻，都被击退。敌人死伤百数十人，被打垮一个团。次日中午，我军由茨坪调来惟一的一门迫击炮增援，并打出仅有的两发炮弹。两弹都命中，敌人以为红军主力回到山上来了，乱放一阵排炮，抱头鼠窜逃走。

【宵遁】　乘夜逃跑。从红军一方看来，就是出乎意料地"没有了"，像土行孙土遁了一样。

赏 析 SHANGXI

上片写我军严整的部署和昂扬的士气；下片写军民万众一心，粉碎敌人的围攻，取得战争的胜利。

上片由敌而我，用对仗领起，山下、山头，目望耳闻，都是写敌军。眼前飘闪着漫山遍野的旌旗，耳边喧闹着动地震天的鼓角，这确是如火如荼、紧张严肃的战争景象。为"敌军围困万千重"句布好了气氛；同时也把我军严阵以待、从容不迫的意态气度暗暗托衬了出来。"敌军"句，是实况，局势确实严重；但并非纯自然主义手法，"长敌人志气"，而是为下句作垫笔，反衬出"自家威风"。紧承"我自"句，一个"自"，一个"岿然"，又加上个"不动"，充分表现出胜算在握、屹立如山的气概，有着高度自豪感和坚定自信心。

下片由我而敌，再以对仗领起，"早已"句承上片前二句，"更加"句承上片后二句，"早已"、"更加"，又自相呼应。绾枢灵活，脉络分明。"森严壁垒"，"众志成城"，既是对上片四句生动的注脚，又是对全体军民绝妙的赞语，八个字概括了一切。有形的"壁垒"，无形的"长城"，地利人和，在这种阵势和气势下，窜犯敌寇，哪得不被压垮？所以结尾"黄洋界上"两句，点出在我军猛烈炮火中敌人仓皇溃退，正是必然的结局。"宵遁"，写敌人连逃跑也只敢乘黑夜进行，一方面道尽了敌人的狼狈相，一方面也见出我军的声威震赫，一笔而两面俱到。妙在全词就在这里结束，更显出这一仗打得兴会淋漓，踌躇满志。

黄洋界保卫战虽然不是一次大规模的战斗，但它的意义却非常重大。就在保卫战开始的前一天下午，党代表何挺颖召集连级以上的干部开会，向大家说："目前全国革命低潮时期，广州暴动失败了，海陆丰苏维埃区、湖北黄(安)麻(城)、湘东、湘南暴动都暂时受到了挫折，湘西未发动起来，全国目前只剩下井冈山这一小块红色政权。现在湘赣两省敌人全面向我进攻，企图乘我主力不在之际拿下井冈山，我们必须以生死与共的决心坚守住井冈山。只要这一小块根据地还保存着，这面红旗不倒，就向全国人民说明，反动统治阶级永远消灭不了革命！"(参看《黄洋界保卫战前后》，见《红旗飘飘》第14集第46页)这段话简括有力地说明了黄洋界保卫战的重要性。毛泽东对这次战役也给予很高的评价，他说："八月三十日井冈山一战，湘敌始退往酃县，赣敌仍盘踞各县城及大部乡村。然而山区是敌人始终无法夺取的……”(《井冈山的斗争》,见《毛泽东选集》第1卷第61页)又说:“边界的红旗子,业已打了一年,虽然一方面引起了湘鄂赣三省乃至全国豪绅阶级的痛恨,另一方面却渐渐引起了附近省份工农士兵群众的希望。以士兵论,因军阀们把向边界‘剿匪’当作一件大事,‘剿匪经年,耗费百万’(鲁涤平),‘人称二万,枪号五千’(王均),如此等类的话,逐渐引起敌军士兵和无出路的下级官长对我们的注意,自拔来归的将日益增多,红军扩充,又是一条来路。并且边界红旗子始终不倒,不但表示了共产党的力量,而且表示了统治阶级的破产,在全国政治上有重大的意义。所以我们始终认为罗霄山脉中段政权的创造和扩大,是十分必要和十分正确的。”(同上,第80页)这些话说得更是深切著明。当时我军本来驻在茅坪,一听到敌军进攻边界,就于8月21日星夜兼程撤回井冈山。由于山下平原已经尽落敌手,战士们只能翻山越岭,赶到黄洋界。尽管山间崎岖难走,荒无人烟,可是我军士气极为高涨,一路谈笑歌唱不绝。(参看《黄洋界保卫战前后》,见《红旗飘飘》第14卷第46页)这些事实说明了早期的革命战士对这次保卫战的重大意义也是具有充分认识的。

根据历史记载,在井冈山革命斗争初期,由于部分同志对中国半殖民地的社会性质及由农村包围城市的革命特点,缺乏认识,而产生“流寇思想”和“盲动主义”,没有建立根据地的深刻观念;又由于当时物质条件比较艰苦,也有小部分人意志不坚,信心不足,对革命前途抱悲观,甚至有逃跑主义的思想。在这一时期中,毛泽东针对这些现象,前后曾写了《中国的红色政权为什么能够存在?》、《井冈山的斗争》、《关于纠正党内的错误思想》、《星星之火,可以燎原》等有名的文章,对于斗争形势和革命前途作了详尽的科学的分析,指出最后胜利的必然到来及达到胜利的正确途径,对千千万万人起了巨大的教育作用。同时,毛泽东还写了许多诗词,正如毛泽东自己在后来所说,这些都是“在马背上哼成的”,就是在战斗中创作的。因此它们体现了无比坚定的革命信念和高度的革命乐观主义精神,健笔豪情,鼓舞斗志,成为时代的号角。这首词就是这样的典范作品之一,也是我们所读到的这组词中最早的一篇。

此词亦属小令,全篇只有8句,不尚藻绘,不务雕饰,而以朴素的笔调和精练的语言传写当时战争的实况,平平道出,更无曲折,却把伟大领袖的思想感情以及革命战士的精神风貌,无比清楚地勾勒了出来,具有极大的感染力量。古人说“成如容易却艰辛”,正是如此。伟大领袖很谦虚地自称:“诗味不多，没有什么特色。”但朴素而精练，便是最大的功夫，便是最高的本领，也便是最醇厚的诗味，最突出的特色。古人论诗，有“作诗无古今，欲造平淡难”之说，平淡者，便是朴素而精练之谓，若朴素而至于枯槁，便不是平淡而是拙劣了。毛泽东《井冈山》以及相关的所说“在马背上哼成的”这一组词，造语都是平淡的，而意境却高远。深入浅出，这才是作诗的上乘，决不是容易达到的。《诗人玉屑》引《竹坡诗话》说：“作诗到平淡处，要似我力所能。”首先，这不仅是煅字炼句的修辞问题，炽热的战斗生活，昂扬的革命精神，这是基础和前提，所谓“汝果欲学诗，工夫在诗外”，如果不是先有了这充分的诗外工夫，只靠苦心搜索，怎么能写出这等诗篇来？其次，既然有了这充分的诗外工夫，也就是说作为伟大的革命领袖，他的一举一动、一言一行，他的所作所为，所思所想，都莫不富有深刻的诗意，他的整个生命便是最最宏伟的诗篇，在运笔之际，当然就会“一挥成风斤”，又何暇用工字面，又何必推敲苦吟？因此，“格古调高，句平意远，不尚难字，而自然过人矣。”(谢榛《四溟诗话》)所谓“清水出芙蓉，天然去雕饰”。假如说，对于毛泽东诗词，芙蓉的形象未免失之纤弱；那么换一个说法：“湖海荡波澜，全无斧凿痕。”这个比喻就更加确切了。总之，“天然去雕饰”、“全无斧凿痕”，自然便会“句平”，而既是“清水出芙蓉”、“湖海荡波澜”，当然又会“意远”。句平是明朗单纯；意远便含蓄蕴藉。这正是毛泽东诗词的高妙之处。即以这首《井冈山》而论：“敌军围困万千重，我自岿然不动。”几是脱口而出；“黄洋界上炮声隆，报道敌军宵遁。”说来全不费力。全篇都像唠家常，何等自然。而前两句，由敌而我，说的是我；后两句，由我而敌，说的是敌。两者都是具体的感性事物，具有鲜明的形象性，在全诗中是一气呵成的有机的组成部分；但作为艺术作品，作为诗篇，它所提供观照的内容，它所显示的普遍的一般的意义，却十分深刻，通过感性的领会，直达到心灵的震动，通过审美的评价，直达到哲理的启发。“敌军围困万千重，我自岿然不动”，这岂不是一切革命者崇高的本色？“黄洋界上炮声隆，报道敌军宵遁”，这岂不是所有反动派可耻的行径？这是傲岸的肯定和赞美，这是不屑的蔑视和讥诮。这些内容充实、意义丰富的表现，全然没有抽象的议论，全然不见一般的教训，在这里，感性的个别事物和心灵普遍性完全融合为一，也就是通过个别反映一般，通过感性表现理念。这才是艺术，这才是诗。只是句平，便是朴素而枯槁了；必须句平意远，才是朴素而精练。看似平淡，在平淡中却获得最大限度的容量，它像海洋那样深沉，它像大地那样丰富。什么是诗歌创作？诗歌创作便是生活的心灵化。生活是源泉,而且是惟一的源泉;而作为自然形态的生活,如果不经过心灵化,怎能升华为作为观念形态的诗篇呢?而且如果不经过心灵化,又从何获得普遍的一般的意义呢?而这首《井冈山》,所反映的不是一般的生活,它是翻天覆地、继往开来的革命战斗生活;所表现的不是一般的心灵,它是囊括宇宙、包容古今的时代巨人的心灵。因此,平平道出,意境自高。毛泽东所说"在马背上哼成的"这一组词,以及毛泽东的全部诗词,都具备这一特质,这是崇高的伟大的诗篇的特质。

黄洋界

清平乐

蒋桂战争

一九二九年秋

风云突变，军阀重开战。洒向人间都是怨，一枕黄粱再现。　　红旗跃过汀江，直下龙岩上杭。收拾金瓯一片，分田分地真忙。

题　解　TIJIE

毛泽东于1928年10月5日所作《中国的红色政权为什么能够存在？》一文中，就曾指出："国民党新军阀蒋桂冯阎四派，在北京天津没有打下以前，有一个对张作霖的临时的团结。北京、天津打下以后，这个团结立即解散，变为四派内部激烈斗争的局面，蒋桂两派且在酝酿战争中。中国内部各派军阀的矛盾和斗争，反映着帝国主义各国的矛盾和斗争。故只要各国帝国主义分裂中国的状况存在，各派军阀就无论如何不能妥协，所有妥协都是暂时的。今天的暂时的妥协，即酝酿着明天的更大的战争。"果然，1929年3、4月间，蒋介石和广西军阀争夺华中的战争爆发了；8月间蒋介石和冯玉祥、阎锡山的第一次战争爆发了；到第二年4月，第二次战争又爆发了。以后直到"七七"事变前，蒋家王朝，几无宁日。

此词标题《蒋桂战争》，作于1929年秋，当在黄洋界保卫战(8.31)之后，重阳节(10.11)之前，9、10月间。时李、白已失败，阎、冯又起，正在与蒋对峙中。特别标出"蒋桂战争"的原因，大约是此词主旨不在叙写军阀混战，而在歌唱革命形势的发展。对红军战斗产生了直接影响的，在当时主要是蒋桂战争。蒋阎冯战争方兴未艾，故暂未及之。

毛泽东手书《清平乐·蒋桂战争》

1929年红军曾三次进入闽西。第一次，由江西瑞金出发，沿赣闽交界处的木杉岭，经牛犊坪，于2月下旬入闽；3月，消灭匪军郭凤鸣旅，占长汀。第二次，4、5月间，再由瑞金附近插入闽西；5月下旬，大败匪军陈国辉旅，占龙岩；6月中旬，再占龙岩；9月21日占上杭，消灭匪军卢新铭旅。第三次，10月间，红四军出击广东梅县、芜岭等地；12月初，回师闽西，再克长汀。此词当作于第二次入闽攻占上杭之后的几天中，其上限为9月21日，下限为10月11日。

笺注 JIANZHU

一、"风云"二句

【风云】 风起云飞，形态多变，比喻变幻莫测的局势。这里指时局。

【军阀重开战】 军阀指国民党新军阀。在北洋政府时代，军阀混战，连年不断；蒋介石国民党建都南京，曾取得暂时的妥协，至此战端又启；所以说重开战。

二、"洒向"二句

【洒向人间都是怨】 洒字由风云化出。怨，是说陷在水深火热中的人民对军阀的怨恨。

【一枕黄梁再现】 一枕黄梁，唐朝沈既济《枕中记》，记卢生住在邯郸客栈里，向道士吕翁自叹穷困，这时客栈主人正在蒸黄梁，吕翁拿个枕头给卢生，说："子枕吾枕，当令子荣适如意。"生枕后入梦，梦中出将入相，子孙繁昌，享尽了荣华富贵，并登高寿。可是等一梦醒来，黄梁还没有熟。吕翁笑着对他说："人生之适，亦如是矣。"旧说因谓人生为"黄梁梦"。这里是说，军阀妄想靠武力统一中国，争权夺利，只是做梦。再现，对卢生言，也兼承"重"字。

三、"红旗"二句

【红旗跃过汀江】 红旗，借代词，指打红旗的人，即红军。汀江，也叫汀水，又名鄞江，源出福建宁化西南与江西交界处的观音岭，曲折南流，经长汀、上杭二县，入广东省境。跃过汀江，谓进入闽西。

【龙岩上杭】 龙岩，县名，在福建省西南部。上杭，县名，在龙岩西，是第二次国内革命战争时期红军的根据地之一。

四、"收拾"二句

【收拾金瓯一片】 瓯，小盆，见《说文》瓦部。也叫升瓯，见《方言》卷五。又酒杯茶杯也叫瓯。金瓯，用金子制造的瓯，比喻国土完固。《南史·朱异传》："(梁武帝)尝夙兴至武德阁，口独言：我国家犹若金瓯，无一伤缺！"这里是说祖国在军阀的割据下，四分五裂，好像把金瓯打成碎片；红军在闽西建立革命根据地，收复了其中的一片。又，闽西，古属东瓯，《韵会》："东瓯，闽中地。"宋置瓯宁，民国置建瓯，均在闽西。此处所谓金瓯一片，亦兼有地区含义。

【分田分地】 实行土地改革，建设根据地，这一些活动，也包括在"收拾"的含义中。

赏 析 SHANGXI

上片写军阀重启战端，争权夺利，祸国殃民，人民怨气冲天。下片写红军解放闽西，分田分地，建立根据地，如火如荼，紧张热闹。上片写敌，下片写我。上片写得斩钉截铁，大声呵斥；下片写得欢天喜地，兴会淋漓。

上下两片，敌我双方，两种情境，两种语调。在结构上似断实续，在形象上似割裂实完整。语言富有跳跃性，却不散乱。诗不同于散文或小说，它不一定要求逻辑结构的连结，不一定要求表面形象的完整，它只要凝结于一个典型的情感里，也就是只要具有情感的凝结和一贯，它便是连结的和完整的。这是由于诗较之散文和小说，形式上是更压缩和更凝练的；在情感的抒发上是更集中和更烘托的。当然，这个所谓典型的情感，这个所谓情感的凝结和一贯，必须是客观现实或社会生活的反映，而不是诗人主观随意性的编造。即如毛泽东这一首词，上片写敌，下片写我，也不用任何连接词把它联系起来，但却不能说它们中间是没有任何联系的，实际上它们内在的联系是很紧密的。毛泽东在《中国的红色政权为什么能够存在?》一文中，曾指出过：

> ……这种奇事的发生，有其独特的原因。而其存在和发展，亦必有相当的条件。……它的发生不能在任何帝国主义的国家，也不能在任何帝国主义直接统治的殖民地，必然是在帝国主义间接统治的经济落后的半殖民地的中国。因为这种奇怪现象必定伴着另外一件奇怪现象，那就是白色政权之间的

> 战争。帝国主义和国内买办豪绅阶级支持着的各派新旧军阀,从民国元年以来,相互间进行着继续不断的战争,这是半殖民地中国的特征之一。不但全世界帝国主义国家没有一国有这种现象,就是帝国主义直接统治的殖民地也没有一处有这种现象,仅仅帝国主义间接统治的中国这样的国家才有这种现象。这种现象产生的原因有两种,即地方的农业经济(不是统一的资本主义经济)和帝国主义划分势力范围的分裂剥削政策。因为有了白色政权间的长期的分裂和战争,便给了一种条件,使一小块或若干小块的共产党领导的红色区域,能够在四围白色政权包围的中间发生和坚持下来。……我们只须知道中国白色政权的分裂和战争是继续不断的,则红色政权的发生、存在并且日益发展,便是无疑的了。

这是毛泽东在1928年10月间写的。这段话详尽地说明了军阀混战与土地革命二者的内在联系。混战的军阀与革命的人民构成当时中国社会的矛盾双方,是一中的二,二又存于一中。正是由于这一客观现实反映于诗人的头脑里,才形成词中所流露的情感,这情感才具有典型性,这情感才是凝结而一贯的。同时,对敌人的憎恶与对人民的热爱,这种感情倾向的理性基础,乃是深深植根于上述矛盾斗争和对立统一的现实生活土壤中。它是伟大诗人革命立场的形象的显现。

一定的感情倾向必然奠立于一定的理性基础之上，这是情与理的关系。理,便是诗人通过实践活动而取得和作出的对于生活的认识与评价。这些反映在诗篇中,一般不需要使用抽象议论或单纯抒发的语言,无论写景,无论叙事,都是抒情的手段。诗人只要是把触发真情实感的景或事,率直写叙出来,则情与理自寓其中。主要的在诗的语言上必须锤炼得妙,要唤得醒,点得透。毛泽东此词,上片,“军阀重开战”,一个“重”字,不只道破了新军阀的本质,而且说明了混战的频繁,也说明了人民受害的深重。“洒向人间都是怨”,一个“洒”字,不只上承“风云”,造意精警而新奇,而且反映了祸乱的广泛,也反映了人民怨恨的普遍。“一枕黄粱再现”,则是借用了一个典故对军阀混战所作的形象的认识与评价,这认识是深刻的,这评价是决绝的,而在使典用事上却不落陈套,赋予了全新的内容。四句都是平平道出,并无特别着力处,却把对敌人的憎恶充分表达了出来。下片，“红旗跃过汀江”，破空而来，极有声势，仿佛是在沉沉的阴霾中射出耀眼的金光。这里，“红旗”的鲜明的色彩，“跃”字的旺盛的精神，是极富感染力的。试设想如果改作“红军渡过汀江”，便平淡而枯槁了。“直下龙岩上杭”，紧承上句，写天兵东征，迭克名城，势如破竹。句拗气盛，语势流走，“直”字酣畅饱满，有力如虎。“收拾金瓯一片”，说破碎山河，要一片片重新整顿。这里，“金瓯”是成语，而缀以“一片”二字，便赋予了新义；冠以“收拾”二字，更表现出豪情。“分田分地真忙”，正是“收拾”的具体说明，并活画出一片欢欣活跃的景象，而且暗示出翻身农民的高涨情绪。这四句看似平易，却隐隐透露出伟大领袖对闽西解放的高度喜悦，这根基是对祖国的热爱和对革命的赞美。综合上下两片，并没有着力描绘，只不过如实叙写，却达到了深刻的抒情的效果。不求精工，而自然精工，这是需要我们细加体会的。

采桑子

重阳

一九二九年十月

人生易老天难老，岁岁重阳。今又重阳，战地黄花分外香。　　一年一度秋风劲，不似春光。胜似春光，寥廓江天万里霜。

题解 TIJIE

重阳，节令名，阴历九月九日，又叫重九，因九为阳数，故名重阳。此词作于1929年重阳节，为当年公历10月11日。时毛泽东正在闽西，这是由前首《清平乐》及次首《如梦令》两词所叙述的地理环境可以推知的。内容描写重阳节的战地风光，借景抒情，表现战争胜利后的喜悦和对革命前途的乐观，并从而对马克思列宁主义的自然观或宇宙观作了形象的诗的揭示，是富有深刻的哲理意蕴的。

笺注 JIANZHU

一、“人生”二句

【人生易老天难老】　即人生有尽，宇宙无穷之意。李贺《金铜仙人辞汉歌》：“天若有情天亦老。”这里是反用其意，天是无情的，所以天难老。

【岁岁重阳】　就是天难老的证明，此重阳是泛指。

二、“今又”二句

【今又重阳】　此重阳是特指诗人在战地重逢的重阳，1929年的重阳。

【黄花】《礼·月令》:“鞠有黄华。”鞠,古菊字,黄华即黄花。因称菊为黄花。《淮南子》:“季秋之月,菊有黄花。”高诱注:“菊花不一,而专言黄者,秋令在金,以黄为正也。”史正志《菊谱》:“菊草本也,以黄为正,所以概称黄花。”这里是指野菊。野菊一名苦薏,是一种多年生草本植物,叶似菊叶,缺刻较深,花黄色,原野中多有之。

三、“一年”二句

【劲】 有力、猛烈。

【不似春光】 是说秋风与春光之别,是客观现实。

四、“胜似”二句

【胜似春光】 是说秋风比春光更美,是主观感受。

【寥廓江天万里霜】 寥廓,指天地广阔。江天,江水与天空相接。杜甫《滟滪》:“江天漠漠鸟双去。”万里霜,郭沫若《喜读毛主席词六首》:“这并不是普通的霜雪之霜,而是秋色的代字,是霜叶红于二月花的霜。但霜叶不限于红,还有黄叶。秋色也不限于霜叶,还有各种果实以及天高气爽的寥廓景象。”这是申言“胜似春光”的具体含义。

赏　析 SHANGXI

伟大领袖在闽西征途中,欣逢重阳佳节,触景生情,因成此词。诗情画意,最为浓郁。它写了深秋的战地风光,写得那么鲜明爽朗;它表现了对自然和人生的看法,表现得那么豪迈乐观。天空海阔,气度恢宏。使人读过以后,毫无感到肃飒之气,而会受到无限鼓舞。

“人生易老天难老,岁岁重阳。”宛如一山飞峙,起势突兀。在这两句中,从近处看,前句是虚,后句是实;前句泛论人生天道,后句带出重阳入题。从远处看,前句是主,后句是宾;前句中“天难老”三字是纲,笼罩全篇,后句只是进一步申说。于此,我们必须弄清楚以下三点:首先,“人生易老”只是与“天难老”对比着说,丝毫不含有消极感伤的意味。古诗词中伤春怨秋,嗟贫叹老,这种作品是太多了。但在这里,却完全是另一种思想感情,这里着重说的是“天难老”。其次,“天难老”是说宇宙间一切事物在不断地发展变化,生生不已,光景常新。“天”就是自然,“难老”就是指发展变化的过程无穷无尽。这三个字简直就是辩证唯物主义宇宙观的诗的说明,必须注意。再次,明白了“天难老”的涵义,也就明白了“人生易老”的说法,不但不是慨叹人命朝露,而且恰恰相反,在这里是说正由于“人生易老”,所以必须把有限的生命献给无限壮丽的革命事业,让小我化入大我,以有涯积为无涯,尽可能多地发些光和热,生命才更充实更宝贵。总之,诗句的意思是说:人生固易老,但这又何妨?天是难老的呀。这意义是丰富的,这情绪是昂扬的。它揭示出不朽的历史发展规律,它体现了革命的乐观主义精神,像格言一样精警,真是耐人寻味。但是,它不是格言,而是诗句。在这里,它是由“岁岁重阳”这一自然现象或客观现实生发出来,是通过具体感性而显现的抽象理念。所以,我们说前主后宾,后句是前句的申说,却不意味着后句较之前句不重要;因为,从另一角度着眼,我们便又看到:前虚后实,诗意乃是由“岁岁重阳”逗起的,“人生易老天难老”则是升华。两句是有机合成的精金,缺一不可。

“今又重阳,战地黄花分外香。”岁岁年年,都有重阳,重阳是过不完的。古人每逢重阳,也往往作诗填词,大约不外花酒空愁,一片萧瑟,满怀岑寂。只有毛泽东此词,意趣横生,戛然独造。假如说“今又重阳”,犹略似“日月依辰至”;而“战地黄花分外香”,那就横扫千古了。为什么“战地”的“黄花”会“分外香”呢?战地播种着英雄的头颅,灌溉着烈士的鲜血,在炮火连天中野菊挺立开放,绽黄吐芳,使人看了怎能不感到格外美丽,怎能不感到加倍喜悦?古人也有于军中写重阳的,如岑参《行军九日思长安故园》:“强欲登高去,无人送酒来。遥怜故园菊,应傍战场开。”这是什么情调?厌战思家。岑参本来是以反映边塞生活而著称的诗人,而在战地重阳,想到的只是长安故园,只是故园的菊花,还未能免俗,了无新意。至于一般的骚人墨客,那就更不用说了。读过“战地黄花分外香”这类诗句,感染到诗中所洋溢的那种高度革命乐观主义精神,再回过头来,检阅古人的重阳诗词,无论陶潜的“露凄喧风息,气彻天象明”(《九日闲居》)、“清气澄余滓,杳然天界高”(《己酉岁九月九日》);无论王维的“独在异乡为异客,每逢佳节倍思亲”(《九月九日忆山东兄弟》);无论李白的“携壶酌流霞,搴菊泛寒荣”(《九日》)、“九日龙山饮,黄花笑逐臣”(《九日龙山饮》);无论杜甫的“苦遭白发不相放,羞见黄花无数新”(《九日》)、“坐开桑落酒,来把菊花枝”(《九日杨奉先会白水崔明府》);无论杜牧的“尘世难逢开口笑,菊花须插满头归”(《九日齐山登高》);无论苏轼的“万事到头都是梦,休休明日黄花蝶边愁”(《南乡子》);无论黄庭坚的“花向老人头上笑,羞羞,白发簪花不解愁”(《南乡子》)……岂不是无一例外,完全可以“一览众山小”了吗？

“一年一度秋风劲，不似春光。”紧承上片意，写景，写的是真实感受。自是秋风劲厉，不似春光妩媚。但却绝对不是“春华落尽，满怀萧瑟”（刘克庄《贺新郎·九日》）。假如说在这两句中，于秋风春光，尚无所轩轾；那么，紧接着写道：“胜似春光，寥廓江天万里霜”，这就于秋风春光，已有所抑扬了。为什么“胜似春光”？春天里哪能有这天高气爽、江净波平的既鲜明又绚丽的寥廓景象呢？“寥廓江天万里霜”，这可同杜甫的“天宇清霜净，公堂宿雾披”，大不相同。同是秋霜，杜甫联想到的是“公堂”，毛泽东联想到的是“春光”。而以秋比春，所作出的审美评价，显然根据不全然在于春与秋的自然属性，关键还是在诗人的战斗性格更喜欢劲厉，不接近妩媚。因而在这种借景抒情之中，自然便有了寓意，有了寄托。“秋风劲”，使人联想到革命形势的不断发展和革命力量的不断壮大；“春光”，使人联想到如花似锦的和平生活。于是，“胜似春光”，便是合乎逻辑的推论了。“江天”句则预示了革命前途的光明，表现了胜利信心的坚定。这些寓意和寄托，都是在写景言情中的“言外意”、“味外味”，其妙处是“味在咸酸之外”。不得把诗的形象看做某种概念的象征，这比那种托物言志的手法又高一筹，是真正的诗意与精深的哲理的统一，是浓郁的诗意中放射出的巨大哲理光辉。它首先给人以强烈的美感享受，并从而又给人以刚毅的意志的鼓舞和智慧的理性的启发。这是诗的最高的意境。

《采桑子》一词，上下片的二三两句，词家常用叠句，如辛弃疾词：“少年不识愁滋味，爱上层楼。爱上层楼，为赋新词强说愁。而今识尽愁滋味，欲说还休。欲说还休，却道天凉好个秋。”又如吕本中词：“恨君不似江楼月，南北东西。南北东西，只有相随无别离。恨君却似江楼月，暂满还亏。暂满还亏，待得团圆是几时？”更多的则是不用叠句，其例甚繁，不遑列举。大约用叠句的，则与第二句断读；不用叠句的，则通读下来。这里的“岁岁重阳。今又重阳”和“不似春光。胜似春光”，都似叠非叠，有反复又有递进，既断读却又连转，语势流宕，音节浏亮，风调韵致都极隽美，句法则为创格。于此等处，似不着力，却见出含英咀华的功夫。

如梦令

元　旦

一九三〇年一月

宁化、清流、归化，路隘林深苔滑。今日向何方，直指武夷山下。山下山下，风展红旗如画。

题　解 TIJIE

1929年红军曾三次入闽：第一次在1月，第二次在5月，第三次在10月。俱见《清平乐·蒋桂战争》的题解。在第三次入闽后，于12月间在上杭的古田镇召开了红军第四军第九次党的代表大会，这就是历史上有名的古田会议。毛泽东为这次会议写了《关于纠正党内的错误思想》的决议，作了中国人民军队建设经验的总结，使红军完全建立在马克思列宁主义的基础上，成为真正的人民军队。在会议进行期间，蒋介石组织了“三省会剿”，纠集江西的金汉鼎、福建的刘和鼎、广东的陈维远等部向闽西苏区进逼。当时，福建的敌人占领了龙岩城，先头部队进抵小池，离古田只30里；广东的敌人进到武平、永定县城；江西的敌人也占领了长汀城。为了粉碎敌人的“围剿”，会议刚结束，党就决定把部队开到敌人后面去，转移敌人的目标。于是，红四军的四个纵队从古田出发，向北经连城、清流、归化、宁化，西越武夷山，去江西开展游击战争。在行军途中，恰值新年。此词题标《元旦》，正是在这时写的。三战闽西，都取得辉煌胜利；古田会议，更收到巨大成就；眼前又成功地作了战略转移，使敌人喧嚣一时的“三省会剿”归于失败。军事政治双丰收，军心士气齐欢畅。这就是此词写作的背景（参阅邓子恢、张鼎丞《闽西暴动与红十二军》，见《星火燎原》第一集第397页）。

笺注 JIANZHU

一、"宁化"二句

【宁化、清流、归化】 都是福建省的县名。宁化位置最西，距武夷山最近；清流在宁化东南；归化在清流东北。归化，1933年改为明溪县，1956年与三元县合并，又改称三明县。当日行军经过处不止这三县，举出这三县以概其余；行军路线由东向西，顺序当为归清宁，倒言宁清归，是为了音律谐畅。

【路隘林深苔滑】 指行军途中情境。

二、"今日"二句

【今日】 指1930年元旦。

【直指武夷山下】 直指，笔直地指向。武夷山，一作武彝山。武夷山脉又叫大杉岭脉，是江西和福建的界山，也是赣江和闽江的分水岭。绵亘120里，有36峰，37岩；武夷山是主峰，在福建崇安县南80里，海拔2120米。

三、"山下"二句

【风展红旗】 风吹动红旗飘飘招展。

赏析 SHANGXI

全词6句，33字，是一首小令，单调，一二两句写行军途中的经历和情况，是"元旦"以前的事；三四两句指明"今日"行军方向，五六两句写到达目的地，都是"元旦"的事。篇幅虽短，部署井然，极有层次。

起句用三个双音节词一连排列了三个地名，二句又用三个主谓短语一连提出了三种情境。这就大略勾画出一幅粗线条的山地行军图，具有特征性地描绘了此时此地的行军中所遇到的险阻。两句都是两字一拍各有三顿，二四六字同是仄平仄，曼声与促节相间相重，读起来感到明快简劲。从这种巧妙的旋律和活泼的节奏中，不正可以使人联想到山间小路的崎岖不平，使人侧听到红军步伐的矫健轻快吗？这次出发，起初为了要尽快地甩开敌人，取得战略转移的胜利，就得隐蔽地急行军，钻空子，走小路，攀山越岭。这两句诗，正是描写这种行动神速，克服了前进中重重困难的急行军的。绘形绘声，有情有景，白描手法，传神笔力，多么耐人玩索！

"今日"句点明"元旦"。故作设问,逗出下文,一问一答,流宕有力。两句都是一气到底,中间没有停顿,结构与前两句不同,音节较为舒长,气氛显得缓和;全词句末都用仄声,独"今日"句用一个平声"方"字,使人很自然地生出"划然变轩昂"(韩愈《听颖师弹琴》)的感觉。这些地方,都见出错综变化的好处。但并不只是在声律上用工夫,不只是在节奏旋律上追求错综变化;它是紧紧配合内容,谐调地反映着诗句所传达的情绪的。红军转向武夷山进发的时候,已经把敌军远远地甩开,取得了战略转移的胜利,用不着再隐蔽地急行军了。所以可以振旅长驱,从容不迫,"直指武夷山下"。《清平乐》写进入闽西:"红旗跃过汀江";《如梦令》写凯旋赣南:"直指武夷山下"。纵横驰骋,东征西战,昂扬的战斗意志,磅礴的英雄气概,也都从这里表达出来了。

"山下山下",按词谱本来算做两句,但就语法结构上看,只是一句两顿。句中有停顿,却连用叠字,以唱叹出之,有留连赞赏意,与第一二两句如"阪上走丸"者截然不同,这又是句法变换处,变换得极有情致。看吧,那山下啊,那山下啊,"风展红旗如画"。这里,表面上只是写红旗,实际上则是歌颂军容的壮盛,军心的欢畅,这是热烈而又严整的场面;同时也表现出伟大领袖对革命事业的坚强信心,流露着轻松快适的情绪。这是把想像,把诗的幻想注入形象中,注入绘画中,其中所蕴涵的意义可以说是丰富极了。全首词明白如话,极为朴素,这一句却设色绚丽,深得浓淡相衬之妙。有此一结,也使得通篇精神俱振。

通读全词,不但诗意葱茏,诗情酣畅;而且有绘画美,像一幅鲜明的行军图;有音乐美,像一支雄壮的进行曲。单调小令,竟有这等容量,这般气势,而又平平道出,一似毫无用力,便一挥成风斤,全无斧凿痕,实在是第一等真诗,第一等好诗。非大手笔,何克臻此?非有深刻的具体感受,巨大的革命热情,又怎能如此自然浑成?

是的,自然浑成。这仅仅是一首抒情小诗,写的是行军途中的某些具体感受,表现了到达目的地时的一种欢畅自豪心情。没有大议论,没有哲理的生发,只是抒情。可是,任何"情"都是建立在一定"理"的基础之上的。试设想:如果不是对当时的革命形势和战争规律有真知灼见,全了然于心,能够于此突围急行军、战略大转移之际,流露出这样视险如夷、泰然自若、且轻快欢畅的豪情来吗?是不是有如诸葛亮空城弹琴,故作镇静,强为乐观呢?是不是像法国人伏尔泰(Voltaire,1694~1778)为乐观主义所下的定义:"在事情糟的时候爱说一切如意的癖好”呢？不是，决然不是。假如说，只在这短短的小令本身，还难于作出深刻的全面的认识；那么，请把这首《如梦令》词结合《星星之火，可以燎原》那篇名文，合而读之，着意揣摩，细加深思，便定然可以得出进一层的理会。为什么？因为词与文不但几乎作于同时同地，而且写的同是革命战争，自然具有着内在联系。当然，词是一首诗歌，重在表达行军感受，抒发革命情意，是诗人精神的斧凿在现实生活的岩石上碰击出的火花；文是一篇通讯，意在批判当时党内的一种悲观思想，是领袖以理论的解剖刀对政治形势的客体所作的由表及里的分析。二者是不同的。不过，如果没有那“星星之火，可以燎原”的高瞻远瞩，能够看到这“山下山下，风展红旗如画”的绚丽风光吗？肯定说，是不能的。如果“没有在游击区域建立红色政权的深刻的观念”，因此也就“没有用这种政权的巩固和扩大去促进全国革命高潮的深刻的观念”；如果不能确信“朱德毛泽东式、方志敏式之有根据地的、有计划地建设政权的、深入土地革命的、扩大人民武装的路线……无疑义地是正确的”，那么，是万万写不出这首《如梦令·元旦》词来的。如果没有前者的“理”，怎么会有后者的“情”呢？自然浑成的小令，其坚实深厚的思想基础乃是建立在《星星之火，可以燎原》的皇皇大文之上的。不但此词此文有如此关系，凡出于伟大诗人同时又是革命领袖之手的一切诗文，都莫不有此关系。我们于毛泽东的诗词和毛泽东的著作，都莫不应作如是观，应作如是读。

于此，借论诗与文的区别与联系以及联系与区别。清吴乔《围炉诗话》说：

> 问曰：诗文之界如何？答曰：意岂有二？意同而所用之者不同，是以诗文体制有异耳。文之词达，诗之词婉。书以道政事，故宜词达；诗以道性情，故宜词婉。意喻之米，饭与酒所同出；文喻之炊而为饭，诗喻之酿而为酒。文之措词，必副乎意，犹饭之不变米形，饮之则饱也；诗之措词，不必副乎意，犹酒之尽变米形，饮之则醉也。

这里，把“米”比作“意”，虽然近似，但不确切；因为诗与文不是从“意”开始，社会生活才是惟一的源泉。如果把吴乔所说的“意”换作客观现实，那就很精当了。我们说，米犹客观现实，饭为论文，酒为诗歌。饭与酒同源于米，文与诗同源于现实，正如《星星之火，可以燎原》与《如梦令·元旦》同源于土地革命战争，它们都是土地革命战争的反映。它们所反映的都是真理，亦即被认识的客观现实与符合于客观现实的认识。在这一点上，它们是没有区别的。但它们毕竟又不是一回事，二者加工的形式有所不同，“是以诗文体制有异耳”：文为科学的掌握，在于穷尽物理，必排除感情成分，尽量揭示其不依人的意志为转移的客观规律或内在本质，重在发现，故不变米形；比如《星星之火，可以燎原》，乃是对当时中国的政治形势、矛盾对抗中的革命力量和反动力量的强弱对比及消长趋势，作出深刻全面的分析，从而得出革命高潮快要到来，并且必须加强红色区域的建设和发展以促进革命高潮的结论；这是对客观规律的揭示，也是完全符合于现实的认识，所以说不变米形。诗为艺术的掌握，在于表达性情，是感情世界的形象显现，是诗人依着一定的审美理想或感情倾向对生活的反映与评价，重在创造，故尽变米形；比如《如梦令·元旦》，乃是于从事红色区域的建设和发展以促进革命高潮的斗争实践中，表达了一定的具体的切身感受，描绘了在一定时间一定空间的所作所为、所闻所见，亦即诗人自己个人的——主观的——印象，从而显示了诗人的战斗激情和革命乐观主义精神；这是客观溶入主观、主观铸冶客观的结果，所以说尽变米形。文以觉人，“啖之则饱也”；诗以感人，“饮之则醉也”。

在这里，我们必须进一步加以补充说明：所谓诗与文二者加工的形式有所不同，只是相比较而说的，因而只是相对的。

论文，对现实的科学的掌握，是通过理智直接作用于理智，重在对客观规律的揭示；但作者有时也会由于充满了对所追寻的真理的晶莹火焰，不免热情洋溢，求助于联想和想像，而使用热烈语言和灿烂形象来说话。比如《星星之火，可以燎原》：

> 我们所说的中国革命高潮快要到来，决不是如有些人所谓“有到来之可能”那样完全没有行动意义的、可望而不可即的一种空的东西。它是站在海岸遥望海中已经看得见桅杆尖头了的一只航船，它是立于高山之巅远看东方已见光芒四射喷薄欲出的一轮朝日，它是躁动于母腹中的快要成熟了的一个婴儿。

你瞧！这不是浮想联翩，有似乎诗篇了吗？即使如此，在这里，情感、联想与想像还是次要的因素，只是辅助的手段。作者在作出结论时，仍必须严格控制在理智的辩证逻辑中，而不能淹没在想像、联想与感情的陶醉里；就其实质说，就其整体说，它使用的是科学的语言：说理明确，达意恰当，条理清楚，逻辑严谨。

而诗歌，对现实的艺术的掌握，是通过想像、联想与形象来反映生活，重在表达性情；但诗人也必须思考和判断，并且作为社会意识形态，诗歌当然也是属于理性范畴，是以理性认识为基础的。不但诗的语言，每个字、每个词、每个短语都表示着一定的概念；而且任何诗篇都不能不对生活作出一定的评价，直接的或间接的评价。即如《如梦令·元旦》，如果不是在坚如磐石的理智基础上百分之百地肯定革命的正义性、胜利的必然性，不是对战略战术的灵活运用胸有成竹又了如指掌，能够在“路隘林深苔滑”中发现葱茏的诗意和酣畅的诗情吗？能够看到“风展红旗”而感到“如画”吗？即使如此，《如梦令·元旦》却不是在论证革命的正义性，不是在分析胜利的必然性，不是在研究战略战术，而只是在表达行军途中一定的具体的切身的感受。它不是抽象的推理，而是具体的描绘。在这里，感情是主要内容，想像与联想是起主要作用的力量。感情总是直接联系着感性，并且腾起想像的翅膀，搭起联想的桥索。“宁化、清流、归化，路隘林深苔滑”，只是在叙事，而情意是多么浓郁啊！“山下山下，风展红旗如画”，只是在写景，它却借助于联想引人进入想像的画境中。这就是说，诗歌创作过程只有通过联想与想像而完成。不过，所谓联想，所谓想像，也并不是随意性或任意性的结果，不是脱离现实生活、不顾逻辑规律的想入非非。即使任何虚构的形象，还是借知觉所得到的材料和借记忆所保持的材料建造出来的。联想和想像就是把人头脑中过去所形成的暂时联系重新配合，使它复活，而创造出新事物的形象来。最奇妙的最怪诞的形象，仍是以创造性地改造人所感知的现实因素为基础的。不过，所谓创造性地改造人所感知的现实因素，不但要有过去累积的材料，亦即表象作基础，还必须以一定的感情倾向和审美理想作主导，这又是同诗人的立场、观点、思想方法，同诗人的世界观和人生观分不开的。因此，任何诗篇，尤其是抒情诗篇，都不只是反映形象所赖以形成的描写对象即诗的素材，而更主要的是树立起抒情人物形象。这是在纯粹的科学著作中所看不到的。在《如梦令·元旦》词中，我们只是看到“路隘林深苔滑”吗？我们只是看到“风展红旗如画”吗？不，我们更激动地看到伟大诗人革命统帅置身在行进着的大军当中,挺立山头,昂首环顾,山前山后,如火如荼,红旗猎猎,烟尘滚滚,激情和陶醉不禁沛然充溢了那崇高而伟大的心灵。于是一首优美的诗篇诞生了。这巨大的形象在《星星之火,可以燎原》当中,是不存在的。在这个意义上,仅仅在这个意义上,有人说任何情感、任何思想必须形象地表现出来,然后才是诗的情感和思想。这是不错的。因此,词作为诗篇,与论文不同,它所使用的语言,不仅在于说理,而且尤在传情;不仅在于达意,而且尤在绘形;不仅在于条理,而且尤在烘托;不仅在于逻辑,而且尤在形象。它表达的是诗人对某种生活、对某些人、对某些事物的主观态度,并且是用自己的形式、自己的语言把这种态度表达出来的,从而也就树立起了抒情人物形象。而这形象则又是客观现实的反映,必然闪耀着一定的时代色彩,具有着一定的阶级内容,这就是不言而喻的了。

减字木兰花

广昌路上

一九三〇年二月

漫天皆白，雪里行军情更迫。头上高山，风卷红旗过大关。　　此行何去？赣江风雪迷漫处。命令昨颁，十万工农下吉安。

题　解 TIJIE

这首词是写雪里行军的。作于1930年2月红军越过武夷山，进入赣南，经广昌进军攻打吉安时。郭老《喜读毛主席的词六首》说："红军攻打吉安，在1930年一共有九次之多。第一次在二月，第二次在四月初旬，第三次在四月下旬，第四次在五月，第五次在六月，第六、七两次是在六七月间，第八次是在八月下旬，第九次是在九十月间。就只有第一次是在冬末，可以下大雪，其余的八次都不可能下雪。故可以推定：这首《减字木兰花》是作于1930年2月。"又说："参加第一次战役的有红四军和六军。红军于二月五日到达赣南后，连克雩都、宁都和永丰。二月二十四日上午十时在吉安东南不很远的水南与敌军唐云山旅接触，半小时结束战斗。缴获颇多，残敌逃窜。这首词是行军途中作的，当作于二月二十四日以前。"郭老的考订很为细密，关于写作时间，已为1963年版《毛主席诗词》作者自标年月所印证；所述行军及战斗情况，对我们理解词旨也极有帮助。

笺 注 JIANZHU

一、"漫天"二句

【漫天】 满天。

【情更迫】 原作无翠柏。

二、"头上"二句

【高山】 郭老认为大约指雩都、宁都一带的山岳，或许是雩都西北的雩山。按：雩山，在雩都县北35里，顾祖禹《读史方舆纪要》说它"高耸干霄，盖古望祭之山也，雩水出其下，因以名"。

【大关】 雄壮的关隘，乃贤《行路难》："嵯峨虎豹当大关，苍崖壁立登天难。"大关承高山来。雩都有平田、左坑、牛岭诸隘，宁都有东陇、田埠、白鹿、长胜、排云、秀岭、石涂岭诸隘，都以险峭著称。见《嘉庆重修一统志》卷三三一。

三、"此行"二句

【赣江】 也叫南江，是江西省的主要河流，长约900公里。上游为章、贡二水，前者出自大庾县西，后者出自福建长汀县的仙乐岭。二源至赣州市北合而北流，才叫赣江，注入鄱阳湖。

四、"命令"二句

【颁】 读bān，宣布。

【吉安】 市名，江西中部经济文化中心，位于赣江中游西岸。井冈山即在市西，相距90公里。

赏 析 SHANGXI

郭老说："这首词是一幅雄壮的雪里行军图。漫天风雪中，红旗在翻舞，人马在飞腾，山岳在动摇。"(《喜读毛主席的词六首》)上片写行军途中所见；下片写行军目标所向。这次行军，和《如梦令》有所不同：《元旦》词写的是突围，是战略转移；《广昌路上》词写的是进攻，是"争取江西的计划"的有机组成部分。前者是"路隘林深苔滑"，是隐蔽急行军；后者是"雪里行军情更迫"，是冒雪挺进。细加品味，气韵各殊。"今日向何方？直指武夷山下"，是武夷山已在望中；"此行何去？赣江风雪迷漫处"，是赣江犹处苍茫中。"山下山下，风展红旗如画”，含蓄蕴藉，流露出留连赞赏的意态；“头上高山，风卷红旗过大关”，雄放豪迈，表现着一往无前的气概。凡此一切，都是这两首词所不同的。至“命令昨颁，十万工农下吉安”，则由蕴藏不露，一语道破，点明进军目标，这是《如梦令·元旦》词所没有的。

况周颐《蕙风词话》：“近人作词，起处多用景语虚引，往往第二韵方约略到题，此非法也。起处不宜泛写景，宜实不宜虚，便当笼罩全阕，它题便挪移不得。”这是有道理的。词多短章，语言最贵节约，不可虚掷浪费。毛泽东此词，起句虽作景语，但非泛写，“漫天皆白，雪里行军情更迫”，便已笼罩全阕，挪移不得。于此漫不经意处，亦最见功力。

张涤华《毛主席诗词小笺》：“前人论词，认为起结最难，而结又难于起。毛主席的词，结束处无一不佳，而又各有胜处。大概说来，有的飘逸流丽，如‘曾记否，到中流击水，浪遏飞舟’（《沁园春·长沙》），‘今日长缨在手，何时缚住苍龙’（《清平乐·六盘山》）；有的含蓄蕴藉，如‘把酒酹滔滔，心潮逐浪高’（《菩萨蛮·黄鹤楼》），‘山下山下，风展红旗如画’（《如梦令·元旦》）；有的兴会飙举，如‘战士指看南粤，更加郁郁葱葱’（《清平乐·会昌》），‘收拾金瓯一片，分田分地真忙’（《清平乐·蒋桂战争》）；有的奇崛排奡，如‘惊回首，离天三尺三’（《十六字令三首》），‘奔腾急，万马战犹酣’（同上），‘天欲堕，赖以拄其间’（同上）；有的雄放豪迈，如‘太平世界，环球同此凉热’（《念奴娇·昆仑》），‘俱往矣，数风流人物，还看今朝’（《沁园春·雪》），‘狂飙为我从天落’（《蝶恋花》）；有的感慨淋漓，如‘神女应无恙，当惊世界殊’（《水调歌头·游泳》），‘萧瑟秋风今又是，换了人间’（《浪淘沙·北戴河》）；有的清新绵邈，如‘苍山如海，残阳如血’（《忆秦娥·娄山关》），‘寥廓江天万里霜’《采桑子·重阳》）。这里只是举例，并没有把毛泽东词的结句全数列举出来（各类之间的界限也不是很严格的），但即以上举的这些而论，也就可以看出结得不拘一格，而无不工妙。‘十万工农下吉安’，也是雄放豪迈一格，但与‘太平世界’等句又不同。这种细微的区别，读者可以自去领会，这里用不着再多所疏说了。”按：《小笺》所说甚是。所谓雄放豪迈，也便是豪放。豪放云者，器大声闳，志高意远之谓，司空图《诗品》曲尽形容说：“观花匪禁，吞吐大荒，由道返气，处得以狂。天风浪浪，海山苍苍，真力弥满，万象在旁。前招三辰，后引凤凰，晓策六鳌，濯足扶桑。”这些都是古人关于豪放的意象，总沾染着一层佛光仙气，缺少从生活斗争中激发出来的现实感，不足以表现毛泽东词的豪放精神，不过我们读了它，似乎也可以得到某些启发。至于同属豪放,所引例句又各有不同,这种细微的区别到底何在呢?的确这是难于疏说的,一落言诠,便失胶滞。强作甚解,似乎可以这样分说:《蝶恋花》豪放而劲健,《沁园春》豪放而英爽,《念奴娇》豪放而雄浑;至于"十万工农下吉安",则是豪放而自然。其语言特色不是工丽,不是清奇,不是秾纤绵密,而是朴素精练,纯以白描手法,表现宏伟气概。这里写的是"工农",是"十万工农",是"十万工农下吉安"。以"工农"入词,大约还是"横绝六合,扫空万古,自有苍生以来所无"。

蝶恋花

从汀州向长沙

一九三〇年七月

六月天兵征腐恶，万丈长缨要把鲲鹏缚。赣水那边红一角，偏师借重黄公略。　　百万工农齐踊跃，席卷江西直捣湘和鄂。国际悲歌歌一曲，狂飙为我从天落。

题　解 TIJIE

1929年4月前委曾向中央提出“一年争取江西的计划”。后来毛泽东于1930年1月5日所写《星星之火，可以燎原》一文中指出说：这个争取江西的计划，不对的只是不该规定一年为期，至于江西的主观客观条件，提出这个计划的理由还是正确的。果然，1930年4月，蒋介石和冯玉祥阎锡山之间又爆发了第二次战争，国内形势有利于革命；于是当时的党中央就决定向江西进军；并以南昌为主要目标。6月22日，红军第一军团奉命率所属红四军和红十二军由闽西入赣，先在会昌集中，7月11日，由兴国进攻樟树。7月20日，又由永丰向麦斜集中。这是进攻南昌的主力。黄公略烈士时任红三军军长，也奉命率部由湘赣接壤处的根据地东进，作为进攻南昌的右路军。两军在永丰会师。7月下旬，进抵南昌城外的牛行车站。其时红军第三军团攻入湖南省会长沙，不久退出。为了增援，第一军团改变计划，由南昌赶往湖南。8月，两个军团在浏阳会师，成立了中国工农红军第一方面军(毛泽东任总政治委员，朱德任总司令)，准备再攻长沙。但因敌人兵力业已加强，乃撤离湖南，转入江西，攻入吉安，在赣江两岸的几十个县的境内更加深入地发动土地革命。

此词标题《从汀州向长沙》正是写由闽西出发，进攻南昌，又转长沙途中。时在7月底。

笺注 JIANZHU

一、"六月"二句

【天兵】 古称王师为天兵。扬雄《长杨赋》："天兵四临。"李白《塞下曲》："塞虏乘秋下，天兵出汉家。"韩愈《元和盛德诗》："天兵四罗，旂常婀娜。"这里是指红军。

【腐恶】 腐朽丑恶的人，或腐化而恶贯满盈之人，指国民党反动派。

【万丈长缨】 长的绳子。《汉书·终军传》："南越与汉和亲，乃遣军使南越，说其王，欲令入朝，比内诸侯。军自请愿受长缨，必羁南越王而致之阙下。军遂往说越王，越王听许，请举国内属。"

【鲲鹏】 古代神话传说中的大鱼和大鸟。《庄子·逍遥游》："北冥有鱼，其名为鲲；鲲之大，不知其几千里也。化而为鸟，其名为鹏；鹏之背，不知其几千里也。怒而飞，其翼若垂天之云。"杜甫《泊岳阳城下》："图南未可料，变化有鲲鹏。"林逋《赠煅药秀才》："鲲鹏懒击三千水。"都本此。这里指国民党反动派头目。

二、"赣水"二句

【赣水那边红一角】 赣水即赣江，见《减字木兰花·广昌路上》的笺注。这里是在赣东指赣西而言，即黄公略红三军所在湘赣边区根据地。红，动词，革命胜利的意思。一角，一方、一片。

【偏师借重黄公略】 偏师，指全军的一部分，以别于中军或主力而言。《左传》宣公十二年："彘子以偏师陷。"潘岳《关中》诗："旅盖相望，偏师作援。"借重，借人之力以为重，即借助、倚重之意。黄公略(1898~1931)，湖南湘乡人。1927年参加中国共产党，次年7月，发动并参加著名的平江起义，成立中国工农红军第五军，历任红五军十四师第二团党代表，副师长、师长、副军长、红三军军长等职，屡立战功。1931年10月，在粉碎国民党反动派第一次"围剿"后，红三军开赴瑞金，路过吉安东固地区时，遇敌机袭击，黄公略烈士不幸中弹负伤，不久光荣牺牲。

三、"百万"二句

【踊跃】 读 yǒng yuè，欢欣鼓舞的样子。《诗·邶风·击鼓》："击鼓其镗，踊跃用兵。"又，争先恐后的样子。《资治通鉴》晋元帝建武元年："众皆踊跃前进。"两义相近，而后一义实由前一义引申而来。这里两义均可通。

【席卷】 像卷席一样地包举无遗。贾谊《过秦论》："有席卷天下包举宇内囊括四海之意，并吞八荒之心。"

【直捣】 捣本作抟，舂谷、捶衣都叫抟，引申为攻打。直捣，长驱直入，攻击要害。《宋史·岳飞传》："直捣黄龙府，与诸君痛饮耳。"

四、"国际"二句

【国际悲歌】 指《国际歌》，是国际无产阶级的革命歌曲。歌词出巴黎公社社员鲍狄埃(Eugène Pottier 1816~1888)手笔，作于 1871 年，1887 年发表。法国的狄盖特(Pierre Degeyter 1848~1932)作曲。1888 年 6 月，在法国里尔的一个工人集会上第一次演唱了这个歌。以后逐渐流传到各国，成为国际无产阶级革命的公用歌曲。悲，悲壮，高亢激越、动人心弦之声。俗话说，"慷慨悲歌"，悲歌之人，其心情是激昂慷慨的。

【狂飙为我从天落】 飙，读 biāo，疾风、暴风。写广大工农齐声高唱《国际歌》，响彻云霄，像是狂飙蓦地从天降落。为我，诗人自谓，也可解作无产阶级或工农大众，义同我们。杜甫《乾元中寓居同谷县作歌七首》："呜呼！一歌兮歌已哀，悲风为我从天来。"

赏 析 SHANGXI

一首中调，仅仅 60 个字，概述了一个多月的征程：发自闽西，跃过汀江，席卷全赣，直捣湘鄂。健笔豪情，意气纵横。《蝶恋花》历来多用以写别绪离愁，咏风月杨柳；毛泽东此词，气象如此宏大，意境如此雄伟，其可算是绝无仅有的了。

上片，"六月天兵征腐恶"，开门见山，矗然飞峙。于己则特书"天兵"，堂堂正正，威稜震慑；于敌则斥作"腐恶"，肮肮脏脏，丑类可鄙。中间贯以"征"字，真像雷公打豆腐，力逾万钧。每个字下得都经过掂量，铢两悉称，精确不移。随后申述"征腐恶"的具体内容，便是"万丈长缨要把鲲鹏缚"。万丈长缨，化用终军请缨故事，缨长而至万丈，说明了红军军容的壮盛，力量的强大；鲲鹏，庞然大物，指敌酋，这个形象在我国古典文学中已是酝酿成熟的了，此处用它，不是长敌人的威风，而是写红军“擒贼先擒王”的雄心大志，上有“万丈长缨”，下又着一“缚”字，便把这个怪物管辖住了。《清平乐·六盘山》词：“今日长缨在手，何时缚住苍龙？”彼此字面正同，设意亦近；但风调韵味却又各擅胜境：于彼是故用设问，语势流宕；于此则斩钉截铁，口气决绝。这运笔的变化，并不仅是一种遣词造句的功夫：在彼是用作结句，推宕有味，才能启人深思，引人入胜；在此乃用作起句，明确肯定，才能唤出下文，振起全篇。而更重要的，在语言运用上要作这样不同的巧安排，还是由两词所反映的不同的生活现实所决定：《清平乐》写于长征途中，“何时缚住苍龙？”正是表现渴望杀敌的急切心情；《蝶恋花》成于进军之际，“要把鲲鹏缚”，正是表现直捣湘鄂的胜利信心。运笔的变化，奥秘就在这里。当然，要使内容与形式，情绪与语言，色调气氛，达到这样谐调，又似全不经意，漫无绳墨，不露一丝斧凿痕，如果不是大手笔，不是经过含英咀华的修养，是决难办到的。上面两句，是从诗人置身于其中的红军主力这一方面说的，紧接“赣水”二句，换笔另写，兼及“偏师”，便概括反映了全局。这是事实，也使诗情增加流动回荡之势。一个“红”字，绘形绘色，如火如荼，象征意味，无限丰富；“红一角”，又是多么清新绚丽，令人神往。最后点出“黄公略”的英名，备感战友亲切之情，亦见战略依倚之重。在布局谋篇上，上片以“偏师”句收结，更显示了诗人又身兼伟大统帅的气度从容，胸怀广阔，而突现了“走云连风”的意境。

下片，“百万工农齐踊跃”，绾合主力与偏师，也可以包括响应红军、支援红军的广大劳动人民。“齐踊跃”，活画出士气昂扬、群情振奋的热烈场面。“席卷江西直捣湘和鄂”，只一句就勾勒出整个革命形势，而且写出它的迅猛发展，“席卷”、“直捣”，一气连贯而下，锐不可当，凌厉无前，传写红军的声势，真是神情毕肖。结语“国际悲歌”二句，以革命歌声的风暴，象征革命烽火的风暴，歌声震天，烽火动地，郭老《喜读毛主席的词六首》说它是“当年的革命发展的酣畅的形象化”，又说：“这是说共产党所领导的红军，在江西、湖南等地，卷起了一次特大的风暴，就像从天而降一样。”这种解释是可以首肯的。这风暴是无产阶级刮起来的，是百万工农刮起来的，所以说“为我从天落”。在这无产阶级的风暴、百万工农的风暴震撼下，反动统治哪得不像摧枯拉朽般摇落呢？读着它，如闻战鼓齐鸣，如闻千军万马向前奔腾之声。这是革命浪漫主义的号角，这是振奋而激动人心的最强音。

统读上下片，用字造语，都很自然，很朴素，却又极浓烈，极秀拔。清人许印芳《与李生论诗书跋》说："功候深时，精义内含，淡语亦浓；宝光外溢，朴语亦华。"这是诗歌创作的极致，此词实足以当之。刘勰《文心雕龙·隐秀篇》说："文之英蕤，有秀有隐。隐也者，文外之重旨者也。秀也者，篇中之独拔者也。隐以复意为工，秀以卓绝为巧。"张戒《岁寒堂诗话》转引刘勰语说："情在词外曰隐，状溢目前曰秀。"毛泽东此词，假如说主要特点是秀，而结语处则又似隐，可以称得起兼有隐秀之长了。

渔家傲

反第一次大“围剿”

一九三一年春

万木霜天红烂漫，天兵怒气冲霄汉。雾满龙冈千嶂暗，齐声唤，前头捉了张辉瓒。　　二十万军重入赣，风烟滚滚来天半。唤起工农千百万，同心干，不周山下红旗乱。

题　解 TIJIE

这首词写反第一次大“围剿”，作于1931年春。据毛泽东《中国革命战争的战略问题》一文及其他文献记述，当时情况大致是这样：1930年初，革命形势有了很大发展，党在赣、闽、湘、鄂、皖、豫、粤、桂等省已经建立了许多大小不一的革命根据地，全国红军总数达到6万人，稍后又扩充到10万人。蒋介石大起恐慌，于是在结束了与冯玉祥、阎锡山的第二次战争后，即纠集了10万兵力，以当时的江西省主席鲁涤平为总司令，师长张辉瓒为前线总指挥，从江西吉安延至福建建宁一线，分8个纵队，由北而南，进犯建立在赣南、闽西的中央根据地。这就是所谓第一次大“围剿”。其时，中央红军不足4万人，集中于江西宁都县的黄陂小布地区。敌军的部署，则以罗霖师防卫吉安，在赣江之西；公秉藩、张辉瓒、谭道源三师进占吉安东南，广昌宁都西北的富田、东固、龙冈、源头一带；毛炳文、许克祥两师进至广昌、宁都之间的头陂、洛口、东韶一带；刘和鼎师在建宁策应。其中张谭两师是鲁涤平的嫡系部队，是“围剿”的主力军，共约1.4万人。张师主力在龙冈，谭师主力在源头。龙冈与红军集中地接近，人民条件好，且有优良阵地。于是红军就决定打，而且打

1931年11月中共苏区中央局成员合影。

着了张辉瓒的主力两个旅和一个师部，连师长在内9000人全部俘获，不漏一人一马。旋又攻谭道源部，又歼其一半。5天内（由1930年12月27日到1931年1月1日）打了两个大胜仗，余敌闻风逃窜，第一次反“围剿”胜利结束。但蒋介石并不死心，在失败之后，接着就又发动了第二次“围剿”，以其嫡系何应钦为总司令，统率蔡廷锴、孙连仲、朱绍良、王金钰等部，总兵力20万人。从2月开始准备，到5月部署完竣。时红军兵力3万余，虽较上次反“围剿”略少，然经几个月的养精蓄锐，士气旺盛。这次反“围剿”，从5月16日开始，到30日结束，又取得了巨大胜利。这首词的收尾还未说到战斗的结束，与另一首《渔家傲·反第二次大“围剿”》对看，知是第一次反“围剿”胜利之后，第二次反“围剿”正式展开之前写的，大约成于1931年3、4月间。

笺注 JIANZHU

一、“万木”二句

【霜天】 见《沁园春·长沙》词的笺注，此处指冬天。秋冬都有霜，故可统称“霜天”。

【烂漫】 光彩分布貌。《文选》卷十五张衡《思玄赋》：“烂漫丽靡。”

【天兵】 指红军。见《蝶恋花》笺注。

【冲霄汉】 霄汉，谓高空。《后汉书·仲长统传》：“可以凌霄汉，出宇宙之外矣。”霄，云气；汉，天汉，即天河。云气和天河都在高空，所以用来表示高旷至极的天际。冲霄汉，也就是冲天。

二、“雾满”三句

【龙冈】 龙冈，头墟的简称，在江西省宁都、吉水、吉安、泰和、兴国诸县之间，地属兴国县。山峦重叠，形势极险。

【千嶂】 嶂，读zhàng，高险的山。千嶂，形容险峰峻岭之多。宋范仲淹《渔家傲》："千嶂里，长烟落日孤城闭。"

【张辉瓒】 国民党十八师师长，时任前敌总指挥。

三、"二十"二句

【二十万军重入赣】 敌人发动第二次"围剿"时，总兵力为20万，何应钦任总司令。

【风烟】 犹风尘，杜甫《秋兴》："万里风烟接素秋。"

【来天半】 天半，半空；来天半，扑天盖地而来。

四、"唤起"三句

【不周山】 毛泽东原注：关于共工头触不周山的故事：《淮南子·天文训》："昔者共工与颛顼争为帝，怒而触不周之山，天柱折，地维绝。天倾西北，故日月星辰移焉；地不满东南，故水潦尘埃归焉。"《国语·周语》："昔共工弃此道也，虞于湛乐，淫失其身，欲壅防百川，堕高堙厚，以害天下。皇天弗福，庶民弗助，祸乱并兴，共工用灭。"（韦昭注："贾侍中〔按指后汉贾逵〕云：共工，诸侯，炎帝之后，姜姓也。颛顼氏衰，共工侵凌诸侯，与高辛氏争而王也。"）《史记》司马贞补《三皇本纪》："当其（按指女娲）末年也，诸侯有共工氏，任智刑以强，霸而不王，以水乘木，乃与祝融战，不胜而怒，乃头触不周山崩，天柱折，地维绝。"毛按：诸说不同。我取《淮南子·天文训》，共工是胜利的英雄。你看："怒而触不周之山，天柱折，地维绝。天倾西北，故日月星辰移焉；地不满东南，故水潦尘埃归焉。"他死了没有呢？没有说。看来是没有死，共工是确实胜利了。

赏　析 SHANGXI

上片写粉碎第一次"围剿"，下片写准备展开第二次反"围剿"斗争。"二十"二句是实写，"唤起"三句是虚写。如同说，刚被赶跑的敌人又风烟滚滚铺天盖地而来了，要唤起千百万工农，同心协力，大干一场，闹它个"不周山下红旗乱"！这是满怀信心的展望，洋溢着充沛的革命乐观主义精神。

在这里，只谈谈"不周山下红旗乱"。

显然，诗人于此，是借共工的形象以状今天的伟大的革命家，诗人把共工看做进行翻天覆地、并且取得了胜利的英雄。这个形象是雄伟壮烈、富有气魄的。你瞧："昔者共工与颛顼争为帝，怒而触不周之山，天柱折，地维绝。天倾西北，故日月星辰移焉；地不满东南，故水潦尘埃归焉。"(《淮南子·天文训》)诗人说："他死了没有呢？没有说。看来是没有死，共工是确实胜利了。"

这样用典，确是创造性的，使这个古老的神话传说获得了新的生命力。

郭老在《女神之再生》的诗篇中，鲁迅先生在《补天》的小说中，只是在神话故事的原来传说意义下使用这个典故的，所以写共工死了，共工失败了。郭老曾自谦地说，这证明自己"和马克思主义的宇宙观还大有距离"。我以为这样检查，也不见得妥当。因为郭老和鲁迅先生着眼点都在女娲炼五色彩石补天这件事情上，说共工死了，共工失败了，是很自然的，也是符合原始神话精神的。

《淮南子·天文训》中记述了共工怒而触不周山之后，在《览冥篇》里就又记述了女娲炼五色彩石补天的事。王充《论衡·谈天篇》记载："儒家言：共工与颛顼争为天子，不胜，怒而触不周之山，使天柱折，地维绝。女娲锤炼五色彩石以补苍天，断鳌足以立四极。天不足西北，故日月移焉；地不满东南，故百川注焉。此久远之文，世间是之言也。"可见在古代神话传说中，是把共工怒触不周山同女娲炼五色石补天联系起来的。在这里，共工当然是个恶神，是自然暴力的化身；女娲氏才是人类改造自然、改造客观世界的幻想的形象。

这个神话，大约是产生在原始氏族社会，只是人同自然斗争的虚妄反映。"争为帝"云云的阶级烙印，是在后世传说过程中给附加上的。

毛泽东此词，发展了这一神话，把"共工怒触不周山"赋予了"孙悟空大闹天宫"的意义。在文艺创作中，死典活用，推陈出新，这的确是个光辉的范例，启人深省。

毛泽东为共工翻案，并不是凭主观愿望，任意改变历史的涵义。因为产生于原始社会中的神话，经过阶级社会的辗转传述，必然涂染上阶级意识的色彩。自从春秋战国以迄秦汉，久已把共工看作与统治者对立的人物了。原是自然暴力神，一变再变，便转化为"虞于湛乐，淫失其身"，"任智刑以强，霸而不王"，"侵凌诸侯"的"炎帝之后"了(均见原注)。我们的祖先，在原始氏族社会时期，把居住在共地(今河南辉县)与颛顼氏族为邻的一个古老的氏族，名叫共工的，幻化为泛滥洪水的暴力神，是由于这个氏族正居于黄河转折地方的北岸，为河患开始的地方。共工氏族既居住在容易闹水患的地方，自然便以治水为业，所以古代主管水利的官名也叫共工(周以后改为司空)；既是治水，就免不了失败，在古代人力不能控制自然的条件下，恐怕还是以失败为常，所以共工又被幻化为触发洪水的暴力神。古人把大水灾称做洪水，也是由“共水”这一名称而来。共工氏族与颛顼氏族既为近邻，免不了有所争夺。这就是古代神话传说的历史影子。但到后代，却把颛顼氏当做正统，尊之为帝；于是共工氏就降为“争为帝”的霸道了。因此，赋予共工以反抗的革命的性格的，并非出自毛泽东的臆断，实起于历代贵族王朝的统治者。不过，他们是站在反动统治阶级立场来贬斥来压抑共工的；那么，为共工翻案，指出他的胜利与不死，褒扬他的英雄业绩，岂不是合情合理，并且完全必要吗？

共工怒触不周山的神话传说，其产生流传当在很古老很古老的年代里；而变为被贬斥被压抑的霸道，当在阶级社会开始以后，甚至是在封建主义社会秩序建立以后，大约已经有三千年了。好一个“不周山下红旗乱”！被贬斥被压抑了近三千年的英雄，一下子焕发出了万丈光芒。不周山下，红旗招展；蒋家天下，地覆天翻。正是这神话般的革命斗争给这古老的神话平添了辉煌的异彩。也只有指引着当代千百万工农大众在怒触三座大不周山的英雄，才能有这样巨大的功力，才能使不周山下飞飘起火焰般的红旗。如果脱离斗争实践，如果不是以火和笔在镌刻历史容颜的巨人，古往今来的任何诗人是难于生发出这等革命浪漫主义奇想的。这确乎是像郭老说的：“就好像在中国的神话世界当中高擎起一只火炬。”也只有在这个意义上说，它确乎是“在神话传说的研究、古代史的研究中，指出一个明确的方向”。

渔家傲

反第二次大“围剿”

一九三一年夏

白云山头云欲立，白云山下呼声急，枯木朽株齐努力。枪林逼，飞将军自重霄入。 七百里驱十五日，赣水苍茫闽山碧，横扫千军如卷席。有人泣，为营步步嗟何及！

题解 TIJIE

这首词写第二次反“围剿”，作于战役结束以后，时在1931年6月间。我们在上一首《渔家傲》的题解中已经提到，第一次“围剿”失败以后，蒋介石死不甘心，又于1931年春发动了第二次“围剿”。这一次，蒋介石调集了兵力20万，以何应钦为总司令，驻南昌指挥进攻。参加进攻的有蔡廷锴的第十九路军、孙连仲的第二十六路军、朱绍良的第八路军和王金钰的第五路军等，全部都不是蒋的嫡系部队。其中蔡孙朱三部实力较强；王部从北方新到，表示恐惧，其左翼郭华昌、郝梦龄两师大体相同。当时敌军鉴于第一次张辉瓒、谭道源冒进深入的失败，便采取了“步步为营、稳扎稳打”的办法，从江西吉安到福建建宁，筑成一道800里战线，向中央区进犯。红军兵力3万多人，仍然采取集中兵力，各个击破的方针，于5月16日首先攻击驻在吉安附近而实力较弱的王金钰部，一举歼灭了王金钰和公秉藩两个师，然后回师东向，一直打到江西与福建的边境。战役于5月30日胜利结束。这首词先写第二次反“围剿”战役将近结束时的白云山战斗，然后倒笔追叙战役的整个过程。词的上下两片，就是根据这样的布置来写的。

笺注 JIANZHU

一、"白云"三句

【白云山】 在江西吉安东固附近，山很小，上下 15 里。山上松柏参天，战争打响以前，红军曾在这里隐蔽了 20 多天，山下就有国民党白军驻扎。敌人每天吹起床号，红军看得很清楚；红军隐藏在山上，敌人却一直没有发觉。另外，还有好几个白云山：《嘉庆重修一统志》卷三三〇记载："白云山在会昌县北八十里，峰峦特出，常有白云蒙其山顶。"定南县也有白云山，在县东 30 里，与广东接壤。但这些与此词无涉。

【云欲立】 风起云涌，如人欲立。唐元稹《过襄阳楼呈上府主严司空，楼在江陵节度使宅北隅》："有时水畔看云立。"一般只见云横，此用云欲立，是说山头的云也愤怒得要站立起来向敌人搏斗，是拟人化的写法。或曰：此指阵云而言。《史记·天官书》："阵云如立垣。"

【呼声急】 是说敌人进犯时的呐喊。急字有愈喊愈紧的意味，可见敌人逐渐接近我军阵地，大战已经一触即发了。

【枯木朽株齐努力】 郭老《枯木朽株解》："是说腐恶的敌人都在拼命。"(1962 年 6 月 8 日《光明日报》)枯木朽株，见邹阳《狱中上书自明》："有人先谈，则枯木朽株，树功而不忘。"司马相如《上书谏猎》："枯木朽株，尽为害矣。"(均见《文选》卷三十九)

二、"枪林"二句

【枪林逼】 枪林，谓枪械如林，言其多。这是指红军自山上冲下。或谓：指敌军进攻，步步逼近。但依诗人自作标点，此句当与下句合成一气，不得与上句连读。

【飞将军自重霄入】 飞将军，见《史记·李将军列传》："广居右北平，匈奴闻之，号曰汉之飞将军，避之数岁，不敢入右北平。"后来用以指称矫健勇决的武将。汉末吕布、隋末单雄信，都有飞将军之称。这里指红军，红军善作游击战、运动战，飘忽不定，出敌不意，人称飞将军。重霄，即九重霄，九重天，指天上。当时红军在白云山上，敌人在山下，红军从山头攻下，以高屋建瓴之势，粉碎了敌人的进犯，真如飞将军自天而降。

三、"七百"三句

【七百里驱十五日】 此是纪实，是说15日中，追逐敌人，长驱700里，见题解。当时红军从吉安附近的富田打起，一直打到闽赣交界的建宁、黎川、泰宁地区，东西约70里，从5月16日到30日打了整15天。

【赣水苍茫闽山碧】 赣水即赣江；闽山，指武夷山。意思是说从赣江边打到武夷山下。

【横扫千军如卷席】 东西叫横，急掠而过叫扫。当时红军从西向东打，追亡逐北，行动神速，消灭了大量敌人，所以说是横扫千军。如卷席，像卷席子一样，极言收拾得干净利落。《诗经·邶风·柏舟》："我心匪席，不可卷也。"

四、"有人"二句

【有人泣】 人，指国民党反动派，指何应钦、蒋介石辈。

【为营步步】 军垒叫营。古代安营之法，每一大营，有40子营，营与营之间距离若干步，均有规定。步步为营，是说层层设防，部署严密。这里指国民党反动派的碉堡政策。

【嗟何及】 《诗·王风·中谷有蓷》："何嗟及矣。"嗟读juē，又读jiē，悲叹。朱熹《诗集传》："何嗟及矣，言事已至此，末如之何，穷之至。"据朱注，可知此句就是穷途末路、悲叹无及的意思。汉乐府《古辞》："枯鱼过河泣，何时悔复及！作书与鲂鲊，相教慎出入。"

赏　析 SHANGXI

这首《渔家傲》与上一首词调相同，所描写的战役，时间亦相衔接。取来合读，第一第二两次反"围剿"战役的情况就生动地形象地映现在我们面前了。

依《词谱》：《渔家傲》，双调，62字。前后段各5句，五仄韵。毛泽东这两首《渔家傲》都合谱，而标点微有不同。前一首上下片均断在第二句，后一首上下片均断在第三句。这是由词句的内涵所决定的。以前一式为常。而后一首，上片："白云山下呼声急，枯木朽株齐努力"，均指敌人；下片前三句，均指红军。故不能从中截断。由此足证：毛泽东填词，固极讲究格律，但不为词谱所限。《在延安文艺座谈会上的讲话》曾说过："对于过去时代的文学形式，我们也不拒绝利用，但这些旧形式到了我们手里，给了改造，加进了新内容，也就变成革命的为人民服务的东西了。"正是这番意思。

菩萨蛮

大柏地

一九三三年夏

赤橙黄绿青蓝紫，谁持彩练当空舞？雨后复斜阳，关山阵阵苍。　　当年鏖战急，弹洞前村壁。装点此关山，今朝更好看。

题　解　TIJIE

大柏地，地名，在江西瑞金县北50里。1929年1月中旬，毛泽东和朱德率领红四军由井冈山向赣南闽西进军。2月10日（农历元旦）到达大柏地，大败尾追的国民党赣军独立第七师刘士毅部，俘敌团长肖致平、钟桓以下800余人，缴获大批武器，这就是有名的“大柏地战斗”。词中“当年鏖战急”，即指这一战斗而言。根据历史记载，自从这次战斗以后，革命形势日益发展，红色区域日益巩固。1930年底到1931年夏接连粉碎了第一第二两次“围剿”，旋于是年秋又粉碎了第三次“围剿”。第三次“围剿”，于1931年7月发动，蒋介石自任总司令，动员兵力30万，并随带美日德军事顾问，分三路进犯。红军三战皆捷，缴枪逾万，军威大振。于是1931年11月，中央工农民主政府便在瑞金成立。12月进攻红军的国民党第二十六路军1万余人在赵博生、董振堂同志领导下，在江西宁都起义，加入了红军。1932年6月到1933年2月这一期间，又击溃了蒋介石匪军的第四次“围剿”。此词当即作于第四次反“围剿”胜利后行军途中重过大柏地时。

笺　注 JIANZHU

一、"赤橙"二句

【赤橙黄绿青蓝紫】　这7种颜色是太阳光谱的基本色。虹由天空中的小水珠经日光照射发生折射和反射作用而成，也具备这7色。

【彩练】　彩色的绸子。这里用来比喻七色的虹。

二、"雨后"二句

【雨后复斜阳】　是说下过了雨又出现斜阳。谓语动词"出现"省去。

【关山阵阵苍】　关山本指关隘山岳，这里只是说山，因为凡山往往有关，所以关山连称。阵阵苍，一阵阵现出青翠的颜色。云影掩映，明暗变幻，所以说阵阵苍。

三、"当年"二句

【当年鏖战急】　当年，指1929年2月，见题解。鏖战，激烈而较持久的战斗。

【弹洞前村壁】　洞字可解作名词，亦可解作动词。作名词，就是"子弹的洞还残留在前村的墙壁上"；作动词，就是"子弹洞穿了前村的墙壁"。两义均通，后者为长。

四、"装点"二句

【装点】　装点，即装饰点缀。

【今朝更好看】　朝，旦也，见《说文》。今朝，犹言今日，不必拘泥旦义。"数风流人物，还看今朝"，此又以今日泛称当代。此词当是描写午后景象，所谓"雨后复斜阳"。更好看，因为有弹洞的装点，所以才使着阵阵苍的关山更好看了。

赏　析 SHANGXI

词以自然景色的描写开头：赤橙黄绿青蓝紫，第一句只用了七种颜色来描绘天虹，这是词曲中的所谓"独词句"，仿佛把许多鲜艳夺目的色彩展开在读者的眼前。妙在第二句紧承以"谁持彩练当空舞？"，一个"舞"字把静态的彩虹写活了，使人顿觉妙舞翩翩，光彩夺目，这想像力的丰富，实在是惊人的。关山经过新雨，分外青翠，而天空云影飞驰，阳光掩映，时隐时显，闪烁不定，所以说："雨后复斜阳，关山阵阵苍。"又是静中有动，精练细腻，真是入神之笔。古人说诗中有画，像这里所写的，已不是一般画笔所能描绘，只有五彩电影差可得能表现它。

继而由写景转入叙事：回忆当年，正是在这宁静优美的地方，曾经展开过一场动魄惊心的战斗。前村壁上残留的弹痕，就是历史的见证。它说明了今天巩固的根据地及其和平景象不是轻易得来的，而是经过艰苦斗争从激烈炮火中夺取来的。想到这些，自然便感到被这累累弹洞装点起来的关山，今天更格外好看了。一个"更"字，充分表现了伟大领袖对革命事业的乐观和对革命根据地的热爱。这同"战地黄花分外香"，正是同一意境。"更好看"、"分外香"，实在是异曲同工。一种平静而又激动的心境，一种愉快而又昂扬着战斗意志的情绪，从字里行间是可以体会出来的。

词只 8 句、44 字，却写出特定时间与特定地点的景物、经历以及作者的感受。有写景、有叙事，而写景叙事又都是抒情。真是情景交融，形象生动，给人以极大的美感享受。有人说，这首词是把革命斗争和自然景色融成一片的颂词，这是不错的。至于景与情的关系以及情与理的关系，我们在《长沙》词及《元旦》词中都已论述过了，兹略。

清平乐

会昌

一九三四年夏

东方欲晓，莫道君行早。踏遍青山人未老，风景这边独好。　　会昌城外高峰，颠连直接东溟。战士指看南粤，更加郁郁葱葱。

题解 TIJIE

会昌，县名，在江西省南部，东接福建，南连广东，红军曾在这里开辟赣南根据地。

此词作于1934年夏，时在第五次反"围剿"战役进行期间。蒋介石发动第五次"围剿"，是在1933年10月，动员兵力100万，并以半数进攻中央红军。毛泽东曾总结这次"围剿"与反"围剿"战争说："第五次'围剿'，敌以堡垒主义的新战略前进，首先占领了黎川。我却企图恢复黎川，御敌于根据地之外，去打黎川以北敌之巩固阵地兼是白区之硝石。一战不胜，又打其东南之资溪桥，也是敌之巩固阵地和白区，又不胜。尔后辗转寻战于敌之主力和堡垒之间，完全陷入被动地位。终第五次反'围剿'战争一年之久，绝无自主活跃之概。最后不得不退出江西根据地。"(《中国革命战争的战略问题》)是知在这次反"围剿"斗争中，红军因为实行了由临时中央召集的六届四中全会所确立了的，五中全会所发展了的第三次"左"倾路线完全错误的单纯防御的军事路线和其他错误政策，没有能够击破敌人的围攻。1934年10月，中央红军主力不得不退出江西根据地，进行了长征。1934年夏，毛泽东在会昌，距离北部前线很远，未能参与反"围剿"主要战役的指挥。当时第三次"左"倾路线正发展到顶点，而"以毛泽东同志为代表的主张正确路线的同志们，是同这条'左'

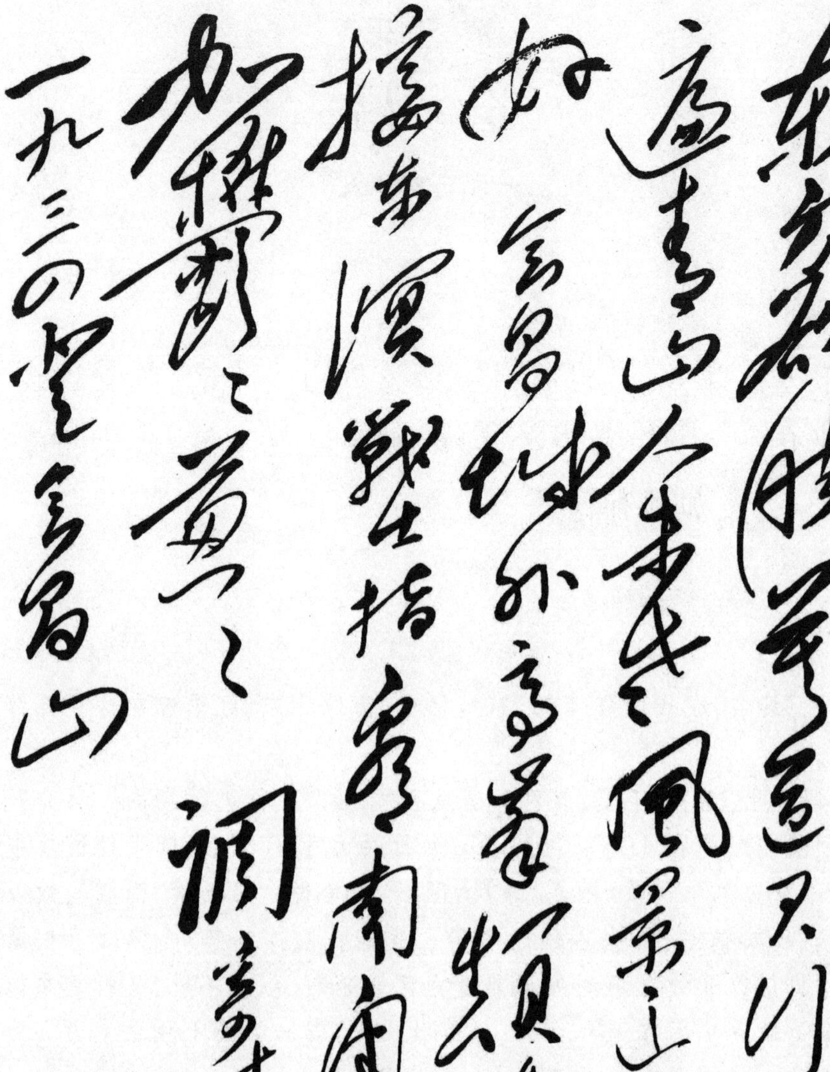

毛泽东手书《清平乐·会昌》

倾路线完全对立的。他们不赞成并要求纠正这条'左'倾路线,因而他们在各地的正确领导,也就被六届四中全会以来的中央及其所派去的组织或人员所推翻了。"(《关于若干历史问题的决议》)正是在这种困难和复杂的局面下,毛泽东写了这首词。它反映出无论处在怎样的逆境中,革命导师和伟大诗人总是恢恢有余,从容不迫,抱定坚强的胜利信心和洋溢着乐观主义精神。

笺注 JIANZHU

一、"东方"二句

【东方欲晓】 欲,将要。眼看东方就要亮了,真理很快就要大白了。

【莫道君行早】 君,泛指红军战士,包括诗人自己在内。或谓指"左"倾路线分子。二义相反,均可通,以前义为胜。全句意思是说:不要说你是早行者走到前面了。

二、"踏遍"二句

【踏遍青山人未老】 踏遍青山,谓红军转战各地,历时已久。人,指红军战士,亦包括诗人自己。未老,不仅指年龄,且兼指士气,指革命精神。

【风景这边独好】 这边,明指会昌,暗喻正确主张和正确路线。风景,明指风光景色,暗喻革命的形势和前途。独好,联系当时陷入被动的赣北前线反"围剿"的战争局面,实系慨乎言之。

三、"会昌"二句

【会昌城外高峰】 会昌城周围有许多高山,像明山、芙山、羊山、龙归山、白云山、紫云山、四望山、盘固山、君山等等。

【颠连直接东溟】 颠连,连绵不断之意。东溟,即东海。上述诸山,白云山以下都在会昌东南两面,有的与福建武平相接,有的与赣粤之间的著名界山九连山和大庾岭毗连。以上二句,以实代虚,写的是景物,却意味着革命的美好远景。

四、"战士"二句

【南粤】 古代也作南越。汉初,封赵佗为南越王,有今两广之地。此指广东。

【郁郁葱葱】 气盛貌。《后汉书》卷一《光武帝纪》:"气佳哉,郁郁葱葱然!"这里用来形容树木茂盛,气象壮美。这两句也是以实代虚,更荡开一层,显示出无限的胜利信心和革命乐观主义精神。

赏 析 SHANGXI

关于这首词，一般都解为1929年1月毛泽东率领工农红军首次进入会昌开辟赣南革命根据地时所作。甚至在《毛泽东诗词》出版之后,写作年月已经作者作了校订，并正式标出为1934年夏，有的出版物上仍然因袭原样未动。时代背景弄错了,对于词旨的理解自然不能确切。

我们应该怎样来阅读这首词呢?

全词8句,46字,写眼前景,叙当下事,构成为一幅鲜明的图画,雕绘出一个完整的形象。上片:"东方欲晓",天快亮而又还没有亮,说不定天外还有一钩残月,数点银星,红军战士已经整装出发了,诗人自己当然也侧身其中。这本来应该说算"早"的,可是"莫道君行早",晓行夜宿,披星戴月,红军战士已习以为常,毫不足奇;而且东方不是眼看就要放亮了吗?战士们为了革命事业,踏遍了青山万重,却不因风尘跋涉、鞍马劳顿而感到衰老:"踏遍青山人未老",革命人永远是年青的。红军战士个个精神奕奕,人人兴致勃勃,看到会昌的一川烟雨,千岩竞秀,都不禁大为赞赏:"风景这边独好。"是呵,确乎是"风景这边独好"啊!想想那"完全陷入被动地位"、"绝无自主活跃之概"的赣北前线,岂不是"风景这边独好"吗?下片:"会昌城外高峰,颠连直接东溟。"紧承前片来写会昌"独好"的自然景色。崇山峻岭,高入云表,一峰接一峰,翻腾如龙蛇,蜿蜒入福建,直接东海,多么雄伟壮丽!"战士指看南粤",转身再向南边广东一看,那一抹远山,绵亘千里,重岩叠嶂,奔云涌雾,"更加郁郁葱葱",战士们也更加高高兴兴。这就是说,会昌的风景是"独好"的,而从会昌向远方望去,则更是美不胜收,其妙无穷。不用说,从会昌拂晓出发的战士,将来踏遍那东溟的高峰和南粤的青山,人也不会老啊!

从表面看,词中写的只是在黎明行军途中所见的美丽风光。但是,"景物无自生,唯情所化。"任何景物不能自成诗篇,必有一个情理作轴心。这仅仅是一幅图画吗?这仅仅是一段记事吗?不,写眼前景,叙当下事,却不能没有寓意。当我们读过这图画,当我们涵泳于这诗的意境之中,我们的"心弦"不禁被"拨动"了,我们的"智光"不禁被"点燃"了。我们仿佛从字面背后发现了一个新天地。彼时彼地,诗人正处在逆境中,"以毛泽东同志为代表的主张正确路线的同志们”，虽然“被六届四中全会以来的中央及其所派去的组织或人员所推翻了”；而比起那些“正发展到顶点”的“左”倾路线分子，诗人无疑却是早行者。但是“莫道君行早”，因为“东方欲晓”，一轮红日行将喷薄而出，这是可以预见的。并且，虽然“踏遍青山”，虽然经历了无数的艰难险阻，而伟大的红军战士，包括诗人自己在内，却以永葆青春的真理精神，坚信革命的正确路线，亦即“独好”的“这边”的“风景”，是“颠连直接东溟”，是“更加郁郁葱葱”。这是多么巨大的才胆识力，这是多么崇高的真知灼见啊！或曰：“莫道君行早”，指“左”倾路线分子。“他们的思想超过客观过程的一定发展阶段，有些把幻想看做真理，有些则把仅在将来有实现可能的理想，勉强地放在现实来做，离开了当前大多数人的实践，离开了当前的现实性，在行动上表现为冒险主义。”(《实践论》)他们貌似先行，并不是真正的先行，所以说“莫道”。这样读法，固亦能通，但终嫌径遂，不如前义为胜。姑并及之，以备一说。

这首词，所有说解者一般都肯定是行军途中的景色描写和革命战士们心情的抒发。这当然是不错的。问题在于抒发的是什么心情？有的同志说：“我们觉得主要是描写会昌的地形，以及城外高峰与东溟南粤的关系。这是对于纵横数万里，彼此互壮声势的革命宏图的形象刻画，也同时是阐明中央根据地与其他两个主要外围根据地(福建、广东)唇齿相依的逻辑论证。”(农林·饶芃子《我们对毛主席〈清平乐·会昌〉一词的看法》)又有的同志说：“我觉得‘东方欲晓’可以解释为人民快要觉醒了，而且是代表东方的在马克思主义旗帜下的觉醒，这是方生力量！‘莫道君行早’的‘君’，可以解释为西方国家，把日本也包含在内。在资本主义阶段，它们是走在前头去了的，但这是将死的力量！‘踏遍青山人未老’象征中国人民追求革命的道路一百年，而今在党的领导下找到正确的道路却仍然年青。我们是属于方生力量的，所以我们有前途。这就是‘风景这边独好’。东风必将压倒西风。”(郭沫若《关于〈清平乐·会昌〉给〈星星〉编辑部的信》)这些说解，见仁见智，各不相同。当然，正如郭沫若同志所说的：“对于诗词，读者在合理的范围内是可以有解释的自由的。”不过，它们有个共同点，就是未曾顾及写作的时代背景，亦即1934年夏的革命形势和诗人的处境。因此，只好算是“读者在诗词中可以创造新的意境”了。至于我们在前面提出的看法，也仅是通过学习所取得的一点体会，大半仍是属于猜想的成分。是否适当，能否成立，还是没有把握的。只是提出来供大家讨论吧。

忆秦娥

娄山关

一九三五年二月

西风烈，长空雁叫霜晨月。霜晨月，马蹄声碎，喇叭声咽。　　雄关漫道真如铁，而今迈步从头越。从头越，苍山如海，残阳如血。

题　解　TIJIE

娄山关，在贵州省遵义市北的娄山上，是由黔入蜀的要道。娄山，一名大娄山，又名大楼山，横亘于遵义桐梓间，是乌江与长江的分水岭。

1934年10月，中央红军（第一方面军）从江西雩都附近铜锣渡出发，迈开了震惊中外的长征的第一步。之后，接连突破了敌人的四道封锁线，于12月进入贵州省境。1935年1月6日，克遵义；8日前军克娄山关，这是第一次娄山关战斗；同时，在这一天召开了历史上有名的遵义会议，即党中央在贵州遵义举行的政治局扩大会议，改变了过去"左"倾机会主义的领导，建立了以毛泽东为首的新的中央的领导，从此确立了正确的政治路线与正确的军事路线，使中国革命走上胜利。遵义会议之后，经过短期休整，红军即继续北上，1月19日离开遵义，未经战斗越过娄山关，取道桐梓、松坎，向赤水挺进。计划是到达川南，与四方面军会合，然后再进行北伐。但这一计划，未能实现；四方面军也被"竟发展到进行反党反中央的背叛活动"的张国焘给带跑了。不得已，长征的计划临时作了改变。于2月12日，红军又由云南的扎西（威信）回师贵州，19日返渡赤水，25日重占桐梓；当日晚由北面进迫娄山关，这是第二次娄山关战斗。这次战斗，打了两天：25日黄昏，微雨阵阵，乍阴乍晴，直到

26日拂晓，经过反复多次肉搏，击溃白军王家烈部四个团，再克娄山关。时大雾弥漫，山黑月小。毛泽东的《娄山关》词，即作于此时。当时，娄山关战斗是胜利了，但长征的战略任务受到挫折，毛泽东的心情不免有几分沉重。

遵义会议会址

娄山关是红军长征途中所遇到的著名天险之一。《续遵义府志》卷五说："大娄山，为自郡入重庆第一险要，明史所谓'万峰插天，中通一线，刘綎从间道攀藤毁栅入陷焉'者也。"(1936年刻本)雪枫《娄山关前后》说："娄山关雄踞娄山山脉的最高峰，关上茅屋两间，石碑一通，上书娄山关三个大字。周围山峰，峰峰如剑，万丈耸立，插入云霄。中间是十步一弯、八步一拐的汽车路。这种地势，真所谓一夫当关，万夫莫开。"(《中国工农红军第一方面军长征记》第149页)于此，足见娄山关的险要。红军于一个多月期间，三度从这里经过，两次同国民党白军作过拉锯式的战斗，特别是后一次战斗异常壮烈。毛泽东此词，就是红军越过天险时的艺术写照，可以当做一幅战地素描看。毛泽东在长征途中曾写过六七首诗词，就成篇的时间说，这一首算是最早的了。

笺注 JIANZHU

一、"西风"二句

【西风烈】 烈，凛烈、猛风；西风劲厉。

【长空雁叫霜晨月】 在霜晨残月映照下，在烟雾茫茫的长空中，有飞雁在叫唤。这两句是记26日拂晓情景，时娄山关战斗已胜利结束。1962年3月7日，《羊城晚报》记郭沫若在广州文艺界的诗歌座谈会上讲话，及同年《人民文学》5月号载郭沫若《喜读毛主席的词六首》，都谈到《娄山关》词，以为上阕所写的是红军长征的初期，那是1934年的秋天；下阕所写的是遵义会议之后，继续长征，第一次跨过娄山关。因为"西风"、"雁叫"、"霜晨"都是秋天的景物，如果说是一天的事，那就显然与时令不合。按：郭老此解，似是太拘泥于书面材料，而不是从生活出发。而且，即仅就书面材料来说，古人诗词中，“西风”、“雁叫”、“霜晨”，也不必只限作秋天的景物；如杜甫《苏端薛复筵简薛华醉歌》：“气酣日落西风来，愿吹野水添金杯。”这是“上日”即元旦诗讲到“西风”；至于“雁叫”，那就更通常了，秋雁南来，春雁北飞，“欲雪违胡地，先花别楚云”(杜甫《归雁》)，大雁决不只在秋天才叫，礼记曰：“季冬之月，雁北向。”(《艺文类聚》第九十一)还有“霜晨”，苏轼《再和杨公济梅花十绝》中有句云：“莫向霜晨怨未开，白头朝夕自相催。”这不正是说的早春吗？

二、“霜晨”三句

【霜晨月】　叠句，类似音律上的和声，有连锁作用。

【马蹄声碎】　碎，碎杂、碎乱。

【喇叭声咽】　喇叭，一种管乐器，即军号。咽，呜咽、幽咽，声音因阻塞而低沉。

三、“雄关”二句

【雄关漫道真如铁】　雄关，雄壮的关隘，即指娄山关。漫道，徒然说，枉然说。人们徒然传说娄山关坚实如铁。

【而今迈步从头越】　迈步，跨步、大踏步。从头越，即为头越。张相《诗词曲语辞汇释》：“为头，犹云从头，或开始也。”有从头再开始的意思。说的是从头大踏步越过雄关，却隐约含蓄着当时战略任务受挫，要对长征计划从头再作部署，且有取得胜利的坚定不移的信心。

四、“从头”三句

【从头越】　叠句，作用同上片“霜晨月”。

【苍山如海】　青山起伏，像海的波涛。

【残阳如血】　夕阳鲜红，像血的颜色。

赏　析 SHANGXI

上片写今晨，即26日拂晓，娄山关战斗已胜利结束；下片写昨晚，即25日黄昏，娄山关战斗还没有打响。用的是倒叙法，没有正面描绘战争，只写了战后与战前的心情感受。

这首词悲壮苍凉，声情激越，在已发表的毛泽东诗词中，风格独异。臧克家说:"整首词的气氛是壮的,可是这壮里也多少带一点凄清的意味。"(《娄山关》讲解)于此,我们应深一层看。词的题目是《娄山关》,娄山关是天险,是古战场,这次经过又在隆冬季节;因此,在景物的描写上,多少带点凄清意味,是理所当然的。这是题材内容对艺术风格往往有所制约的反映。不过,"风格是人",一首诗的风格,不能与诗人写作当时的心境无关。这次娄山关战斗,是在红军由云南回师贵州、再克遵义途中打响的,战斗虽然胜利了,但会师北伐的战略计划却未能实现,彼时彼地,其情其境,身兼革命统帅的诗人不能不感到沉重。所以"马蹄声碎,喇叭声咽";所以"苍山如海,残阳如血"。这正是"情动而言形,理发而文见"。凡是伟大的诗篇,不能不是在真知灼见基础上的真情实感的流露。但是此词虽然风格独异而带一点凄清意味,却决不给人以衰飒的感觉,这点凄清反而更能衬托出红军战士的英勇豪迈,更能显现出伟大诗人旺盛的革命乐观主义精神。请再把原词反复多读几遍吧,在我们所受到的浓烈的艺术感染中,岂但毫无衰飒之气,而是充塞豪壮之情。为什么这样说呢?让我们试作简单剖析:

上片写的是大军驰过娄山关的情景。起首二句,仅仅10个字,便写出西风凄紧,雁声嘹唳,霜华满地,残月在天,把特定时间、特定地点的那种紧张严肃的气氛生动地点染了出来。而这两句,还只是设色、只是烘托。叠唱过"霜晨月"以下二短句,说在繁霜铺地的山道上,列队疾驰的战马发出了杂乱的蹄声;说在昂首挺进的队伍中,军号吹奏着低沉而悲壮的音调。这就把急速坚毅地驰过娄山关的红军雄姿,有声有色地描绘了出来。是的,有声有色。听吧:风吹声、雁叫声、马啼声、喇叭声。看吧:长空、浓霜、残月、雄壮的马队、闪亮的铜号。色彩多么鲜明,声音多么清亮!于此务必注意:当时是大军直指向遵义,是在急行军,这些都是在急行军中听到看到的。这是从动中写静,实在极有神理。《诗经·小雅·车攻》:"萧萧马鸣,悠悠旆旌。"《毛传》:"言不喧哗也。"颜之推说:"吾每叹此解有情致,籍诗生于此意耳。"这于我们读毛泽东此词是有所启发的。不过,还应该更深一层来领会,因为这里不仅写出战地肃穆气象,而且写出红军战士慷慨赴敌的英雄气概和坚毅沉着的革命精神,比起《车攻》篇,有着无可比拟的更丰富的内涵,更深远的意境。

下片又倒转回去写大军正驰向娄山关的情景。径直指出:"雄关漫道真如铁。"在这里,"雄关"之"雄",多么峭拔,"漫道"之"漫",多么飘逸;"真如铁"之"铁",多么凝重。"雄关真如铁",虽实非浪语,而在红军面前,只是"漫道"而已。且看“而今迈步从头越”，这是何等气魄！真是行神如空，行气如虹，又是多么豪放劲健。读到这里，直觉得红军战士前进的步伐，每一踏足都踩得山头在晃动。在字里行间，不仅歌颂了红军的顽强意志，抒写出人民的胜利信心；而且对敌人的鄙夷与蔑视，也溢于言表。叠唱过“从头越”以下二短句，写面向雄关，昂首遥望，无边青山，峰峦起伏，像大海的波涛一般；一轮落日，垂挂西天，发出鲜红的血般光芒。气象阔大而雄浑，神韵隽永而悠远。这正是视险如夷、无坚不摧的红军战士的抒情。“苍山”、“残阳”，岂可等闲读作景物的描写吗？

毛泽东在陕北保安

抑有进者，在这里明说的是要从头越过雄关，以及纵目所见，实际上却暗中含蓄着要从头部署长征大计，以及放怀所想。这意蕴愈探便愈深，这味道愈品便愈浓，真是郁郁葱葱，胜义无穷。

这样读来，还会感到苍凉吗？还会感到凄清吗？不。不是苍凉，而是遒劲；

不是凄清，而是豪健；甚或进一步确切地理解，正因苍凉，更觉遒劲，正因凄清，更觉豪健。这也就是说，这首具有独特风格的词同毛泽东全部诗词的风格还是统一的，同是伟大诗人的革命精神和博大胸怀的形象显现。如有不同，也是统一中的多样化。

有的同志说：词中所记，由晨及暮，正是一天的事，偏解作上片写今晨，下片写昨晚，总觉扞格，不能与初读所得的印象相吻合。我们说，这样提出问题是有道理的，今晨昨晚的解说，是限于有关战斗文献的记载，并根据身历其事的同志的介绍，事实正是这样。不过，如果一定要看做由晨及暮，写的是一天，才觉顺当，那也未始不可以把全词内容都理解作为娄山关战斗打响以前的情况：上片写早晨经桐梓向娄山关进发，下片写黄昏正准备向娄山关进攻，这正是 1935 年 2 月 25 日一天的事。这样读，对词的意境风格，全无损伤，只是上片是在行军途中，指向娄山关；下片是在冲锋阵前，面对娄山关。目标更集中，方向更明确，是完全可以说得通的。战斗还没打响，便发了“雄关漫道真如铁，而今迈步从头越”的豪语，岂不是声情更茂，意兴更高吗？

唐代诗人李白，相传也曾写过一首《忆秦娥》，其词云：“箫声咽，秦娥梦断秦楼月。秦楼月，年年柳色，霸陵伤别。乐游原上清秋节，咸阳古道音尘绝。音尘绝，西风残照，汉家陵阙。”按：此词宋黄升《花庵词选》首载之，邵博《闻见后录》也定为太白作；但《庄岳委谈》谓非出太白手，胡应麟《笔丛》亦云。其真赝姑无论，而自黄花庵誉之“为百代词曲之祖”，遂被后人推为千中数一的神品，王国维《人间词话》且谓：“太白纯以气象胜。西风残照，汉家陵阙。寥寥八字，遂关千古登临之口。”其实，李词写的是闺情，不脱伤离念远的窠臼，境界甚小；就气象论，实在远远不能与毛泽东此词相比。胡应麟氏已诋其“词虽工丽，而气亦衰飒”。即以李白的“西风”八字与毛泽东的“苍山”八字并观，一衰飒，一豪壮，相去何啻霄壤？清刘熙载《艺概》卷四说：“想其情境，殆作于明皇西幸后乎？”谓李词“长吟远慕”，非尽关闺情，实更有寄托。即确或如此，仍不能掩其伤感之情，衰飒之气。视《娄山关》之豪情壮采，直如梁父之仰望泰山。由此可见，这“口”是“关”不住的。

十六字令三首

一九三四年到一九三五年

其一

山，快马加鞭未下鞍。惊回首，离天三尺三。

其二

山，倒海翻江卷巨澜。奔腾急，万马战犹酣。

其三

山，刺破青天锷未残。天欲堕，赖以拄其间。

题解 TIJIE

1934年12月，中央红军进入贵州，一举攻克黎平，随后又大败黔军王家烈、侯之担等部，占领锦屏、剑河、台拱、镇远、施秉、黄平、余庆、瓮安等县城。其另一支部队则经过雷山。此词第一首原注所引民谣中的八宝山即在雷山县境。据此估计，第一首当作于初入黔时。而全词著录在《娄山关》词之后，则二三两首又当作于1935年二三月或再稍晚些，似是指横亘云贵高原的乌蒙山脉，包括苗岭大娄山等高山在内。这词中所写景象与《娄山关》词所说：

“苍山如海”及旧志所谓“万峰插天，中通一线”云云，亦正吻合。是知这三首词，并非成于一时，并非指的一山，乃是从1934年底到1935年春，在长征途中吟成的。或曰：也可能是于1934年12月间在雷山写成第一首，意有未足，后来又补作第二三首，其素材，即自然印象仍是纵马山顶时“回首”所见。这样，就可以把三首连成一气读，更擅胜境，可备一说。

笺注 JIANZHU

一、第一首

原注：“民谣：‘上有骷髅山，下有八宝山，离天三尺三。人过要低头，马过要下鞍。’”按：骷髅山，未详。八宝山，在贵州省雷山县。据《贵州通志》记载，八宝山与太平山“相连如屏，三面绝壁，无路可登，惟南面稍平，鸟道羊肠，人迹罕至”。

【快马加鞭未下鞍】 借用民谣意而加以转化。原说：“人过要低头，马过要下鞍。”这里则说：“快马加鞭未下鞍”，自然，“人”也没有“低头”。这便突出显示了红军战士不同平常的英雄气概。

【惊回首】 惊，是吃惊，是惊喜，有喜悦心情。张籍《祭韩愈诗》：“月中登高滩，星汉文垂芒；钓车掷长线，有获齐骧惊。”这句是说怀着胜利的喜悦猛然回望。

【离天三尺三】 借用民谣句，夸张地形容山的高险。

二、第二首

【倒海翻江卷巨澜】 在高山上纵马奔驰，远望山峰起伏，如同倒海翻江卷起巨大的波浪。

【奔腾急，万马战犹酣】 万马急跑奔腾，酣畅鏖战。这也是对起伏连绵的山势所作的比喻。

三、第三首

【刺破青天锷未残】 锷，读è，剑锋。这句是说高山像利剑，直入云霄，刺破了青天，而剑锋并未残损。形容山峰的坚实劲峭。

【天欲堕，赖以拄其间】 拄，读zhǔ，支撑。这句是说，青天正摇摇欲坠，依仗着有擎天柱似的高山支撑着，才免于塌陷。

赏析 SHANGXI

《十六字令》是只有16个字的小令，篇幅短窄，很难装进许多内容，尤其是豪放之作，更不容易利用这一形式。此调古代作品流传至今者殊少，佳作更罕见。这道理很简单，字数过少，没有回旋余地，虽有长才，也无所展施其技，写不好，无疑是当然的。然而，毛泽东这三首却是例外。它以雄伟简劲的笔触，描绘了莽莽群山的奇特形象，也表现了诗人和红军战士的伟大气魄。每一首各有独特的意境，合起来又构成一幅完整的雄伟的画面，奇情壮采，词约义丰，真是自有《十六字令》以来所未有。毛泽东所写的长调，像《沁园春》、《念奴娇》、《水调歌头》等篇，都是气冲牛斗、力转乾坤之作；写小令，到《十六字令》，可以说是最短的了，却也能藏大千于沙粒，纳须弥于芥子，以少许胜人多许。由此可见，才大的人无施不可，无攻不克，决不是任何形式所能局限的。

三首都是咏山。山，是毛泽东诗词涉及最多的素材，在37首中以山为主题有8首(以《十六字令》为三首)，或多或少提到山的有19首(以《送瘟神》为二首)，二者之和，超过三分之二；特别在第二次国内革命战争期间的作品，专以山名篇者，即有《井冈山》、《娄山关》、《昆仑》、《六盘山》等，这三首《十六字令》，更是以山直接作为题咏的对象。毛泽东在诗词中这样喜欢提到山，这道理是不难悟出的。当时无论是开辟革命根据地，无论是长征北上抗日，战斗生活的自然环境，主要是在崇山峻岭间。山是革命的屏障，又是进军的困难，既要依靠它，又要克服它，每个红军战士都是同山结下了不解姻缘的。“登山则情满于山，观海则意溢于海。我才之多少，将与风云并驱矣。”(《文心雕龙·神思》)诗人的情意，诗人的想像，自然要同日常生活中所接触的具体事物密切结合着。这就是为什么山的形象在毛泽东诗词中占着突出的地位。而突出中之最突出者，是这三首《十六字令》。因为它写的不是某一座具体的山，而是云贵高原的高山，气势磅礴，意象峥嵘，它把山的性格，集中地作了艺术概括，自具一种特色。

第一首，写山之高，写山的突兀。

纵马登山，马未停蹄，人未下鞍，一气上到山顶，回头一望，哎呀，危乎高哉！第一句，是一字句，只用一个“山”字，提起下文，极有精神。“快马”句，看似寻常，却耐人寻味。攀登崇山峻岭，照理说只宜按辔徐行，现在却反而快马加鞭，便写出豪情胜概，与众不同。“未下鞍”的“未”字，更用得极妙。所以说妙，下了鞍再“回首”望，便意味索然了。正是“未”及“下鞍”就已为祖国的奇丽的山景所吸引，然后才显出下文的“惊”字极有神理。这是一。一阵奔驰之后，勒马回望，已到群峰最高处，据鞍顾盼，有踌躇满志之乐，也从“未下鞍”三字隐隐逗出。这是二。民谣：“人过要低头，马过要下鞍。”而今竟“未下鞍”，可见也未低头。革命的英雄气概，藐视困难的大无畏精神，都跃然纸上。这是三。“惊回首”二句，应作一气读。“惊”是吃惊，又是惊喜。为什么吃惊呢？为什么惊喜呢？“离天三尺三”，提出了解答。纵马登山时，一意向前，倒未觉察究竟跑了多少路、到达了什么样的高度，等到猛然回首一看，原来离地平面已经如此之远，离天已经如此之近。只一句便把山的巍峨，人的豪迈，马的骏利，同时烘托出来，这是何等笔墨！本来这是一句民谣，用这种手法形容山高也不乏前例：李白《蜀道难》：“连峰去天不盈尺。”辛氏《三秦纪》：“城南韦杜，去天尺五。”《御览》卷四十《地部》五引《三秦纪》：“武功太白，去天三百。孤云两角，去天一握。”都是用一个微小的具体数字来说明山与天的距离，以状山之高；如果说已经到了天上，反倒落入常套，不大能引起注意。现在说“离天三尺三”，点明相距只有这么一点儿，而且像是经过测量似的，一点不含糊，这就把高山的形象非常具体地表现了出来，给人以深刻的印象。不过，不论今民谣，不论古诗文，所表达的只是高山而已；一句成语，经毛泽东在这里一加引用，便赋予了上述的丰富的含义，使它具有了新的生命，焕发出新的光辉，这又是一切诗文谣谚所望尘莫及的。此句照词谱应是仄仄仄平平，因采用民谣成句，换作平平平仄平，这便成了拗句。而在这里，正是由于改用了拗句，才更能显示出山势的峭折不平来，才更显示出音节谐和之美。

第二首，写山之大，写山的峥嵘。

首句仍用一个“山”字提起，然后写层峦叠嶂，连绵起伏，千山万壑，争趋竞走。我们可以设想，这些也正是勒马山头时所见。这一首里，用了两个比喻：一个是倒海翻江的巨澜，一个是酣战中急骤奔腾的万马。“翻江倒海”、“万马奔腾”，是习用语，也常见于文学作品中，但把它们同山联系起来，却不多见。“倒”字、“翻”字、“卷”字以及“奔腾急”、“战犹酣”等词语，酣畅淋漓地写出山的动态，既雄放，又生动，古今山水名家，不管怎样讲气韵、讲笔势，这幅画是难于画出的。山，本来是静的；可是，经过毛泽东这样一写，就把它写活了。不但写出了山的神态，而且也写出了山的性格。比喻，决不只是修辞用字的问题,它是想像和联想的一种表现形式。诗人在事物与事物间翱翔着想像的翅膀,搭架起联想的桥索,从纷乱中找到规律,从分散中找到关联,把纷乱和分散的事物集中起来,组织起来,使真理现形,赋给思想以生命,活的形象便由此诞生,它饱含着智慧,渗透着激情。所以,我们决不可以把毛泽东此词所用的两个比喻等闲视之。古人也有用约略相似的形象来写山的。辛弃疾《菩萨蛮》:"青山欲共高人语,联翩万马来无数。"韩愈《南山诗》:"或连若相从,或蹙若相斗;……或翩若船游,或决若马骤;……或浮若波涛,或碎若锄耨;……或屹若战阵,或围若蒐狩。"但辛词乃是"金陵赏心亭为叶丞相赋",仅逗引贵人一笑,既非着力于山的描绘,更没有若何寓意;韩诗只是东拼西凑,煅词琢句,虽工巧,已为黄山谷所讥诮:"若书一代之事,以与国风雅颂相为表里,……《南山》虽不作,未害也。"这就是说,同样的比喻,境界气象却大不相同。这是同诗人的生活经验和审美理想分不开的。毛泽东在这里写的是山,反映的是人,是红军战士包括诗人自己的雄浑博大的气势、汹涌澎湃的心潮。这自然是辛词韩诗以及一切古典诗词中所万万找不到的。诚然,诗品出于人品,同类题材,近似手法,毛泽东此词,则完全是新的创造,真可谓独步千古了。

第三首,写山之坚,写山的峻峭。

首句,再以一个"山"字提起,还是写眼前所见之山,又与第二首不同;前者是群山,此则为独峰。也许是不相连属的万峰,即是由独峰合成的万峰,着眼点仍在独峰。还是用比喻,把山峰比成刀剑,它矗立于宇宙,逼指青天。刺破了青天,又支撑住青天。"刺破"句,只7个字,却有几层意思:山势高耸,上入云霄,这是一;高耸的山峰,势如刀剑,这是二;剑峰锋利,刺破青天,这是三;青天刺破了,锋刃无损,这是四。这么多的意思,只用7个字就惟妙惟肖地表达了出来,这是何等手腕,这是何等笔力!但还远远不只于此。因为这些仅是从表面来读,一读就跃然在目;如果再加以品味,加以涵泳,神驰于诗句所独辟的境界之中,那就会发现更多的含义,引起更深的感受。当然,必须同下句连接起来,统一起来,才能形成一个更完整的形象。"天欲"二句,是说青天被刺破,简直要"堕"下来了。然而,不怕!不要紧!有高高的山峰能够把它支撑住。这剑峰不但锋刃无损,而且上擎崩天。这意思就又进了一层。由此可见,这高大的剑峰,是多么锐不可当,又是多么坚挺有力啊!关于"天柱"的想像,在我国古代的神话中就出现了,可是那只是自然现象与社会生活的虚妄反映;后世也有"一柱擎天"的说法,仅仅是所谓大脚色或什么主要人物的比喻或代语罢了。毛泽东在这首词中所塑造的形象，比起古代神话中的"天柱"，无疑更富有现实的意义；比起后世作为一般成语的"一柱擎天"，显然更具有丰富的内涵。这样来写山，实在是前无古人的。这种坚挺峻峭的山的形象，乃是身兼革命统帅的伟大诗人面对云贵高原的山峰所达到的艺术掌握。它不只把握住山的外形，而且突入到山的本质；它是渗透着革命激情、结合着生活经验、依照着审美理想，对作为客观事物的山峰所形成的形象认识。这认识是一般人所能达到的吗？

这三首，形式上虽然分开，联系却非常紧密，可以设想为一个整体。三首都写山，但第一首是叙事，是总起；二、三两首是描写，是分承。第一首的"惊回首"三字是三首词的关键。"离天三尺三"和下面两首所写的景象，都是"回首"后所见，"惊"字也直贯到底。山势如巨澜、如奔马，山峰如刀剑、刺天欲堕，这些景象都是可惊的。诗人在一览之下，就把山的这些特征捕捉住，并把它们鲜明地描绘了出来，这种敏锐的观察力和高度的表现力也同样是可惊的。

三首处处写山，也处处使我们想到长征中革命领袖和工农红军的伟大形象；第一首，写山之高；但如果没有"快马加鞭未下鞍"的英雄活动于其间，只是高山，又怎么能显示出"无限风光在险峰"的意义来呢？第二首，写山之大，用两个比喻把它写活了。而这种基于想像和联想所构成的巧妙的比喻，正因为它可以显示诗人的思想立场和感情倾向，所以才特别能够使诗篇增加光彩和生气，增加艺术感染力量。试设想："倒海翻江卷巨澜"，这不正是掀天动地的二万五千里长征的铁流吗？至于万马奔腾的酣战，更是直接由现实的战斗生活中取来的形象。第三首，写山之坚，寓意更加显明。这个刺破青天的剑峰又是耸立两间的擎天柱，岂不正是中国共产党的象征，岂不正是伟大领袖的象征吗？试设想，在长征的当时，支撑中国大局的是谁呢？在遵义会议前后，支撑党的大局的是谁呢？意象是纯感觉的，意象是具体化了的感觉。构成为一个意象的比喻，优美精确的比喻，总是直接或间接由生活经验中挑选出来的。没有刺破天又撑住天的体会或感受，怎能塑造出这等坚强的山的形象来呢？张涤华说："从某种角度上看，这三首词也可以说是咏物的词。第一流的咏物词总是既能尽题中精蕴，又能有题外远致。而这三首恰恰兼具二者，各到好处。小令如此，真可算得古今绝唱了。"(《毛主席诗词小笺》)这是深得词旨的论断。

七　律

长征

一九三五年十月

红军不怕远征难，万水千山只等闲。
五岭逶迤腾细浪，乌蒙磅礴走泥丸。
金沙水拍云崖暖，大渡桥横铁索寒。
更喜岷山千里雪，三军过后尽开颜。

题　解 TIJIE

长征，一般是指1934年到1935年中国工农红军从大江南北各根据地向陕甘一带的战略大转移。其中走得最远的部队，一共走了二万五千多里，所以通称二万五千里长征。本篇所说的长征，指1934年10月到1935年10月间中国工农红军主力军团，即第一方面军从江西、福建根据地向陕北的进军。在这次长征中，第一方面军经过了福建、江西、广东、湖南、广西、贵州、四川、云南、西康、甘肃、陕西等11省，击溃了敌人的多次围追堵截，连续行军一万八千余里，战胜了军事上、政治上和自然界的无数艰险，终于胜利地到达目的地，与陕北红军会合。这一首《七律》便是这一伟大历史事件的艺术概括，是脍炙人口的壮丽的史诗。

在长征途中，1935年9月18日红军突破岷山天险腊子口，进入甘南，占岷州。10月2日，占通渭。占通渭时，毛泽东曾为战士朗诵此诗(参看胡安吉《毛主席给我们朗诵诗》载1959年2月号《解放军文艺》)。据此，此诗当作于1935年10月1~2日间。

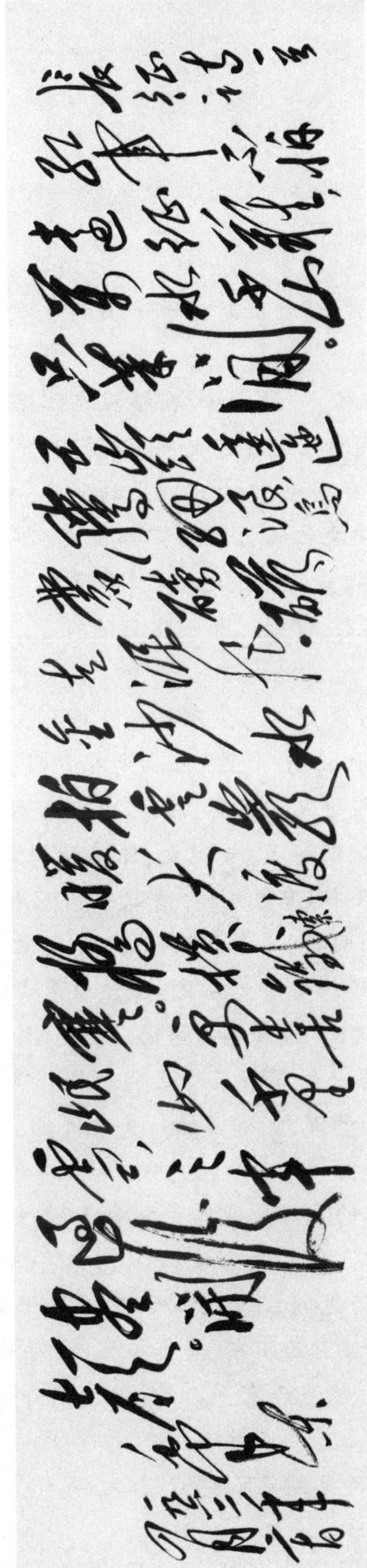

毛泽东手书《七律·长征》

笺 注 JIANZHU

一、"红军"二句

【等闲】 犹言一般、寻常、随便。对万水千山的重重险阻一例等闲视之。

二、"五岭"二句

【五岭逶迤腾细浪】 五岭,一称南岭,指横亘在江西、湖南、广东、广西四省间的许多山岭而言。最大的五个岭即大庾岭、骑田岭、萌诸岭、都庞岭和越城岭。由东而西,愈西愈高,有高至2200米以上的地方。中央革命根据地即在五岭北面。1934年10月,中央红军自江西雩都出发,即沿五岭北坡,先后渡过信丰河及章水、潇水、湘水,旋又越过越城岭,西进湘黔。逶迤,读wēi yí,亦作逶迆、逶蛇、逶移、蜲蛇、委佗、委蛇。长而曲折的样子。腾细浪,像腾跃的小波浪。隐喻。

【乌蒙磅礴走泥丸】 乌蒙,山名,在云南省禄劝县东北280里,北临金沙江,上有十二峰,雄拔陡绝,盘旋70余里。东北走入贵州,称七星山,至湖南界而止,通称乌蒙山脉。红军经过乌蒙山脉,在1935年1月至4月间。磅礴,读páng bó。气势雄壮,广大无边的样子。走泥丸,像滚动的泥丸子,隐喻。《汉书·蒯通传》:"阪上走丸。"《后汉书·隗嚣传》:"请以一丸泥为大王东封函谷关。"这两句是说:"五岭虽然漫长曲折,只像细浪在腾跃;乌蒙尽管广大雄壮,只像泥丸在滚动"。有的同志解逶迤磅礴为互文,互文原是古汉语不确切的表现,不足取。有的同志解"腾"与"走"为红军的谓语,亦通。另外,有的同志解腾细浪、走泥丸都是指红军,意思是红军在五岭之间行军像奔腾的细浪,言其多;红军在乌蒙山上行军像跳动的泥丸,言其速。失之泥滞。

三、"金沙"二句

【金沙】 金沙江是长江的上游。发源于青海玉树,经西康、云南入四川,到宜宾,汇入岷江,才称长江。红军渡金沙江在1935年5月初。

【水拍】 廉臣《随军西行见闻录》:"金沙江宽约等于黄浦江之一半,立于江边不能闻对岸之呼声。水流自西而东,流速极快,计每秒钟约有四五米。上游山高,水如瀑布而下,平时水浪已有一二尺,但风雨作时,则水浪骤增至三四尺。"

【云崖】 廉臣《随军西行见闻录》:"金沙江之两岸,均为高山峻岭,除几个渡口外，均为悬崖绝壁。自云南省走向金沙江时，离江六十里处，即为下坡。连下四十里而至交西渡，由交西渡到江边为二十里，路上的山峰嵯峨，千奇万怪，状甚可怕。夕阳西照时，山峰照耀如黄金。自交西渡至江边则山势更陡，下山必用手杖，否则有滚下山沟之危险。”

【暖】 根据许多文献记载，红军渡过金沙江时，正值天气炎热。廉臣《随军西行见闻录》：“当时天气已极炎热。……愈下山，愈觉热。一到江边，天气更热，红军士兵莫不痛饮冷水。”李一氓《从金沙江到大渡河》：“太阳落坡的时候到了江边。热得发昏，……在渡船上，取一瓢水饮，这才心里清凉一下。两岸的高山夹着金沙江，故流在江面的，是一股一股的热风。”这就是说，在炎热的天气中渡江，为浪涛拍击着的陡峭的两岸，给人以暖的感觉。

【大渡】 河名，源出青海和四川交界处的赖楚上，上游叫大金川，南流到乐山县入岷江，长909公里。大渡河两岸也都高山峻岭，水流湍急，其险恶又过于乌江、金沙江。红军强渡大渡河，在1935年5月末6月初。

【桥横铁索】 桥，指大渡河上的泸定桥，在泸定县西。泸定桥是由四川通往西藏的要道，一称大渡河铁索桥，由十三根锚固于两岸的铁索组成。铁索粗如饭碗，每根相距在1尺以上，9根并列，上铺木板，另四根作为两旁的栏杆。桥长30丈，桥身距水面也有好几十丈，其下为奔流急湍。先于5月29日红军第一师在下游的安顺场强渡了大渡河，但“由于渡船太小，又不可能架桥，不利全军渡河，因此军委命第一师为右纵队，配合我军主力夹大渡河溯河北上，抢夺天险的泸定铁索桥。”(张爱萍《从遵义到大渡河》)红军到达桥边之前，敌人派了两旅以上的重兵扼守对岸，并把木板全部烧掉。5月30日，红军二师的22勇士组成突击队，攀着空荡荡的铁索，冒着密集的弹火，冲过去占领了敌人的桥头工事，后续部队铺上木板，冲入县城，守住阵地，与东岸赶来的红军第一师会合。全军就都安全地从桥上渡过。毛泽东也是在占领铁索桥的第三天从这桥上渡过的。

【寒】 红军过大渡河虽在5月末，但据许多文献记载，当时天气要比5月初过金沙江时要冷些。艾平《倮倮投军》：“记得有一天下雨，夜晚异常冷，好似冬天一样。”杨成武《飞夺泸定桥》：“左边是高入云霄刀劈一样的峭壁，山腰是终年不化的积雪，银光耀眼，寒光袭人。”唐棣华《写诗要学毛主席》记一位老干部的话道：“这两句使人又回到了当年，仿佛重新身历其境。金沙江边两面都是山崖，人在里面真是那么暖，大渡河的地势就高了，那河水真是冷的。”

(《文学知识》1958年第3期)这就是说红军飞渡泸定桥,由于地势既高,天气又冷,那组成桥身的铁索自然就给人以寒的感觉。

四、"更喜"二句

【更喜岷山千里雪】 岷山,北岭的一段,属昆仑山脉的中支。在四川盆地的西北,是四川和青海、甘肃、陕西等省分界的山,岷江即发源于此。岷山山脉的最高峰在5000公尺以上,终年积雪,居民称之为大雪山。山上空气稀薄,从来很少有人从此经过。这里所说千里雪,概括过雪山的艰苦生活在内。为什么说更喜?一则越过岷山,就最后脱离了长征途中最艰苦的雪山草地,开始了新局面;二则也是"无限风光在险峰"的意思。

【三军过后尽开颜】 三军,古时兵制,分左、中、右三军。后以通称全军,这里指红军全军。红军于1935年9月18日突破岷山天险腊子口,进入甘肃南部。开颜,笑,这里指高兴、欢乐。杨定华《从甘肃到陕西》:"北上抗日人民红军,在荆棘丛中,在耸入云际连年积雪的高山,在一片泽国的草地原野,经历了3个多月的艰苦奋斗生活,尝尽寒冷风霜,吃过了草根树皮,有不少经过万里长征之英雄牺牲于这一地区。……战士们下了岷山山脉进入甘肃之后,一方面感于别却过去所尝的辛酸生活的地区而快活,同时又以他们到过这样的地方而自豪!大队人马虽然与岷山山脉背道而驰。可是,战士们一面说说笑笑地向前走着,一面又时常不约而同地转头回顾岷山的真容。这一回顾当然不是临别依依,而是向它宣告辞别。"这记载正好可作毛泽东此诗"更喜"两句的注脚。

赏 析 SHANGXI

关于工农红军长征的伟大历史意义,毛泽东在长征结束以后的一次报告中,曾给予极其崇高的估价。说得那么准确,那么有力,又那么感动人:

> 长征是历史纪录上的第一次,长征是宣言书,长征是宣传队,长征是播种机。自从盘古开天地,三皇五帝到于今,历史上曾经有过我们这样的长征么?12个月光阴中间,天上每日几十架飞机侦察轰炸,地下几十万大军围追堵截,路上遇着了说不尽的艰难险阻,我们却开动了每人的两只脚,长驱2万余

里，纵横11个省。请问历史上曾有过我们这样的长征么？没有，从来没有的。长征又是宣言书。它向全世界宣告，红军是英雄好汉，帝国主义者和他们的走狗蒋介石等辈则是完全无用的。长征宣告了帝国主义和蒋介石围追堵截的破产。长征又是宣传队。它向十一个省内大约两万万人民宣布，只有红军的道路，才是解放他们的道路。不因此一举，那么广大的民众怎会如此迅速地知道世界上还有红军这样一篇大道理呢？长征又是播种机。它散布了许多种子在十一个省内，发芽、长叶、开花、结果，将来是会有收获的。总而言之，长征是以我们胜利、敌人失败的结果而告结束。（《毛泽东选集》第1卷第135页）

这首诗，正是这一大进军的光辉的写照和热情的颂歌。它集中地表现了红军的英雄豪迈的气概，同时也生动地描写了长征的壮阔艰险的场面。它是一篇不朽的革命史诗，是革命浪漫主义和革命现实主义相结合的杰出典范。

首联第一句："红军不怕远征难"，开宗明义就把全篇的中心思想鲜明地提示出来。不但开门见山，直截了当；而且笼罩下文，极有气势。长征的"难"，确是历史上从来未有的；可是，对于这些困难，红军是怎样看待的呢？"不怕！"这就是响亮的回答。毛泽东在前引报告中曾说："谁使长征胜利的呢？是共产党。没有共产党，这样的长征是不可能设想的。中国共产党，它的领导机关，它的干部、它的党员，是不怕任何艰难困苦的。"这就是为什么"红军不怕远征难"的确切解释或深刻说明。假如说这还是一般的表述，那么，第二句："万水千山只等闲"，便是具体的描绘了。"万水千山"，说明"远"，也暗含着"难"；"只等闲"，说明"不怕"，而又加深一层，岂但"不怕"？而且从容不迫，应付裕如。这就表现出高度的自豪感，总写出红军的革命乐观主义的精神和革命浪漫主义的风格，是全篇的纲领。

颔联。承"千山"。只点出五岭、乌蒙这有代表性的难关，是以偏概全。五岭逶迤，乌蒙磅礴，形容五岭绵延千里，乌蒙广被四塞，极力往大处说；而在"迈步从头越"的红军眼中看起来，那绵延千里的五岭也不过像细浪在腾跃，那广被四塞的乌蒙，也只是像泥丸在滚动，又尽量往小处说。愈说得大，愈见越过它之不易，愈见"远征"之"难"；愈说得小，愈见"红军不怕远征难"，愈见是"只等闲"。在这小与大，亦即主观与客观的辩证统一当中，便表现出红军的坚强、豪迈。本来么，革命者一定要有藐视困难的气概，一定要有战胜困难的决心。只有活命主义者、亦即机会主义者才会在困难面前吓倒，他们生就一副膝盖专会发麻、打颤和下跪，那就只合做奴才，那便永远达不到"五岭逶迤腾细浪，乌蒙磅礴走泥丸"的境界。是的，"腾细浪"、"走泥丸"，乃是两个比喻，两个以动见静的巧妙的比喻。而任何比喻，不仅是炼字和煅句的功夫，不仅是修辞或表现的手法；它不能凭空臆造或任意杜撰，现实生活是联想和想像的基地，优美精确的比喻，总是直接或间接从生活经验中挑选出来的，因而它必然显示着诗人的思想立场和感情倾向。这就是为什么同是化静为动，韩愈的《南山诗》，固然琢句工巧，但所谓"或如帝王尊，丛集朝贱幼；虽亲不亵狎，虽远不悖谬"，仍不能不流露着浓厚的封建意识；究其极，也不过为其"大巧无为"的朴道自然观形象说教而已，说什么"大哉立天地，经纪肖营腠。厥初孰开张，僶俛谁劝侑？创兹朴而巧，戮力忍劳疚。就非施斧斤，无乃假诅咒。鸿荒竟谁传，功大莫酬僦。"这一套对大自然的赞叹与感慨，不正表明一个封建士大夫的迷惘吗？拿它与毛泽东诗句一加比较，其境界的高低，思想的深茂，岂得同日而语哉？

颈联。承"万水"。只点出金沙、大渡这有典型性的险要，也是以偏概全。水拍云崖，桥横铁索，都是记实，并无夸张，这和上联的表现手法有所不同。不过，湍急的江水拍打着陡峭的崖岸，拆毁的大桥只剩下横悬的铁索，这自然也就把惊险的场面描绘了出来，还暗示出了"远征"之"难"，暗示出了渡过它之不易。而面对着这异乎寻常的困难，诗人只着重写出"暖"和"寒"两种感觉，这感觉当然是在一定气候的自然条件下"云崖"与"铁索"的客观属性所给予的，并有助于渲染整个环境的气氛；同时，在这刻画中间，却把红军藐视困难的自豪感和征服困难的愉快心情点染了出来。或问：怎样点染了出来呢？答曰：这"暖"与"寒"并非作为自然物的"云崖"与"铁索"的自我感觉，它们本身是没有感觉的。"云崖暖"由于"水拍"，拍是激荡；"铁索寒"由于"桥横"，横是静陈。由于"云崖"与"铁索"两者物性不同，更由于"水拍"与"桥横"两者动静各异，而使诗人生出"暖"与"寒"两种对立的感觉。"金沙水拍云崖暖"，充满了对那种冲激力量赞美的热情；"大渡桥横铁索寒"，意味着在革命洪流面前顽敌的寒栗。巧渡金沙江，飞夺泸定桥，这是长征途中的两道险阻，一“暖”一“寒”，诗人在这里以如此巧妙、如此精练，又如此平易、如此深刻的语言把它刻画了出来，这能够是普通描写客观景物的辞句吗？不，在这里仍然是着重写人，并不是单纯写景。这色调和气氛，同颔联是一致的、统一的，它是从“不怕难”与“只等闲”一脉贯通下来的，并为尾联的“更喜”作好语势。

尾联。以越过岷山后的喜悦总结全诗，长征尚未结束，凯歌已经先奏。“更喜岷山千里雪”，这个“更”字说明了前边的五岭、乌蒙、金沙、大渡都是可“喜”，不过这“岷山千里雪”则更值得“喜”了。为什么？因为革命者最大的快乐就是斗争，因为战士的崇高的职责就是攻坚克险，因为本来就是“无限风光在险峰”。这是一。但还不只此，更现实的意义则在于越过岷山，就意味着最后克服了极其艰苦的“雪山草地”，进入西北根据地，与陕北红军即将会合；同时，北上抗日的战略目的即将实现，革命高潮的“新局面”也即将打开。这就是说，脚踏着祖国的大地，背负着人民的希望，铁流两万里，直向着一个坚定的方向，这一破天荒的革命大进军即将胜利完成了。全体红军战士怎能不欢欣鼓舞呢？所以“三军过后尽开颜”。上文历尽艰险，有惊心动魄之观；到此则以一片欢腾、皆大快乐作结，生动地刻画出既快活又自豪的红军形象，表现出高度的革命乐观主义精神，真可说是酣畅饱满、淋漓尽致了。

综读全诗，4联8句：首以“不怕难”为纲，尾以“尽开颜”作结，颔颈分承“千山”与“万水”。衔接紧凑，结构严整，叙述的次序完全符合当时的真实情况，直勾勒出一幅行军路线的示意图。而平叙却不径遂，精雕又不佻巧。语言跳跃、血脉动荡；逻辑明细，首尾浑成；属对稳，遣事切，捶字老，结响高。神完气足，章法、句法、字法俱臻绝顶；风骨、情韵、色泽在七律中实独擅古今。当然，艺术源于生活，如果没有惊天动地的长征壮举，也断乎不会产生震古烁今的《长征》诗篇；而这等诗篇，除非身兼革命统帅的伟大诗人也断乎没有别人写得出来。

长征的具体内容，包括对敌武装的斗争和冲破自然环境的险阻两个方面，为什么在这首诗里只以“万水千山”作为贯串全篇的线索，而对许多惊心动魄的战役却略而不书呢？要知道，文学作品不同于历史著作，诗歌不同于散文，抒情诗又不同于叙事诗，文非一体，各有所宜。在一首短短的抒情诗里，没有可能、也没有必要把全部纷繁的事实巨细不遗地列举出来。问题的关键，在于诗人所抒之情，是否深深植根于这一特定现实的土壤之中，透过诗篇的三棱镜能否深入到事物内部剖视出事物本质。抒情诗之与现实生活,就如同酒之与米,蒸气之与水,它是米或水的升华,而不是米或水本身,但又确是由米或水提炼集中出来的精华。基于这种认识来反复吟诵《长征》诗,我们就会领悟到诗篇中所描写的一山一水,都不只是写瑰丽之景,叙英雄之事,而实在是抒豪迈之情。在这里,写景、叙事、抒情,已经结合为一体,锻铸为合金,而以写景作为叙事的背景着笔,又以写景叙事作为抒情的素材运用。明乎此,也就懂得了为什么诗篇只写了"万水千山",而且只写了"万水千山"中的五岭、乌蒙、金沙、大渡和岷山等处,便使人感受到长征中所历尽的千辛万苦的自然险阻,便使人想像到长征中所创造的可歌可泣的辉煌战绩,并从而便使人领会到长征中红军战士的英勇豪迈气概和革命乐观主义精神。这就是说,抒情诗篇巨大的艺术感染力,乃是汲取自丰富的生活源泉中。只有深深通向这生活源泉,艺术生命力才能旺盛,所谓心中虹霓,腕底烟霞。正因为伟大诗人同时又是革命导师,不只亲身参加了并且还直接领导了这史无前例的长征,所以写起《长征》来,才会有这样宏大的气魄,这样深刻的内涵;同时,正因为那囊括宇宙、包容古今的巨人的心灵已经总揽全局,所以才能从繁富丰满的现实生活中挑选感触最深的印象,也就是最有代表性最有典型性的形象,以偏概全,以少胜多。这就是诗篇的高度概括力,只是当胸有成竹,才能够目无全牛。这是诗歌创作,也是一切艺术创作的规律。由此可知,《长征》诗所具有的宏大气魄,所表现的高度概括力,乃是深刻地反映了客观现实而来的,都是有丰富的客观现实作基础的,它同那种虚诞无根的夸张截然不同。然而它又绝对不是自然主义地照抄生活,巨细不遗罗列现象,而是对现实的深刻的艺术概括,并从中发扬出与日月争辉的诗的光芒。列宁说:"现实高于存在和实存。"(《哲学笔记》人民出版社 1961 年版第 165 页)高尔基说:"文学的真实——是从同类的许多事实中提出来的精华。"(《给青年作者》第 30 封信)读《长征》诗,使我们对于这两句名言更加深了理解,有了进一步认识。从这里也使我们更深一层体会到为什么说毛泽东的《长征》诗是革命现实主义和革命浪漫主义相结合的典范。革命浪漫主义乃是在革命现实主义基础上所放射出的灿烂光芒;同时革命现实主义乃是在革命浪漫主义主导下所凝结成的辉煌晶体。《七律·长征》正典范地说明了这一辩证关系。

念奴娇

昆　仑

一九三五年十月

横空出世，莽昆仑，阅尽人间春色。飞起玉龙三百万，搅得周天寒彻。夏日消溶，江河横溢，人或为鱼鳖。千秋功罪，谁人曾与评说？　　而今我谓昆仑：不要这高，不要这多雪。安得倚天抽宝剑，把汝裁为三截？一截遗欧，一截赠美，一截还东国。太平世界，环球同此凉热！

题　解　TIJIE

昆仑，山名，在新疆于阗河上源，也指昆仑山脉，是我国最大的山脉，从帕米尔高原起，沿新疆、西藏边界向东伸入内地，又分北、中、南三支。主峰公格尔山海拔 7719 米，慕士塔格山海拔 7546 米。《长征》诗中的岷山，属昆仑山脉中支。此词原注中说："夏日登岷山远望，群山飞舞，一片皆白。"是知此词所谓昆仑，实指岷山。

此词著录在《七律·长征》诗后，《清平乐·六盘山》词前。10 月 2 日毛泽东曾在通渭给红军战士朗诵《长征》诗，红军攻占六盘山在 10 月 7 日。此词当作于此期间由通渭向六盘山进军途中。

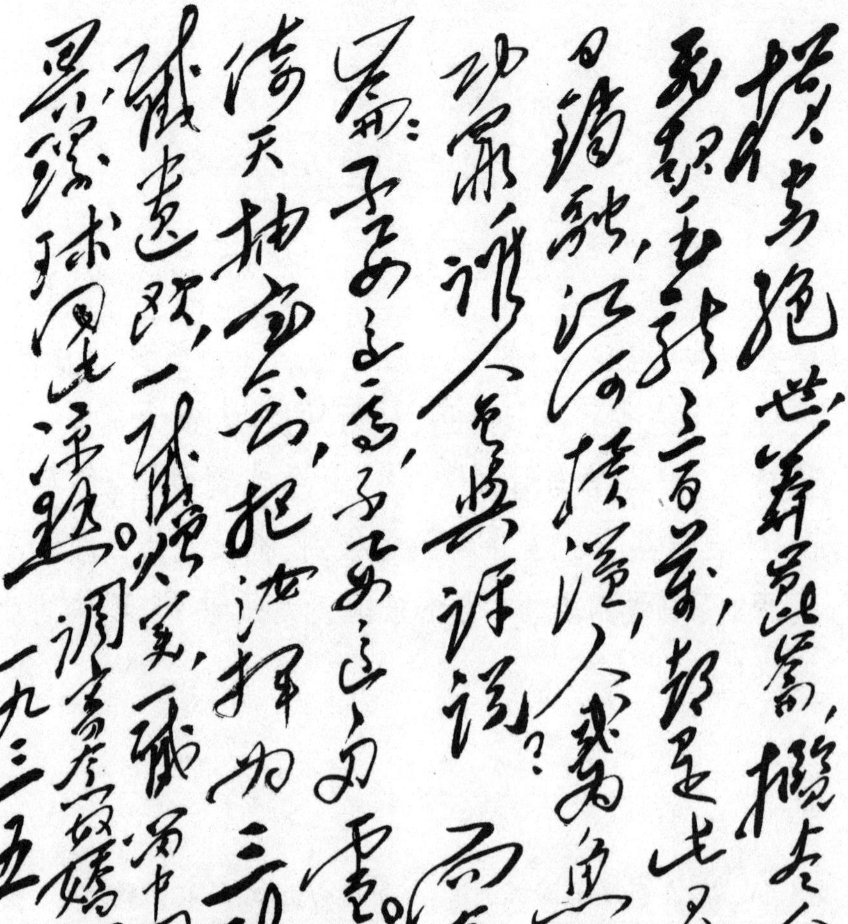
横空出世，莽昆仑，阅尽人间春色。飞起玉龙三百万，搅得周天寒彻。夏日消溶，江河横溢，人或为鱼鳖。千秋功罪，谁人曾与评说？而今我谓昆仑：不要这高，不要这多雪。安得倚天抽宝剑，把汝裁为三截？一截遗欧，一截赠美，一截留中国。太平世界，环球同此凉热。
调寄念奴娇 登岷山
一九三五

毛泽东手书《念奴娇·昆仑》

笺　注 JIANZHU

一、"横空"三句

【横空出世】 横在空中，指大；浮出人世，指高。

【莽】 莽莽，状高大。《小尔雅》：莽，大也。后世引申有鲁莽、莽撞、猛健诸义。

【阅尽人间春色】 阅尽，看尽、看足、看遍。人间春色，不只指大地春光，而且指人世盛衰。

二、"飞起"二句

【飞起玉龙三百万】 原注："前人所谓'战退玉龙三百万，败鳞残甲满天飞'，说的是飞雪。这里借用一句，说的是雪山。夏日登岷山远望，群山飞舞，一片皆白。老百姓说，当年孙行者过此，都是火焰山，就是他借了芭蕉扇扇灭了火，所以变白了。"按：宋胡仔《苕溪渔隐丛话》前集卷五十四引《西清诗话》云："华州狂子张元，天圣（宋仁宗 1023~1031 年）间坐累终身，每托兴吟咏，如雪诗：战退玉龙三百万，败鳞残甲满天飞。"这里所谓前人，即指张元。又按：孙行者借芭蕉扇扇灭火焰山的火，见《西游记》第 61 回："猪八戒助力败魔王，孙行者三调芭蕉扇。"当地群众中当有类似传说。

【搅得周天寒彻】 搅得，闹得、搞得；今语的"搞"，早期白话作品中都作"搅"。周天寒彻，整个天空冷透了。

三、"夏日"三句

【消溶】 积雪消融、溶化。

【江河横溢】 长江黄河都发源于昆仑山脉，所以昆仑山积雪消融，江河水量大增，都会泛滥起来。横溢，就是横流，即泛滥。

【人或为鱼鳖】 江河横溢，洪水成灾，人也许为鱼鳖所食。《左传》昭公元年："微禹，吾其鱼乎！"

四、"千秋"二句

【千秋功罪】 千秋，千年。此系泛指。功罪，几千年来昆仑山给长江黄河输送的水源，给人民带来许多好处，孕育了中华民族的文化，这是功；造成洪水泛滥，因而给人民带来灾祸，这是罪。在这里，罪是实写，功是虚写。

【谁人曾与评说】 谁人，何人。曾与，曾给、曾为。《诗词曲语辞汇释》：

“与,为也,给也。杜甫《兵车行》:“去时里正与裹头,归来头白还戍边。”评说,评论,评议。

五、“而今”三句

【这】 这里用如这么。这高,这么高;这多雪,这么多的雪。

六、“安得”二句

【安得倚天抽宝剑】 安得,怎得,哪得。李白《大猎赋》:“于是擢倚天之剑。”宋玉《大言赋》:“长剑耿耿倚天外。”倚天剑,就是一头倚在天上的长剑。本此,“安得倚天抽宝剑”,即“安得抽倚天宝剑”,倚天是宝剑的修饰语,形容其长,句式倒装。这是通解。不过,毛泽东诗词,往往活用古典,不必拘泥原义,那么,倚天抽宝剑,就是背倚半壁青天抽出宝剑来的意思。这样解释,似于义更长。

【把汝裁为三截】 把高山横裁为三截。

七、“一截”三句

【遗】 读 wèi,赠送。

【还东国】 一作“留中国”。此东国,即中国,系对欧美言。作留,因昆仑本在中国境;作还,因为既然裁为三截,已经动了,所以说还。

八、“太平”二句

【环球同此凉热】 环球,一作寰球,整个地球。同此凉热,共同享受这凉热。

赏 析 SHANGXI

“昆仑”是个大题目,古来诗词,虽多涉及,但一般只是作为使典用事,视同神话传说,如“阆风之苑”、“昆仑之圃”之类,拿昆仑来作描写对象的,还是少见。李白《剑阁赋》、《蜀道难》,写的仅是来自岷山,连同叠嶂的峨眉、剑阁,还不是昆仑本身;有之,陶潜《读山海经》可以算作一首,但陶诗乃是在“泛览周王传,流观山海图”时的遐想,把“昆墟”作为西王母“馆宇非一山”之“一山”,因同枀山、三危山、芜皋三山以及赤水、虞渊等神仙境界并列,同毛泽东此词身临目接源于实践之作,尚不得相提并论。所以,可以说,以昆仑为题,加以正面描写,又写得异常出色,毛泽东词还是仅见,其气魄之大,笔力之雄,设想之奇，意境之高，也真是“横空出世”，前无古人。

你瞧！“横空出世”，开头4字，便突兀峥嵘，把昆仑山赫赫的气象和磅礴的声势既概括又形象地包举无遗。这4个字，只有昆仑山才当得起，也只有大手笔如毛泽东才想得到、写得出。奇峰矗峙，天外飞来，一入手就令人惊心动魄，目眩神摇，真是工于发端。“横空”，说大；“出世”，说高。既已“横空出世”了，这很容易便同古来的神话传说衔接上：至县圃，留灵琐，济白水，登阆风，饮马咸池，总辔扶桑……，这岂不是顺理成章的吗？可是如果这样写，岂不落入古人窠臼？看毛泽东是怎样接下来的：“莽昆仑，阅尽人间春色。”一句便收回到“人间”来，“抑磬控忌，抑纵送忌。”真是挹揭星斗之力，旋转乾坤之功。昆仑原在“人间”，怎能放它逍遥出尘世？问题是这需要多大的功力啊！这是一。其次，“阅尽人间春色”，仅6个字，多么大的包容量。李白《塞下曲》：“五月天山雪，无花只有寒。笛中闻折柳，春色未曾看。”只是说天山终年积雪，从未看见过春色。这里反用其意，说“阅尽”了“人间春色”，便不仅说的是春风杨柳，而且概指着人世沧桑。昆仑雄踞一方，不知已几千万年，它昂首天外，又俯瞰人间，不但占据空间的广大，而且经历时间的长久，这是可以想见的。对昆仑说来，这是写实，又是多么形象而深刻地揭示其本质啊！这是二。再次，“莽昆仑”的“莽”字，确实也用得精当不移。莽莽，状高大，正承上句。而“莽昆仑”三字，似乎又让我们联想到“莽汉子”、“莽丈夫”，联想起鲁莽、莽撞、猛健等意象，本来这些与高大义是相通的。这就不只使昆仑呈现出形貌，而且也具有了性格。这性格同下面五句的描写，正好像有一条伏线在暗中联系着，情理神态，非常谐和。有的同志说，“莽”字给人的印象是有些臃肿，这恰与昆仑切合，从而隐隐追出后文“裁为三截”这一层意思。这体会是符合词旨的。看这一个“莽”字涵义是多么丰富啊！这是三。“飞起”二句，写昆仑山像300万条玉龙在飞舞，搅得整个天空都冷透了。通过这一巨大形象便表现了昆仑的另一特点：寒冷。同时，写寒冷并不只是诉之于感觉，同前面所写的高大还是紧密配合着的，并且形容雪山的蜿蜒夭矫，是如此生动，如此雄伟，确乎也有一股子“莽”劲。再接“夏日”三句，仍有“莽”的余威，你看它每当积雪消融，便使贯穿全国的黄河长江洪水泛滥起来，以至殃及苍生。这够多么鲁莽、莽撞。这里实写“罪”，虚写“功”，昆仑是我们古老民族的发源地，是我们伟大祖国的摇篮，其“功”是史不绝书，有口皆碑的，所以虚写；至于“罪”，则是前人不曾提出，别人不曾想到的，所以实写。无论为“功”为“罪”，都是从国计民生方面着眼。所以

"千秋"二句,总结前文,深致感慨:自古以来,有谁关心民瘼呢?有谁站在人民立场,把昆仑的"功罪"加以公平论断呢?这两句特别放在上片结束处以设问形式提出,是耐人咀嚼回味的。从人民生活的角度来提出昆仑"功罪"问题,这种构思,在这样一首词内,当然是合乎逻辑的推论。但仔细想想:如果不是人民领袖、革命导师,如果不是诗人的思想感情一直通向了人民的心灵深处,怎么能把这样博大的心胸同那样奇特的想像联系起来呢?

而更博大的心胸,更奇特的想像,还在下片。"而今"以下10句,竟然对昆仑讲起话来了。本来,同鸟虫风月对话,同松柏花草对话,把自然物人格化,使其具有灵性,在古典诗词中是并不罕见的;同山石结交,置腑倾谈,也是古今诗人常使用的手法。辛弃疾《山鬼谣》:

> 问何年,此山来此?西风落日无语。看君似是羲皇上,直作太初名汝。溪桥路,算只有江尘不到今犹古。一杯谁举?笑我醉呼君,崔嵬未起,山鸟覆杯去。　　须记取,昨夜龙湫风雨。门前石浪掀舞。四更山鬼吹灯啸,惊倒世间儿女。依约处,还问我:清游杖屦公良苦。神交心许。待万里携君,鞭笞鸾凤,诵我远游赋。

这词中的"君",便是"雨岩有石,状怪甚"。看来诗人也是同山石神交心许,举杯醉呼。问题是在对话中说了些什么。辛词虽放逸,但醉眼狂态,只不过是一肚皮牢骚;辛集中此类词还有一些,内容却差不多。而毛泽东此词,则面对着昆仑山这样气象万千的宇宙奇观,站得高,看得远,想得多,那崇高的精神、伟大的抱负,岂但辛词望尘莫及,古今名篇,实亦无与伦比。他对昆仑说:"不要这高,不要这多雪。"又说:"安得倚天抽宝剑,把汝裁为三截?"诗人站在长征途中的高山之巅,背倚半壁青天,挥起巨人的手臂,就幻想着在抽出万丈利剑。"裁为三截",好一个"裁"字,说得多么轻易,像裁一张白纸,像裁一根细枝。一般常人,有这等力量吗?"裁"了以后干什么?不是无目的地"裁",不是"裁"着好玩,而是要"一截遗欧,一截赠美,一截还东国"。为什么要拿昆仑作礼物分赠欧美呢?要让"太平世界,环球同此凉热"啊!多么宏伟的气魄,多么高旷的襟怀,多么豪迈的愿望!或曰:"昆仑不是咱祖国的象征吗?为什么拿它来送礼呢?又为什么要赠送给欧美帝国主义者呢?答曰:你必须从这些传统的概念中解脱出来。在这里，昆仑只是奇伟高寒的自然景象；在这里，欧美只是世界人民的代语。让我们一同进入诗篇中去涵泳吧，让我们想像的翅膀追随着诗人的理想去翱翔吧。"四海之内皆兄弟也。""全世界无产者联合起来"！诗人梦寐以求的，是实现世界大同，让全人类都过着和平幸福生活这样崇高远大的共产主义理想。而这种灿烂的思想光辉与深刻的政治意义，一不是以概念出之，以理论出之；二不是照抄现实，照抄生活。而是面对着"横空出世"的"莽昆仑"，兴会淋漓，浮想联翩，诗人崇高丰富的思想感情融入了瑰丽雄奇的现实景象中，二者和谐一致，昆仑的形与神同诗人的情与理形成完美的统一，这便塑造为《昆仑》的艺术形象，这也便构成为《昆仑》的诗的意境。正是这形象给我们以酣畅的艺术感染与美学享受；正是这意境引人入胜，使我们心胸开拓，眼界扩大，受到巨大的鼓舞，增长向前的勇气。

由此可知：通过艺术形象所构成的意境，包含着两个方面：境的方面，即现实生活形象的客观反映方面；意的方面，即诗人思想情感的主观创造方面。客观涌入主观，主观融入客观，二者的有机统一中所反映出的生活本质真实，便是对现实的艺术掌握，也便是艺术的真实。而境与意本身，又各是一对对立范畴的统一：境是形与神的统一，即现象与本质的统一；意是情与理的统一，即感情与思想的统一。在这情理形神的互相渗透、互相制约的关系中，可以窥见意境形成的秘密。情理必须贯注于形神，诗篇的主题思想必须通过艺术形象反映出来；形神又必须统摄于情理，诗的形象是经过诗人的主观把握而创造出的艺术存在，它已大大不同于自然中或生活中的"境界"的原型，而是"更高、更强烈、更有集中性、更典型、更理想，因此，就更带普遍性"。这也正是生活真实与艺术真实的辩证法，是由自然形态的生活真实质变为意识形态的艺术真实的飞跃。请细心琢磨琢磨：大自然的昆仑，怎样经过伟大诗人的生发创造而发展成为《念奴娇·昆仑》。这是非常富有启发性的。

清平乐

六盘山

一九三五年十月

天高云淡，望断南飞雁，不到长城非好汉，屈指行程二万。　　六盘山上高峰，红旗漫卷西风。今日长缨在手，何时缚住苍龙？

题　解　TIJIE

六盘山，指六盘山脉，在甘肃、陕西和宁夏回族自治区交界处。六盘山主峰，在固原县西南、隆德县东北，海拔3500米。山路曲折险窄，盘旋六道，才达顶峰，故名。古谓之络盘道。自元代以来，常为用兵之地。

1935年10月2日，红军由通渭城北上，6日越过平凉——固原大道，当日夜间又进入山区，把尾随追击的敌军甩掉。第二天，即10月7日，在山区青石嘴遇国民党东北军白凤翔部骑兵，一战胜之，俘虏敌400余人，马400余匹，经宣传解释后，都加入了红军。在战斗胜利的鼓舞下，一鼓作气，于当天下午攻占了六盘山，晚到山东脚下宿营。这一天行军80多里。

此词似是口占，当作于攀登上达六盘山顶峰之时，六盘山的胜利，意味着长征途中最后一道天险的突破。词中就革命进军，作了回顾与前瞻，这是极自然的情理。

笺　注　JIANZHU

一、“天高”二句

【望断南飞雁】　望到南飞雁影都看不见了，还在眺望。表示望得远，望

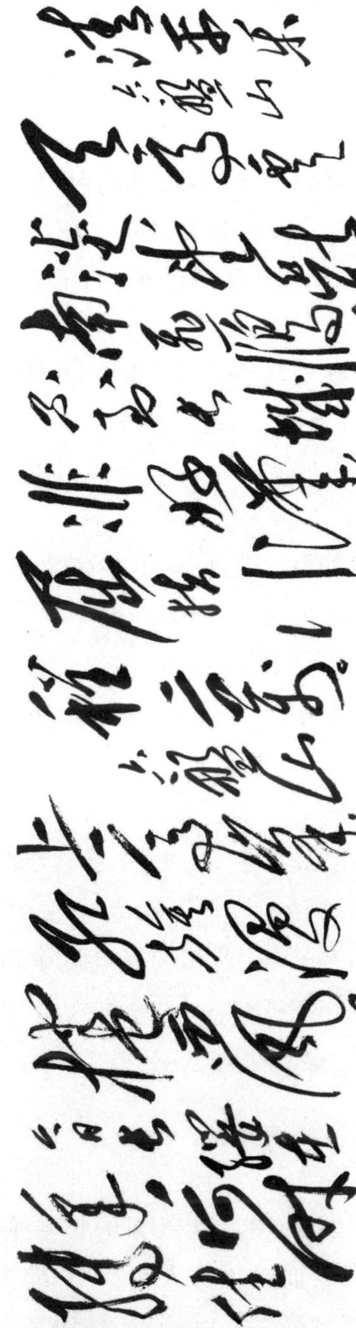

毛泽东手书《清平乐·六盘山》

得久。

二、"不到"二句

【不到长城非好汉】 长城，即万里长城，此指抗日前线。好汉，勇敢有为的人。《旧唐书·狄仁杰传》："则天尝问狄仁杰曰：'朕要一好汉任使，有乎？'"陈鳣《恒言广证》卷一："《询刍录》：匈奴闻汉兵，莫不畏者，称为汉儿，又曰好汉。"

【屈指行程二万】 屈指，扳着指头计算。俗语：屈指可数。行程二万，从江西雩都出发，到达六盘山，长征途程，已近二万里。

三、"六盘"二句

【六盘山上高峰】 见题解。

【红旗】 一作旄头，古时旗杆头上用牦牛尾做装饰，因称旗的上端曰旄头，用作旗子的代语。后旄头改为红旗。

四、"今日"二句

【长缨】 长的绳子。《汉书·终军传》："南越与汉和亲，乃遣军使南越，说其王，欲令入朝，比内诸侯。军自请，愿受长缨，必羁南越王而致之阙下。"此泛指革命武装。

【苍龙】 《史记·天官书》："东宫苍龙。"《索引》："案《文耀钩》云：东宫苍帝，其精为龙也。"《后汉书·张纯传》注："苍龙，太岁也。"据此，苍龙乃东方七个星宿的总称。古时用星宿指称地域，此用以指日本帝国主义。以上二句，系化用宋刘克庄《贺新郎》词"问长缨何时入手，缚住戎主"句意。

赏 析 SHANGXI

上片：开端"天高"两句，平开舒展。以寥寥9个字，便为当时的六盘山勾勒出一幅清新的画面。不但有景，而且更有人在其中。北方的晴秋，金风送爽，碧空如洗；纤云点缀，愈见澄彻。"高"字、"淡"字，贴切之极。攀登高山，看到过雁，不禁会引起许多联想，这些都于"望断"二字流露出来：雁南人北，"望断南飞雁"，正是长征的来路。一路上牺牲了的烈士，该留下殷殷血迹；羁留下的战友，此时情况如何？还有远在江南继续打游击的同志，当年根据地父老兄弟姊妹们，他们此时可听到红军已突破最后一道天险胜利到达六盘山的消息？或曰："望断就是看不见，并非望到看不见，更不是望得久和望得远。毛主席所率领的长征红军，自过岷山以后，便迤逦由南向北而来，正是清秋时节，一路之上，所望到的南飞雁当然是不少的；但当长征队伍，进入甘肃南部，到达六盘山的时候，尽管天高气爽，已经看不见南飞雁了。这是说地势越来越往北，气候越来越寒冷。若把望断解作望到看不见，表示望得久和望得远，这能是'不到长城非好汉'的好汉们所应有的行动吗？'远望可以当归'的想法，我们的好汉们当然是不会有的；就是所谓想通过大雁把胜利长征的消息带给南方关怀的人们的说法，也是非常迂曲的。"这想法未免太天真、太简单、太主观了。为什么到达六盘山便忽然望不到南飞雁了呢？望不到还说它干什么呢？长征好汉就不关怀战友和人民吗？其时正是由于胜利后登高南望，缅怀故旧，而又云山苍茫，音讯杳然。所以才目送飞鸿，望得久、望得远。这中间含蓄着许多潜台词没有说，因此下文一转："不到长城非好汉"，把驰骋的想像猛然收转回来，才显得格外有力，把气势一下鼓到顶点。这正是长征好汉们深厚真挚的热情与卫国杀敌的决心，交相互映。"屈指"句也是上承"望断"而来，"望断"是望得远，多远呢？"屈指行程二万"，又是望得久，多久呢？"屈指——行程——二万"。这三四两句是壮语，词中少见的壮语。它不只把"北上抗日"的口号，化作诗的语言，形象地表达了出来；而且结合当时红军长征的具体形势看，更是语重心长，有着重大的政治意义。这里需要简单地讲一点历史。"一九三五年三月，第四方面军离开川陕边区根据地，向四川西康两省的边境转移。同年六月，在四川西部的懋功地方与红军第一方面军会合，组织左右两路军北上，于同年九月到达松潘附近毛儿盖一带地区。这时候，在第四方面军工作的张国焘，违抗中共中央的命令，擅自率领左路军南下，分裂红军。"当毛泽东登上六盘山峰，翘首南望之时，张国焘正在挟持第四方面军部分红军向四川西藏间少数民族区域退却，散布失败主义和取消主义，并且进行公开的反党反中央的背叛活动，自立伪中央，破坏党和红军的统一，使红军第四方面军蒙受了重大的损失。毛泽东会不会以满怀厌恶想到张国焘，并以殷切之情惦念着被张国焘挟持欺骗的一部分红军战士呢？所以说，"不到长城非好汉"，实在也是慨乎言之啊！

下片：换头"六盘"两句，才点出本题，明写攀越情事。曼歌悠扬，声洪气畅。此与《清平乐·会昌》词的换头极相似，但《会昌》词："会昌城外高峰，颠连直接东溟"，是就山连写下去；此词："六盘山上高峰，红旗漫卷西风"，是以特笔描写红旗。这是不同处。这里特别突出红旗,是具有丰富深刻意义的:红旗是革命的旗帜,是胜利的象征,它从井冈山一直打到六盘山。今天在六盘山的顶峰上红旗飘飘,卷舒自如迎着西风,这说明了革命正在迅猛地发展,这说明了长征已取得了重大的胜利;这说明了马克思列宁主义具有无坚不摧的威力,而帝国主义及其走狗蒋介石辈则是完全无用的;这也说明了伟大红军战士具有着昂扬的革命乐观主义精神,即使经历千辛万苦,仍然胸怀坦荡,屹立不动,无限自豪。这一切都是一个"漫"字逗出。"红旗漫卷西风",红旗随意地卷着西风。于洪畅悠扬中,又潇洒有情致。最后以问讯口气结束,似尽未尽:"今日长缨在手,何时缚住苍龙?"又把注意焦点,引向远方,正面提出"北上抗日"的任务,暗应前文"不到长城非好汉"句意。以设问作结,并不是对抗日终将取得最后胜利还有什么疑问,而是表示红军战士迫不及待,渴望杀敌的急切心情。在意蕴上,则推宕生姿,饶有余味。平常所谓"言有尽而意无穷",正是指这种手法。

全词有情有景,情景交融。雄浑豪放,金声玉振。充分表现了坚定的革命意志和激昂的战斗精神,极富感染力。1961 年 10 月 8 日,《中国青年报》刊登了毛泽东为宁夏自治区所写的此词手稿,后附编者按语,说:"词中充满着乐观主义情绪、远大的预见和坚强的自信。它是战斗前进的胜利鼓吹曲,是振奋人心、激扬斗志的宣言书。读了它,一种无坚不摧、奋发有为的意志不禁油然而生。"又说:"当时的苍龙早已被我们缚住,帝国主义、封建主义、官僚资本主义在中国的反动统治早已被我们推翻。但是,对于崇高伟大的共产主义事业来说,这还只是万里长征的第一步。在我们前面,还有一层一层的六盘山等待着我们去攀登,还有大大小小的困难需要我们去征服。现在,重温毛泽东这首词,就好像面聆毛泽东的教导一样。毛泽东充满革命乐观主义的伟大豪语,依然像二十几年前一样激励着我们。"这些话说得非常好,非常中肯。不止《六盘山》,所有毛泽东诗词,都应当这样去读。

沁园春
雪
一九三六年二月

北国风光，千里冰封，万里雪飘。望长城内外，惟余莽莽；大河上下，顿失滔滔。山舞银蛇，原驰蜡象，欲与天公试比高。须晴日，看红装素裹，分外妖娆。　江山如此多娇，引无数英雄竞折腰。惜秦皇汉武，略输文采；唐宗宋祖，稍逊风骚。一代天骄，成吉思汗，只识弯弓射大雕。俱往矣，数风流人物，还看今朝。

题解 TIJIE

中央红军从1934年10月到1935年10月整整一年中，经历了11个省，走过终年积雪的雪山，越过人迹罕至的草地，粉碎了敌人的多次围攻堵截，打垮了国民党反动军队410个团和不计其数的地主武装，占领过54个城市，连续行军二万五千华里，战胜了军事上和自然界的无数艰险，胜利地到达陕北革命根据地，与陕北红军会合。之后，从11月起，胜利地粉碎了国民党军队对陕北革命根据地连续发动的三次"围剿"，大大地巩固了陕北的革命根据地，有力地促进了全国抗日民主运动的新的高涨。为了进行抗日，红军在1936年2月，渡河东征进入山西，取得了许多胜利，并准备开赴河北抗日前线。但这时蒋介石调动大军进入山西，协同阎锡山阻拦红军前进，同时命令东北军和西北军进攻陕北根据地。为了保存抗日实力，争取停止内战，一致抗日，红军于5月间回师河西，同时发出"停战议和，一致抗日"的通电，号召国

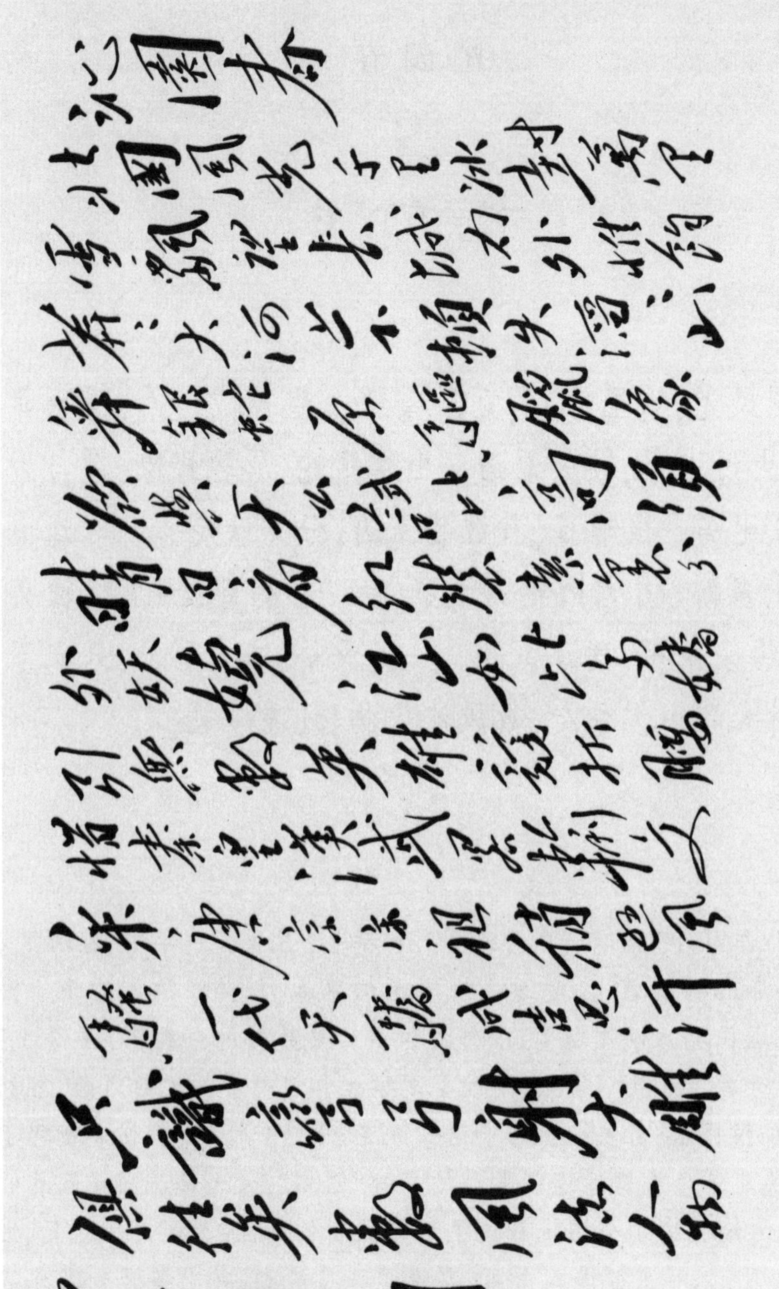

毛泽东手书《沁园春·雪》

内一切军队同红军停战议和，共商抗日救国大计。

《沁园春·雪》即作于1936年2月，正是红军渡河东征，出师抗日期间。这是一首长调，以咏雪起兴，赞美祖国的江山，评论祖国的历史，歌颂祖国的今天与未来。大气磅礴，兴会淋漓。久矣脍炙人口，允为古今绝唱。

1945年秋，毛泽东在重庆与国民党进行和平谈判，柳亚子先生索句，毛泽东手书此词以赠。有人因认为即作于此时，并据以作了许多文章。可是柳亚子先生和词手稿明明写着："次韵和毛润之初行陕北看大雪之作，不能尽如原意也。"既是"初行陕北"，当在10年以前；又是"看大雪之作"，当在三冬季节。毛泽东去重庆，时在8月间，怎能于此时作此词呢？凡在这个误会下所作的论述，无论为长为短，统统是错了。

笺注 JIANZHU

一、"北国"三句

【北国风光】 北国，即北方。风光，风景，景色。

【冰封】 为坚冰所封闭。

二、"望长"四句

【望】 瞭望，是词中领字，直贯以下七句。

【莽莽】 即茫茫，这里指一片白茫茫。

【大河上下】 黄河的上游和下游。

【顿失滔滔】 滔滔，大水滚滚流动貌。顿时失去了流动的水势，指黄河结冰。

三、"山舞"三句

【山舞银蛇】 披覆着白雪的群山，蜿蜒夭矫，宛如白色的长蛇在舞动。

【原驰蜡象】 原注："原指高原，即秦晋高原。"这句是说白雪掩盖的秦晋高原，丘陵起伏，好像白蜡色的象群在奔驰。按：韩愈《咏雪赠张籍》诗："日轮埋欲侧，坤轴压将颓。岸类长蛇搅，陵犹巨象豗。"

【欲与天公试比高】 天公，本谓天帝，帝居天上，故此指天。比高，比量高低。山与原远望接天，好像要同天公比高的样子。

四、"须晴"三句。

【须】 待、等。张相《诗词曲语辞通释》："须，犹终也。语气较应字义为强。”是须字在诗词中用作待、等,兼有终义,终必会待来、等到。

【红装素裹】 本指妇女的装束。红装,红色的盛装或浓装;素裹,穿着白色的丝绢。这里指红日与白雪互相映照的艳丽景色。

【妖娆】 娇媚艳丽。

五、“江山”二句

【多娇】 娇即妖娆,多娇即多态。

【折腰】 原谓拜揖,弯腰行礼。《晋书·陶潜传》:“郡遣督邮至县,吏白应束带见之。潜叹曰:吾不能为五斗米折腰,拳拳事乡里小人邪?”引申为倾倒、倾佩。

六、“惜秦”四句

【惜】 是词中领字,直贯以下七句。

【秦皇】 秦始皇嬴政(公元前260~前210)。

【汉武】 汉武帝刘彻(公元前157~前87)。

【略输文采】 输,与赢相对,失败。略输,稍差。文采,本指辞采,引申为才华。这里跟秦始皇、汉武帝的武功对,兼有文治的意味。文治包括政治、经济、文化等方面的成就。这就是说秦始皇、汉武帝武功虽有一些,文治就不足了。

【唐宗】 唐太宗李世民(598~649)。

【宋祖】 宋太祖赵匡胤(927~976)。

【稍逊风骚】 与“略输文采”意义大致相同。风,谓风雅;骚,谓离骚。二者并为辞章家所祖,后世因称辞章之事曰风骚,引申为文学作品的代称。《宋书谢灵运传论》:“原其飙流所始,莫不同祖风骚。”这里指文藻,也兼含有文治的意味。

七、“一代”二句

【天骄】 “天之骄子”的略语。天之骄子,就是上天所骄纵的人。《汉书·匈奴传》:“南有大汉,北有强胡,胡者,天之骄子也。”

【成吉思汗】 即元太祖(1195~1227),姓乞颜特·博尔济锦,名铁木真。成吉思汗是他的尊号,意为大海之王。

【只识弯弓射大雕】 雕,一作鵰,是一种比鹰更猛的鸟,飞得又高又快,不易射中,所以善射的人称射雕者。《史记·李将军列传》:“生得一人,果匈奴射雕者也。”这里是说成吉思汗只懂得拉弯了弓射大雕,风骚文采就更不足称了。

八、"俱往"三句

【俱往矣】 都过去了，都消逝了。

【数风流人物】 数，点算、察考。风流人物，苏轼《念奴娇》："大江东去，浪淘尽千古风流人物。"《晋书·卫玠传》："此君风流名士，海内所瞻。"风流，指风的流动，或谓指风的飘散、水的流动。风流人物，本义指举止潇洒、富有才华的人。这里指能文能武的杰出的英雄。

【今朝】 今天，当代。

赏 析 SHANGXI

1937年春，毛泽东和贺子珍在延安。

《沁园春·雪》试译：

北中国严冬的风光，
千里大地给坚冰查封，
万里长空任大雪飞飘。
纵望长城的里里外外，
只剩下那茫茫的旷野；
大河的上游下游，
霎时不见滚滚的波涛。
山峦像银蛇翩跹舞蹈，
原陵如蜡象结队奔驰，
都想和老天比比谁低谁高。
要等到天晴旭日东升，
看那一点红装衬着白纱罩，
将格外显得妩媚娇娆。

祖国江山这样丰富美好，
引起过多少英雄争相倾倒。
可惜秦始皇和汉武帝，
略略缺乏文采；
唐太宗和宋太祖，

稍稍差些风骚。
一代的天之骄子，
那成吉思汗，
也只会弯弓射大雕。
他们都已经消逝了，
要看风流人物，
还得在今天寻找。

这译文只是略述大意而已，原作的精神，韵味、风采，那兴酣墨饱的情致，那风起云涌的气势，那挺劲雄浑的意境，都不能传其二三。这是为什么？这现象怎样理解，这道理怎样说明？

形式与内容的统一，语言与思想的一致。这本来是文学，特别是诗歌的特质。马克思说："语言是思想的直接现实。"又说："语言是一种实践的……现实的意识。"(《德意志意识形态》)因此，作为语言艺术的文学，尤其是诗歌，语言不仅是构成形式的因素，而且在某种意义上也就是内容本身。诗歌的语言，必须是饱含情绪和饱含思想的语言，必须是富有暗示性和富有启示性的语言。诗的魅力，特别要从它那精确而调和的语言色彩中显现出来。一首好诗，固然取决于要有深刻的思想内容，但又必须依靠着精美的语言技巧。人们吟诵一首好诗，一唱三叹，击节称赏，往往不只是看它反映了什么，还总是要看它怎样反映的。正因为这样，从最严格的要求来看，诗是不能翻译的。——由于译文的蹩脚而使原诗受到损失，相形减色，这是很自然的，有如摹描之于原画，有如模型之于素雕，其真赝高低的差距，是难于避免不能弥补的。

这是为什么呢？

第一，从文艺形式上看。咏雪是一首词，是一首律化的、长短句的、有固定句数的字数的诗。它用的是《沁园春》这个词牌，是一首长调。《词谱》："《沁园春》，双调，一百十四字。前段十三句，四平韵。后段十二句，五平韵。"按照词律，这首词除上段前三句和后段前二句字数不同外，两段的后十句句法完全一样。调中有四个五字句，即上段的第四、第十二两句，下段的第三、第十一两句，都必须是上一下四的句法，用开头第一个字领起下文，声律是仄平平仄仄。上段的第四、五、六、七等四句，下段的第三、四、五、六等四句，除开头多一个领字外，都要用对仗，或两句各成一对，或上两句与下两句成对，后者称为

"扇面对"。至于上段的二、三两句,八、九两句以及十二、十三两句,下段的七、八两句以及十一、十二两句,则可对可不对。毛泽东此词可以说是活用了又都切合乎这些格律规定的。这些格律形式虽然形成于封建社会,是封建主义美学观点的具体体现;但形式一旦形成,便又具有着相对的独立性,人民掌握了它,也能用以叙人民之事,抒人民之情;因此,久而久之,它又可以反转来影响人民的审美感觉。有了上千年传统的词这种格律形式,早已成为我们民族形式的一种,是为我们已经接受、已经熟悉了的。它是在中国语言文字的基础上经过上千年的提炼加工而完成的,它所给予人们的审美感受,也已经化成为我们民族文化传统的一部分,化成为我们民族的审美认识的一部分。它那种错落有致的铿锵谐和的音韵,它那种符合于现实生活形象的整齐工稳的对仗,不仅仅是我们表情达意的方法或形式,而且也影响着我们的情感或美感。因此,把这样一首完整精练的《沁园春》词一经语译,改变成一首自由体的白话诗,这些特点就大部分失掉了;正如一支优美完整的歌曲,不是通过歌唱,而只是概述它的歌词大意,我们能够把这歌曲作为一个艺术作品全部加以领略吗?当然不能够。这是一。

其次,从语言技巧上看。请把译文同原作对比一读,加以仔细推敲,我们便会惊讶地发现,在用字造语方面,毛泽东诗词是多么精审、巧妙,简直达到了极峰。

"北国"三句。译文可以说是符合原意的,甚至更明确些。不过,题目既已标出了《雪》,再加冰封、雪飘等形象,自然是"严冬";至于冰封的是"大地",雪飘要在"长空",这也是不言而喻的。原词中没有这些字眼,读者自会用想像把它们补充起来,决不会误会;译文都一五一十地摆了出来,没有给读者留一点余地,反而就索然无味了。

"望长城"四句。原词"莽莽"、"滔滔",都是以形容词转成的名词作为宾语,在名词中仍饱和着莽莽、滔滔那种色调,给人非常鲜明生动的感觉。译文全坐实了,"茫茫的旷野","滚滚的波涛",语言的色彩反而冲淡,形象性反而模糊了。

"山舞"三句。原词是隐喻,山做银蛇舞,原做蜡象驰,给人浑成一体的印象,山和原都真正活动起来了。译文使用了"像"、"如"等比喻语词,变成了明喻,山峦与原陵先以静物映入读者脑膜,然后再唤起银蛇舞和蜡象驰的意象,使二者凑合起来,便减弱了那种逼真性和生动性。原词,山舞原驰,和"欲与天公试比高”，是连成一气的，兴会淋漓，情意酣畅；译文变成明喻以后，就像把活人改换为机械人，“都想和老天比比谁低谁高”，也就失去了精气神，不怎么可信了。

“须晴日”三句。原词“红装素裹”，是一句成语，给读者唤起一个盛装美人的形象，再说她“分外妖娆”，也是富有灵性的。译文“看那一身红装衬着白纱罩”，语义是不准确的，这是什么装束呢？“妖娆”译作“妩媚娇娆”，一则噜苏了些，二则同样不口语化。

“江山”二句。以“丰富美好”译“多娇”，以“争相倾倒”译“竞折腰”，都不如原词色彩鲜明，形象生动。

“惜秦皇”七句。只是添补了几个字，语法韵脚都没有变化。

“俱往矣”三句。原词“俱往矣”，力扛千钧，极有声势；译文“他们都已经消逝了”，便拖长无力，如果直译作“都消逝了”，又好像没有说明白。“数”字勉强译作“寻找”，为着押韵，移置句末，原词加重“今朝”的语气便没法照顾了。突出“今朝”，是对新时代、新现实的歌颂；重读“寻找”纯粹为了在韵律上回应上文，不是役使韵律，而是为韵律所役使，是没有意义的。

文学是语言的艺术，诗歌尤其是语言的艺术。一经翻译，不但声义全乖，而且神韵尽失，艺术感染力既已大大降低，思想感情的表达怎能充分呢？这是二。

有此二因，所以说，诗是不能翻译的，词是更不能翻译的。勉为其难，也只是略述大意而已。如果说是译文拙劣，不足论定；那么就请高手另译一番看看。

由此，我们可以得到这样一种启发：诗的语言与诗的构思是同时到来的。语言的苦吟推敲过程也就是构思的明确深入过程，其结果便是诗的形象的塑造与完成。当然，诗的创作，总是“应物斯感，感物成吟”，总是“在心为志，发言为诗”。这在心之志，便是应物之感。但是诗的形象是从审美上掌握的现实，它并非简单等于直接描写的对象。所谓现实的形象的反映，便是客观事物的形与神转化为主观世界的情与理，主观世界的情与理又渗进到客观世界的形与神，是形神情理的相互交融。在这里，客观事物，亦即一定的社会生活，是源泉；主观世界，亦即诗人的世界观，是主轴。“作为观念形态的文艺作品，都是一定的社会生活在人类头脑中的反映的产物。”而人类头脑并不是静止的被动的镜子，它之所以能反映生活，乃是通过实践发挥主观能动性的结果。因此,作为自然形态的社会生活反映于人类头脑升华为作为观念形态的文艺作品,事物的形神便转化为诗人的情理,诗人的情理便渗进到事物的形神,因此,“文艺作品中反映出来的生活却可以而且应该比普通的实际生活更高、更强烈、更有集中性、更典型、更理想,因此就更带普遍性。”如果不能更带普遍性,人们又何取于艺术?何取于诗?但诗人,也如同一切艺术家一样,所提供的并不是他的主观精神对客观世界的射影,不是概念的图解;诗篇,也如同一切艺术作品一样,是客观上正确的,并对现实充满了感情的反映。客观现实总是具体的存在,所以艺术形象才是有性格、有生命的。普遍意义即寓于具体形象中,即形象即意义,即性灵即寄托,非二物比附也。

让我们以毛泽东此词作为典范对上述的创作规律作一简单印证吧。

这是一首咏雪的词,也就是所谓“咏物词”。而所咏的雪,不是一般的雪,是特定时期特定地区的雪,是结束了空前壮举的长征,一连粉碎了蒋介石国民党的三次“围剿”,正要挥师东征抗日之际,在中国北方秦晋高原所见所感的雪,且是伟大诗人、革命导师在此时此地所见所感的雪。雪的形貌,雪的神态,雪的气魄,都是客观存在;而熔铸为诗的形象,则显然又融入了诗人的胸怀,诗人的抱负,诗人的理想,这些并不是什么神秘的东西,它无非是从历史地发展着又历史地规定着的民族的、人民的、阶级的心理状态、思想感情中所凝炼出的精英。因此,我们通过诗篇所看到的雪,就具有了一定的特色、一定的性格:起句就指出了“北国”,二、三句又紧承起句,写得那么开阔,“千里”、“万里”,极言降雪地区之广,“冰封”、“雪飘”,极写严冬寒威之烈。两句总写就使“北国风光”落实了。“望长城”以下七句,又进一步细写“北国风光”的具体内容。诗人置身高处,极目远望,只见“长城内外,惟余莽莽”,这“莽莽”乃是望中所见,而既曰“惟余”,则意中所想又不只此;又见“大河上下,顿失滔滔”,这“滔滔”乃是意中所想,而既曰“顿失”,则望中所见不言而喻。这些既紧紧上承“千里”、“万里”两句,又隐隐下启“须晴日”三句,构思的谨严,正于用字的精审处见之。更妙的是“银蛇”、“蜡象”的比拟,诗人望中所见,实际上只是覆盖白雪的连绵的山峦与起伏的原陵罢了;可是,通过想像,却化作银蛇舞动,蜡象奔驰。本来不说白蛇、白象,而说银蛇、蜡象,已经经过了一道联想的桥梁;假如说这还不怎样困难,现在又把它们同山和原连结起来,并且不是用比喻语词,而是用动词“舞”与“驰”连结起来,不但色彩鲜明,而且神态生动,这就于事物的形神中融入诗人的情理了,不是高手是万万办不到的。写望中雪景,到此已止，而诗人的遐想却远远超过了这个界限："须晴日"以下三句，更设想出红日白雪交辉互映的奇丽景色，使人仿佛看见溶溶漾漾的一片晴光。这是虚笔，却生发于前面的实写。虚实变化，飞动灵活，于雪晴的对比描绘中，更纵情歌颂了祖国的伟大山河，直赋予它以美的性灵，以人的形象："看红装素裹，分外妖娆。"极赞景色之美，这是指晴日而言，但也连带地赞美了雪时；因为既然设想晴后"分外妖娆"，那么，当此雪时也定是"妖娆"的。同时，诗意如此酣畅，热情如此洋溢，它更引导着我们进一步推想：冬天的景色如此，那么，春天的更可知；北方的景色如此，那么南方的又可知。啊！"江山如此多娇"，换头处一方面总束上段，一方面又领起下文，过渡得多么巧妙。下面一句："引无数英雄竞折腰"，接得又多么自然，多么挺劲。江山既然像一位美人如此多娇，英雄们当然要争相倾倒，顺理成章，天衣无缝，所以说自然；上面全是写景，到此一转评论人物，别开生面，异军特起，收纵联密，所以说挺劲。"惜秦皇"以下七句，举出秦皇汉武、唐宗宋祖、成吉思汗，只是"无数英雄"的几位代表而已。这七句同上段"望长城"七句，结构全同，惟于彼是空间的描写，静中有动；于此是时间的叙述，夹叙夹议。就笔势论，都是阪上走丸，累累如贯珠，一气呵成，各极兴酣墨饱之致。一个"惜"字，直贯到底，扬中见抑；"略输"、"稍逊"、"只识"，同是评价，各有分寸。而列举古人，也还是为下文作势："俱往矣"，三个字像一把铁扫帚，一挥扫清万古，就势折入今天："数风流人物，还看今朝。"以"今朝"作结，一山飞峙，崚嶒而起，突出主题，落在对新时代、新人物的歌颂，也就是对人民、对阶级的歌颂，从而表现出对革命前途的无限乐观，对祖国未来的坚强自信。战马收缰，戛然而止，兴会淋漓，气势磅礴，真是字字敲打得响；水穷云飞，有余不尽，神韵隽永，意味深长，更觉句句颠簸不动。这是何等功力，这是何等手笔！如此种种，这仅只是咏雪吗？如此种种，又哪不是咏雪呢？这是伟大诗人、革命统帅于特定时间空间，用特定语言形式所咏之雪；是通过雪的自然形象对伟大祖国的现实和历史的歌颂。这是常人能够办到的吗？这是一般"咏物词"能够包容的吗？

本来，"咏物词"历来公认难作。宋张炎说："诗难于咏物，词为尤难。"（《词源》卷下）清彭孙遹说："咏物词极不易工。"（《金粟词话》）吴衡照说："咏物虽小题，然极难作。"（《莲子居词话》）为什么呢？张炎曾解释说："体认稍真，则拘而不畅；摹写差远，则晦而不明。"（《词源》）邹祗谟也曾说："咏物固不可不似，尤忌刻意太似。"（《远志斋词衷》）这些都是深知甘苦的说法。不似则脱，太似则粘。脱则离题，漫无边际，不知所云；粘则涉呆，雕绘满纸，了无意味。咏物词要做到既尽题中之精蕴，又富题外之远致，即使在物之形神与在我之情理，水乳交融，相互渗透，所谓“咏物隐然只是咏怀，盖有个我也”（刘熙载《词概》）。然后方称合作。而达到这等境界又谈何容易呢？不只是要有个我，更重要的是还要看有个什么样的我。这是一。再者，“雪”是个极熟的题目，咏雪之作，在诗赋里，名章俊语，的确很多；光是曲词，脍炙人口的，也复不少。史达祖《东风第一枝》，咏的是春雪；苏轼《江城子》，写的是雪中送客；辛弃疾《水调歌头》、《念奴娇》、《上西平》，都是写观雪，《满江红》、《苏武慢》是写冬雪，《生查子》是写春雪，《永遇乐》又是写梅雪；这些只是顺手举例，如若有意去查考，历代词人中，从各种不同角度，写各种不同雪景，小令长调，俯拾即是。似此，写景而不落前人窠臼，实大不易。诚如况周颐所说：“读词之法，取前人名句意境绝佳者，将此意境缔构于吾想望中。然后澄思渺虑，以吾身入乎其中而涵泳玩索之。吾性灵与相浃而俱化，乃真实为吾有而外物不能夺。30年前以此法为日课，养成不时之性情，不遑恤也。”庸人读书，的确如此。他们崇古拟古，亦步亦趋，把古人的作品，不作“流”而作“源”，失“源”迷“流”，甘做前辈皂隶。丑女效颦，还惊四邻；学走邯郸，失其故步。此辈填词，不蹈袭前人语，怎能办得到呢？可是，我们读毛泽东诗词，那就是全然另一个天地。即以此词来说，无论写境造境，尽都破格创新：上段写北国景色，工丽而又阔大，既已把题中精蕴抉发无遗；下段由江山谈到人物，旨深而又气豪，更是把题外远致挥洒尽极。不但状物写景，形肖神圆，逼真如画；而且述怀言志，理壮情浓，意气风发。其胸襟之浩阔，真是扫空万古；其意境之高远，允称横绝六合。在咏物词中，实在可以说达到了上上乘。柳亚子先生曾有和词曰：“廿载重逢，一阕新词，意共云飘。叹青梅酒滞，余怀渺渺；黄河流浊，举世滔滔。邻笛山阳，伯仁由我，拔剑难平块垒高。伤心甚，笑无双国士，绝代妖娆。才华信美多娇，看千古词人共折腰。算黄州太守，犹输气概；稼轩居士，只解牢骚。更笑胡儿，纳兰容若，艳想秾情着意雕。君与我，要上天下地，把握今朝。”（“《沁园春》次韵和毛润之初行陕北看大雪之作，不能尽如原意也”）是的，“千古词人共折腰”。此言诚不虚，且不说纳兰、东坡、稼轩，千古词人都可掩卷不观矣。有此混人，嗡嗡乱叫，说什么毛泽东有帝国思想，说什么提出成吉思汗是歌颂黄祸。这些人的脑袋不知长到哪里去了？大概长到脚板下面去了吧。何其低俗，何其卑下！

七 律

人民解放军占领南京

一九四九年四月

钟山风雨起苍黄，百万雄师过大江。
虎踞龙盘今胜昔，天翻地覆慨而慷。
宜将剩勇追穷寇，不可沽名学霸王。
天若有情天亦老，人间正道是沧桑。

题 解 TIJIE

1949年4月23日，人民解放军百万雄师全部渡过了长江，包围了蒋匪帮盘踞了22年的南京城，当日晚南京解放，蒋匪帮的一群猢狲们早于前一天逃跑了。他们22年的"金陵春梦"便从此结束。1871年3月18日，巴黎的革命工人完全掌握了巴黎，创立了不朽的"巴黎公社"；1917年11月7日，俄国的布尔什维克攻下了彼得堡的冬宫，建立了第一个社会主义国家；1949年4月23日，中国人民解放军占领南京，胜利的红旗飘扬在蒋伪"总统府"的上空；有人曾把这三个日子称做标志着世界无产阶级革命胜利途程中的三座最庄严最宏伟的里程碑。毛泽东这首七律，正是在这中国以至世界革命人民的"薄海腾欢"声中挥笔写成的。

笺 注 JIANZHU

一、"钟山"二句

【钟山风雨起苍黄】 钟山，《江南通志》："钟山在江宁府东北，一曰金陵

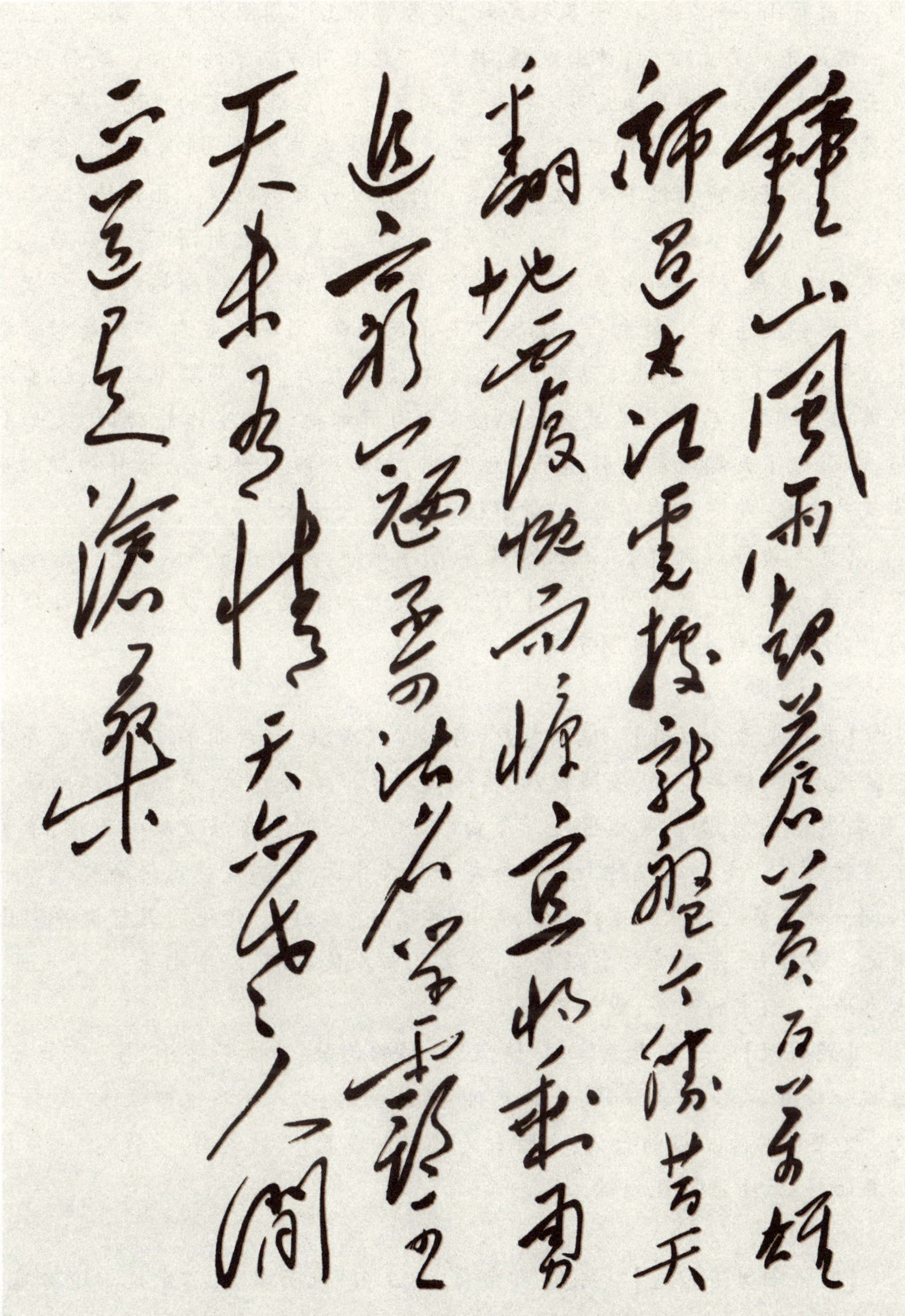

毛泽东手书《七律·人民解放军占领南京》

山，一曰蒋山，一名北山，一名元武山，俗名紫金山。周围六十里，高一百五十丈。诸葛亮对吴大帝云：钟山龙蟠，指此。”此处用作南京的代语。风雨，犹言风云，喻变幻不测的战争形势。苍黄，有两解：(一)变化翻覆的意思。《墨子·所染篇》：“墨子见染丝者而叹曰：染于苍则苍，染于黄则黄，所入者变，其色亦变。”后因以比喻变化不定、反复无常。并引申为天翻地覆。孔稚珪《北山移文》：“岂期终始参差，苍黄翻覆。”天是苍色，地是黄色，故所谓“苍黄翻覆”，也就是天翻地覆。(二)同仓皇，慌张，匆忙，急遽失措貌。杜甫《新婚别》：“誓欲随君去，形势反苍黄。”韩愈《南山诗》：“苍黄忘遐睎，所瞩才左右。”此处形容麇聚在钟山脚下的一小撮反动派，丧魂落魄，鼠窜狼奔。按：两解都可通，但前解与第四句重复，后解乃是敌方的感受；且两解都把“起”字作外动词，义如引起，即引起了天翻地覆或引起了急遽失措，都和一般用例不合。赵朴初说：“苍黄就是仓皇，即突然的意思。”所解很简要，于义为长。

【百万雄师过大江】　人民解放军百万雄师，分为东中西三路，于东起江阴，西迄九江的千里江面上，于4月20日夜开始抢渡，正式命令是21日公布的，23日即全部渡过，包围了南京。

二、“虎踞”二句

【虎踞龙盘今胜昔】　虎踞龙盘，喻形势之雄壮。《六朝事迹》：“诸葛亮论金陵地形云：钟阜龙蟠，石城虎踞，真帝王之宅。”蟠亦作盘。庾信《哀江南赋》：“昔之虎踞龙盘，加以黄旗紫气。”李白《永王东巡歌》：“龙蟠虎踞帝王州，帝子金陵访古邱。”龙蟠是说钟山像一条龙一样在东面蜿蜒；虎踞是说金陵城像一只虎一样在那儿蹲坐。这比喻正是由“左青龙，右白虎”传统的五行说导引出来的。今胜昔，是说昔之虎踞龙盘，今天已归人民占有，以今比昔，换了人间，人杰地灵，南京的形势，更加雄壮了。

【慨而慷】　是双声连绵词“慷慨”二字的倒装，中加而字、以字，作长言。慷慨一辞有二义，一表激昂，一表悲抑，二义相通；助人不吝也叫慷慨，是引申义。这里用的是积极的含义，也暗含着悲壮的意思。《桃花扇·听稗》：“一声拍板温而厉，三下渔阳慨以慷。”

三、“宜将”二句

【宜将剩勇追穷寇】　剩勇，即余勇，承上句“慨而慷”之意申说。追穷寇，《孙子兵法·军争篇》：“穷寇勿迫。”《逸周书·武称解》：“穷寇勿格。”此反用其意。全句是说要鼓起余勇追歼蒋伪残匪。

【不可沽名学霸王】 霸王，有两说：(一)楚霸王项羽，在鸿门宴上，因怕负不义的名声，放走劲敌刘邦；随后又说："富贵不归故乡，如衣绣夜行，谁知之者！"遂引兵而东，更迎合旧贵族的愿望，分封诸侯，立刘邦为汉王，自立为西楚霸王。陶醉于一时的胜利，终为汉军所败，困死乌江。这些作为，都有沽名的成分。(二)春秋五霸之一的宋襄公。《左传》僖二十二年："冬，十一月己巳朔，宋公及楚人战于泓。宋人既成列，楚人未既济。司马曰：彼众我寡，及其未既济也，请击之！公曰：不可。既济而未成列，又以告；公曰：未可。既陈而后击之，宋师败绩，公伤股，门官歼焉。国人皆咎公，公曰：君子不重伤，不禽二毛；古之为军也，不以阻隘也；寡人虽亡国之余，不鼓不成列。"以上这两位霸王，都是因沽名钓誉而招致失败的；所以说我们人民解放军当借为殷鉴，以作警诫，一定要把革命进行到底，不可以沽名钓誉，重蹈霸王的覆辙。

四、"天若"二句

【天若有情天亦老】 李贺《金铜仙人辞汉歌》："衰兰送客咸阳道，天若有情天亦老。"本是说铜人辞汉，清泪潸然，汉宫花木，莫不依依，青天如若有情，见此亦当魂销。毛泽东借用这一成语，是死句活用，给予了完全崭新的意义。在这里，天就是自然，就是自然规律。自然规律是不以人的意志为转移的，所以《周易》说："天行健"，生生不息，永不衰老。青天不老，正以其无情；若是天也有了情欲，以情感用事，沽名钓誉起来，那么天也就会老了。老，朽也。这老，意味着运动的终止。毛泽东《采桑子·重阳》："人生易老天难老"，所用也正是此义，是以有限的人生和无限的自然相对衬而言的；不过并不是由人天对比而生出"朝露"、"金石"之感，而是说要把个人溶入集体中，个人亦将取得永生。在此诗中，进一步从正面发挥了这个道理，先说天，意在逗起下句。

【人间正道是沧桑】 正道，即常道，《老子》："道可道，非常道。"道，即规律；常道，即永恒不变的规律。人间正道，即人类社会历史的发展规律。沧桑，《神仙传》卷七："仙人王方平降蔡经家，命使者往请麻姑，后麻姑至，自云：接侍以来，已见东海三为桑田，向到蓬莱，水浅，浅于往者会时略半也，岂将复还为陵陆乎？"因引申沧桑为运动变化之义，这里则指革命。全句是说人类社会历史是按着一定规律不断地运动变化，革命者掌握了并依照着这规律，就应该发挥主观能动作用，促进社会历史向前发展。

赏 析 SHANGXI

郭沫若同志说："主席的七律一首《人民解放军占领南京》，无疑是在南京解放的三两天之内作的。主席在这一段时间内，毫不夸大地说，真是'一日二日万机'的。军事、政治、经济、外交、文化教育、交通运输，举凡有关人民政权的奠定工作，都必须加以考虑。在这样百忙之中，主席却写出了这样一首七律。这无疑是由于南京解放的重要性，使主席感到了衷心的喜悦。而这衷心的喜悦，焕发了主席的葱郁的诗兴，便酝酿成了这样一首雄浑沉着的新史诗。"(《百万雄师过大江》)这话说得很对、很好、很确切。主席正是由于南京的解放而感到衷心的喜悦，又由于这衷心的喜悦才焕发葱郁的诗兴。所谓"应物斯感，感物吟志"。情感是诗的生命，这话在中外古今的诗论家的口头和笔下，不知已经重复了多少遍了。伯林斯基也说过："情感是诗的天性中一个主要的活动因素，没有情感就没有诗人，也没有诗。"(《爱德华·古贝尔的诗》)这固然是不错的。但是，南京解放，普天同庆，除反动派外，有谁不衷心地喜悦？难道这诗是任谁都写得出的吗？答复当然是否定的。情感固然联系着感性，而它却是以理智作基础的。情感必然不能脱离理智的基础。情感的光芒与炽热，不单取决于情感本身的浓淡，更是取决于其理智基础的厚薄，这是生活与认识的问题，所谓"诗品出于人品"。情感不能与思想分家，情感不能游离于思想，否则诗歌创作便失去反映和评价生活的作用了。且有进者，一切艺术创作，包括诗歌创作在内，既是对生活的反映与评价，则必然是物我二者之统一，首先是物，其次是物之反映于我我更评价其物，决不只是一个情感因素所能独尽的，虽然它是"一个主要的活动因素"。清叶燮《原诗》有一段很精辟的话说：

> 曰理、曰事、曰情，此三言者足以穷尽万有之变态。凡形形色色，音声状貌，举不能越乎此，此举在物者而言，而无一物之或能去此者也。曰才、曰胆、曰识、曰力，此四言者所以穷尽此心之神明。凡形形色色，音声状貌，无不待于此而为之发宣昭著；此举在我者而为言，而无一不如此心以出之者也。以在我之四衡，在物之三合，而为作者之文章，大之经纬天地，细而一

动一植，咏叹讴吟，俱不能离是而为言者矣。

这才是全面的说法。虽然叶燮看来是个二元论者，他并没有阐明所谓"我之四衡"，所谓"此心之神明"，究其实也还是客观现实的反映，无不染着时代的色彩，打着阶级的烙印，因而仍还是"万有之变态"。可是，单就诗歌创作过程说，确乎存在着"在物者"与"在我者"两个方面，存在着"万有"与"此心"两个方面，而以"理"、"事"、"情"三者概括"万有"，以"才"、"胆"、"识"、"力"四者概括"此心"，如《原诗》所论，还是精辟的。我们用这个观点来读毛泽东这首《七律》，便可看到：它不只是描述了人民解放军占领南京这一伟大的历史事件，揭示了它的重大意义，表现了它的激动人心，不只是穷尽了理、事、情；而且还显示了诗人的高瞻远瞩、破格创新、挥洒自如、神旺气足，还表现了诗人的才、胆、识、力。这诗篇正是"以在我之四衡，在物之三合，而为作者之文章。"如此宏阔诗篇，只能出诸如此伟大诗人之手，当然不是任谁都写得出的。

此律，首联以描绘纪实，仅 14 个字，就把偌大一个场面勾画了出来，起处便有崚嶒之势；颈联以形象歌颂，静动相映，时空兼容，可真是情景并茂；这两联已自雄浑矫健。假如说，这还不是一般作者所绝对不能达到的；那么，颔联两句又仿佛于上达高峰处，略一停顿，径自张翼鼓风，凌空飘举，把原有的境界延伸到更深更远，将古诫今，至理深情；这样沉着劲遒，这样濡染大笔，除非是胸中自有雄师百万的伟大战略家，除非是料事如神、指挥若定的革命导师，什么人能发出这等警策的叮嘱呢？这不仅是抒情的诗句，而且也是进军的号令啊！1949 年 4 月 21 日，毛泽东和朱德联名向各野战军全体指挥员战斗员和南方各游击区人民解放军发出了《向全国进军的命令》，命令说："(一)奋勇前进，坚决、彻底、干净、全部地歼灭中国境内一切敢于抵抗的国民党反动派，解放全国人民，保卫中国领土主权的独立和完整。(二)奋勇前进，逮捕一切怙恶不悛的战争罪犯，不管他们逃至何处，均须缉拿归案，依法惩办，特别注意缉拿匪首蒋介石。"这命令的诗的表现，正是此律此联此两句。除非是签署在这皇皇文告上的三军统帅，有谁能成为写出这等名句的伟大诗人呢？至于尾联，则再进一层，再升一格，直把当前的形势，具体的行动，归结到精深的哲理的概括，这样深稳挺拔，真掷地做金石声，可谓收处更有完固之力。这等笔力，就更加只有像毛泽东这样出类超群的诗人和哲人才能办到。或以为"天若有情天亦老"，既是前人成句；"人间正道是沧桑"，也无难解奥义。其实不然。天若有情，月如无恨云云，古人只是移情于自然现象，借喻离愁别绪，且具有泛神论色彩。毛泽东于此，死句活用，化腐为奇，破格创新，最见功力。至若有关社会历史发展规律的认识，于常人只是抽象思维的结果，而任何抽象思维不是诗，任何深湛的哲学讲义不能成为诗篇；毛泽东此律七言 8 句 56 字，则是有机构成，是浑然整体，所谓"必须一气浑成，神完力足，方为合作。"（《施补华《岘傭诗话》）在这里，思想不是外加进去的，而是由形象中自然流露出来的。这才是诗的思想，是饱和着激情并闪耀着美感的思想。是理性之感性的显现，是感情之理性的升华；是普遍性的个性化，是个性中具现的普遍性；是哲理的诗，是诗的哲理，是哲理与诗的统一。这就不是一般诗人或一般哲人所能达到的，更不用说一般常人了。

关于最后两句，自从毛泽东此律正式发表以来，国内曾提出了许许多多的解释。有的大同小异，有的大相径庭，一般都各擅胜义，可以互相补充。本来像这样内涵丰富、具有偌大包容量的诗句，读者见仁见智，各有不同的感受，因而各有不同的理解，原是很自然的。于此，我们只想介绍一种说法，并附以评议。萧涤非《读毛主席诗词》，有一段话说：

> 我以为这两句是一种荡开的写法，由小处说向大处，由个别说到一般，也就是由南京的解放说到全人类的大解放。"天若有情天亦老"，只是一个旁衬的、补充的句子，正意则在下句。这一句虽全用李贺的诗句，但含义已大不相同。这里的"情"，包括甚广，不专指感情；这里的"老"，含有变化的意思，也不专指衰老。全句是说，自然界如果像人一样有思想、感情和理想，那它也一定会不断地起变化（古人有"天不变"的说法）。这样就引起并突出了下句"人间正道是沧桑"的主旨。因为和自然界相反，人是有思想感情和理想，并且总是为实现这理想而不断地斗争着的。所谓"正道"，即康庄大道，实指普遍规律，所谓"沧桑"，包括沧海变为桑田、桑田变为沧海两个方面，意实指变革，或者说革命。全句是说，不断的变化，不断的革命，乃是人类社会向前发展的必然规律。（《文史哲》1964 年第 1 期）

按：这种说解，确有独到之处，是富有启发性的。不过，也还似乎可以商榷。只就此联两句来说，萧涤非认为是一荡一收，一开一合，一反一正，一虚一实；这种读法，在语气上是通畅的，在逻辑上也是谨严的。可是，如果放开来想想，联系全诗、甚至联系自然与社会的客观存在来想想，上面的说法就令人感到不够圆通了。第一，古人确有"天不变"的说法；但是毛泽东会肯定这个说法吗？毛泽东在《矛盾论》中不是曾经说过："在中国，则有所谓'天不变，道亦不变'的形而上学的思想，曾经长期地为腐朽了的封建统治阶级所拥护"吗？第二，的确不错，"人是有思想、感情和理想，并且总是为实现这理想而不断地斗争着的。"但是，难道"人间正道是沧桑"仅仅这样解释就够了吗？毛泽东在《实践论》中不是曾经指出过：马克思主义的哲学辩证唯物论的特点之一"是它的实践性，强调理论对于实践的依赖关系，理论的基础是实践，又转过来为实践服务"吗？第三，作为一首七律的尾联，8 句中的最后两句，它和全诗是怎样有机地联系着的呢？如果说在第六句中已批判了"沽名"，在第七句中又来肯定"有情"，这之中不会给人一种气脉不够贯通的感觉吗？因此，我们以为："天若有情天亦老"，萧涤非恐怕是恰恰说反了："天"不是"不变"，而是在"不断地起变化"，"天"本身就是运动的物质与物质的运动；"天若有情"，不是"那它也一定会不断地起变化"，而是就"亦老"了，"老"就是衰老，就是老朽；"老"不是"变化的意思"，而是相反，在这里是停止变化的意思。这理解正确不正确呢？当然也不一定。只是提出来供参考，作为讨论意见吧。由此可见，像毛泽东此律这样博大精深的诗篇，我们常人，不但是在创作实践上难以达到；就是读起来能够真正理解，也还不是容易办到的。

七　律

和柳亚子先生

一九四九年四月二十九日

饮茶粤海未能忘，索句渝州叶正黄。
三十一年还旧国，落花时节读华章。
牢骚太盛防肠断，风物长宜放眼量。
莫道昆明池水浅，观鱼胜过富春江。

附：柳亚子原诗

七　律

感事呈毛主席

开天辟地君真健，说项依刘我大难。
夺席谈经非五鹿，无车弹铗怨冯驩。
头颅早悔平生贱，肝胆宁忘一寸丹！
安得南征驰捷报，分湖便是子陵滩。

分湖为吴越间巨浸，元季杨铁崖曾游其地，因以得名。余家世居分湖之北，名大胜村。第宅为倭寇所毁。先德旧畴，思之凄绝！

题 解 TIJIE

毛泽东与柳亚子在一起。

柳亚子，名弃疾，江苏吴江人，诗人，是清末革命文学团体南社的发起人。1949年3月18日，和其他民主人士一道从香港经胶东到达北京。7日后，毛泽东从石家庄来到北京，柳亚子先生曾赴机场参与迎接，是夜复宴集颐和园益寿堂，并归赋三律，以纪其盛，情绪很昂扬兴奋。不知什么原因，于3月28日夜作《感事呈毛主席》七律一首，又发泄出牢骚意味，流露着归隐情绪。4月29日上午，毛泽东把这首和诗送给他，劝他不要消极，还是留在北京，共商国事。这诗的所谓“和”，只是一般的唱和，不是步韵或次韵，也不是和韵。吴乔《答万季野诗问》说：“和诗之体不一：意如答问而不同韵者，谓之和诗；同其韵而不同其字者，谓之和韵；用其韵而次第不同者，谓之用韵；依其次第者，谓之步韵。”步韵也叫次韵。

柳亚子先生得诗后，非常感动，立即次韵作答，题作《四月二十九日上午，偕鲍德作园游，归得毛主席惠诗，即次其韵》，诗云：“东道恩深敢淡忘，中原龙战血玄黄。名园客我添诗料，野史凭人入短章。汉彘唐猫原有恨，唐尧汉武讵能量。昆明湖水清如许，未必严光忆富江。”此后几天，柳亚子先生曾多次依韵题咏，反复表示：“倘遣名园长属我，躬耕原不恋吴江”（《迭韵呈毛主席一首》）；“名园真许长相借，金粉楼台胜渡江”（《是日昼寝方酣，忽闻毛主席偕其夫人江青女士暨女公子见访，遂起延接，尽出近作相质，复出门游散，联步过长廊，乘画舫游昆明湖一周而返，客去时则已薄暮矣。追记一首》）。这说明，得毛泽东赠诗以后，柳亚子先生已完全放弃回乡隐居的念头了。

笺注 JIANZHU

一、"饮茶"二句

【饮茶粤海未能忘】 粤海，广州。1925年冬到1926年，毛泽东在广州主持农民运动讲习所，与柳亚子先生有交往。柳亚子先生于1941年作诗《寄毛主席延安兼柬林伯渠吴玉章徐特立董必武张曙时诸公》，有句云："云天倘许同忧国，粤海难忘共品茶。"饮茶句意本此。

【索句渝州叶正黄】 渝州，重庆。叶正黄，秋天。1945年8月，毛泽东到重庆跟国民党进行和平谈判，柳亚子先生恰巧也在重庆，曾作《一九四五年八月三十日渝州曾家岩呈毛主席》："阔别羊城十九秋，重逢握手喜渝州。弥天大勇诚能格，遍地劳民战尚休。霖雨苍生新建国，云雷青史旧同舟。中山卡尔双源合，一笑昆仑顶上头。"向毛泽东赠诗并索句。毛主席给他重写了《沁园春》咏雪词。柳亚子先生又次韵作和，见《沁园春·雪》赏析部分。"索句"句意指此。

二、"三十"二句

【三十一年还旧国】 旧国，指北京。毛泽东第一次到北京在1918年9月间，这次到北京在1949年3月，相隔已31年。

【落花时节读华章】 华章，指柳亚子先生《感事呈毛主席》诸诗；诗作于3月末，毛泽东读到它已是残春，所以说"落花时节"。

三、"牢骚"二句

【牢骚太盛防肠断】 柳诗所感何事，虽不可考，而颇有牢骚，则溢于言表。在诗中他先称颂毛泽东像开天辟地那样领导建国真是健者，可是说到自己则是"说项"、"依刘"大大为难。"说项"，唐杨敬之《赠项斯》诗："几度见诗诗尽好，及观标格过于诗。平生不解藏人善，到处逢人说项斯。""依刘"，《三国志·魏书·王粲传》："年十七，司徒辟，诏除黄门侍郎，以西京扰乱，皆不就，乃之荆州依刘表。表以粲貌寝而体弱通侻，不甚重也。"怎样难法呢？仿佛是在抱怨自己虽有才学却没有得到应有的待遇。"夺席谈经非五鹿"，似是自谦说自己没有五鹿夺席谈经的本领。五鹿充宗，汉元帝时人，善请梁丘易，乘贵行辩，诸儒莫能抗。惟朱云折之，诸儒为之语曰："五鹿岳岳，朱云折其角。"(见《汉书·朱云传》)夺席谈经是东汉戴凭事，凭习京氏易，正旦朝贺，百僚毕会，帝令群臣能说经者更相难诘，义有不通，辄夺其席以益通者，凭遂重坐五十余席。故京师为之语曰：解经不穷戴侍中。”（见《后汉书·儒林传》）柳诗似是将此二事合用了。但还是“无车弹铗怨冯驩”。《战国策·齐策》记载：“齐人有冯驩者，贫乏不能自存，使人属孟尝君，愿寄食门下。孟尝君曰：客何好？曰：客无好也。曰：客何能？曰：客无能也。孟尝君笑而受之，曰：诺。左右以君贱之也，食以草具。居有顷，倚柱弹其剑铗，歌曰：长铗归来乎，食无鱼！左右以告，孟尝君曰：食之，比门下之客。居有顷，复弹其剑铗曰：长铗归来乎，出无车！左右皆笑之，以告，孟尝君曰：为之驾，比门下之客。于是乘其车，揭其剑，过其友，曰：孟尝君爱我。”引证这故事，是自怨自艾待遇低薄。因而感叹自己的头颅是贱的，虽然自己的心是赤诚的。于是盼望南征大军传来捷报，解放了自己的家乡，就回乡隐居，“分湖便是子陵滩”了。这些便是“牢骚太盛”的内容。防肠断，提防会伤害健康。

【风物长宜放眼量】 风物，风光事物，指一切事情。长宜，永远应该。放眼量，把眼光放远大一些来看。全句是说，一切问题都应该放开眼光往远处看。

四、“莫道”二句

【莫道昆明池水浅】 昆明池，指北京西郊颐和园内的昆明湖。昆明湖的取名，本于汉武帝在京城长安穿凿的昆明池。杜甫《秋兴》：“昆明池水汉时功。”所以这里也说“昆明池水”。当时毛泽东和柳亚子先生都住在颐和园中。

【观鱼胜过富春江】 富春江，即子陵滩。东汉严光，字子陵，会稽余姚人，少有高名，与光武同游学。及光武即位，乃变姓名，隐身不见，耕于富春山，后人名其钓处为严陵濑。见《后汉书·逸民列传》。观鱼，也是隐用严光垂钓事。

赏　析 SHANGXI

这也是一首七律。但和前面读过的《长征》及《人民解放军占领南京》不同，和后面要读的《到韶山》及《登庐山》也不同。在这里，起首没有用突兀之笔，中段没有用翻腾之笔，收处也没有用逸宕之笔。通篇平易近人，娓娓不倦，煦煦可亲，循循善诱，声声见心。其所以然，这是在跟老朋友谈话，这是一首“酬答诗”。但却不是局限于狭隘生活范围的一般唱和的所谓“酬答诗”，在深深的友情中，它显示出博大的胸怀和恢宏的气度，在谆谆的劝导中它表现着高度的政治原则性。正因为句句都是言出肺腑，诚于中而形于外，所以不讲章法，而自然一气相生，旋转自如，血脉动荡，首尾浑成，所谓“好诗圆转如弹丸”。首联,“饮茶粤海”、“索句渝州”,说的是过去的交往,句不求骈俪,事自成对偶;颔联,“还旧国”、“读华章”,说的是今日的重逢,用流水对法,语势流走;颈联,“牢骚太盛”、“风物长宜”,又是紧承“华章”而言,也是用流水对法,自相生发,直达诗的顶峰;尾联,拈出“昆明池”与“富春江”,趁势收转,结在实处,既符合于眼前生活环境,又针对所和诗句原意。全诗贴切、自然、深厚、温煦,言近旨远,语短情长。是伟大诗人、革命导师对老友的谈心,同时又是启人深思发人猛醒的箴言,多么富有艺术魅力的诗篇啊!

让我们特别说一说诗的颔联“牢骚太盛防肠断,风物长宜放眼量”。

臧克家说:“我觉得这两句在全篇里最关紧要。这不但表现了友好的规劝情谊,同时也表现出了两个人的心胸气度和对人生的看法。”(《毛主席诗词讲解》)是的,正是这种心胸气度和人生观的不同,这种存在于现实中的客观矛盾构成了这一联对偶诗句的内容。柳亚子先生因为什么具体感受而发牢骚,我们虽不得知,也无须细考,总不外知识分子的狭隘与脆弱吧。这种完全从个人出发的牢骚,出于作为民主主义诗人的柳亚子先生,虽不奇怪;可是却不能不叫老朋友为他担心啊:“牢骚太盛防肠断,风物长宜放眼量。”多么温暖,多么关注!又多么风华有致,多么意蕴深远!好一个“风物长宜放眼量”,有同志说:它是个富于哲学意味而革命意义很强的句子;有同志说:它是医治狭隘脆弱的知识分子痼疾的一服圣药。诚然不错。这警策超逸的诗句所告诉我们的,决不应被单纯理解为一般的放宽度量;而更其是一个新型革命家的革命风格问题。毛泽东经常教导我们:“凡事要从六亿人民出发。”刘少奇在《论共产党员的修养》中也曾说过:“我们清楚了解,共产主义事业是百年大业,我们要克尽历史进化给予我们的伟大使命,我们有伟大的群众作依靠,在我们这一代完成共产主义事业中一段大工程,同时还把这事业最后完成的任务准备移交给我们的后代……这种伟大的胸怀与气魄是人类历史上以前任何英雄豪杰所不及的。”这些,正是这些才是“风物长宜放眼量”的最好注脚。一个革命者如果具有从6亿人民出发、从共产主义百年大业着眼的胸怀与气魄,自然便具有了“会当凌绝顶,一览众山小”的远大的眼光,一切属于个人范畴的牢骚还何由侵袭?沧海洪波中怎会泛起夹杂着鸡毛蒜皮的泡沫呢?

“牢骚太盛防肠断,风物长宜放眼量。”这可不只是针对诗人柳亚子先生开出的根治沉疴的单方,凡是愿意加速自我改造,凡是愿意献身共产主义事业的知识分子,都不妨把这诗句抄作座右铭,日夕讽诵,躬体力行。其于去旧更新,脱胎换骨,必奏奇效。因为这诗句所道出的,不只是作为民主主义诗人的柳亚子先生一个人的问题,它乃是永远放射着万丈光芒的马克思列宁主义的普遍真理。

浣溪沙

和柳亚子先生

一九五〇年十月

一九五〇年国庆观剧，柳亚子先生即席赋浣溪沙，因步其韵奉和。

长夜难明赤县天，百年魔怪舞翩跹，人民五亿不团圆。　一唱雄鸡天下白，万方乐奏有于阗，诗人兴会更无前。

附：柳亚子原词

浣溪沙

十月三日之夕于怀仁堂观西南各民族文工团、新疆文工团、吉林延边文工团、内蒙文工团联合演出歌舞晚会，毛主席命填是阕，用纪大团结之盛况云尔！

火树银花不夜天，弟兄姊妹舞翩跹。歌声唱彻月儿圆。　不是一人能领导，那容百族共骈阗？良宵盛会喜空前！

题解 TIJIE

1950年10月3日，怀仁堂举行盛大歌舞晚会，庆祝国庆一周年。在晚会上演出的有各民族文工团。我们伟大的领袖毛泽东出席了这次晚会，并深深为这种民族大团结的气氛所感动，建议老诗人柳亚子先生填词来纪念这种空前盛况。柳亚子先生即席填了一首《浣溪沙》，毛泽东又步韵奉和一首。柳词于“月儿圆”下自注：“新疆哈萨克族民间歌舞有月圆一歌云。”

笺注 JIANZHU

一、“长夜”三句

【长夜难明赤县天】 长夜，漫长的黑夜。宁戚《饭牛歌》：“长夜漫漫何时旦？”赤县，即中国。《史记·孟子荀卿列传》：“中国名曰赤县神州。”这句是说旧中国长期处在重重黑暗的压迫下难得光明。

【百年魔怪舞翩跹】 百年，从1840年鸦片战争算起到1949年新中国建立，已100多年。魔怪，牛鬼蛇神，指帝国主义、封建主义、官僚资本主义等各种反动统治势力。舞翩跹，轻舞如飞；翩跹，疾飞貌。这句是说百年以来，一切妖魔鬼怪在中国肆无忌惮，横行霸道。

【人民五亿不团圆】 我国人口，在旧中国号称四亿五千万，五亿是概数。不团圆，各族人民在国内外反动势力宰割下，不能亲密团结、幸福生活，而造成社会混乱、国家分裂的局面。

二、“一唱”三句

【一唱雄鸡天下白】 李贺《致酒行》：“我有迷魂招不得，雄鸡一声天下白。”此处化用李句，而赋以新义，意思是说：马克思列宁主义在中国一经传播，广大人民便在中国共产党领导下团结起来，进行了英勇斗争，取得了伟大胜利，成立了中华人民共和国，变黑暗为光明，一切妖魔鬼怪都无所施其伎俩了。

【万方乐奏有于阗】 方，古有国或族的意思；万方，即万族，指各兄弟民族。乐奏，即奏乐。于阗，读yú tián，汉代西域国名，在今新疆维吾尔自治区。这句是说参加联合演出的有新疆文工团。

【诗人兴会更无前】 诗人，指柳亚子先生。兴会，犹言兴致，也指诗文的情致。无前，即空前。

赏析 SHANGXI

上片：“长夜难明赤县天”；下片：“一唱雄鸡天下白”。一反一正，一阴一阳，一邪恶一正义，一黑暗一光明。而正义压倒了邪恶，光明战胜了黑暗。上片说过去，下片说今天。上片是回忆，下片是现实。前宾后主，前虚后实。

读此不禁使我们联想到1949年10月1日开国大典，毛泽东在天安门上庄严宣布："中华人民共和国中央人民政府已于本日成立了！占人类总数四分之一的中国人民从此站立起来了！"这一声霹雳，震彻万古千秋，给中国人民以欢欣鼓舞，给世界人类以兴奋昂扬。此词正是这一伟大历史变化的艺术概括。一首小令，42字，包括了多么丰富的内容，塑造出多么宏伟的形象。这样巨大的艺术概括力，当然要靠纯熟精练的驱遣语言的本领；但它决不只是修辞炼句功夫所能办到的。更重要的还是认识生活的能力，还是理解现实的器识，必须善于从现实生活中发掘出它所固有的深刻的本质意义，即小以见大，即近以见远，然后才能力透纸背，尺幅千里。即如毛泽东此词，缘起仅是一次民族歌舞晚会。柳亚子先生原词，也同样兴会淋漓地写了它，却只限于歌颂领袖一人；毛泽东和词则把百年苦难，万方腾欢，整个祖国的风云雷雨，全部收摄进来了。正如古人所说的："观古今于须臾，抚四海于一瞬。"(陆机《文赋》)实达艺术构思的极致。这种境界，古人能够标举出来，但在创作实践上有几人能够做到呢？而毛泽东则于言谈唱和中出之，全似毫不着力，便尔兴酣墨饱。如果不是胸中自有雄兵百万，呼之即出，挥之即前，纵横成阵，进退自如，一般只在字面上用力者，哪能达到这等境地？吴乔《答万季野诗问》说："步韵最困人，如相殴而自絷手足也。盖心思为韵所束，于命意布局，最难照顾。"这话只是对徒解作韵、不知作诗的人说的，像毛泽东这样伟大的诗人，岂是韵脚所能束缚得了的？

浪淘沙

北戴河

一九五四年夏

大雨落幽燕，白浪滔天，秦皇岛外打鱼船。一片汪洋都不见，知向谁边？　往事越千年，魏武挥鞭，东临碣石有遗篇。萧瑟秋风今又是，换了人间。

题　解 TIJIE

北戴河在河北省临榆县南，秦皇岛西，地当榆河口，靠着渤海岸，山明水秀，风景极好，是避暑胜地。1954年夏天，毛泽东曾到北戴河住过一些日子，因填了这首《浪淘沙》词。词中描绘了壮阔的海景和渔民乘风破浪的英雄气概，并抒写了怀古的心情，对比往事，热情地歌颂了新时代新生活。

笺　注 JIANZHU

一、"大雨"三句

【幽燕】　河北省古称幽燕。幽，指幽州；燕，指燕国。今河北北部一带，春秋战国时属燕国，唐以前属幽州。

【滔天】　满天，漫天。水势盛大，上与天接。《尚书·尧典》："浩浩滔天。"

【秦皇岛】　在临榆县西南，三面环海，冬季不冻，是渤海岸很好的商港和渔港。相传秦始皇曾因求仙来此，故名。《史记·秦始皇本纪》："三十二年，始皇之碣，使燕人卢生求羡门高誓，刻碣石门。"

【打鱼船】　明写渔船，赵朴初以为暗喻旧中国时代帝国主义海盗的舰队，可备一说。

二、“一片”二句

【汪洋】 水宽广无边际貌。

【谁边】 何处，哪里。

三、“往事”三句

【往事越千年】 汉献帝建安十二年（公元207），曹操北征乌桓，路过碣石。此事距写此词时已1600多年。

【魏武挥鞭】 魏武，指魏武帝，即曹操（公元155~220），汉末谯人。挥鞭，挥动马鞭。意思是说骑马经过。

【东临碣石有遗篇】 碣石，山名，《汉书·地理志》：“右北平骊戎，大碣山在西南。”此即指骊戎的大碣石山，原址在今北戴河一带。汉时还在陆地上，靠近渤海边，北魏时沦入水中。历来关于碣石的方位说法很纷纭，今昌黎县北有碣石山，是另一山。遗篇，指曹操《步出夏门行》中的《观沧海》诗：“东临碣石，以观沧海。水何澹澹，山岛竦峙。树木藂生，百草丰茂。秋风萧瑟，洪波涌起。日月之行，若出其中。星汉灿烂，若出其里。幸甚至哉，歌以咏志。”

四、“萧瑟”二句

【萧瑟秋风今又是】 萧瑟，秋风吹动树竹百草的声音。这句意思是说，萧瑟秋风，如今眼看就又要来了。这是承前文从曹操《观沧海》诗的“秋风萧瑟”句化出的，当时还在夏天，非实境。

【换了人间】 人间，人世间，这里指时代、社会、世界。景物虽然依旧，人间已经更新了。

赏 析 SHANGXI

上片，望中所见，说的是空间，写景；下片，心中所想，咏的是时间，抒情。时空掩映，情景交融。但有个立脚点，这就是今天，就是北戴河；这就是今天的北戴河，就是北戴河的今天。今天的北戴河，是新中国的一部分；北戴河的今天，也正代表着新时代。结语“换了人间”，仅4个字，便贯通古今，绾合时空，对伟大祖国的现实给予了热情的歌颂。

是怎样由空及时、由景及情的呢？这词的构思是怎样进行的呢？对这一问题试作探索，于我们读词是具有启发性的。

上片，描绘大风雨中的海上景象："大雨落幽燕"，劈头第一句，破空而来，突出了"大雨"；接着说："白浪滔天"，明写波涛，却夹带写出大风；这些都是以雄健之笔，从大处落墨，不假雕琢，而自具壮美。往下读，不见雨中的山峦林木，不见雨中的殿阁楼台，却咏出了"秦皇岛外打鱼船"。啊，看那一艘艘渔船，还在与惊涛骇浪搏斗哩！转眼又是"一片汪洋都不见，知向谁边"？这说明风越刮越猛，雨越下越大，在滂沱大雨和滔天白浪中，渔船都隐没了，谁知道它们隐蔽到哪里去了呢？还是被莽苍的烟雨所遮断了呢？这里含蓄地赞美了解放的人民不怕艰险的豪情。有的读者由此而驰想到帝国主义强盗的舰队已从秦皇岛外的海面上逃得无影无踪，因为在旧中国这里正是帝国主义强盗的舰队出没的地方。这驰想是允许的。虽然"作者未必然"，而"读者何必不然"。即如此，也还是暗含着赞美之情。正是这赞美给下片的热情歌颂作为伏线，打下基础。可以设想，诗人在面向着迷迷濛濛、莽莽苍苍的海天，凝神追忆着那倏忽不见的渔船的影像，一个意念猛然闪现在心头：那历史上的往事，岂不也是这样子吗？千年以前，东征乌桓的曹操正好也曾跃马挥鞭从这里经过，正好也曾在这里观沧海，这些岂不是已被时代的风风雨雨遮断得无影无踪了吗？于是就转入下片了。

下片，抒写怀古颂今的豪迈心情："往事越千年，魏武挥鞭，东临碣石有遗篇。"这些联想，自然是缘于地望和沧海。但这里的抚今追昔，却没有半点苍凉悲慨的感喟，没有一丝物是人非的怅惘，因为这联想的基础原是对于现实的赞美，在上片已设下伏线。所以很自然地便接下去："萧瑟秋风今又是，换了人间。"与对往古的追怀相应的是对今天的歌颂。"秋风"眼看就又要"萧瑟"起来，而"人间"则已"换了"。这是说，千年前的曹操处的是一个时代，今天又是一个时代，两者完全不同了。千年前的曹操处的是一个什么样的时代呢？"铠甲生虮虱，万姓以死亡。白骨露原野，千里无鸡鸣。生民百余一，念之断人肠。"(曹操《蒿里行》)这应是当时社会的写照，读了多么怵目惊心！千多年以来，广大人民前仆后继进行斗争，却始终陷在水深火热之中。而今天呢？嘿，那一艘艘海燕般乘风破浪的渔船，不正是人民干劲冲天、意气风发的象征吗？不正是新社会高歌猛进、欣欣向荣的图景吗？好一个"换了人间"，就这么4个字，便把全篇的主题思想点醒，而且把诗的意境扩大了，远远超过了北戴河一地的范围。真是热情洋溢，义蕴弘深；尤妙在戛然而止，即以此作结，更觉余味无穷，含蓄不尽。

综读全词，壮阔、雄伟，高妙、豪逸。结构同前面读过的《菩萨蛮·黄鹤楼》非常相似：上半写景，下半抒情，下半又都由怀古而写到现实。两篇都是收摄风云、囊括古今，共具尺幅千里的壮观；但所表现的情调则各有不同：《黄鹤楼》写于革命高潮而又隐伏着危机的形势下，所以激昂而沉郁；此词则写于建国将近五年的时候，社会主义改造正在胜利前进，所以景象壮阔，气魄雄伟，风格既极高妙，又兼豪逸，这是空前盛世的反映。这些地方，要细加比勘，自有体会。

水调歌头

游　泳

一九五六年六月

才饮长沙水，又食武昌鱼。万里长江横渡，极目楚天舒。不管风吹浪打，胜似闲庭信步，今日得宽余。子在川上曰：逝者如斯夫！　　风樯动，龟蛇静，起宏图。一桥飞架南北，天堑变通途。更立西江石壁，截断巫山云雨，高峡出平湖。神女应无恙，当惊世界殊。

题　解 TIJIE

这首词手稿中本题作《长江》，1957 年 1 月交《诗刊》发表时改题作《游泳》。1956 年 5 月，毛泽东视察湖南以后，又到武昌视察。曾利用休息时间，在武汉江面游泳过三次：第一次，从武昌游过长江，到达汉口；第二次，是从汉阳下水，穿过长江大桥的桥洞游到武昌；第三次，也是从汉阳下水游到武昌。这首词是第一次到第二次游过长江后写的。通过游泳的感受和联想，写了武汉长江大桥与三峡水利工程建设，热情地歌颂了伟大祖国新的现实。

笺　注 JIANZHU

一、"才饮"二句

【才饮长沙水，又食武昌鱼】《三国志·吴书·陆凯传》，记吴王孙皓，要徙都武昌，陆凯上疏谏阻，引童谣云："宁饮建业水，不食武昌鱼。宁还建业死，不

1961年,毛泽东万里长江横渡。(吕厚民 摄)

止武昌居。"原意是表示安土重迁。毛泽东词句是从这首童谣前两句点窜而成,意思是说才离开长沙,又来到武昌。只用以说明行踪;且有伟大祖国到处是名城,风物光华也到处是可爱的意味。

二、"万里"二句

【万里长江横渡】 长江,全长5800公里;武汉的江面宽约2公里,斜游过去,距离更长。毛泽东三次横渡,都是斜游,第一次是从武昌到汉口,这段水程长约20多公里;第二次和第三次都是从汉阳到武昌,游程约10余公里。

【极目楚天舒】 极目,纵目、放眼。楚天,楚国的天空;武昌,春秋战国时属楚。舒,舒展、宽阔。全句是说,纵目力所及,向远处望去,感到天地非常广阔。

三、"不管"三句

【不管风吹浪打】 据1957年第10期《中国青年》记载:"五月,在宽约两公里的武汉长江的江面上,经常吹过三级到五级的风,江水以每秒1.3公尺到1.9公尺的速度日夜不停地向东流去。"又记载:"游泳的那一天,江上的风浪相当大。主席以六十多岁的高龄,花了两个小时终完成了横渡。"(《万里长江横渡》)

【胜似闲庭信步】 胜似,胜过。闲庭,闲静的庭院。信步,随意漫步。

【今日得宽余】 毛泽东日理万机,成年累月是很忙的。在百忙中,今天得有一点空闲来到长江游泳,而感到心情舒畅。

四、"子在"二句

《论语·子罕》:"子在川上曰:逝者如斯夫,不舍昼夜!"子,指孔子。郑玄

注："逝，往也。言凡往者如川上之流也。"皇侃疏："逝，往去之辞也。孔子在川水之上，见川流迅迈，未尝停止，故叹人年往去，亦复如此，旧我非今我，故云逝者如斯夫者也。斯，此也。夫，语助也。日月不居，有如流水，故云不舍昼夜也。"此词截取前二句，也是以眼前江水的奔流来比喻时光的飞渡。不过，合前后词意来看，却不是"叹人年往去"，而是说明一切事物都在不断改变，有不断革命的意思。

五、"风樯"三句

【风樯】 风里的帆樯；樯，桅杆。这里用作帆船的代语。

【龟蛇】 龟山在汉阳，蛇山在武昌，见《菩萨蛮·黄鹤楼》笺注。

【宏图】 伟大的建设计划。此上承"龟蛇"，下启"一桥"，指长江大桥的新工程。

六、"一桥"二句

【一桥飞架南北】 长江大桥正连结龟蛇二山。

【天堑变通途】 天堑，一作天壍，天然的壕沟，比喻地势的险要，多指长江。《南史·孔范传》："长江天壍，古来限隔，虏军岂能飞度！"长江大桥，使京汉铁路与粤汉铁路连接了起来，所以说天堑变通途。以上两句，实是一个11字句，作上四下七，或上六下五，都可以。这11字在题作《长江》的毛泽东手稿上，标点原是上六下五。

七、"更立"三句

【更立西江石壁】 西江，即西部的长江。唐杜牧有《西江怀古》诗(《樊川诗集》卷四)，旧注云："楚人指蜀江为西江，谓从西而下也。"此句是说：在三峡地方修筑一道拦水大坝。

【截断巫山云雨】 巫山，在四川湖北两省边境，北与大巴山相连，为东北—西南走向，海拔1000~1500米，主峰乌云顶，长江穿流其中，成为三峡。巫山云雨，《文选》卷十九宋玉《高唐赋》："昔者先王尝游高唐，怠而昼寝，梦见一妇人，曰：妾巫山之女也，为高唐之客，闻君游高唐，愿荐枕席。王因幸之。去而辞曰：妾在巫山之阳，高丘之阻，旦为朝云，暮为行雨，朝朝暮暮，阳台之下。"全句是说，把长江上游的水拦住。

【高峡出平湖】 指当时正在修筑中的大三峡水库。

八、"神女"二句

【神女应无恙】 神女，即巫山之女，巫山下有神女庙。宋玉又有《神女赋》,亦见《文选》卷十九。应,料想,想像推度之词。无恙,《风俗通》:"恙,毒虫也,喜伤人,古人草居露宿,故相劳问,必曰无恙。"《汉书·李陵传》:"陵曰:'霍与上官无恙乎?'"颜师古注曰:"恙,忧病也。"

【当惊世界殊】 当,准会,应当。殊,改变,不同。两句意思是说:神女大概还是无灾无害吧?只是她准会惊讶这祖国面貌的空前巨变啊!

赏析 SHANGXI

上片记游泳,下片写建设。游泳是在长江里游泳,建设也讲的是长江的建设,这就把上下片紧紧联系起来。此词最初以手抄稿传阅,标题一作《长江》,正式发表时才改作《游泳》。这也给我们理解它提供了一个重要的线索。不过,只要细心诵读,好好涵泳,好好品味,便可发现,全词上片九句、48字,下片十句、47字,意境是完整的,风格是统一的;在构思上,前后血脉贯通,首尾一气浑成,层层相生,丝丝入扣,并不是只用长江作背景以绾合上下的。

上片开头点明从长沙来到武昌。不说"才作长沙别,又到武昌居",而是点窜古童谣,说饮水、食鱼云云,说得极有风趣。这就于标示行踪之外,更增加了亲切感和形象性,且表现出祖国到处是名城,风物光华也到处是可爱的意味。紧接着便入题写游泳:"万里长江横渡"。写出长江的气势,也写出横渡的壮举,一笔两面俱到,极为矫健有力。"极目楚天舒",写横渡时下面是万里长江,上面是舒展无尽的楚天。写得境界廓大,于此亦见胸襟的开阔。以下"不管"三句进一步正面描写游泳。本来前面已经提到横渡,点出游泳;但横渡也可能被误解为乘船,所以要进一步正面描写:"不管风吹浪打,胜似闲庭信步,今日得宽余。"这便确乎是游泳,丝毫不容含糊的了。读过这几句,谁人不被毛泽东那种雍容不迫的风度和藐视困难的精神所感动?愈是"风吹浪打",愈感"宽余"舒畅。这可不能等闲看作游泳技术或体魄坚强的表现,这充分显示出心灵的伟大与刚强。这从容,这气魄,岂但慑服了奔腾的大江,而且充塞了无垠的楚天。而当此之时,诗人的思路又指向哪里去了呢?那颗伟大刚强的心灵并不曾停留在游泳上,到中流击水之际,由于目击而且身触流水的感受,他联想到的是时光在飞渡,历史在前进:"子在川上曰:逝者如斯夫!"一切事物都在不断发展,新中国在解放后的短短几年中也已经起了根本的变化。这就非常巧妙地过渡到下片。表面上是戛然而止,实际上则陈仓暗度。

下片换头明写游泳时所见江景。而“景物无自生，唯情所化”。为什么这里不见什么“晴川历历汉阳树，芳草萋萋鹦鹉洲”，而是“风樯动，龟蛇静”呢？这不只反映着古今两个不同的时代，而更显示出新旧两种不同的思想。景物本身是没有阶级性的，甚至并无性灵，但对景物的取舍则是作为一定社会关系总和的人的意识行为。风樯、龟蛇的涌进诗篇，伏线已在上片结束处放定了。风樯往来，龟蛇峙立，动静相映，逗出“宏图”。这“宏图”二字，又领起“一桥飞架”来。当时大桥工程，刚刚兴建，诗人更幻生出“南北天堑变通途”的意象来，使自古以来的限隔填平了。既然提到长江大桥，自然便联想到三峡水库。这本是长江水利局正在着手的重大工程项目。而妙处还在于怎样表达。如果只说筑一条大坝，修一个水库，可以发出多少亿度电，可以灌溉多少亿顷田，那不过把水利局的计划复述一遍而已，当然不是诗。诗人是怎么说的呢？“更立西江石壁，截断巫山云雨，高峡出平湖。”在诗人的生花妙笔下，朝云暮雨都被驱遣来为社会主义建设服务了，这就把历史上一段旖旎的神话传说穿织到现实生活中来了。诗的形象是通过想像和借助联想而塑造的，它不只是大三峡水库，而是高唐神女的现形。到这里，诗人不禁又想到，这“连山七百里”的三峡，这“曲折三回如巴字”的巴江，眼看就要大大改观了，这会不会影响那神女的生活呢？不会吧：“神女应无恙”；可是，在这波涌连天的高峡平湖面前，她也定会目瞪口呆的：“当惊世界殊。”多么奇妙的想像，真是神来之笔。但这仅仅是极富情趣的联翩的浮想和淋漓的兴会吗？当然不是。这是洋溢着自豪感，充满着自信心的中华人民共和国颂歌啊！

综上所述，全词 19 句，95 字，岂不都是后浪推前浪，一环扣一环，没有一句闲文，没有一字空言？是的，的确是的。通览全篇，反复吟诵，实在构思奇幻而缜密，意境深远而平实；风格体势，在高华典雅中，又极雄浑豪放。真是画中的画，诗中的诗。凌云健笔，意趣纵横；清词丽句，震古烁今。我辈生于斯世得观斯文，是多么大的幸运啊！

蝶恋花

答李淑一

一九五七年五月十一日

我失骄杨君失柳，杨柳轻飏直上重霄九。问讯吴刚何所有，吴刚捧出桂花酒。　　寂寞嫦娥舒广袖，万里长空且为忠魂舞。忽报人间曾伏虎，泪飞顿作倾盆雨。

题　解　TIJIE

《毛主席诗词》编者注：这首词是毛泽东在1957年5月写给湖南长沙第十中学语文教员李淑一的。词中"柳"是指李淑一的爱人柳直荀烈士。他是毛泽东的老战友，1923年加入中国共产党，曾任湖南省政府委员，湖南省农民协会秘书长，参加过南昌起义，1932年在湖北洪湖战役中牺牲。"骄杨"是指杨开慧烈士。她在1930年红军退出长沙后，为反动派何键杀害，她是李淑一同志的好朋友。1957年1月，李淑一把她写的一首纪念柳直荀同志的词，寄给毛泽东。毛泽东写了这首词答她。

这首词一题作《游仙》，毛泽东致李淑一信中曾说："有《游仙》一首为赠。这种'游仙'，作者自己不在内，别于古之游仙诗。但词里有之，如《咏七夕》之类。"

李淑一寄给毛泽东的词是1933年旧作。1933年夏天李淑一听到柳直荀烈士牺牲的传闻，但又没有确实消息，非常沉痛。一天夜里，她梦见烈士归来，才见面就又惊醒了。因感赋《菩萨蛮》词一首："兰闺索寞翻身早，夜来触动离愁了。底事太难堪？惊侬晓梦残。　　征人何处觅？六载无消息。醒忆别伊时，满衫清泪滋。"1957年春节，她把这词寄给毛泽东，并索阅毛泽东从前写赠杨开慧烈士的一首词。毛泽东于回信中曾说:“大作读毕,感慨系之。”但没有把以前赠杨开慧烈士的旧词再写出来,而另写了这首《蝶恋花》作答。

笺注 JIANZHU

一、“我失”二句

【我失骄杨君失柳】 杨,指杨开慧;柳,指柳直荀。见题解。失,失去,包含痛惜之意。骄,壮健。

【杨柳轻飏直上重霄九】 由杨柳二烈士联想到杨花柳絮。轻飏,轻轻地飘飏。重霄九,即九重霄,就是九重天。《楚辞·天问》:“圜则九重,孰营度之。”《汉书·礼乐志》:“九重天。”颜师古注:“天有九重。”或省作九重、九霄、九天。此处因押韵而颠倒。

二、“问讯”二句

【问讯吴刚何所有】 问讯,也作讯问,就是询问,兼有问候的意思。吴刚,相传为月宫中的仙人。唐段成式《酉阳杂俎》卷一:“旧言月中有桂,有蟾蜍。故异书言月桂高五百丈,下有一人常斫之,树创随合。人姓吴名刚,西河人。学仙有过,谪令伐树。”何所有,有什么。所,助词。

【吴刚捧出桂花酒】 吴刚捧出桂花酒来宴请两位烈士忠魂。桂花酒,也作桂酒。《楚辞·九歌·东皇太一》:“奠桂酒兮椒浆。”王逸注:“桂酒,切桂置酒中也。”

三、“寂寞”二句

【寂寞嫦娥舒广袖】 嫦娥,本作姮娥,也作恒娥,汉代避文帝刘恒讳,改为嫦娥。《淮南子·览冥训》:“羿请不死之药于西王母,姮娥窃以奔月。”寂寞嫦娥,李白《把酒问月》:“白兔捣药秋复春,嫦娥孤栖与谁邻?”李商隐《嫦娥》:“嫦娥应悔偷灵药,碧海青天夜夜心。”舒广袖,舒展宽大的袖子,形容舞蹈的姿容神态。

【万里长空且为忠魂舞】 忠魂,指杨柳二烈士的精魂。寂寞的嫦娥也喜笑颜开,舒展开广大的袖子,在万里长空中,为二位烈士的忠魂翩翩起舞。李白《高句骊》:“金花折风帽,白马小迟回。翩翩舞广袖,似鸟海东来。”

四、“忽报”二句

【忽报人间曾伏虎】 人间,指中国。曾,曾经;此处即用作已经的意思。伏虎，制服猛虎。佛教故事。《续高僧传》卷十六："(僧稠)闻两虎交斗，咆响震岩，乃以锡杖中解，各散而去。"中国民间也有伏虎的传说，如内蒙古巴林右旗西北白塔子有伏虎林，本为辽帝秋猎之所，相传曾有虎据林伤害居民畜牧，景帝率骑往猎，虎伏草际不敢动，因以为名。在这里用来比喻中国人民在党的领导下打垮反动派。

【泪飞顿作倾盆雨】 倾盆雨，大雨倾注，好像倒盆水一样。苏轼《介亭饯杨杰次公》诗："黑云白雨如倾盆。"这里是说：当听到人间已经伏虎的消息，杨柳烈士忠魂和吴刚嫦娥都极度兴奋激动，顿时热泪飞迸，化成了倾盆大雨。

赏　析 SHANGXI

毛泽东此词，是对战友、亲人的悼念，是对烈士、英雄的赞美，是对经过牺牲取得胜利的中国革命的颂歌。我们读了它以后，不禁就被那种联翩的浮想吸引住，而进入到一种美丽的神话境界中；但又跟我们所经历的激烈的革命斗争生活紧紧联系着。战士的矫健，烈士的忠贞，以及作为时代的先驱者他们为理想献身的精神，还有广大人民对他们的热爱景仰和崇敬，都化为奇妙的形象呈现在眼前。沉痛而昂扬，悲壮而鼓舞，这是我们读过诗篇后的感受。它是在革命现实主义基础上开放的革命浪漫主义鲜花，它是在革命浪漫主义主导下结出的革命现实主义硕果，它是革命现实主义与革命浪漫主义相结合的典范。

有人问：为什么要用游仙体呢？

我们说：为什么不可用游仙体呢？国外某些爬行主义者认为社会主义诗歌否定象征性、譬喻性、假设性和神话性。他们说这是远离现实。一派胡说，完全是谬论。什么是远离现实呢？远离现实就是对现实的歪曲，对现实的粉饰，把人们引向背离革命的道路，引向虚伪的"人情味"，引向"力求满足自己需要、渴求幸福的生物本能"，引向在四海云水五洲风雷面前丧魂落魄，而对"菌状云的怪影"顶礼膜拜；甚至引向脱衣舞、阿飞、白俄亡命徒以至"美国的灵魂"。而他们正是打着"写真实"的幌子来散布这种"诗意的烟云"的。由他们去吧！让我们再回头来说《蝶恋花》。在这里，说是游仙体，但显然是从现实的人间出发的。"我失骄杨君失柳"，"忽报人间曾伏虎"，这不正是中国革命所经历的两个历史阶段吗？这怎么能说是远离现实呢？骄杨和柳，对毛泽东和李淑一来说，是亲人、是战友、是同志，同时也是无数为革命捐躯的英烈的代表。“我失”、”君失”，岂不也是6亿人民的“失”吗？中国人民对于他们心目中的英雄烈士和一切应该颂扬的人物，一向是以“愿他们死后升天”来表示其赞美的心情的，这并不存在什么不能理解的困难，只是人民纯朴感情的传统表现方式而已：“杨柳轻飏直上重霄九”。恰好是杨柳，这一由杨柳生发出来的巧妙联想，不正是人民心愿的形象表达吗？试想想看，李淑一读到这里会怎样反应呢？常年郁结的悲抑之情，甚至在刚读过第一句时所引起的沉痛之感，就像阴霾里忽然闪来一道阳光，定然会一下子就透亮了吧？“征人何处觅？”他们到九重天上去了；“满衫清泪滋”，再也用不到了。而更绮丽的幻想还在下面，初读诗稿的李淑一到此也定会急于看下去的：于是，吴刚捧酒；于是，嫦娥献舞。啊，碧海青天，长空万里，都为忠魂的莅临而增色。这想像是多么新奇，这意境是多么阔大。烈士矫健的英姿，忠魂浩然的正气，他们的崇高，他们的伟大，已由桂下吴刚、月里嫦娥充分反衬出来了。到此，我们的李淑一，我们每个读者自己，也都定会飞腾活跃起来，也都定要扬眉吐气的吧。可是，在我们深心里，我们设想也在李淑一深心里，总还好像有点沉郁。这赞美还只是悼念的升华，仍有所未足。敌人呢？那加害烈士的凶手呢？那压在6亿人民头上的魔影呢？不忙，往下读吧！一声霹雳，地覆天翻：“忽报人间曾伏虎”，至此怎能不激动，怎能不高昂。自然就“泪飞顿作倾盆雨”了。这是欢乐的眼泪，这是振奋的眼泪。杜甫《闻官兵收河南河北》：“剑外忽传收蓟北，初闻涕泪满衣裳。”也正是这种眼泪。但那只是蹙居客舍、面对妻儿的纵情，比起这里天上人间的倾盆豪雨来，那意象就显得局促多了。而这种澎湃的激情、热烈的场面，岂不正是对于伟大中国革命的颂歌吗？有人说：“伏虎”是杨柳烈士生前的事，“泪飞”是吴刚嫦娥同情的表现。那就变成为一种真正凄怆的景象，最后广寒宫也将会更加清冷了。而且谁去“忽报”的呢？原先的捧酒献舞为了什么呢？必须注意：毛泽东的词是作于1957年，是为了答李淑一而写的，是高度地提炼并概括了广大人民的思想情感再用集中的艺术手法表达出来的。并非仅仅是“悼亡”啊！

到此，为什么要用游仙体的问题应该算是已经说清楚了吧。国外某些爬行主义者还在纠缠，说什么“不作专门的注释，要弄懂这首用中国旧格律写的象征性和譬喻性的词是困难的”。这如果不是故意装憨，那就只好怪他们太低能了。至于说象征性与譬喻性，以及假设性与神话性，这无非是一种对现实与理想的夸张的描绘，是一种驰骋想像的表现手法。而诗歌，甚至一切艺术，是不能杜绝且必须强调想像的。阉割了理想的所谓“真实”，爬行的“现实主义”，是与我们绝缘的。社会主义诗歌，当然是对现实的歌唱，而我们的现实不是紧紧同明天相联系着吗？如果不给人以鼓舞，而只给人以沮丧，那算什么对现实的歌唱呢？正是基于这种需要，毛泽东这首词把对烈士的歌颂同优美的神话境界结合起来，因而使它产生了巨大的艺术魅力，这有什么不好呢？吴刚嫦娥，在广大人民中是家谕户晓的传说，用不着特别注释，没有什么特别难懂。游仙场面，神话境界，无非是对烈士的悼念与赞美这一人间的理念经过幻想而升华为天上的形象罢了。这是由现实所焕发的理想的光芒，这也是为理想所突现的现实的本质。这不正是革命现实主义与革命浪漫主义相结合的表现手法吗？为什么社会主义诗歌就不得采用呢？自然，这手法在古典诗词中是有悠久传统的；不过，我们今天批判地继承它，岂不是已经在新的现实基础上作了质的发展变化吗？过去是把人间拉到天上，“窃取人和自然的一切内涵，转赋予一个彼岸的神的幻影”，在作者意识中，所谓神还“都是具有真实的存在的”；今天则是把天上拉下人间，吴刚、嫦娥仅仅是翱翔幻想、驰骋想像的抒情手段罢了，任何读者也不会再由所谓仙家生活而引起错觉，造成误会的。这不是很显然的吗？

至于有的同志从艺术构思的角度去分析，说开头用现实主义点了题，接着转入革命的浪漫主义的刻画；到结尾处又从革命的浪漫主义到现实主义，又从现实主义到革命的浪漫主义(见《文艺报》1958年第11期)。这是不必要的。通读全词，自然浑成。它将现实世界与幻想世界紧紧地糅成一体，在描绘现实当中既有幻想的因素，而在驰骋幻想当中又有现实的基础，二者是不能分割看待的。这才是革命现实主义与革命浪漫主义的相结合。

七律二首

送瘟神

一九五八年七月一日

读六月三十日《人民日报》，余江县消灭了血吸虫。浮想联翩，夜不能寐。微风拂煦，旭日临窗。遥望南天，欣然命笔。

其　一

绿水青山枉自多，华佗无奈小虫何！
千村薜荔人遗矢，万户萧疏鬼唱歌。
坐地日行八万里，巡天遥看一千河。
牛郎欲问瘟神事，一样悲欢逐逝波。

其　二

春风杨柳万千条，六亿神州尽舜尧。
红雨随心翻作浪，青山着意化为桥。
天连五岭银锄落，地动三河铁臂摇。
借问瘟君欲何往，纸船明烛照天烧。

题 解 TIJIE

1958年6月30日,《人民日报》发表了特写《第一面红旗》,记江西省余江县根本消灭血吸虫病的经过。《送瘟神》就是毛泽东读报之后,在极度激动和喜悦的心情下所写的两首律诗。古代传说,认为瘟疫也有主管的神祇,这就是瘟神,也叫疫鬼。毛泽东的这两首诗,只是拿瘟神作为血吸虫的象征,《送瘟神》是拟人化的说法,有如汉代扬雄的《逐贫赋》,唐代韩愈的《送穷文》。

毛泽东读过报道,兴奋得一夜没有睡觉;第二天清早,又在旭日微风中欣然命笔,写出这样两首优美的诗篇来。毛泽东为什么这样激动和喜悦呢?

原来血吸虫是一种危害人畜的寄生虫。它以钉螺为中间宿主,它的幼虫侵入人体或畜体后便发生血吸虫病。病象初起时下痢,继而食欲减退,精神萎弱,四体消瘦,逐渐削弱以至完全丧失劳动能力。病剧时,腹部膨大如鼓,俗称鼓胀,或叫大肚子病。没有适症疗法,死亡率很高。长期以来,给广大劳动人民带来极其严重的灾难。远的不说,单就解放前国民党反动统治时代而论,血吸虫病曾广泛流行于南方的12个省市,上千万的农民和渔民受到感染,上亿的人口受到威胁。病情特别猖狂的地方,许许多多村庄完全毁灭,许许多多良田变成荒野。这一威胁在解放初期依然存在,成为旧中国遗留下来的历史包袱之一。党和人民政府一直重视血吸虫病的防治工作,南方各省则一解放就把这一问题提到日程上来,1956年春天以后更是大规模地展开了斗争。1958年6月30日《人民日报》社论指出:“消灭血吸虫病是一场关系到改变千百万群众生活、生产习惯的艰巨任务。”“在农业生产大跃进的新形势下,消灭血吸虫病就有着更加迫切的重要意义。”(《反复斗争,消灭血吸虫病》)从这里,可以看出消灭血吸虫病是一场严重的斗争,是一件极其重要的大事。余江县人民在党的领导和支持下,在这方面作出了榜样,首先根除了血吸虫病,树立了第一面红旗。他们在防治过程中还发扬了共产主义的独创精神,敢想敢说敢做,打破了血吸虫病不能根本消灭或是在短期间内消灭的迷信,为世界血吸虫防治史上创造了新的纪录,影响是极其深远的。毛泽东关心千百万群众的生活,看到余江县人民解除了历史上遗留下来的灾难,恢复和发展了生产,改变了精神面貌,并且大大推进了血吸虫的防治工作,为大跃进提供了有利条件,正是因为这些,所以才感到极大的兴奋和喜悦,并欣然赋诗。

由此可见，毛泽东写这两首诗的意义，乃是通过血吸虫被消灭的事实，揭示出新旧社会人民生活的对比，歌颂了在党领导下中国人民大跃进的冲天干劲和意气风发。这同扬雄、韩愈等人只写写游戏文字，抒抒个人感慨，是完全不能相提并论的。

笺 注 JIANZHU

其 一

一、“绿水”二句

【枉自多】 徒然很多。杜甫《征夫》：“十室几人在，千山空自多。”枉自多，空自多，是一个意思。

【华佗无奈小虫何】 华佗，名旉，字元化，沛国谯人，是汉末有名的医生。传见《三国志·魏书》卷二十九《方技传》。这里是用华佗代表旧时代所有的名医。小虫，指血吸虫。

二、“千村”二句

【千村薜荔人遗矢】 薜荔，薜指薜荔，亦称木莲、鬼馒头，是一种蔓生的桑科灌木。多生在墙上，柳宗元《登柳州城楼》诗：“密雨斜侵薜荔墙。”谭用之《秋宿湘江遇雨》诗：“暮雨千家薜荔村。”荔，指葶荔，俗名狗荠，是一种野草。此处借以泛指一切荒榛蔓草。人遗矢，表示体弱善病。这是说广大农村荒芜破落。

【万户萧疏鬼唱歌】 萧疏，稀稀落落，杜甫《除架》诗：“束薪已零落，瓠叶转萧疏。”鬼唱歌，李贺《秋来》诗：“秋坟鬼唱鲍家诗，恨血千年土中碧。”这是说无数农户家破人亡。据1958年6月30日《人民日报》所载《第一面红旗》记载余江县蓝田坂方圆50里的情况说：“过去由于血吸虫病为害，在近五十年内，有三千多人因患血吸虫病死亡，有二十多个村庄完全毁灭，有一万四千多亩田地变成荒野。”

三、“坐地”二句

【坐地日行八万里】 指地球自转。地球赤道全长4万公里，合8万华里，所以安坐在地球上便日行8万里。

【巡天遥看一千河】 指地球公转。地球绕日，一天走500多万华里，所以是巡天。河，即天河、银河，此处泛指天上的星云。一千河，言其多。按：这两句只是诗人的想像，所谓“天地转，光阴迫”。也是一天等于20年的大跃进的形象表述。正是在这种大跃进的形势当中，那种使华佗无可奈何的小虫，才被干劲冲天、意气风发的人民给消灭了。

四、“牛郎”二句

【牛郎欲问瘟神事】 牛郎，指牵牛星，位置在银河边上。由上句“一千河”而引起。设想牛郎要问血吸虫的情况。

【一样悲欢逐逝波】 一样，即一等、一种、一例、同样。悲欢，偏义复词，指一切悲痛的事。逝波，流水，用以比喻过去的时间。两句是说：牛郎，你要问瘟神的事吗？他和人间一切悲苦同样随着时间的流水成为过去了。

其二

一、“春风”二句

【春风杨柳万千条】 春风吹拂杨柳新绿。这是一幅色彩鲜艳、欣欣向荣的大跃进的图画，也是新社会、新风气的象征。

【六亿神州尽舜尧】 神州，见《浣溪沙》词笺注。六亿神州，倒装结构，指中国6亿人民。舜尧，唐尧和虞舜，是中国古代传说中的圣帝贤君。

二、“红雨”二句

【红雨随心翻作浪】 红雨，落花。李贺《将进酒》：“桃花乱落如红雨。”这里是说落花随着自己的心意翻波逐浪，极写风光烂漫。

【青山着意化为桥】 着意，有意。青山也有意地化崎岖险阻为康庄大道，为人民作桥梁。两句都是写春天的景色，和“春风”句同作为大跃进新中国的象征。

三、“天连”二句

【天连五岭银锄落】 五岭，见《七律·长征》笺注。这里泛指一切高山。天连，言山高。银锄，形容白晃晃闪光的铁锄。这是说农民在山上劳动。

【地动三河铁臂摇】 三河，原谓黄河、淮河、洛河；此泛指一切江河。铁臂摇，铁一样坚实的臂膀在挥舞。这是说广大工农在各地开发、建筑，劳动英雄们挥舞铁臂，使大地都颤动起来。

四、“借问”二句

【借问瘟君欲何往】 借问，试问。瘟君，即瘟神。在大跃进的形势下，瘟神已经无处容身。试问瘟神啊，你要往哪里去？

【纸船明烛照天烧】 焚化纸船，点起明烛，火光明亮，照耀天空，用这些来送走瘟神。这本是民间祛灾病、禳不祥、驱瘟神、除恶鬼的习俗。韩愈《送穷文》结尾处也说："烧车与船，延之上座。"

赏 析 SHANGXI

毛泽东在《送瘟神》的题下，写了一段非常优美的序文。让我们结合诗篇仔细研究研究这段序文，对于理解诗的特点以及诗创作的特点是会有很大启发性的。

毛泽东从 6 月 30 日《人民日报》上读到有关江西省余江县消灭了血吸虫的特写《第一面红旗》，非常兴奋，非常激动，以致浮想联翩，夜不能寐。到第二天早晨，在旭日微风中，遥对南国的天空，欣然地提起笔来，写出了这两首意蕴无限丰富的诗篇。

"作为观念形态的文艺作品，都是一定社会生活在人类头脑中的反映的产物。革命的文艺，则是人民生活在革命作家头脑中反映的产物。"《送瘟神》七律二首，当然是余江县消灭了血吸虫这一现实生活在伟大诗人头脑中反映的产物。诗人看到这项报道，首先一定要经过一个思考和判断的过程：这是一件好事情，是社会主义革命和社会主义建设大跃进的表现，又会给继续大跃进提供有利条件；于是，引起极大的喜悦。这就是说，不仅感觉或知觉可能有情绪的色彩，而且观念和思考也同样有情绪的色彩，所有认识过程都可能引起这样或那样的情绪。诗人对这件事作出积极肯定的判断，并且引起兴奋喜悦的情感，当然是由于平日就非常关心群众生活，不断注意社会主义革命与社会主义建设的进展。这就是说，文艺是现实的反映，而对现实怎样反映则又取决于作者的阶级立场、政治观点，亦即世界观。以上这些，对我们的领袖和导师说来，都是极自然的，不言而喻的，再加以解释，似乎是废话。我们只是想从这里说明这样一个规律：情感是以理智为基础的，同时它又加强理智。情与理都属于认识过程，不能把情感与意识分开。这就是为什么诗主达性情，它同时又是对现实的反映与评价。而诗，作为艺术作品，它对现实的反映和评价，又同一般科学作品有所不同。

怎样不同法呢？这就是情感因素的烘托与渲染。情感唤起想像的活动，想像的意象又产生着情感。这就是“浮想联翩”,以至“欣然命笔”。浮想就是想像,浮想联翩就是想像的意象一幕接着一幕,像电影一样在脑膜上飞驰。这结果,就是诗的创造与诗篇的形成。毛泽东一夜没有睡觉,想了很多很多。当然有个出发点,有个轴心,亦即有个主题,这就是消灭了血吸虫。不过,具体的都想了一些什么,我们是没法了解的;而经过剪裁,加以润色,写下了这两首七律,至少把主要轮廓告诉了我们。可以设想:经过通宵的酝酿,已经诗意葱茏,充溢心头。当此之时,“遥望南天,欣然命笔”。映入眼帘的,恰是南国的锦绣江山。于是开端就写道:“绿水青山枉自多”。为什么“枉自多”呢?因为诗人是从血吸虫说起的,这里是说在旧中国血吸虫为害之烈,人们对它没有办法:“华佗无奈小虫何”。以致搞得“千村薜荔人遗矢,万户萧疏鬼唱歌”。这些意象,都是借助于记忆保存的材料和历史记载的材料而重新组合创造出来的。写到这里,诗人的思路作了一个巨大的飞跃:旧中国是那个悲惨的样子;现在呢?大大不同了,余江县已经消灭了血吸虫。江山虽然如故,时代却已更新,真是一天等于20年啊!这岂不是“坐地日行八万里,巡天遥看一千河”吗?诗人所以用这些意象表现上述观念,依然还是使用的现实材料,都是有科学根据的。当然,又作了诗的夸张,比如“一千河”。下边又从这“一千河”联想到“牛郎”;“牛郎欲问瘟神事”,诗人就回答他说:“一样悲欢逐逝波”。这是对新生活的赞颂。而设为同牛郎的问答,则是借用了中国古代神话传说。由此我们可以看到,任何富有创造性的想像,都要依靠丰富的生活经验、历史知识和理论修养。这样,第一首诗就完成了。限于格律,只能写8句,意犹未足,所以便接着写下来,再来个“其二”。同样是这些“绿水青山”,过去是“枉自多”,到今天却截然改观,因为6亿人民已经站立起来了,已经在发挥着无限的集体智慧和无穷的创造力量了。今天是什么样子呢?“春风杨柳万千条,六亿神州尽舜尧。红雨随心翻作浪,青山着意化为桥。”这依然是由前诗联翩而来的浮想,因为彼时正当盛夏,眼前并无春色。这里所说的,只是对新社会新生活的形象的表述。春风杨柳,红雨青山,都仿佛具有了灵性,为什么?因为“六亿神州尽舜尧”。在这样的时代,大跃进的声势惊天动地:“天连五岭银锄落,地动三河铁臂摇。”瘟神还能够照旧呆下去吗?瘟神也无处容身了吧?“借问瘟君欲何往?”你要走吗?欢送:“纸船明烛照天烧。”天上地下,一片光明,瘟神想赖着不走也不行啊!到此,就把由余江县消灭了血吸虫这一事实所引起的喜悦之情更加凝练,更加固定起来。并且通过这些生动具体的形象反映,连同产生这喜悦之情的现实基础,即对余江县消灭了血吸虫这一现实的理性认识也作了深刻表达。这也就是通过达性情而起到了发议论的作用,虽然在这里并没有发一句议论。

从这里,我们体会到:浮想联翩,正是诗的特点或者说诗创作的特点。当然,从事任何意识形态工作,都不能不运用想像,没有想像力,在任何领域中也不能进入创造性活动。当一个学者要创立新的假说或新的理论时,他必须把“充分的活动的余地交付给他的想像”,列宁甚至对于最抽象的科学,如数学,也强调地说明了想像的必要性,他指出,如果没有想像,那就不可能有巨大的数学的发现了。但是,无论如何,想像的作用,在任何领域也没有在艺术亦即在诗的创造过程中的那样特殊的意义。在科学中,想像的意象仅只是学者创造性思考所利用着的一种资料而已;在艺术中,在诗篇中,创造性想像的意象就是创造的目的。想像在这里占据着中枢的地位。余江县消灭了血吸虫这一现实事件反映入诗人的头脑中,诗人对它作出判断,引起一定的情感,由这情感又唤起一系列的想像,这想像的意象又加强了这情感。这就是浮想联翩。而把这联翩的浮想,经过剪裁,加以润色,用一定工具,在这里是用语言文字记载下来,便成为诗篇。试设想看,如果就这同一现实事件,作出科学的反映,或就组织领导方面,总结经验、加以推广;或就防治医疗方面,进行医学研究,提供新的学理;这样做,当然也需要借助于想像,甚至也不妨满怀激情,使用热烈言辞和灿烂形象说话;但是这些只能是次要的因素或辅助的手段,思维的逻辑只能紧紧依附于自然的逻辑,即以揭示客观现实的规律为依归,决不能随着联翩的浮想去漂流。这就是艺术与科学、亦即诗与文的区别所在。

七 律

到韶山

一九五九年六月

一九五九年六月二十五日到韶山。离别这个地方已有三十二周年了。

别梦依稀咒逝川,故园三十二年前。
红旗卷起农奴戟,黑手高悬霸主鞭。
为有牺牲多壮志,敢教日月换新天。
喜看稻菽千重浪,遍地英雄下夕烟。

题 解 TIJIE

韶山,一名韶山冲,在湖南湘潭西北 90 里,是毛泽东的故乡。1925 年 1 月,毛泽东从上海回到故乡,建立中国共产党韶山支部,后又组织农民协会,领导故乡人民革命。1927 年 1 月间,毛泽东在湖南考察农民运动时,又一度回到韶山。这次回到故乡,忙了三天三晚,曾向农民群众作了讲演,组织了几次农民运动工作同志座谈会,听取党支部的汇报。他特别指出要建立农民革命武装,随时准备粉碎反革命破坏农民运动的阴谋。这之后,韶山一带的农民运动更加深入发展了。三个月后,国民党反动派发动"四·一二"反革命事变,接着湖南反动军阀也于 5 月 21 日在长沙突然袭击总工会、农民协会等革命组织,逮捕屠杀革命党人,这就是血腥的"马日事变"。这个事变激起了广大工农群众的愤怒,各地立即组织起革命武装。当时韶山也成立了农民自卫军湘宁边区司令部,集中一千多人的队伍,三百多支枪,准备配合友军,夺取长沙。

由于陈独秀右倾机会主义的错误领导，这个革命计划没有成功。农民运动力量反而被反动派各个击破。后来反动派军队分三路进攻韶山，农民自卫军英勇抵抗，终因众寡悬殊，失败了。接着是反动派的残酷镇压，许多农民领袖都壮烈牺牲了。从此，经过了十年土地革命战争，八年抗日战争，三年解放战争，终于在建国后的第十年，毛泽东才得重返故乡一次。一别 32 年，故乡的面貌完全变了。欣今慨昔，感而赋诗。毛泽东这次返乡，一共住了两天，与故乡父老欢聚畅谈，使人民非常激动快乐，这两天成了韶山的真正的节日。这首七律，是 25 日深夜写成的。

笺注 JIANZHU

一、"别梦"二句

【别梦依稀咒逝川】 别梦，指往事。自别故乡，梦魂萦绕，当年种种，恍惚难忘。依稀，仿佛。往事仿佛，像梦一般纷呈脑际。咒，诅咒。逝川，《论语·子罕》："子在川上曰：逝者如斯夫，不舍昼夜！"这里用以比喻过去流逝的岁月。

【故园三十二年前】 故园，故乡。杜甫《复愁》："万国尚防寇，故园今若何？"三十二年前，见题解。

二、"红旗"二句

【红旗卷起农奴戟】 红旗，共产党的旗帜，也是农民武装的旗帜。在红旗指引下组织起了农民武装。农奴戟，即农民武装。戟，古兵器名，有枝，似木枝之邪出，状如中。这里指梭标。湖南民歌说："梭标磨得光，捉贼先捉王。"

【黑手高悬霸主鞭】 黑手，指反动势力。高悬霸主鞭，高高甩打着霸主鞭。霸主鞭，指反革命国民党白匪武装，形容反动派对农民群众的血腥镇压。

三、"为有"二句

【为有牺牲多壮志】 有二解：(一)多，作动词，是增多、加强、提高的意思，全句是说，因为有所牺牲而更激发了斗争的壮志。(二)壮志，指抱有凌云壮志的英雄先烈。全句是说，因为有了许多英雄先烈的牺牲。二解都通，前解与下句成对，较胜。这里是说敢于斗争。

【敢教日月换新天】 敢，准、定。定然要教日月改换一层新天。实指推翻了帝国主义、封建主义、官僚资本主义三座大山，创造出一个新的没有剥削、没有压迫、人民自己当家作主的天下。这里是说敢于胜利。

四、"喜看"二句

【稻菽】 稻是稻子,菽是豆子。泛指庄稼。

【英雄】 劳动英雄。泛指新农民。

【下夕烟】 由暮霭中下工归来。

赏析 SHANGXI

1925年、1927年,毛泽东两度回到韶山,旋又离开韶山,都是为了组织和领导农民革命斗争。毛泽东离开韶山,在湘西掀起了秋收暴动,随后就率领起义农民上了井冈山,揭开了中国革命的新的一页。毛泽东的回到家乡,并不是一般的所谓"归省";毛泽东的离开家乡,更不是一般的所谓"流浪"。但并不是说,毛泽东之于家乡,完全没有一般的个人感触,他也是常常系念着它,怀想着它。如若不是这样,也就不会写出这首《七律·到韶山》了。不过,终究与一般常人不同,久别重归,既没有"少小离家老大回,乡音无改鬓毛衰"(贺知章《回乡偶书》)的感喟;也没有"大风起兮云飞扬,威加海内兮归故乡"(刘邦《大风歌》)的兴会。这些纯属一己的悲欢离合,荣枯成败,利害得失;无论幽情,无论豪兴,在伟大革命导师心胸中,都是绝缘的。诗中当然流露着诗人自己的喜怒哀乐、真情实感,否则是很难成为诗篇的。但是,这诗人在心之志,与人民大众共有之情,是相通的、是一致的、是统一的。因为正是他,正是那一颗巨大的赤心,包容着时代的风雨,燃烧着阶级的希望。直抒胸臆,也便是革命史诗。这样写出来的诗篇,境界自高。

王国维曾提出过"有我之境"与"无我之境"的说法,说什么"有我之境,以我观物"、"无我之境,以物观物",说得很玄妙,其实是不能成立的。如果"无我",还哪里会有创作?"以物观物",谁"以"谁"观"?"景物无自生,唯情所化。"如果没有主体的"情",难道作为自然存在的景物能够自己飞跃成作为意识形态的诗篇吗?问题是任何主体,任何"情",也都不是与"物"孤立绝缘的,也都是客观现实的集中反映。只是有的反映得深刻、博大、正确,有的反映得浮浅、狭窄、谬误,这便是伟大与渺小的区别,也便是革命与反动的分界。高尔基说:"艺术家是善于分析自己个人的——主观的——印象,从中找到具有一般意义的——客观的——东西, 并且善于用自己的形式表达自己概念的人。"是的,是个人的印象,却又具有着一般的意义;是主观的感受,却又反映出客观的现实。因此,诗人的任务,便是善于发现自己,发现自己对生活、对人、对事的主观态度,并用自己的形式、自己的语言把这种态度表达出来。不善于作这样的表达,或者压根儿把握不住自己有什么感受和见解,只是用别人的语言、别人的形式把自己的感受和见解表达得和别人的一样,那便写不出诗篇来,或者,写不出真正的好的诗篇来。在这一点上,读毛泽东诗词,对我们实在深有启发,即如这首《七律·到韶山》便是最好的例证之一。让我们试作简单的剖析:

首联:暗暗点出回到故乡。而不说回到故乡,却说"别梦依稀",仅这四个字,便把蕴藏在深心中的"桑梓之情"全部宣露了出来。这一点和一般常人是相同的。而"咒逝川",一个"咒"字则只是诗人独特感受和主观态度的个性化的表达。如果不是对苦难制造者的深恶痛绝,不是对故乡人民的深情热爱,这个"咒"字绝对想不出来。仅仅这一个"咒"字,便给"故园三十二年前"的"逝川"与"别梦"泼洒上了一层浓郁的色调。不信,请改一改看。试想改为"叹"、为"念"、为"恨"、为"泛",无论换个什么字,能行吗?绝对不行,精神气氛都改没有了。这可不是什么炼字煅句的功夫,如果不是为了击退那个可诅咒的时代而冲锋陷阵的伟大战士,这样单纯又这样丰富的诗句是万万写不出来的。

颔联:紧承"三十二年前",概括表述当年的斗争形势。必须注意的,是那样鲜明生动的形象塑造。"红旗"、"黑手",针锋相对,爱憎分明。这可不是什么"无我之境",这可不是什么"以物观物"。当诗人在说"红旗卷起农奴戟"时,显然是洋溢着自豪感的回忆,是赞美;当诗人在说"黑手高悬霸主鞭"时,则投掷着愤怒与蔑视的目光,是贬斥。这是诗人主观态度的形象表述,也是历史客观现实的集中反映。这不正是32年前阶级斗争的缩影吗?在一般常人的心灵中,怎能发得出这等风雷震荡,怎能容得下这等云水翻腾?有同志说:"黑手"也是指农民,就是《湖南农民运动考察报告》中所说的"他们举起他们那粗黑的手",这两句的意思是"记得秋收起义时,在血染的红旗下,农民都拿起了斗争的武器。"说来说去,只解释了第一句,把第二句也化入了第一句,这不但不符合历史的事实,也失去了对偶的意义。"反对为优,正对为劣",这是古人早已懂得的道理;内容含义重复,谓之"合掌",便是语病。而且,这样解说,既不能上承"咒逝川",又不能下启"有牺牲",上下都断了线。那样谈诗,显然是误会。

颈联:假如说颔联两句是一正一反,这里颈联两句则一反一正:"为有牺牲多壮志",正上承"黑手高悬霸主鞭",讲的是敢于斗争,不怕牺牲;于是顺理成章,下句紧跟着说:“敢教日月换新天”,说的是敢于胜利,取得光明。高下相须,自然成对;奇偶适变,不劳经营。这就是说,在诗篇中出现了一反一正的对偶的形式,乃是由于在生活中存在着相反相成的矛盾的内容。而“敢教日月换新天”,这又是何等雄伟的气魄和宏大的理想。这种超奇绝特而又如此平易近人的诗句,这种震世惊俗而又如此耐人深思的形象,除了“天欲堕,赖以拄其间”的时代巨人,除了“安得倚天抽宝剑”的革命统帅,有谁能有这等笔力,有谁能够铸造出来?合起来看,上下两句,包容着多么丰富的斗争史实,又体现着多么巨大的精神力量。岂不正是这主客观两种因素互相渗透、互相结合,才凝练出这种艺术的晶体、诗的精英的吗?据周立波《韶山的节日》一文记载:“在长期的、尖锐的、剧烈的革命和反革命的斗争中,毛泽东同志的一家牺牲了六人。他的前妻杨开慧同志一九三0年就义于长沙,那时候,她只有二十九岁;他的大弟毛泽民同志一九四三年被盛世才匪帮杀害于新疆,年四十七岁;小弟毛泽覃同志一九三五年和国民党匪军作战,阵亡于江西瑞金和福建长汀交界的地区,年仅三十;小妹毛泽建同志一九二九年牺牲于湖南衡山,年仅二十四岁;他的长子毛岸英同志一九五0年殉难于抗美援朝的前线,年二十八岁;他的侄儿,也就是毛泽民同志的儿子毛楚雄烈士一九四五年牺牲于湖北、陕西交界的地方,年仅十八岁,还没有到入党的年龄。一个多么伟大的革命的家庭,真是一门忠烈!这个可敬的家庭集中地表现了中国人民的智慧、义烈和敢于降龙伏虎的无畏的气概。由于这一种精神,我们亲爱的祖国终于打退了侵略,摆脱了压迫,扫灭了一切害人的精怪,像巨灵一样地屹立在宇宙之中。‘为有牺牲多壮志,敢教日月换新天。’诗人歌咏的是一切革命的家庭,一切殉难的同志,自然也包括了他的壮烈牺牲的可爱的家人。”读此,对这两句诗的理解当更有所加深。

尾联:再遥应首联“别梦”,紧承上句“新天”,总结说:“喜看稻菽千重浪,遍地英雄下夕烟。”对久别重归的韶山故乡作了形象的歌颂。谁“喜看”?自然是诗人“喜看”;而它仅仅是属于诗人的个人感受和主观态度吗?它不同时也是全国人民情意的集中表现吗?这“千重浪”的“稻菽”;这“下夕烟”的“英雄”,是眼前景,不出一望之遥;但它仅仅是属于韶山一地所有吗?它不同时也是全国广大农村的普遍风光吗?正是这对故乡的歌颂,同时也歌颂了祖国,并以这歌颂祖国的巨大热情更加深了对故乡的歌颂。主观和客观,个别和一般,就是这样水乳交融,融合无间;诗的形象意义,诗的艺术生命力,也就是这样获得的。

综览全诗：首以“别梦”开端，暗示回到故乡，而又荡开到“三十二年前”；末以“喜看”作结，正面形象歌颂。前“咒”后“喜”，自然对应。中间两联四句，一正一反，一反一正，正好把三十二年的历史发展按序表述了出来，由“咒”而“喜”，绾合首尾。真是“一气相生，旋转自如之作，最为上乘。”(施补华《岘佣诗话》)真情壮采，自然浑成；句句都是直抒胸臆，合读恰成一篇革命史诗。

七律

登庐山

一九五九年七月一日

一山飞峙大江边，跃上葱茏四百旋。
冷眼向洋看世界，热风吹雨洒江天。
云横九派浮黄鹤，浪下三吴起白烟。
陶令不知何处去，桃花源里可耕田？

题解 TIJIE

庐山是我国名山之一，一称匡山。相传殷、周间有匡姓兄弟结庐隐此得名，乃是后世道士傅会耳传之谈，不足信。在江西省北部，耸立鄱阳湖、长江之滨，最高峰海拔1543米。《太平寰宇记》说它："高三千三百六十丈，周回二百五十里，其山九叠，川亦九派。"《开山图》说它："山四方周四百余里，叠嶂之岩万仞，怀灵抱异，苞诸仙迹。"古人记载，容有夸张。山属古老变质岩断块山，有大汉阳、香炉、五老等九十九峰耸峙，江湖水汽郁结，云海弥漫。多巉岩、峭壁、清泉、飞瀑之胜，林木葱茏，气候宜人。著名胜迹有白鹿洞、仙人洞、三叠泉、含鄱口等。历代诗人文士多所题咏，也是僧道隐逸混迹之所。解放后开辟登山公路，兴建疗养院、休养所、文化宫等，遂为劳动人民休养、游览胜地。

毛泽东继赋《到韶山》以后，6日之内，复有《登庐山》之作。毛泽东这次登庐山，是为了召开党的八届八中全会。登临纵目，有感于"江山如此多娇"，挥笔赋诗，遂成此律。

笺 注 JIANZHU

1961 年，毛泽东在庐山。（吕厚民 摄）

一、“一山”二句

【一山飞峙大江边】 一山，指庐山。飞峙，飞来耸立。广东清远有飞来峡，浙江杭州有飞来峰。《广韵》：“峻、峙、屹，立也。”大江边，庐山在长江南边。

【跃上葱茏四百旋】 1952~1953 年修筑庐山公路，全长 35 公里，盘旋崇山峻岭间，有山弯近 400 处。跃上，乘车飞驰而上。葱茏，草木青盛貌，指青山、苍山。亦作茏葱，揭傒斯《题桃源图》：“烟霞俄变灭，草木杳茏葱。”

二、“冷眼”二句

【冷眼向洋看世界】 南望。冷眼，冷静和轻蔑的眼光。向洋看世界，对着海洋观看世界。这里是说用冷静而轻蔑的眼光，横扫重洋，观看帝国主义和一切反动派们乱嘈嘈地闹些什么把戏。

【热风吹雨洒江天】 北望。夏天的热风吹着粗大的雨粒洒向江面的天空。是眼前风光，另有象征意义。郭沫若同志说：“劳动英雄们在田园中、在工地上，银锄连天，铁臂撼地，‘挥汗成雨’。这样便把自然界和精神界扣合了起来，表现出了大跃进的气势。”（《桃花源里可耕田》）

三、“云横”二句

【云横九派浮黄鹤】 西望。九派，见《菩萨蛮·黄鹤楼》笺注。云横九派，天云江水，浩渺连绵。浮黄鹤，黄鹤典故出自武昌，相传古代有仙人乘黄鹤到那里小憩，黄鹤楼因此得名。见《菩萨蛮·黄鹤楼》题解。立身庐山，向长江上游望去，隐隐约约，几乎可以望到武汉三镇，白云缥缈之中，仿佛有黄鹤在上边翱翔。又湖北鄂县有黄鹤山。《太平御览·江夏图经》：“黄鹤山，在鄂州江夏县东九里，其山断绝无连接，旧传云：昔有仙人控黄鹤于此山，故以为名。梁湘东王晋安寺碑云黄鹤从天而夜响是也。”《梦溪渔隐丛话》：“鄂州城之东十里许，其最高耸而秀者，是为黄鹤山。”李白《望黄鹤山》诗：“东望黄鹤山，雄雄半空出。四面生白云，中峰倚红日。岩峦行穷跨，峰嶂亦冥密。颇闻列仙人，于此学飞术。一朝向蓬海,千载空石室。金灶生烟埃,玉潭秘清谧。地古遗草木,庭寒老艺术。蹇余羡攀跻,因欲保闲逸。观奇遍诸岳,兹岭不可匹。结心寄青松,永悟客情毕。”无论黄鹤楼,抑或黄鹤山,都可引起浮黄鹤的意象。

【浪下三吴起白烟】 东望。波涛滚滚,直奔三吴。三吴,泛指长江下游江浙一带地方,歧说甚多:《通典·州郡》谓会稽、吴兴、丹阳;《水经注》谓吴兴、吴郡、会稽;《指掌图》谓苏州、常州、湖州;《名义考》谓苏州,东吴也,润州,中吴也,湖州,西吴也。起白烟,江上迷迷漫漫只见一片白色的雾气。

四、“陶令”二句

【陶令不知何处去】 陶令,东晋大诗人陶潜,曾为彭泽令,故亦称陶令。潜,浔阳柴桑人,晚年与周续之、刘逸民并不应辟命,世号浔阳三隐,常往来庐山。

【桃花源里可耕田】 陶潜《桃花源记》,谓有渔人从桃花源入一山洞,见有秦时避乱者的后裔聚居其间,极安适。出来以后,要再去寻找,便“迷不复得路”了。这本是陶潜的理想境界,表示对没有剥削、没有压迫的社会的向往。这里是说:陶令不知道哪里去了,不是正在桃花源里耕田吗? 按:陶潜幻想的只是原始公社式的乌托邦,而我们今天的祖国则整个是现代化式的桃花源了。所以毛泽东向陶令提出此问,实是对我们新时代新社会的歌颂。

赏析 SHANGXI

郭老曾与庐山对话说:“毛主席登上你的高峰是为了召开党的八届八中全会,讨论在三面红旗下如何更扎实地建设社会主义新中国的宏伟计划。毛主席并无心作诗,是诗从毛主席的精神中自然地流泻出来了。当然,壮丽的庐山,你也起了触媒的作用。壮丽的客观风物与博大的主观情感交融,因而凝结成了那样博厚、高明而悠久的结晶。”(《桃花源里可耕田》)这实在是深得诗旨,入木三分的体会。

本来么,一切诗篇,尤其是抒情诗篇,都莫不是客观风物(生活)与主观情感(思想)的交融;一切好的诗篇、尤其是好的抒情诗篇,都莫不是在一定事物作为触媒的情况下,从诗人的精神中自然流泻出来的。须要加以说明的是:第一,这诗人的精神,这主观情感(思想),不是别的,仍然还是客观现实在诗人头脑中的反映。因为,“意识在任何时候都只能是被意识到了的存在,而人们的存在就是他们的实际生活过程。”(《德意志意识形态》)因为，“人的正确思想，只能从社会实践中来，只能从社会的生产斗争、阶级斗争和科学实验这三项实践中来。人们的社会存在，决定人们的思想。”(《人的正确思想是从哪里来的？》)所以，并非只要“自然地流泻”，就必然是好诗，更主要的还是看流泻些什么出来。脓疮里只能流脓，血管里才会流血。第二，那起作用的触媒，那客观风物(生活)，还是非常重要的，有时它所起的作用是带决定性的。因为，在某些场合，它就构成为诗人实际生活过程的一部分，它就是诗人社会实践的重要对象。这种情况毋庸多论了。即或仅仅是作为触媒的风物，仅仅赖它引起诗人的联想与移情，少了它还是写不成诗篇；因为它赋予主观情感(思想)以生命和形体，它赋予真理以活的呼吸，诗的形象只有藉它的助力才能塑造出来。而任何不以形象仅凭概念表现出的思想与情感，是很难成为诗的思想与情感的。——根据以上两点说明，我们来理解郭老的诗话，来学习毛泽东的诗篇，为什么《七律·登庐山》竟“凝结成了那样博厚、高明而悠久的结晶”，我们心里就仿佛透了一点亮光，便会进一步有所领悟了。

苏轼《题西林壁》：“横看成岭侧成峰，远近高低各不同。不识庐山真面目，只缘身在此山中。”苏轼是说：“旁观者清，当局者迷。”身在庐山中，反而倒“不识庐山真面目”了。其实，这不过是皮相之谈，对事物、对人生只采取一种观照的态度，所谓“万物静观皆自得”，是“自”以为“得”而已，得到的只是影像。“不入虎穴，焉得虎子？”要识得庐山真面目，并不在于只数数它有几道岭几个峰，还是要揭示出它的真性格、显现出它的真精神。这样就非得像毛泽东《登庐山》不可。毛泽东此律，不仅识得了庐山的“真”，而且标举出庐山的“新”，是真中新，是新的真，其中有堂堂中国人民的新风度、新胆魄在，这才是今日庐山的真面目。正如郭老说的：“这首雄伟超迈的诗将永远铭刻在中国人民的心里，也使你庐山的真面目将更加显豁地永远铭刻在中国人民的心里。”(《桃花源里可耕田》)在这里，庐山的壮丽，给予诗人的情感(思想)以形象，而诗人的情感(思想)注入了形象、温暖了形象、照亮了形象，使着壮丽的庐山具有了新性格、新精神，因而才更加突现出它的真面目。这一些都是通过创造性的想像而完成的。

让我们试作简单的解析：

首联：“一山飞峙大江边，跃上葱茏四百旋。”以崚嶒之势，突兀而起。这是纪实，却把山写活了。一山飞峙，静境动写。这纯然是诗人的感受，是诗人独特的感受。它不但描绘出这山峰的峻峭,它更加表现了大跃进的精神,这正是情景交融而铸造的形象。试设想把“飞峙”改为“高峙”、“高立”或“矗立”,则神韵气势顿然全失,降为一般化了。跃上葱茏,以动见静。“跃”字最值得注意,它使我们感到亲切,感到有生气。在这里写山色的青翠浓茂,写山势的回环崇峻,而用一个“跃”字贯穿起来,山和人,人和山便融为一体了。试设想把“跃”字换一换,换个什么呢?“飞”则嫌轻,“跳”又过浅,“驰”失之平,“登”、“攀”不切,“开”、“爬”不辞,……只有一个“跃”字。两句合读,山飞人跃,备极生动,却又峥嵘叠复,郁郁葱葱。多大包容量,多大概括力;又多么明快,多么雄健。

颔联:“冷眼向洋看世界,热风吹雨洒江天。”跃上葱茏之后,便纵览远近,不正面写庐山,却见庐山之高。上句由意造象,下句缘景生情。冷眼,正是鲁迅“横眉冷对千夫指”之冷。看它“小小寰球,有几个苍蝇碰壁”。这虽然是3年后的诗句,也颇能有助于我们理解诗人当年“冷眼向洋”时是以怎样的心情“看世界”的。热风,也是用的鲁迅一本杂文集的题名。鲁迅在《热风》的《题记》中写道:“我却觉得周围的空气太寒冽了,我自说我的话,所以反而称之曰热风。”毛泽东此处用“热风”,是取自自然风光,而寓意可能也正是与“寒冽”相反的热情洋溢之谓。郭老说它表现了“挥汗成雨”的“大跃进的气势”。因此,我们说上句由意造象,这象却不是随意性与任意性创造的,它是先把四海云水、五洲风雷收揽在方寸之中才能造出的;我们说下句缘景生情,这情更不是任何人、任何时都生得出,它是先有了新时代新生活的切身感受充溢胸怀,才能生得出的。

颈联:“云横九派浮黄鹤,浪下三吴起白烟。”上联已纵览远近,此联再横观上下,周流环顾,自成文章。这之中,黄鹤、白烟,既均非眼前实物;九派、三吴,也只是史籍记载。非驰骋幻想,不能道及。但这幻想又是有历史的和现实的根据的。这浩瀚的大江形象,是以创造性地运用所储存的历史知识和改造所感知的现实因素为基础而塑造的。而诗人在这个时候,生发出这等雄浑壮丽的想像与联想,则又是为对祖国山河的热爱、对战斗生活的激情所主使,这不是非常显然的吗?试设想,让一架最精致的摄影机去活动活动吧,它仅仅能够机械地呆板地复制自然景象,大约不外是往西照,一片莽苍苍,几朵白云飘飞;往东照,一片白茫茫,一道江水奔腾;真则真矣,如是而已。这还有什么现实生活的反映呢?这不是把诗意完全掏空了吗？

尾联："陶令不知何处去，桃花源里可耕田？"以向陶令设问作结，更是想落天外，隽妙之极。由于陶潜是浔阳人，又常往来庐山，所以后人至此，每每联想起这位诗人，原是很自然的。不过一般总是叹羡他辞官归隐，清风亮节，高远飘逸，不外士大夫文人的抒情；有谁能够想到陶渊明重返桃花源去呢？其实，毛泽东于此这样设问，乃是基于新时代新生活的现实而发出的带着微笑的想像啊！如今我们伟大祖国既已整个是现代式的桃花源了，陶潜的桃花源想当然也会公社化了吧？因此才问陶令是不是又到桃花源耕田去了呢？无论王维、韦应物，无论韩愈、王安石，无论苏轼、黄庭坚，无论任何古代诗人，都不能发出这等遐想。即如苏轼《和桃花源诗》，强作笑颜，序谓："尝意天壤之间，若此者甚众，不独桃源"，因标举"仇池"，以为"福地"；而究其实也还不过"梦往从之游，神交发吾蔽"。在古代，不具备体现其浪漫主义幻想的现实条件，到头来不是神仙，便是梦幻，东坡居士，也仅仅"梦游"、"神交"而已。可见想像的翅膀也决非随意性任意性地飞举的。至于毛泽东此律，以陶令重耕桃源作结，乃是登高纵目，放眼世界，缅怀祖国的合理的生发。表面上看于全诗是异军突起，戛然独造，实际上是伏线甚密，绾合很紧的。

综读全诗，前后两联，起得突兀有气势，收得完固有神力。中间两联，南北西东，联类而及；远近上下，自然成对。首颈颔尾，层层相生。现实理想，丝丝入扣。由此，我们更可体会出一条有关创作方法的大道理。我们说：革命现实主义必然派生革命浪漫主义；革命浪漫主义又必然加深革命现实主义。革命现实主义是基础，革命浪漫主义是主导。二者的相结合，乃是社会主义诗篇的创作原则。对于这一创作原则的体现，所有毛泽东诗词，全部都是典范，《七律·登庐山》正可作为例证。

七　绝

为女民兵题照

一九六一年二月

飒爽英姿五尺枪，曙光初照演兵场。
中华儿女多奇志，不爱红装爱武装。

题　解　TIJIE

民兵组织在中国革命史中具有着光荣传统。我党和毛泽东一贯重视建立和发展民兵的工作，这是由毛泽东关于人民战争的一系列理论和我党政策所决定的。这首七绝，是为一张女民兵照片的题词，通过对女民兵的赞美，集中地揭示出中华儿女崭新的精神面貌，更深深地表现出毛泽东对青年一代的热爱、期望和亲切教导。

笺　注　JIANZHU

一、"飒爽"二句

【飒爽英姿五尺枪】　飒爽，神采飞动貌，劲捷貌。英姿，英俊的姿态。杜甫《丹青引赠曹将军霸》："褒公鄂公毛发动，英姿飒爽来酣战。"五尺枪，30式步枪。

【曙光初照演兵场】　曙光初照，表时间。演兵场，表地点。用以衬托飒爽英姿。

二、"中华"二句

【中华儿女多奇志】　新中国的男女青年都富有雄心大志。

【不爱红装爱武装】　形象地申述多奇志。红装，女子盛装。《木兰诗》："阿

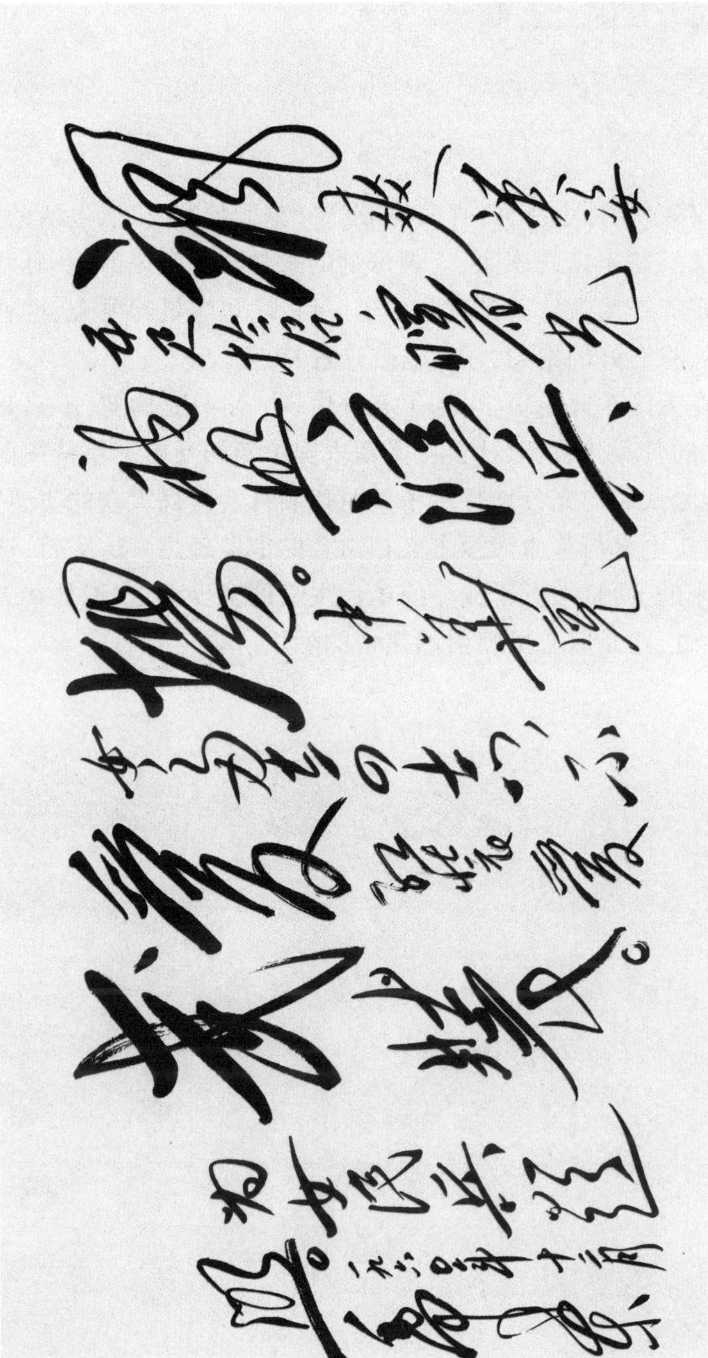

毛泽东手书《七绝·为女民兵题照》

妹闻姊来，当户理红妆。”武装，军人装束。

赏析 SHANGXI

绝句，仅仅4句，是小诗，要言简意赅，要“少而精”。摄取生活的片断，抓住瞬间的感受，反映丰富的现实，表现深刻的意义。平常说的“一砾沙中见大千”、“纳须弥于芥子”，大致就是这个样子。诗小，包容量却要大，这就是绝句的特点。当然，只有好的绝句，才会具有这种特点。

这特点，在毛泽东此绝中，得到了充分体现。不只是题照，不只是对照片中几位女民兵的赞美，而是对社会主义新中国中新妇女新青年精神面貌的写照。“不爱红装爱武装”，充分地显示了新时代新社会人民大众的美感，形象地揭示出革命现实主义与革命浪漫主义相结合的审美理想。这美感，这审美理想，不是凭空来的，而是生发于战斗的革命主义的世界观。它不是在天空中飘浮的幻想的彩虹，而是从心里喷射的热情的烈焰。

七　律
答友人
一九六一年

九嶷山上白云飞，帝子乘风下翠微。
斑竹一枝千滴泪，红霞万朵百重衣。
洞庭波涌连天雪，长岛人歌动地诗。
我欲因之梦寥廓，芙蓉国里尽朝晖。

题　解 TIJIE

原诗无序，本事不详，友人是谁，所答何事，实难臆断。诗中所写，都是湖南故实，湖南又是毛泽东的故乡；因此，我们设想：这诗是写给一位住在长沙的友人，友人可能是一位多年不见面的女同志，或许是李淑一。好像是她给毛泽东写了信，或者更附以诗，谈到今天与过去的生活，毛泽东因有此答。〔按：此一设想不确。顷读1961年12月26日作者给周世钊的信中，在引用“秋风万里芙蓉国，暮雨千家薜荔村。”“西南云气开衡岳，日夜江声下洞庭”两联后说：“同志，你处在这样的环境中，岂不妙哉？”(见《毛泽东书信选集》第588页)。据此印证，此律所答之友人主要当指周世钊。周世钊(1897~1976)字惇元，又名敦元、东园，湖南宁乡人。是毛泽东在湖南省立第一师范的同学，新民学会会员。长期从事教育工作，当时任湖南省第一师范学校校长，湖南省教育所副所长。但笺注与赏析均无容补正了。1994年追记。〕

笺注 JIANZHU

一、“九嶷”二句

【九嶷山】 九嶷，一作九疑。《海内南经》：“苍梧之山，帝舜葬于阳。”《海内经》：“南方苍梧之丘，苍梧之渊，其中有九疑山，舜之所葬，在长沙零陵界中。”郭璞注曰：“山今在零陵营道县南，其山九谿皆相似，故云九疑。古者总名其地为苍梧也。”《清统志》：“湖南永州府，九疑山在宁远县南六十里。”《艺文类聚》卷七引《湘中记》曰：“九疑山在营道县，九山相似，行者疑惑，故名九疑。”《太平御览》四十一引《郡国志》：“九疑山有九峰：一曰丹朱峰；二曰石城峰；三曰楼溪峰，形如楼；四曰娥皇峰，峰下有舜池……；五曰舜源峰，此峰最高，上多紫兰；六曰女英峰，舜墓于此峰下；七曰箫韶峰，峰下即象耕鸟耘之处；八曰纪峰……；九曰纪林峰……。有九水，七则流归岭北，二则翻注广南。”《方舆胜览》，丹朱峰作朱明；楼溪峰作石楼；舜源峰亦名华盖；纪峰作桂林；纪林峰作杞林。与《御览》小有异同。又云：“又有舜峰，不列九峰之内。”是九疑不只九峰，而有十峰了。照有九溪而言，十峰是比较正确的(郭沫若同志说)。

【帝子乘风下翠微】 帝子，《楚辞》：“帝子降兮北渚”。王逸注：“帝子谓尧女也。尧二女娥皇女英，随舜不反，堕于湘水之渚，因为湘夫人。”翠微，山之高处旁陂，远望有一片微薄青翠之色。《尔雅·释山》：“山脊，冈；未及上，翠微。”《疏》：“注近上旁陂。释曰：谓未及顶上，在旁陂陀之处，名翠微。一说山气青缥色，故曰翠微也。”杜牧《九日齐山登高》：“江涵秋影雁初飞，与客携壶上翠微。”这里似是借古代神话传说，暗喻女友当年由家乡来到都市如长沙等地。

二、“斑竹”二句

【斑竹一枝千滴泪】 斑竹，一名湘妃竹。晋·张华《博物志》：“尧之二女，舜之二妃，曰湘夫人。舜崩，二妃啼，以涕挥竹，竹尽斑。”此句意似暗喻在旧社

1961年，毛泽东在广州。

会反动统治下生活的痛苦，或竟是有亲人遭到牺牲而引起悲痛。

【红霞万朵百重衣】 以万朵红霞作百重天衣，是说仙女以云霞作衣裳。《九歌·东君》："青云衣兮白霓裳"。李白《清平乐》："云想衣裳花想容"。都是形容衣服的美丽。此处化作红霞，便具有了新的意义，似是暗喻女友参加了革命斗争，并予以热情赞美。

三、"洞庭"二句

【洞庭波涌连天雪】 洞庭，号称"八百里洞庭"，实际为1600平方公里。风波特大，白浪滔天。象征地写出了解放后人民雄心壮阔、干劲冲天的气势。

【长岛人歌动地诗】 长岛，就是长沙西面在湘江中的水露洲或者橘子洲。洲是沙洲，其长7里，长沙之名即由此而得。李白《陪族叔刑部侍郎晔及中书贾舍人至洞庭五首》之一云："洞庭西望楚江分，水尽南天不见云。日落长沙秋色远，不知何处吊湘君。"动地诗，鲁迅《无题》诗曰："万家墨面没蒿莱，敢有歌吟动地哀。心事浩茫连广宇，于无声处听惊雷。"李商隐《瑶池》诗曰："瑶池阿母绮窗开，黄竹歌声动地哀。八骏日行三万里，穆王何事不重来？"相传周穆王在大风雪中作《黄竹歌》来哀悼人民的冻饿，见《穆天子传》。此处所说动地诗，似由李商隐和鲁迅诗句化出，而取意相反，是歌声惊天动地之谓。这歌声乃是解放的歌声、胜利的歌声、欢乐的歌声。

四、"我欲"二句

【我欲因之梦寥廓】 李白《梦游天姥吟留别》诗曰："我欲因之梦吴越，一夜飞渡镜湖月。"寥廓，见《沁园春·长沙》笺注，亦作寥阔。辛弃疾《水调歌头》词曰："我志在寥阔，畴昔梦登天。"这是说我将由此更向广阔的宇宙驰骋想像。

【芙蓉国里尽朝晖】 《九歌·湘君》："采薜荔兮水中，搴芙蓉兮木末。"芙蓉国是湖南的代称。唐谭用之《秋宿湘江遇雨》："湘上阴云锁梦魂，江边深夜舞刘琨。秋风万里芙蓉国，暮雨千家薜荔村。乡思不堪悲橘柚，旅游谁肯重王孙？渔人相见不相问，长笛一声归岛门。"尽朝晖，到处霞光，充满生气。全句是说，在今天的"芙蓉国"里，将不是袅袅的"秋风万里"，而是炎炎的一片朝晖了。

赏析 SHANGXI

佛雏《读毛主席诗词十首》关于此律，有一段话说："主席这首诗，以无边逸兴，运生花彩笔，传湘娥之优美，状洞庭之寥廓，答长岛友人之豪兴，颂今日楚国之朝晖。全诗仪态万方，逸韵横生，极飞动，极缛丽，气吞云梦，秀搴芙蓉。我想，如果今日而有冯夷起舞，湘灵鼓瑟，他们定会撇去那些古调哀音，而欣然奏出一曲‘芙蓉国里尽朝晖’的吧！”这段话写得很优美，用以阐明毛泽东这首诗的风采韵致，颇能传神。不过佛雏认为：此诗前四句，仅仅是“诗人逸思云飞，笔端霞落，最美最韵地再现了从洞庭到九嶷的一段哀感动人的古代传说”；到五、六句，才“从仙灵之美，转到了友人之豪”；到七、八句才是“以此答友人赠诗之情、申自己楚天之梦”。臧克家也有相类似的看法，说：“这神话出在湖南，所以诗人在写湖南的时候首先采用了它，使它同今天湖南的现实起着对照和陪衬的作用。”（《时代风云起新篇》）我们觉得这样解诗还不无可以商榷之处。

诗中使用了古代神话传说，描写了故国山水风光。以柔和的色调与舒缓的抒情，通过幻想创造了一幅优美的形象。读过它，不免有些如梦如醉，受到强烈的艺术感染。但前四句仅仅是写“仙灵之美”吗？仅仅是再现“一段哀感动人的古代传说”吗？

我们以为全诗都是革命现实主义与革命浪漫主义相结合的艺术精英，不可能是先写一段神话，再写一段生活。

毛泽东诗词中，常常运用古代神话传说，用以叙事，用以抒情。如《渔家傲》中的“不周山下红旗乱”，如《送瘟神》中的“牛郎欲问瘟神事”，如《水调歌头》中的“神女应无恙，当惊世界殊”，如《菩萨蛮》中的“黄鹤知何去？剩有游人处”，而最突出的则是《蝶恋花·答李淑一》和这首《七律·答友人》。我们总猜想在这二者之间，很可能还有着某种内在联系。即或不然，在内容上也是有其相近似的地方。

以上这些，虽然都是以神话入诗，却和古人运用神话显然大有不同。其实，在古典诗歌中引用神话，其意义历代亦有所发展变化。

《诗经》中的《生民》、《玄鸟》，把包含着信史胚胎的古代神话传说作为真正历史，把某些自然神或神话中人物作为自己崇拜的祖先，这是在神话基础上编制的乐歌或颂歌，是真正的神话诗。

《楚辞》中的《九歌》，是以神话题材写作的歌舞祭歌，就其内容说，神话色彩比《生民》、《玄鸟》还要纯粹，从而也可以证明其时人与神的区别已经比较分明；所以像《天问》、《离骚》等等，则只是借引神话故事来抒愤懑、寄幽情了。不过，仍然保留着巫风，使用着巫术，大自然的秘密还有大半属于神与天命。

汉唐以来，继续有所发展。如《古诗》："迢迢牵牛星，皎皎河汉女。纤纤擢素手，札札弄机杼。终日不成章，泣涕零如雨。河汉清且浅，相去复几许？盈盈一水间，脉脉不得语。"显然是以神话借喻人事。至若诗人篇什，杂采神话，如陶潜的"精卫衔微木，将以填沧海；刑天舞干戚，猛志固常在"(《读山海经》)；如李白的"女娲戏黄土，团作愚下人；散在六合间，濛濛若沙尘"(《上云乐》)；也只是作为历史典故来使用的。虽然如此，却一般还是把神仙世界作为理想境界，诗人也往往摆脱不掉服饵篆，仙骨道风的自我陶醉。不能说这些中世纪诗人仍和古代同样，但一切唯心主义却仍能导引到奇迹和迷信。

但是，到了近代，特别是在以辩证唯物主义世界观为基石的社会主义诗歌里，就完全不同了。在这里，神和神话，以及一切精灵妖怪，都已失去了权威，甚至失去了生存的土壤。在这里，只是把神话的、假设的、象征的形式当做对现实和理想的夸张的表现手法而已。"不周山下红旗乱"，实际上还是指的"雾满龙冈千嶂暗"的"龙冈"，只取"共工是胜利的英雄"一义，而壮反"围剿"战争的声势罢了。"牛郎欲问瘟神事"，是说的"余江县消灭了血吸虫"；牛郎、瘟神，只借作形象罢了。"神女"、"黄鹤"，一带而过，也只是用作说明现实的一个衬托罢了。即如《蝶恋花》，副题曾一度标作《游仙》，有的同志也把它同屈原的《远游》，何劭、郭璞的《游仙》等诗以及秦观的《鹊桥仙》词并论；当然，如果从表现手法的角度，看做这一传统的继承与发扬，固无不可；但那实质意义却是相隔十万八千里了。屈原仍存巫风，何郭充满仙气，可以不必再说；即使秦观《鹊桥仙》，其词曰：

纤云弄巧，飞星传恨，银汉迢迢暗渡。
金风玉露一相逢，便胜却人间无数。
柔情似水，佳期如梦，忍顾鹊桥归路。
两情若是久长时，又岂在朝朝暮暮？

词里写牛郎织女在七夕相会，只是讲仙家生活，还是"窃取人和自然的一切内涵，转赋予一个彼岸的神的幻影"，在作者意识中，这些仍"都是具有真实的存在的"。而在今天，任何古代神话，已经没有任何真实性。诗人和读者都已经不再相信这些神，只是由于一定的文化修养而接受了古代神话形象和旨趣，在观念中去欣赏他们，借作翱翔幻想的羽翼，驰骋想像的材料。吴刚、嫦娥出现在毛泽东的诗篇里，岂不正是这种翱翔幻想，驰骋想像，把天上人间浑成一片，借表对于亲人和战友，对于革命烈士的悼念与赞美，它们仅仅是抒情的手段，仅仅是内心激情的形象表述罢了。这是很清楚的，任何读者都不会引起错觉、造成误会的。

总之，以神话入诗，表面上古今相同，而其实质意义则截然异趣。这是由于本质上不同的生活基础和思想基础所决定，千万不能惑于形似，把它们等量齐观。这只不过是表现技巧上对古典诗歌传统的继承与发扬；在今天，在社会主义诗歌中，再不能产生新的神话，正如成年人尽可以不失赤子之心，却再不能重现儿童的稚气。

根据上述认识，我们以为《答友人》诗中的前两联，也定然有所实指，说的是“仙灵之美”，写的是“一段哀感动人的古代传说”，实际内容，还是暗喻友人的身世和遭遇，是诗本事的有机组成部分。否则怎么能到颔联而“转到了友人之豪”，到尾联而“答友人赠诗之情、申自己楚天之梦”呢？很难设想，在这些革命现实的表达之前，会外加上一段与此无关的“湘娥之优美”的描绘，那是为了什么呢？仅仅是为的起“对照和陪衬的作用”吗？不会的。两结合的创作方法，革命浪漫主义与革命现实主义二者是互相渗透，互相生发的，是具有新质的合金，不是先来四句革命浪漫主义，再来四句革命现实主义，前后分为两截，意思不相连属。我们能够那样读诗吗？

或问：诗人为什么这样逸兴湍飞，把现实描绘得如许优美，把未来又歌唱得那等辉煌呢？为什么？首先，当然由于这是符合新中国新社会的现实本质的。社会主义好，它有美好的今天，它更有十倍百倍美好的未来。这是我们人人都能理解的。可是，当真能够理解吗？理解的深度如何呢？这问题先放下不谈。其次，请注意这诗作的年代，那是在1961年，正是在连续三年遇到特大的自然灾荒，生活上出现暂时困难的时候。我们不知道友人来信或寄诗中说的是什么，而在一般常人，当时情绪是难免会有一些波动的。于此，诗人是怎样理解的呢？这首七律给我们作了形象的回答。试想想看吧，这有多么深刻的意义！假如对生活只作表面的观察，对现实只作概念的认识，能够写出这等诗篇来吗？总之，这就是说，要作革命现实主义和革命浪漫主义相结合的诗，必须先做革命现实主义和革命浪漫主义相结合的人。这是“把革命气概和求实精神相结合的原则运用在文学艺术上”。(周扬)脱离现实，当然产生不出革命的理想；而没有理想，怎么能够把握现实的本质呢？让爬行主义者去诅咒吧，他们攻击和诽谤我们社会主义文艺把现实理想化，这是枉费心机。洞庭波涌，长岛人歌，芙蓉国里，一片朝晖，难道这不是我们生动的现实吗？而假如不具有革命的理想，在暂时困难面前，这现实的本质是人人能够认识的吗？正由于这诗是写于 1961 年，才愈见其难能可贵，远非一般常手所能道出。是金石为开的真诚所生发的精神境界的超越。

1960年，毛泽东和邓小平在一起。

七　绝
为李进同志题所摄庐山仙人洞照

一九六一年九月九日

暮色苍茫看劲松，乱云飞渡仍从容。
天生一个仙人洞，无限风光在险峰。

题　解 TIJIE

庐山仙人洞，在牯岭西，位佛手岩下，接近顶峰的高崖上。海拔1049米，飞崖绝迹，古木撑天。洞是天然生成的，高约2丈，深广各三四丈，洞中有石建的吕祖龛，龛后有一滴泉，终年点滴，不涸不竭。前人题诗有“石洞滴甘露，仙崖乐最真”之句。

这首诗是为李进所摄庐山仙人洞照片的题词。和《为女民兵题照》相同，也是一首题照绝句。李进的这张照片，曾在1964年1月11日《文汇报》上发表过；郭老说，李进另送他原照一张。据郭老记载：“照片的左下部所显出的是白鹿升仙台上的御碑亭，岩身浓黑。御碑亭之外，高处低处都有葱茏的树木。照片的上部是苍劲的松枝，是近景，可能是罩覆在摄影者的头上的。其余大部分空白是一片云海，在白色的曲折的云涛之中有几团黑色的稠云。像海中的洲岛。我估计：摄影者可能是站在石松上照的。石松离御碑亭与仙人洞都不很远，介在二者之间。那是交伸出一个平坦的大岩石，石身上刻有‘纵览云飞’四字，石面上刻有‘豁然贯通’四字。石旁有一株松树。这也是庐山上适于纵目远眺的一个名胜地点。”诗中所写的风物景色，都可以从这记载中找到说明。至于诗中深远的含义，当然不能只从表面上去了解。郭老说：“诗是一九六一年九月九日写的，当时美帝国主义和国际反动派的反华大合唱，正在甚嚣尘上，国内又连年遭到特大的自然灾害。因此，有个别人对于三面红旗失去信心，并主张对于帝国主义者和国际反动派的反抗可以缓和一些，对于被压迫民族的支援可以减少一些。主席在这样的时候，题诗赞扬'暮色苍茫'中的'劲松'，赞扬它在'乱云飞渡'中的'从容'，这是寓有深意的。"这提示是扼要而中肯的。

1961年，毛泽东在读书。（吕厚民 摄）

笺注 JIANZHU

一、"暮色"二句

【劲松】 坚挺有力的松树。古人常用松树作坚贞的象征。范云《咏寒松》："凌风知劲节，负雪见贞心。"

【从容】 舒缓，不急迫。《庄子·秋水》："鲦鱼出游从容，是鱼之乐也。"

二、"天生"二句

【天生一个仙人洞】 仙人洞是天然生成的，见题解。这里暗含有天然生在飞崖绝迹的高处的意思。

【风光】 风景、景色。谓日出而风，草木有光色。谢朓《和徐都曹》诗："日华川上动，风光草际浮。"

【险峰】 危峰、高峰。

赏析 SHANGXI

这是一首关于庐山仙人洞的题照绝句，是一首风景诗，仅仅28字，便把庐山悬崖上仙人洞的景色风光描绘出来了。但它却不曾一一复述照片中所有的景物，诸如白鹿升仙台、御碑亭，以及浓黑的岩山、石洞的滴泉，都没有收进诗篇中。诗篇所着意歌咏的只是那横生洞上的石松。从暮色苍茫中看去，松色苍翠，松枝挺拔；根蟠岩底，矫然凌云，任他“乱云飞渡”、盘旋缴绕，依然从从容容、不惊不动。上句“暮色苍茫看劲松”，一个“劲”字，力扛千钧，松之劲足足能支撑住那苍茫的暮色；下句“乱云飞渡仍从容”，亦是上承“劲”字申说，“云”之“乱”弥见“松”之“劲”，“乱云”反衬“从容”，更著“劲”节。于此，便使我们恍然领悟到“劲松”不只是仙人洞的风貌，尤其是仙人洞的精神。读诗至此，决不仅仅看到仙人洞有限的自然景物，更重要的是受到深刻的人生启示。于是，再深一层点染：“天生一个仙人洞，无限风光在险峰。”这是点题，也是纪实，仙人洞本是天然生成，又是生在悬崖高处。但诗句的含义决不只是照抄现实，它说仙人洞天然生在飞崖绝壁上，而愈是险峨，才愈富风光。这就把上面劲松凌乱云的自然形象更赋予了精深的哲理的光辉。在这里，它引我们进入这样一个雄浑崇高的境界：浮现在我们眼前的，并不仅是乱云摩激、从容自若、横生洞顶的石松；而实际上乃是一个坚定不移的革命家面对着四面跳踉的牛鬼蛇神，而昂首挺立；甚或是我们威武不屈的伟大民族迎击着众虻成雷的反华叫嚣，而岿然不动。这样巨大的艺术形象是怎样形成的呢？显然，它不仅是“在物之形与神”，而尤其是“在我之情与理”，是形神情理的融合，是理念之感性的显现，是普遍性之具体化的反映，这就是艺术生命，这就是美。我们读一首诗、看一幅画、欣赏一件艺术作品，常常总是通过呈现在眼前或意念中的具体形象，不自觉地捕捉住或领略到某种更深更远的东西，也就是由有限的感性活动中受到无限的理念启发，而使心灵感到充实、提高、丰富、飞升，这便是美感享受。读毛泽东此绝，使我们得到至大至高的鼓舞和难以言传的感染，正是这般道理。

许多同志读过这首诗，得到各种各样不同的激励，从革命事业，反修斗争到日常工作，学术研究，都有所启发。臧克家说，它“像一把钥匙，打开了我们想像之门；又像一声号角，鼓舞我们前进！”我们说，所有这些理解，尽管千差万别,都不错。意境愈高,包容量愈大。读者尽可以从中驰骋想像,用自己的生活经验去充实它,丰富它。它是一个广阔的天地,你总逸不出疆界。正如我们曾经说过的,读诗不是猜谜,一个谜语,一万人来猜,只能有一个谜底;一首好诗,一万人来读,却可以有一万种具体细微的不同感受。所谓"作者未必然,读者何必不然"?但这也不是说诗无达诂,随人臆解。诗的意境,只有一种,它的感情倾向,它的哲理色彩,是不能乱作解释的。因为艺术形象虽然不等于具体的感性事物和纯粹的自然存在, 但也不能同生活形象和自然形象相违反;艺术真实不等于生活真实,却也不能违反生活真实。意由境生,境因意成,艺术作品总是现实的即社会生活与自然景物的反映,不是主观的即随意性与任意性的臆造。应该怎样正确理解,仍然还有客观标准。不顾生活真实,反现实的作品,是不能给人以美感享受的。形神情理是统一的,融合无间的。读者的想像,只能在这统一的、融合无间的形神情理所构成的意境中去驰骋。"乱云飞渡仍从容"的"劲松","无限风光在险峰"的"仙洞",读者尽可以从中得到不同的启示,联想到不同的事物,但必须是积极向上的、战斗的、昂扬的。潜水鸟"够不上享受生活的战争的快乐,轰击的雷声就把它们吓坏了";蠢笨的企鹅,则只能够"畏缩地在崖岸底下躲藏着肥胖的身体"。只有那"勇猛的海燕,在闪电中间,在怒吼的海的头上,得意扬扬地飞掠着;这胜利的预言家叫了:让暴风雨来得更厉害些吧!"不仅是革命事业,不仅是"反修"斗争;为学与做人,都是这样。要探索、要创造、要斗争、要斩荆披棘、要摧坚历险,必如此才能达到胜境。避难就易、好逸恶劳,是不会尝到什么"风光"的。马克思说:"在科学上面是没有平坦的大路可走的, 只有那在崎岖小路的攀登上不畏劳苦的人,才有希望到达光辉的顶点。"他曾以"地狱入口处"比喻一种科学探索的艰难历程,也正是同样意思。生就一副膝盖只会发抖和下跪的人,怎望能攀登高峰呢?只有这样读诗,才会符合"险峰"、"劲松"的形象意义,才不悖离"险峰"、"劲松"的意境精神。

抑有进者,形象的塑造与意境的形成,虽然都是由"在物之形神"与"在我之情理"二者无间的融合;而形象则偏乎取摄于"在物之形神",意境则更是决定于"在我之情理"。固然意由境生,境因意成,二者总是互相渗透,有机结合;但是基本上还是什么样的诗人才能创造出什么样的意境。而什么样的诗人创造出什么样的意境,最后还是由其所处时代环境、所有社会条件、所居阶级地位、所属民族传统、所具文化修养所决定的。因此,同是"险峰",同是"乱云",

同是“劲松”，在不同的诗人笔下，自然便会创造出不同的意境。如李白《望庐山五老峰》：

庐山东南五老峰，青天削出金芙蓉。
九江秀色可揽结，吾将此地巢云松。

诗人李白在这种景物面前，唤起的感应不是“乱云飞渡仍从容”，不是“无限风光在险峰”，不是坚定不移、威武不屈的战斗意志；而是“九江秀色可揽结，吾将此地巢云松”。这是所谓飘然有物外志。这两种意境可以说相差有十万八千里了。而峰啊、松啊、云啊，那自然之境原是一样的。为什么相差如此之远呢？这是因为由境所生之意大不相同，因意所成之境亦大异其趣。这道理自然是基于不同的世界观、不同的阶级立场、不同的时代精神使然。李白，可以算做中国历史上的伟大诗人了吧？但是拿李白的诗同毛泽东的诗对比一读，那真不啻沙丘之于泰山，一粟之于沧海，实在是比于不伦了。“会当凌绝顶，一览众山小。”对于毛泽东的诗词，我们固然很难深刻领会，不容易达到“凌绝顶”的境界；可是只要读了，用心揣摩了，再看古人的作品，那可真是“一览众山小”了。又何止一个李白？古今一切诗人，有谁个能够和伟大诗人、革命统帅毛泽东比肩呢？读此绝，深有此感。

七　律

和郭沫若同志

一九六一年十一月十七日

一从大地起风雷，便有精生白骨堆。
僧是愚氓犹可训，妖为鬼蜮必成灾。
金猴奋起千钧棒，玉宇澄清万里埃。
今日欢呼孙大圣，只缘妖雾又重来。

附：郭沫若原诗

七　律

看《孙悟空三打白骨精》

人妖颠倒是非淆，对敌慈悲对友刁。
咒念金箍闻万遍，精逃白骨累三遭。
千刀当剐唐僧肉，一拔何亏大圣毛。
教育及时堪赞赏，猪犹智慧胜愚曹。

题　解　TIJIE

白骨精的故事，见《西游记》第二十七回《尸魔三戏唐三藏，圣僧恨逐美猴王》。浙江省绍兴剧团把它改编为戏剧《孙悟空三打白骨精》，于 1961 年 10 月 18 日在北京民族文化宫演出，郭沫若看过戏以后，写了一首七律(《看〈孙悟空三打白骨精》》)。在诗中对一度由于被欺骗、受蒙蔽而颠倒人妖、混淆是非的唐僧抱着偏激的看法,恨他"咒念金箍",咒他"千刀当剐"。实际上是对在现实的阶级斗争生活中、国际政治舞台上出现的投降主义者的性质没有估计准确。他们就是白骨精,他们不是唐三藏。毛泽东的和诗便是这样从事物的本质上,深一层地有分析地来看问题的。郭老于1962年1月6日读过毛泽东和诗以后,受到很大启发,当天就曾用毛泽东诗的原韵,又和了一首:

赖有晴空霹雳雷,不教白骨聚成堆。
九天四海澄迷雾,八十一番弭大灾。
僧受折磨知悔恨,猪期振奋报涓埃。
金睛火眼无容赦,哪怕妖精亿度来。

据郭老说,这首诗再交给毛泽东看过后,曾得毛泽东回信说:"和诗好,不是千刀当剐唐僧肉了。对中间派采取了统一战线政策,这就好了。"于此,郭老曾加以申说:毛泽东把唐僧作为"中间派",是因为他站在白骨精与孙悟空之间,是受了白骨精蒙蔽的人。这种人是相当多的,经过事实的验证,他们是可以转变过来的。这些人倒是我们应该争取的对象,不应该感情用事地加以深恶痛绝,认为"千刀当剐"。但是,如果是投降主义者,那就不是中间派,而是现了原形的妖精,我们不好把它和唐僧的形象混同起来。对于这样的妖精,金睛火眼是能够看透它的。一万三千五百斤重的金箍棒必然会打中在它的头上,而使妖雾澄清(《玉宇澄清万里埃》)。毛泽东的这首七律,正是在这些方面

1964年,毛泽东和郭沫若在一起。(吕厚民 摄)

作了精确深刻的剖析。

笺 注 JIANZHU

一、"一从"二句

【一从大地起风雷】 一从，一为数之始，一从即自从。风雷，风雨雷电。《易·说卦》："天地定位，山泽通气，雷风相薄，水火相射。"又说："雷以动之，风以散之，雨以润之，日以烜之。"龚自珍《己亥杂诗》："九州生气恃风雷。"

【便有精生白骨堆】 据《西游记》说，白骨精一名白骨夫人，是潜灵作怪的僵尸，专以迷人败本。被孙悟空三打而死以后，又化作一堆粉骷髅。以上两句是说，自从有了国际无产阶级革命运动，各种反动腐朽势力便混进革命阵营内部，随着革命运动的进展而暴露自己的本质，不断兴妖作怪。一部马克思列宁主义发展史，就是同各种反马克思列宁主义思潮辩论和斗争、并战胜它们的历史。"一从"、"便有"，说明必然性。

二、"僧是"二句

【僧是愚氓犹可训】 僧，指唐僧。愚氓，即愚民，糊涂汉子。犹可训，还可以教训，在受到教训之后还可能悔悟。

【妖为鬼蜮必成灾】 鬼蜮，《诗·小雅·何人斯》："为鬼为蜮，则不可得。"《毛传》："蜮，短狐也。"陆德明《释文》："状如鳖，三足，一名射工，俗呼之水弩，在水中含沙射人，一曰射人影。"欧阳修《自岐江山行至平陆驿》诗："水涉愁蜮射，林行忧虎猛。"或即为血吸虫。此句意为白骨精是鬼怪定然要变为祸灾。两句对照，是说：那些投降主义者不是唐僧，而是白骨精。

三、"金猴"二句

【金猴奋起千钧棒】 金猴，指齐天大圣孙悟空。千钧棒，金箍棒，重一万三千五百斤。

【玉宇澄清万里埃】 在孙悟空的金箍棒下，妖怪终于显出了原形，化作一堆粉骷髅，脊梁上还出现了一行小字曰"白骨夫人"。是非曲直，水落石出，击落了万里妖气，澄清了琼天玉宇。这两句是比喻在国际共产主义运动的历史上，马克思、恩格斯对于巴枯宁派和拉萨尔派的斗争，列宁对于第二国际机会主义者伯恩斯坦、考茨基以及俄国孟什维克的斗争，斯大林对于托洛茨基、季诺维耶夫等反革命派别的斗争，都战胜了他们，发展了马克思列宁主义的理论，推进了无产阶级革命运动。

四、“今日”二句

【今日欢呼孙大圣】 今天又高呼：“列宁主义万岁！”

【只缘妖雾又重来】 只因为机会主义者并没有绝种，又有人和帝国主义者联结在一道，大大地兴妖作怪起来了。

赏 析 SHANGXI

臧克家说：“和郭沫若同志的一诗一词，饱含着寓言意味和热辣的讽刺。”是的，毛泽东此律，是以寓言手法作感时遣怀的抒情，是借用神话传说材料所作的饱和着激情的政论诗或政治讽刺诗。

此诗的特点，不只在于较之所和郭诗更符合原来神话传说的情节，即诗的形象借以塑造的素材，不曾违反客观事物的自然属性；而且尤其重要的，是更确切地揭示了现实斗争的本质意义，正如郭沫若先生在《满江红·读毛主席诗词》中所说：“典则远超风雅颂，阶级分清敌我友。”这是非常重要的。假如说，这一点，我们常人经过学习，也还是能够理解，可以办到的；那么，诗人的创造性，诗人的博大精深，则更在于那种料事如神、胜算在握、“胸中自有雄兵百万”、“乱云飞渡仍从容”的襟怀与气度。将古比今，察往知来，机会主义这玩意儿，从来就有，几乎是同国际无产阶级革命运动相伴而生的：“一从大地起风雷，便有精生白骨堆。”论其性质，不是内部矛盾，乃是敌我矛盾。内部矛盾，还可以通过“团结、斗争、团结”的方式解决之：“僧是愚氓犹可训”；敌我矛盾，如不扑灭，必贻后患：“妖为鬼蜮必成灾”。可是，一部马克思列宁主义的发展史，就是同各种反马克思列宁主义思潮辩论和斗争并且战胜它们的历史；不论反马克思列宁主义流派多么猖狂，总经不住革命的马克思列宁主义的批判与反击，真理是无敌的，是战无不胜、攻无不克的。马克思恩格斯之于巴枯宁、拉萨尔；列宁之于伯恩斯坦、考茨基；不都曾扫清妖氛给了他们以粉碎的打击吗？“金猴奋起千钧棒，玉宇澄清万里埃。”看来，反马克思列宁主义思潮阴魂未散，现在又化形出现了，无论他们伪装成什么模样儿，狐狸尾巴都露出来了。孙大圣挥动千钧金棒，给他们致命的当头一击吧，难道还能让这些牛鬼蛇神阻住通往西天的大道吗？决定不能，决定不会：“今日欢呼孙大圣，只缘妖雾又重来。”激情与信心，在艺术形象中自然流露。读过此诗，就于不知不觉之间受到一种感染，激起一种情绪：对敌人投以憎恶与蔑视的目光，对前途抱定战斗到胜利的决心。这种气概，这种精神，在诗篇中洋溢着、响彻着，一被群众掌握，便必然转化为一种物质的力量。现代白骨精不论多么狡猾，多么刁钻，多么来势汹汹，其实是银样镴枪头，在马克思列宁主义的千钧金棒下，决难逃出活命。打啊，管教他变成一堆粉骷髅！

诗的风格，沉雄坚毅。诗本身就具有雷动之威，风散之力。是富有风趣的诗篇，又是痛扫妖氛、澄清玉宇的战斗檄文。

卜 算 子
咏 梅

一九六一年十二月

读陆游咏梅词,反其意而用之。

风雨送春归,飞雪迎春到。已是悬崖百丈冰,犹有花枝俏。　　俏也不争春,只把春来报。待到山花烂漫时,她在丛中笑。

附:陆游原词

卜 算 子
咏 梅

驿外断桥边,寂寞开无主。已是黄昏独自愁,更著风和雨。　　无意苦争春,一任群芳妒。零落成泥碾作尘,只有香如故。

题 解 TIJIE

毛泽东写出此词,曾先在干部中传阅,用意在鼓励大家敢于蔑视困难,敢于战胜困难。这于写作时间看,就可以推知其时代背景,体会其兴寄所在。1961年冬,正是帝国主义和各国反动派联合起来进行反华叫嚣闹得正凶的时候,也是我们遭受三年特大灾荒经济上遇到困难的时候。在这时候,毛泽东写出了《咏梅》词,词中梅花的形象和风格,可以使我们联想到坚持真理英勇卓绝的革命者的高贵品质,它所表现的实际上是无产阶级伟大革命家威武不屈的战斗意志和革命乐观主义精神。

毛泽东此词的写作,是“读陆游咏梅词,反其意而用之”。我们知道,陆游很爱梅花,在《剑南诗稿》和《剑南文集》中咏梅诗词不下百首。他曾幻想:“何方可化身千亿?一树梅花一放翁。”(《梅花绝句》)他曾对梅花礼赞说:“雪虐风饕愈凛然,花中气节最高坚。”(《落梅》)又说:“高标逸韵君知否?正在层冰积雪时。”(《梅花绝句》)而陆游所谓高坚,所谓高标逸韵,其实际内容则是孤傲,其诗的基本风调则是寄托孤芳。关于陆游的《卜算子·咏梅》词,近人朱东润说:“此词不知何年作。这首词是咏物,同时也是言志。作者把梅花自比,指出经过任何挫折,芬芳的本质是不可改变的。乾道九年(1173)陆游《言怀》(《诗稿》卷四)自言:‘兰碎作香尘,竹破成直纹,炎火炽昆冈,美玉不受焚。’这是乾道八年调出南郑以后的作品,正符合那时陆游的心境。可能这首词是同一年作的。”(《陆游选集》)按:乾道九年,陆游49岁,咏梅词是否作于这一年,虽未能定,而其情调与此年所作“兰碎作香尘”的《言怀》诗确是一致的。郭沫若则以为作于淳熙四年(1177)、陆游53岁时。他举出这一年所作的《城南王氏庄寻梅》一诗作证。诗曰:“涸池积槁叶,茆屋围疏篱。可怜庭中梅,开尽无人知。寂寞终自香,孤贞见幽姿。雪点满绿苔,零落尚尔奇。我来不须晴,微雨正相宜。临风两愁绝,日暮倚筇枝。”诗与词的意境完全相同,词是从诗的基础上提炼或者升华出来的(《待到山花烂漫时》)。又说:词也可能是陆游晚年所作,特别是在80岁前后,为了响应韩侂胄的抗金主张,和韩有所接近,因而受到士林攻击,这和词中的“无意苦争春,一任群芳妒”的愤懑颇相切合(同前)。总之,陆词作于何年,虽然已难于考定,但它表现了受到挫折而不屈节的品质,还是可以肯定的。不过,它却只是封建士大夫作个人奋斗,遘闵受侮后的哀怨牢骚,顾影自怜,孤芳自赏,流露着感伤,表现出脆弱。所以毛泽东“读陆游咏梅词,反其意而用之”。毛泽东词的格调就高得多了。在毛泽东词中树立起了伟大的国际主义战士的英雄形象,创造出了时代先驱者的崇高意境。文词俏丽,意旨蕴藉,而又极天下之刚健,使人不厌百读,越咀嚼,越有味。

笺 注 JIANZHU

一、"风雨"二句

【风雨送春归】 风风雨雨刚把春天送走,指去春。李煜《乌夜啼》:"林花谢了春红,太匆匆。无奈朝来寒雨晚来风。"

【飞雪迎春到】 满天飞雪又把春天迎来,指来春。陶潜《蜡日》:"风雪送余运,无妨时已和。梅柳夹门植,一条有佳花。"

二、"已是"二句

【已是悬崖百丈冰】 已经有那悬崖绝壁冻结下了百丈长的冰柱。

【犹有花枝俏】 仍然有花枝艳放。俏,是俊俏、艳丽的意思。

三、"俏也"二句

【俏也不争春】 虽然艳放,却不同谁争夺春天。

【只把春来报】 只是把春天的消息向群芳预报。

四、"待到"二句

【待到山花烂漫时】 等到满山遍野都开满了鲜花。烂漫,亦作烂熳。色彩鲜丽。庾信《杏花》诗:"依稀暎村坞,烂熳开山城。"

【她在丛中笑】 梅子在众花丛中微笑。鲍照《梅花落》:"念其霜中能作花,露中能作实,摇荡春风媚春日。"

赏 析 SHANGXI

咏梅,历来是极熟的题目,傲雪凌霜,暗香疏影,有哪位才人不曾面对这高节丽姿、玉骨冰肌,而赞唱倾倒,大做文章?在古典诗词中,共有多少咏梅的篇章,这是难于作出统计,不好回答的;但要问在重要的诗人当中,有谁一生没有提到过梅花,这几乎也是找不出来的。于此就可见以梅作为诗料这一现象的普遍性了。这不奇怪,出身于士大夫的文人,或抒幽愤,或鸣清高,或表疏狂,或寄牢愁,总是极容易在寒梅这一自然形象中发现这些性格与精神的。这就决定了他们为什么"中庭杂树多,偏为梅咨嗟"。陆游的《卜算子·咏梅》词,就是其中的一篇。如前所述,在词中,他表现了坚贞,表现了高标逸韵,是有一定积极意义的;但是作为士大夫的诗人,只能孤芳自赏,不免顾影自怜,从而也就流露着感伤,表现出脆弱,这是受着时代制约与阶级局限,不能不是这样的。到毛泽东"读陆游咏梅词,反其意而用之"。这才一下子把这个极熟的题目引进到一个崭新的崇高的境界当中。"才华信美多娇,看千古词人共折腰。"这话于此又得一证。

让我们再把原词读一遍,并附以语译:

风雨送春归,	风风雨雨刚把春天送走,
飞雪迎春到。	漫天飞雪又迎春天来到。
已是悬崖百丈冰,	看悬崖已结下百丈坚冰,
犹有花枝俏。	凌寒霜却盛开花枝艳俏。
俏也不争春。	虽艳俏却不同桃李争春,
只把春来报,	只把那春消息向人间预报。
待到山花烂漫时,	等鲜花光灿灿开遍山野,
她在丛中笑。	那梅子在花丛摇曳含笑。

试想想看,"风雨送春归",古人对此,曾发出多少感慨,流过多少眼泪!而在这里则只是一个衬笔,略不费力,便收转回来:"飞雪迎春到。"是啊,春长驻人间。春象征着光明,象征着生机,象征着革命带来的希望。而春到人间,则是飞雪把它迎来的。这是北国的新春,虽然"大地微微暖气吹",仍有"高天滚滚寒流急",一开始就给人一种挺拔严峻的感觉。这气氛是同梅的俏丽十分协调的。不是在寂寞断桥边,不是在风雨黄昏里,瞧吧:"已是悬崖百丈冰,犹有花枝俏。"这梅花乃是挺俏于悬崖百丈冰前。这不是"无限风光在险峰"的境界吗?百丈冰是寒威,花枝俏则是对寒威的蔑视、反抗、示威、挑战。不仅如此,更进一层的胜境还在下面。不是"无意苦争春",而是"俏也不争春";不是"一任群芳妒",而是"只把春来报"。把春来报,是报被那"悬崖百丈冰"所遮断的春消息,这正是蔑视、反抗、示威、挑战的具体表现。陆词:"无意苦争春,一任群芳妒",还是酸溜溜的,心头横塞着一个不合时宜的"我"字;而"俏也不争春,只把春来报",则是心里干净净的,眼前亮堂堂的,全神注望着大众,注望着未来。一是失意者的自慰解嘲,一是革命家的高瞻远瞩。其结果自然是不同的。失意者,"零落成泥碾作尘,只有香如故。"顾影自怜,孤芳自赏;革命家,"待到山花烂漫时,她在丛中笑。"为民先锋,与民同乐。正是如此:等

到大地春回，百花齐放，梅子便掩映在众花丛中，和众芳同笑，“摇荡春风媚春日。”既在群众之前，“只把春来报”，又在群众之中，“她在丛中笑”。多么伟大崇高的革命家和时代先驱者的艺术形象啊！

或曰：就诗篇中所揭示的梅的性格与精神来看，它实际上是站在国际共产主义运动前列的中国共产党或社会主义新中国的巨大形象。上片：“风雨送春归”，喻新民主主义革命时代；“飞雪迎春到”，喻社会主义革命时代。“已是悬崖百丈冰”，是说帝国主义、修正主义及各国反动派联合起来进行反华叫嚣，闹得乌烟瘴气；“犹有花枝俏”，是说我们还是顶住逆流、屹然挺立。下片：“俏也不争春，只把春来报”，是说我们屹然挺立，并阔步前进，决非像投降主义者所诽谤的那样要争什么领导权；而是坚持革命原则，指出正确方向，预告必然的胜利。“待到山花烂漫时”，是说到世界革命成功了，或革命的马克思列宁主义在全世界范围内取得胜利了。“她在丛中笑”，是说我们就和全世界革命人民一道普天同庆，共享和平。我们以为，这样读，这样解，完全可以。革命家与先驱者的形象意义，当然也可以概括当前国际阶级斗争的具体内容，它的包容量是无限大的。

至此，再回头来就毛泽东和陆游的两首《卜算子》加以比较研究。从中我们可以受到许多启示，取得许多体会。至少以下两点是值得说一说的：

第一、应该怎样理解艺术是现实生活的反映？这一规律在抒情诗中是怎样体现的？

同是咏梅，为什么创造出了两种迥然悬殊的意境？梅花，是两首《卜算子》共同的描写对象，对梅花的自然属性，两词都反映得很真实：独于早春盛开，不与群芳争艳。但由于诗人所处的时代不同，所站的立场不同，诗人的心胸气度不同，品格修养不同，处事态度不同，审美理想不同，总之，世界观不同，结果诗篇的意境也便不同。岂只不同？实在是有霄壤之别。

从此，我们可以悟出一个道理：诗歌，也如同一切艺术作品一样，是现实的反映，是生活的反映。但它所反映的生活内容与现实意义，却不局限于它所描写的对象，也就是不局限于形象所借以塑造的素材。这对象，这素材，只是具体的感性事物，单纯的外在自然；而“景物无自生，惟情所化”。这景物，只是描写对象或素材；这情，才是诗的精英或灵魂。艺术家描写大自然时，并不满足于复制；自然主义只不过是对现实的歪曲。马克思列宁主义的美学，不把艺术内容和所反映的生活本身等同起来，而认为艺术形象比它所反映的单个对象更丰富更充实更广泛。诗篇是诗人根据自己的积极和能动的态度对生活的创造性的再现，诗人的这种态度包括对所描绘的现象的关切的、党性的态度，包括对这些现象的理解和评价。所谓形神情理，整然融合，才构成诗的意境。要理解作品的整个内容，不只要了解作品所汲取的素材，还必须发现作者放到作品中去的东西，这就须要一步一步探索作者所走过的道路。读科学著作就无须必然如此。这是艺术不同于科学的特点。

那么，艺术、诗歌、特别是抒情诗，是否反映论不够精确，表现论才更适当呢？不是。是否反映论还较片面，反映论+表现论才更全面呢？也不是。我们是艺术的反映论者，对诗歌、对抒情诗，也无例外。问题是如何理解这个反映论。

反映论不是照像，不是自然主义，不是客观主义。自然形态的现实生活转化为意识形态的艺术作品，是通过社会实践而促成的飞跃、升华。实践者的主观条件，在这里起着决定的作用。无论“有我之境”(或拟我之境)，无论“无我之境”(或忘我之境)，“我”总是中心。真正的艺术以“我”作为它的摄取的焦点的。但“我”必在“人”中，这个“我”不能简单就是个“孤立自在的我”。任何个人都是一定社会关系的总和，任何思想体系也是一定现实生活的反映。“任何意识不能是别的东西，它只是有意识的存在，而人的存在，就是他们的现实生活过程。”(《德意志意识形态》)这就是说，属于任何个人，属于任何“我”的主观因素，都是属于一定时代一定阶级或集团的现实生活过程的客观反映。艺术作品是主观与客观的统一，而“主观”也生于客观。陆游与毛泽东不同的主观因素，正是陆游与毛泽东所属不同时代不同阶级与集团的客观反映。陆游在梅中所见到的那些“寂寞”、“愁”、“苦”、“零落”，岂不正是生当南宋时代，生为封建士子的诗人，抗金爱国的壮志未酬，功名荣禄的雄心不就，而又自视高洁的这一现实的缩影吗？而毛泽东所咏之梅，则是悬崖一枝俏，傲对百丈冰；报春不争春，梅子笑东风。这些岂不正是作为革命导师、时代舵手的伟大诗人对今天中国与世界革命现实的形象概括吗？在900年前的南宋，那时代还没有无产阶级，还没有马克思列宁主义，还不能对历史作出科学的预见，怎么能够“只把春来报”呢？怎么能够“她在丛中笑”呢？当然不能。而今天，无产阶级作为一个自为的阶级走上历史舞台，在世界上已有了上百年的历史在中国也有半个世纪了；马克思列宁主义已经成为时代意识深入人心，人们已能深刻地总结过去，精确地把握现在，科学地预见未来；而自觉地结成伟大的战斗的集体，怎么还会“一任群芳妒”呢？怎么还会“只有香如故”呢？

由此可见，诗人在描写生活和自然时，并不满足于复制，也决不能够仅是复制。同时，他必须揭示自己对生活和自然的一定态度、一定理解与评价，从而打上他所属的一定时代与一定社会的烙印，表现他所属的一定阶级或一定集团的特质。因此，诗篇内容不仅是它所反映的对象本身，诗的形象比它所反映的单个对象更丰富更充实更广泛。形象不只是素材，不只是景物，它是燃烧着心血的思想，震动着灵魂的认识。是主观和客观交融的结晶。但诗人，也如同一切艺术家一样，所提供的并不是他的主观精神对客观世界的射影。诗篇，也如同一切艺术作品一样，是客观上正确的，并对现实充满了感情的反映。诗的形象，是诗人的生活经验、思考、探索的结果，是对世界的发现。因此，一般地不可以说赋予思想和感情以形象的外衣；正确的创作途径是客观现实之饱和着思想和感情的形象反映。抽象思维、“纯理智”活动、某种概念的图解，不是艺术，不是诗。激情、美感，只有从现实生活的土壤中生发，否则是没有生命力的。所以我们是反映论者，不是表现论者，也不是反映论+表现论者。

以上是读毛泽东此词得到的第一点启示和体会。

第二，怎样批判地继承遗产？怎样向古典诗歌学习？

“读陆游咏梅词，反其意而用之。”从这里，我们仿佛找到了一把钥匙，它帮助我们打开了溯流探源、推陈出新的关键。

按理说，陆游咏梅词还算是一首好诗。既是咏物，扼要地显示出梅花的神采与特质，所谓“在物之形与神”；又是遣怀，集中地表现了诗人的清高与芳洁，所谓“在我之情与理”。二者融会无间，表现手法侧重白描，不用典故，自然而含蓄。但是，由于历史的局限与阶级的局限，由于诗人可能达到的世界观的局限，无意中也可以说是有意地流露出寂寞感伤的情调，这是一种封建社会中失意士子的情调。彼时彼地，其人其境，不能不是这样子。可是，时至今日，除了资产阶级个人主义思想十分浓重的人，除了“机械公民”、生不逢辰、怀才不遇、对社会主义现实格格不入的人，大约很难再从这词中引起共鸣来了。

那么，我们就不能再从这作品中学习到什么东西了吗？它已经不再有一读的价值了吗？

毛泽东以其创作实践为我们作了示范性的回答：“读陆游咏梅词，反其意而用之。”用之，而反其意。用它的题目《卜算子·咏梅》，这就用了它的格律形式，用了它的描写素材；由此，在表现技巧上，在艺术构思上，在形象塑造上，在语言驱遣上，都可能从中相反相成地有所汲取。这是“用之”的方面;但它那消极不健康的寂寞感伤的情调,它那顾影自怜,孤芳自赏的失意士子的神态,都要不得,必须扬弃。这是反其意的方面。“反其意而用之”,也就是批判继承,也就是推陈出新。推封建主义之陈,出社会主义之新。必须出社会主义之新;不是推封建主义之陈,出封建主义之新;也不是推封建主义之陈,出资本主义之新。

这就是说,推陈出新,要有个前提:必须站在新的立脚点上,站在现实社会、现实生活的基地上。这是源泉问题。对过去的文艺作品,只是借鉴,它们是流而不是源,不是源而是流。源是本,流是末。切不可本末倒置,迷源亦即失流,过去只有通过现在才有生命,才是可以理解的。古代人的作品,都是“根据他们彼时彼地所得到的人民生活中的文学艺术原料创造出来的东西”, 我们要进行创作,当然只能是此时此地的社会生活在我们头脑中的反映,但也“必须继承一切优秀的文学艺术遗产,批判地吸收其中一切有益的东西,作为我们从此时此地的人民生活中的文学艺术原料创造作品时的借鉴。”这就是说应该借鉴也必须借鉴古人的作品。“有这个借鉴和没有这个借鉴是不同的,这里有文野之分、粗细之分、高低之分、快慢之分。”所以对于古人,不可不借鉴,“哪怕是封建阶级和资产阶级的东西。”但是,“继承和借鉴决不可以变成替代自己的创造,这是决不能替代的。”永远不能以流代源。毛泽东的《咏梅》,显然是在读了陆游的《咏梅》以后,引起了创作动机,然后才写出的。但是,如果没有长期的战斗生活和丰富的革命体验,没有深刻的辩证唯物主义与历史唯物主义的立场、观点、方法,只凭读了陆游的作品,就能写出这样富于哲理光辉与战斗激情的诗篇吗?当然不能。

对古人,也要求体会,要求理解。在某些方面,在某些地方,古人可能还有一定的长处,值得我们学习。比如在表现技巧上,亦即格律形式的运用,语言文字的驱遣等等,古人便积累了不少宝贵经验;又如在古代社会生活知识上,古人是目击者,是当事人,至少感性认识比我们多。再如有些古代的伟大诗人,不论其局限性如何,他们那种献身精神和执著态度,也还是应该有所肯定的。诸如此类,在这些方面,我们细心阅读古人的作品都会受到启发。周扬说:“从这些作品中,我们可以认识过去的社会,吸取过去时代人民斗争的经验和智慧,继承前人的奋斗精神和优良品德,同时这些作品描绘生活的艺术技巧也有不少地方值得我们借鉴。”(《我国社会主义文学艺术的道路》)也正是这个思想。所以要向古人学习,要向古人寻师访友。但是,在总的方面,我们必须高过古人，立脚点必须比古人站得高，眼界必须比古人更宽阔。正因为我们有了新的历史观，我们在自觉地创造未来，所以我们就能够比古人更接近历史的真实。因此，同古人交朋友，必须紧紧掌握着主动权；拜古人为师，必须青出于蓝。从总的方面说，我们比古人高明，高明得多，高明得不可同日而语。古人懂得的，我们也能够懂得，我们懂得的，古人是再也没法懂得了。这不仅是就量的方面，就知识领域方面说的；这更其是就质的方面，就实践活动方面说的。必如此，对于古人，才能够采取分析批判的态度，才能够“反其意而用之”。所谓向古人学习，主要的就是“反其意而用之”。做古人奴婢，做古人皂隶，“毫无批判的硬搬和模仿，乃是最没有出息的最害人的文学教条主义和艺术教条主义。”由于拜了师，交了朋友，就给古人涂脂抹粉，给他们穿上现代化服装，把他们打扮得和自己一模一样，结果就反倒使自己变得和他们一模一样；因为古人总是不能变的了，拉古人向自己看齐，最终就不免自己向古人看齐。正确的态度，只有一条：“反其意而用之。”

在这些方面，好好学习学习毛泽东诗词，探索探索毛泽东诗词对古典诗歌批判继承推陈出新的关系，是会总结出许多宝贵经验来的。《卜算子·咏梅》词就是显例之一。

以上是读毛泽东此词得到的第二点启示与体会。

当然不限于这两点。此外，还会有什么启示和体会呢？请大家自己琢磨琢磨吧。

七　律
冬　云

一九六二年十二月二十六日

雪压冬云白絮飞，万花纷谢一时稀。
高天滚滚寒流急，大地微微暖气吹。
独有英雄驱虎豹，更无豪杰怕熊罴。
梅花欢喜漫天雪，冻死苍蝇未足奇。

题　解 TIJIE

题作《冬云》，实际上是一首《冬之歌》。作《冬云》，取首句中语词为题。全诗描写的是冬景，寄托的是时事。1962 年冬，在国内，刚经历了 3 年特大灾荒；在国外，正鼓噪着一片反华叫嚣。表面上看，似乎处在困难时期，正是隆冬的样子。软弱的人经受不住这种严峻的考验是不足奇怪的；真正的革命者则更加意气风发，斗志昂扬，因为斗争就是最大的快乐。而且，假如冬天到了，阳春还会远吗？这就是此诗的旨意。

笺　注 JIANZHU

一、“雪压”二句

【雪压冬云白絮飞】　雪压冬云，即冬云压雪的倒装。状雪之大，云之密。大雪透过密云白絮般飘飘飞落。雪稠云低，于一个压字见之。

【万花纷谢一时稀】　万花纷纷凋谢，一时显得沉寂。“飞”字、“纷”字中暗写一个“风”字。这是自然时令的纪实，也是社会现象的概括。

二、“高天”二句

【高天滚滚寒流急】 意承首联。寒流，本是地理学名词，指发于南北极的海流，也就是水温低于所经海区的海流，对沿途气候有降温减湿的作用。此处指寒风。

【大地微微暖气吹】 对峙转折。暖气，指地热。地热，地理学名词，谓潜藏地球内部之热，距地表达一定深度，不论季节昼夜，其温度常不变，是为恒温层。在恒温层以下，每深30米，温度约增摄氏一度，是为地热增加率。深至地下6万米，地热为2000摄氏度左右，各种岩石均必熔融。火山之喷发与温泉之喷出，即为地球内部藏有高热之证明。两句一写冬之表面现象，一写冬之内部实质。《礼记·月令》：“孟冬之月，天气上腾，地气下降，天地不通，闭塞而成冬。”又说：“仲冬之月，是月也，日短至，阴阳争，诸生荡。”否极泰来，阴至阳生，在深冬中潜伏着春的生机，这是自然的辩证法。

1962年初，毛泽东、周恩来、刘少奇、邓小平、陈云在扩大的中央工作会议（即“七千人大会”）上。（吕厚民 摄）

三、“独有”二句

【独有英雄驱虎豹】 只有英雄敢于驱除虎豹，一切帝国主义和反动派都是纸老虎。

【更无豪杰怕熊罴】 熊罴都产于欧洲与亚洲的北部。罴，体大于熊，毛色黄白，颈长脚高，多力，能拔树木，遇人则人立而攫之，俗呼为人熊。两句均写冬猎。暗寓蔑视困难，敢于斗争的意思。

四、“梅花”二句

【梅花欢喜漫天雪】 从反面回应“万花纷谢一时稀”。越是霜欺雪虐，梅花越开得精神抖擞。在困难面前，在强敌面前，真正的革命者斗志更加昂扬，立场更加坚定。

【冻死苍蝇未足奇】 此又从正面回应“万花纷谢一时稀”。凡是禁不起冰雪的东西，只好由它们枯槁零落，万花尚且纷谢，更不用说那些委琐不堪的苍蝇了，它们的冻死，是丝毫不足奇怪的。在这里，对于苍蝇更显示着憎恶之情。

赏 析 SHANGXI

吴乔《围炉诗话》论作诗之法，曰：“心不孤起，仗境方生。”又曰：“诗而有境有情，则自有人在其中。”又曰：“唐人以诗为诗，宋人以文为诗。唐诗主于达性情，故于三百篇近；宋诗主于发议论，故于三百篇远。”

是的，作诗必须有境，有境斯有情，有情斯有人。有人者，即达性情也。达性情，不必与发议论对立起来。但由达性情而发议论，便是以诗为诗；如由发议论而达性情，便是以文为诗了。以文为诗未必尽差，而总是以诗为诗方为合作。

毛泽东此诗，本是一段大议论，却借冬境的描写来抒发。这就叫比兴。有比兴则自有高义，自成高格。我们读此诗，首先看到的是一幅严冬雪景；一加深思，才体认到还包含着一段大道理。这是高度艺术性与深刻思想性的统一。

形象总是具体的、个别的、感性的；思想总是抽象的、一般的、理性的。艺术总是通过具体反映抽象，通过个别反映一般，通过感性反映理念，亦即通过形象反映思想。对生活作现实主义的艺术概括，始终是揭露、发现和显示生活本身所包含的真实、生活的逻辑，它的深刻的规律、它的一般和本质的东西；不是把抽象的普遍思想象征化，不是用个别例子、具体的事物来图解这种普遍思想，而是在个别中和通过个别来显示一般，这就是现实主义原则。《冬之歌》就是冬之歌，它描写的对象是冬，冬的自然现象与冬的生活现象构成诗的形象，这形象是完整的、统一的。通过这具体的冬的形象塑造，从而揭示和显现了一般和普遍真理，这就是通过感性形象来表现理念思想。这思想是深刻的，同时又是诗的。

当然，诗是作于12月，正是在隆冬，诗人确乎有着冬的感受，并经过想像与联想，从中发现和悟出了普遍的生活意义。但作为具体的感性事物、单纯的外在自然，冬并不具备情感和思想。只有在无限复杂的冬的现实中，经过诗人的选择、提炼、加工而塑造为艺术形象，这形象虽然仍是具体的、个别的、感性的，却揭示了本质，显现了普遍和一般，表现了理念。这是由于诗人根据一定的世界观来反映客观世界，反映具体现实的结果。如果仅仅是揭示冬的自然属性、它的规律性、它的本质，那就是自然科学，如历法、气象学。在自然科学中看不出科学家的观点、情绪、同情或憎恶，如在哥白尼的日心说中，在牛顿的万有引力定律中，看不出哥白尼和牛顿的观点、情绪、同情或憎恶；但在艺术作品中则必然表现艺术家的观点、情绪、同情或憎恶。这就是为什么义愤创造诗人，义愤却不能推进科学。科学是客观规律，艺术则是主观与客观的统一。当然，主观因素归根到底也是客观反映，正确或错误、正面或反面、积极或消极的反映，这取决于主体所处的时代与社会、所属的阶级与集团，以及对社会实践所抱的态度等等；不过它既然作为主观因素溶进艺术作品中去，而就使艺术与科学产生了重要的区别。因此，出现在诗篇中的“冬”同出现在历法或气象学中的“冬”，就具有了截然不同的性质。出现在诗篇中的冬的形象，既然表现着诗人的观点、情绪、同情或憎恶，因而冬也就具有了社会意义、人格化了。《冬云》一诗之所以具有强烈的战斗性和深刻的革命意义，正是由于诗人的主观世界中具有这些思想感情的缘故。而诗人的主观世界则又是基于一定社会现实生活所形成的，是在不断改造客观世界的过程中不断发展变化的。因此，诗主达性情，而诗的特征则同一切艺术作品一样是对现实的反映；同时，这反映又必是通过具体反映抽象，通过个别反映一般，通过感性反映理念，通过形象反映思想。不加深思，往往会把达性情与反映现实对立起来，那就错了。这就是说，诗的创作，和一切艺术的创作一样，是现实的反映，而在反映中就包含着评价，这评价就是达性情，再通过达性情而发议论。这一切原是统一的。这也就是艺术与科学的统一。这是诗的极致。读《冬云》，更加深了我们这种理解与认识，故连类及之，附论如此。

满江红

和郭沫若同志

一九六三年一月九日

小小寰球，有几个苍蝇碰壁。嗡嗡叫，几声凄厉，几声抽泣。蚂蚁缘槐夸大国，蚍蜉撼树谈何易。正西风落叶下长安，飞鸣镝。　　多少事，从来急；天地转，光阴迫。一万年太久，只争朝夕。四海翻腾云水怒，五洲震荡风雷激。要扫除一切害人虫，全无敌。

附：郭沫若原词

满江红

沧海横流，方显出英雄本色。人六亿，加强团结，坚持原则。天垮下来擎得起，世披靡矣扶之直。听雄鸡一唱遍寰中，东方白。　　太阳出，冰山滴；真金在，岂销铄？有雄文四卷，为民立极。桀犬吠尧堪笑止，泥牛入海无消息。迎东风革命展红旗，乾坤赤。

题　解　TIJIE

这是一首政治抒情诗。背景从写作时间上可以推知。1963 年 1 月间，正是蚂蚁、蚍蜉之类，蠢蠢滚动，气势汹汹；有些红头苍蝇，也在指挥棒下，经过精心策划，嗡嗡乱叫。他们共同的作为，就是给帝国主义帮腔，进行反华叫嚣。于此，我们记忆犹新，无须多加追述。在当时，郭沫若写了一首《满江红》词，对这股逆流作了正面的揭露和批判。毛泽东此词，便是为和郭沫若而作的。本来郭词写得理直气壮，富有激情，是一首好词；词中所用两事：(一)“桀犬吠尧”，见邹阳《狱中上吴王书》：“桀之犬可使吠尧，而跖之客可使刺由。”因假为恶人诽谤好人之喻；(二)“泥牛入海”，见《传灯录》：“洞山问龙山和尚：见什么道理便住此山？师云：我见两个泥牛斗入海，直至如今无消息。”因假为一去不复返之喻。喻意都极切合实际。不过，于无意间却似乎把反动派的声势过分看重了些：“苍海横流”，“天垮下来”，“世披靡矣”，未免有所夸大。毛泽东的和词，便是针对这一点而发的。诗人高仰着时代巨人的头，对那几伙苍蝇、蚂蚁、蚍蜉等害人虫，投以蔑视的目光，给以憎恶的申斥；并意气峥嵘，大义凛然，发出了战斗的号召，显示了胜利的信心。

笺注 JIANZHU

一、“小小”二句

【寰球】 一作环球，犹言地球。

【苍蝇碰壁】 《诗经·小雅·青蝇》：“(一)营营青蝇，止于樊；岂弟君子，信谗言。(二)营营青蝇，止于棘；谗人罔极，交乱四国。(三)营营青蝇，止于榛；谗人罔极，构我二人。”《朱传》：“比也。营营，往来飞声，乱人听也。青蝇，污秽能变白黑。”苍蝇碰壁，是俗语。此壁指寰球；苍蝇想顶住地球，使它不再转动。

二、“嗡嗡”三句

【凄厉】 凄凄惨惨的厉声尖叫，状其愠怒。

【抽泣】 抽抽啜啜的泣涕哭嚎，状其怨苦。这几句更说明那些苍蝇们的盲目性、狠毒劲、狼狈相。

三、“蚂蚁”二句

【蚂蚁缘槐夸大国】 见唐李公佐《南柯太守传》，记吴楚游侠之士淳于棼梦入槐安国，召驸马，出任南柯太守，建功立德，生男育女，荣耀显赫，一时之盛。旋醒寤，寻槐下穴，有蚁数斛，隐聚其中，这就是大槐安国。这里是说，蚂蚁凭借着古老的大槐树建立了“大槐安国”，而自我夸耀起来，其实还不是一堆蚂蚁！大槐树并帮不了他们什么忙。

毛泽东手书《满江红·和郭沫若同志》

【蚍蜉撼树谈何易】 蚍蜉，《尔雅·释虫》："蚍蜉大螘。"螘，古蚁字；大螘，蚂蚁的一种，体黑色，有光泽，巢多营于松树之根，于松树有害。韩愈《调张籍》诗："李杜文章在，光焰万丈长。不知群儿愚，那用故谤伤？蚍蜉撼大树，可笑不自量！"大树，指中国，指社会主义阵营，指世界共产主义运动。现代的黑蚂蚁们，想动摇大树，谈何容易呢？谈何易，《汉书·东方朔传》："吴王曰：可以谈矣，寡人将竦意而览焉。先生曰：於戏！可乎哉！可乎哉！谈何容易？"王先谦补注："贾生有言曰：恳言则辞浅而不入，深言则逆耳而失指。故曰谈何容易。"

四、"正西"二句

【正西风落叶下长安】 正，词中的领字，直贯下句；正当，正在的意思。西风落叶下长安，化用贾岛诗句而成。贾岛《忆江上吴处士》诗："秋风吹渭水，落叶满长安。"周邦彦《齐天乐》词："渭水西风，长安乱叶。"辛弃疾《玉楼春》词："至今有句落人间，渭水秋风黄叶满。"在这里是说：帝国主义正像西风落叶下长安一样摇摇欲坠了。不是指苍蝇、蚂蚁、蚍蜉，是指他们所依附的后台。

【飞鸣镝】 《史记·匈奴传》："单于有太子名冒顿，后有所爱阏氏，生少子。而单于欲废冒顿而立少子，乃使冒顿质于月氏。冒顿既质于月氏，而头曼急击月氏。月氏欲杀冒顿，冒顿盗其善马，骑之亡归。头曼以为壮，令将万骑。冒顿乃作鸣镝，习勒其骑射。令曰：鸣镝所射而不悉射者，斩之。行猎鸟兽，有不射鸣镝所射者，辄斩之。已而冒顿以鸣镝自射其善马，左右或不敢射者，冒顿立斩不射善马者。居顷之，复以鸣镝自射爱妻，左右或颇恐，不敢射，冒顿又复斩之。居顷之，冒顿出猎，以鸣镝射单于善马，左右皆射之。于是冒顿知其左右皆可用。从其父单于头曼猎，以鸣镝射头曼，其左右亦皆随鸣镝而射杀单于头曼，遂尽诛其后母与弟及大臣不听从者。冒顿自立为单于。"裴骃《集解》："汉书音义曰：镝，箭也，如今鸣箭也。韦昭曰：矢镝飞则鸣。"司马贞《索隐》："应劭云：髇箭也。"在这里是说，正当帝国主义摇摇欲坠的时候，那些苍蝇、蚂蚁、蚍蜉们大大帮忙效劳一番，飞出响箭，向我们射来。上承"嗡嗡叫"、"夸大国"、"撼树"等而言。此句异解颇多，都輾轲难通。

五、"多少"四句

紧承前意，这四句是说，尽管那些苍蝇、蚂蚁、蚍蜉们飞出鸣镝，张牙舞爪，煞有介事，果然要"沧海横流"了吗？果然要"天垮下来"了吗？果然要"世披靡矣"了吗？不会的。其实，古今多少大事，来得都是很突然的；形势说变就变，急转直下，时间将会叫人感到是很紧迫的。他们得意的日子决不会拖延得太长久。

六、"一万"二句

有人说这样一来,世界历史的进程可能被拖延一万年,可未免太悲观了,决然不会要那么久。至多只会差个一早一晚吧。争,差也。见张相《诗词曲语辞汇释》。杜荀鹤《自遣》:"百年身后一丘土,贫富高低争几多?"杨万里《舟中夜坐》:"与月隔一篷,去天争半篷。"今俗语争一点儿,也就是差一点儿。

七、"四海"二句

为什么说"一万年太久,只争朝夕"呢?因为世界革命的形势大好:"看啊,全世界被压迫的人民,在怒吼,在奋斗,革命势力风起云涌,无敌于天下。"(臧克家语)四海、五洲,指整个世界;云水、风雷,以天象象征革命斗争。这里于四海言云水,于五洲言风雷;水翻云腾,雷震风荡,愤怒激烈。两句隐喻,用字极精审。

八、"要扫"二句

【害人虫】 回应上片苍蝇、蚂蚁、蚍蜉等等。这里说一切害人虫,当然也包括虎豹虫豸,老虎也叫大虫,实指帝国主义及各国反动派。

【全无敌】 世界革命人民的力量,势不可当,无敌于天下。

赏析 SHANGXI

政治抒情诗与政论散文有什么相同之点,有什么不同之处?我们思考一下这个问题,对于加深理解《满江红》词是会有好处的;反之,我们好好阅读并钻研《满江红》词,对于上述问题的回答也会有所启发。

二者都是对一定现实政治现象的反映与评价,一定的阶级立场与观点是它们共同的基础,真理是它们共同的内容。假如说政论散文,比如社论、宣言、声明等等,从基本性质说是属于科学范畴,但它与自然科学不同,有时它也不免热情洋溢,求助于联想和想像,使用情感的热烈语言和幻想的灿烂形象说话;而政治抒情诗,则如同一切诗歌一样,必然烧燃着真理的晶莹火焰,也在判断和思考。如此等等,都是相同之点。

那么,二者的区别是什么呢?各自的特点是什么呢?那特点,亦即区别是否只在形式格律上体现出来呢?诚然,格律形式往往成为区分诗与散文的重要标志;但这不是本质问题,有押韵的散文,也有散文的诗篇。要区分散文中的情感与形象同诗篇中的判断与思考,必须正确理解:诗主达性情,文主发议论这一基本特性。作为思想感情,诗人的与政论家的,与其他任何人的,都没有什么质的不同。不过,诗的表现,则必通过达性情而发议论、思考与判断要形象地表现出来。散文的表达，则是直接发议论，理智直接作用于理智，理智和思想直接碰面，无须以幻想和情感为中介，即使有时不免借助于情感和形象，也只是次要的辅助的手段。这就是说，诗篇的思想与感情，连同它的思考与判断，都必然为一个完整的感性形象统一起来，或者说都必然体现在一个完整的感性形象之中；散文，则主要是靠抽象的逻辑线索贯串着，连同它有时出现的情感的热烈言辞与幻想的灿烂形象，也只是缀在这线索上的花结。这结果便是：主达性情的诗篇，最终便树立起了抒情人物形象；主发议论的散文，一般地却树立不起这种抒情人物形象来。

为什么是这样的呢？

思想、理智，如果仅仅是思想、理智的话，不同的人们是可以共有的。它具备更多的共同性、普遍性、一般性与抽象性，它是可以言传、可以聆受的。幻想与感情，则属于个人，它具备更多的差异性、特殊性、个别性与具体性。对别人只能感染，只能意会。因此，政论散文，比如社论、声明、宣言等等，都可以授意别人代作，可以有代言人。政治抒情诗，也如同一切诗篇一样，却决不能倩人代笔。

政论散文，也如同一切科学著作一样，以揭示客观现实的本质和规律为目的，如前所述，它是通过理智直接作用于理智，理智和思想直接碰面，无须以幻想和情感为中介，即使偶然陶醉充溢了思想家的心灵，而使用了热烈语言和灿烂形象说话，也只是次要的、辅助的手段，仍必置于严格的理智控制下。因此，当我们阅读哲学或政论时，只是被那真理的明确的逻辑力量所吸引，那些热烈语言和灿烂形象也只是使我们更加感到那真理是可信的而已，我们不能从中听到和看到作者的声色笑貌，感受不到作者的心境神态。一般说，在科学著作中没有所谓“说理人物形象”。假如说“风格是人”，而好的政论散文或哲理散文也是有风格的，但仍以理智与逻辑叩击读者的智慧之门，还是不能提供说理人物形象。只能有抒情人物形象，不能有说理人物形象。如果在散文中也树立起了抒情人物形象，虽然一般的少见，却并非绝不可能；不过，那就近于诗的境界了，那就是诗的散文或散文的诗了。

在抒情诗中，在政治抒情诗中，创作以情感为灵魂，并通过幻想而完成。诗人的思想与信念，诗人的判断与思考，当然是发自衷心并扎根在时代历史和社会现实的土壤里。而它们必须是浸润着浓郁的情感的色彩，显现于生动的幻想的形象。这就是说，对诗的艺术说来，主观因素即个人因素是占着优势的。我们只能要求个人与时代与社会与人民大众的更大限度的一致，诗人的思想感情与人民大众的思想感情打成一片，诗人要成为时代的喇叭，阶级的鼓手，这是思想改造与生活锻炼的问题；却不能反对主观因素或个人因素，没有这主观因素或个人因素，便没有诗的艺术。因此，我们从诗篇中，总是能够看到诗人自己，即抒情主人公的人物形象。如果看不到，或者根本不曾树立起这形象来，那便是诗的散文化，那便是散文化的诗，那便不是真正的好诗。

毛泽东"和郭沫若同志"的《满江红》词，是政治抒情诗的典范。让我们反复加以涵泳品味，上面的论点便可以得到有力的印证。

毛泽东此词中，并没有"我"出现。但是，我们却仿佛从中看到或听到了诗人的声色笑貌，感受到了诗人的神态心境。他那么高大，那么明睿，那么锐利，那么深刻，那么高瞻远瞩：整个地球，在他看来，不过是一个"小小寰球"，真不愧为时代的巨人，真不愧为智慧的巨眼。什么牛鬼蛇神，魑魅魍魉，还想着兴风作浪，兴妖作怪，诗人多么鄙夷和憎恶它们啊："有几个苍蝇碰壁"。仅仅是"几个苍蝇"，并且只是在盲目地"碰壁"。听吧："嗡嗡叫，几声凄厉，几声抽泣。"这种阴阳怪气，能有多大脓水，能成什么气候！这些鬼东西，看起来气势汹汹，自以为扬扬得意，诗人压根儿没有把它们瞧在眼里：嘿，神气什么？"蚂蚁缘槐夸大国"而已，咦，捣乱吗？"蚍蜉撼树谈何易？"试比比看，这同"沧海横流"、"天垮下来"、"世披靡矣"的感受是多么不同啊！但这可不是徒作豪言壮语，诗人的慧眼更透过纷纭的现象直入深刻的本质，在反动派的貌似强大中揭示出它的脆弱，在反动派的张牙舞爪中指明了它的卑怯。因为它所依附的帝国主义已经是日薄西山，气息奄奄，朝不虑夕了，已经是"西风落叶下长安"了；正在这时候，它却"飞鸣镝"，放出暗箭来，不是脆弱，不是卑怯，是什么呢？

读到这里，我们自然便被引进到"敌军围困万千重，我自岿然不动"的境界；我们自然便被引进到"暮色苍茫看劲松，乱云飞渡仍从容"的境界。而诗人之所以如此"从容不迫"，如此"斩钉截铁"，是故作乐观，主观臆断吗？不是，当然不是。是他具有囊括宇宙、包容古今的心胸，所以才能有这等"从容不迫"、"斩钉截铁"的风度。他察往知来，对历史看得远，对现实看得深，所以对未来才能料事如神、胜算在握："多少事，从来急；天地转，光阴迫。"有的同志似乎有些急躁了，有点沉不住气了。诗人说，不必过虑："一万年太久，只争朝夕。"大不了"只争朝夕"罢了。但诗人并非只在判断与思考，并非只在静观与坐议，他同全世界人民在一起，全世界人民翻腾着愤怒的波涛与震荡着战斗的风雷，凝结为诗人的精神力量。诗人，这世纪的舵手，革命的统帅，"胸中自有雄兵百万"。看吧，多么雄伟的气势："四海翻腾云水怒，五洲震荡风雷激。"在诗人看来，一切害人虫都不在话下，几只苍蝇、蚂蚁、蚍蜉更何足挂齿！听吧，多么响亮的号召："要扫除一切害人虫，全无敌。"

通读全词，喜笑怒骂，纵横挥斥；意趣风生，壮怀雷动。这之中，有冷讥；有热嘲；有幽默；有讽刺。幽默，使人想起了智慧的微笑，讽刺使人想起了横眉的冷笑。通过这些笑声，我们可以感受到蕴藏于那个伟大灵魂中的锐利、严肃、豪迈、信心。人们透过笑声来认识事物的时候，往往是十分深刻的。横眉的冷笑像愤怒的烈火，烧得一切害人虫、一切丑类都头焦额烂。智慧的微笑像凉爽的清泉，它使一切软弱的或暗浊的心灵受到洗涤而坚强和透亮起来。讽刺是掷向敌人的重磅炸弹；幽默是面向自己同志来揭示敌情。正是这样，讽刺和幽默才在这里统一了起来。它们都是基于深刻的判断和思考、昂扬的斗志与激情，它们都是基于非凡超众的才胆识力。正是因为有才有胆有识有力，所以才透过重重阴霾看到太阳，透过凛凛严冬看到阳春；正是因为有才有胆有识有力，所以才不为盛怒所扰而有情有理有说有笑。因而幽默而不流于诙谐，讽刺而更富于豪情。在轻松、从容中，却透露出对待那些害人虫的态度是多么严厉，多么严峻，多么严肃啊！“谈笑间，强虏灰飞烟灭。”真有此风度，真有此气概。这诗中所树立起来的抒情主人公的性格形象，不是一般的性格形象，他是马克思列宁主义的普遍真理与奠基在五千年文化传统上的民族心理素质相结合又经过革命斗争的烽火千锤百炼而形成的伟大的性格形象。

读过毛泽东此词，当然会在理智上提高认识，关于害人虫的性质，关于当代世界革命的形势，关于国际共产主义运动的前途，诸如此类等等等等，诗篇都给我们作了形象的说明。但决不只此；假如只就这些方面来看，诗篇不比政论散文更清楚，更丰富，更方便。读过毛泽东的《满江红》，主要的还是情绪上受到感染，精神上受到鼓舞，艺术上得到满足，认识上得到启发。这是情感的激发，这是美感的享受，夫然后而达到理性的提高。读了毛泽东的《满江红》，便会发出笑声，感到兴奋，增强战斗力量，提高胜利信心；从而潜移默化，丰富了自己的心灵，坚定了自己的意志：一个革命者，对任何敌人总要敢于蔑视，敢于斗争，敢于胜利；对人类未来，总要充满希望，充满信心，充满乐观。这是诗篇的特殊效果，是一般政论散文中所没有或少有的。这一切都是由于抒情主人公的巨大的光辉的性格形象所给予的。

一般情况，抒情主人公的性格形象，通常是通过诗人的全部诗篇，至少一组诗篇，才得鲜明地树立起来。而毛泽东只是在这样一首短诗里，便把自己的精神面貌和心境神态作了如此充分和生动的反映。读其诗，如亲聆教诲，如面对容颜：那么深刻，又那么亲切；那么伟大，又那么近人；那么强烈，又那么从容；那么严峻，又那么平易。他对敌人是烈火，对人民是清泉。我们的统帅，我们的导师，震古烁今的诗人啊！

后　记

对自己说,这是一本读诗札记;对教学说,这是一部课堂讲稿。一面学习,一面备课。就这样前前后后,断断续续,写了将近二年。现在,算是把初稿完成了。开始在 1964 年春,是先从《毛主席诗词十首》着手的,写成以后,曾给同学讲授过一次。接着《毛主席诗词》由人民文学出版社正式出版了,便继续从头写下来,打算在 1964 年暑假后再给同学们讲授。到 1964 年 8 月间,写了已近 30 首。临时决定去参加农村社会主义教育运动,教学计划也改变了,便中途停顿了下来。今年 7 月返校,又接受了《中国文学史》的教学任务,教改与课改的活动也相当紧张,一时没有顾得重理这份作业。直到 10 月以后,才把已经尘封了的有关资料重新摊开,插空阅读,加以整理。因为前后时间相隔很久,同时又忙于教学和行政工作,精力不甚贯注,书写体例有些地方不够一致,注释解析各篇之间也有所重复;更重要的是由于理论水平和知识修养的局限,有些笺注可能不正确,有些论点不免有错误。如今完成的只能算是一份草稿。作为今后进一步学习的起点,有待于再作修改和补充。

虽然如此,在从事编写的过程中,我还是抱着满腔热忱,做了最大努力。兴会来时,也曾废寝忘食;偶有所得,也曾手舞足蹈;遇到难关,便多方探讨,查书求教,不获解答,不能罢手。总之,对待这项作业,是以严肃态度和认真精神,把它作为学习毛主席著作计划的一个组成部分,并且,也确实是结合着毛泽东著作进行学习的。因此,从自己方面说,总算得到了不少启发,仿佛又重新受到一次深刻的共产主义道德修养的教育。不只是对诗歌,更尤其是对人生,被引进到一个新的天地中,一个新的境界里。“诗品出于人品”,把这句老话用以印证古人,总是模模糊糊;而今读毛泽东诗词,才算有了深切具体的体会。它使我真实地体会到:炽热的理想光芒和严谨的科学态度,才是革命浪漫主义与革命现实主义相结合的创作方法的思想基础,要作双结合的诗,先做双结合的人。在全部毛泽东诗词中,有一根巨大的贯串始终的红线,便是无产阶级最坚定最彻底的革命精神。从这里汲取力量和智慧是无穷的。

前面说过,这是一本读诗札记,这不会有什么问题;又说过,这是一部课堂讲稿，这就是另一回事了。虽然写完《十首》之后，曾给64年级同学讲过一次，但始终没有作为讲义印发过。现在，37首都写完了，又决定开课，印不印？经过考虑，还是不印。为什么？对于毛泽东的诗词，只凭主观的严肃认真是不够的；真正的严肃认真是充分精审、确切无误。于此，我是没有把握的。此稿到今为止，只经过了两个读者过目，一个是我自己，另一个是朝阳区业大王霭风同志。在编写过程中，王霭风同志曾热情地代为查借和抄录参考资料，给予许多帮助。但是，无论如何，只得两票，是难得通过的，还是再多和一些同志共同琢磨琢磨吧。

作为学习，我是以《毛主席诗词》为纲，最基本的读物是《毛泽东选集》以及《关于若干历史问题的决议》；还读了《中国工农红军第一方面军长征记》及《红旗飘飘》中有关文献。此外，也参考了近年来许多同志关于毛泽东诗词的研究成果，就中有郭沫若、赵朴初诸同志的文章，特别值得提出的是以下两本书：(一)《毛主席诗词讲解》，臧克家讲解，周振甫注释，中国青年出版社，1963年版。(二)《毛主席诗词小笺》，张涤华著，安徽人民出版社，1963年版。所有这些同志，多未谋面，也不曾通信，既非“邻曲时时来”，更难“乐与数晨夕”，但却做到了“奇文共欣赏，疑义相与析”。我永远感激和怀念着他们。

公　木

1965年12月20日

毛泽东诗词补编

七　古

送纵宇一郎东行

一九一八年

云开衡岳积阴止，天马凤凰春树里。
年少峥嵘屈贾才，山川奇气曾钟此。
君行吾为发浩歌，鲲鹏击浪从兹始。
洞庭湖水涨连天，艨艟巨舰直东指。
无端散出一天愁，幸被东风吹万里。
丈夫何事足萦怀，要将宇宙看稊米。
沧海横流安足虑，世事纷纭何足理。
管却自家身与心，胸中日月常新美。
名世于今五百年，诸公碌碌皆余子。
平浪宫前友谊多，崇明对马衣带水。
东瀛濯剑有书还，我返自崖君去矣。

题　解 TIJIE

《七古·送纵宇一郎东行》作于1918年。纵宇一郎即罗章龙(1896~？)，新民学会会员。五四运动前夕，赴日本留学，离开湖南前，新民学会在长沙北门外的平浪宫聚餐，为之饯行；毛泽东还到码头送别，当面交给他一封信，说内有一首诗相赠，即此诗。那几天，连日阴雨，至启碇前，积阴转晴，如壮远游，弥助阔别豪兴。

青年时期的毛泽东

在写这诗期间，诗人对罗章龙称“纵宇一郎”，自己署名“二十八画生”，意味深长。“二十八画生”是毛泽东的笔名，因为“毛泽东”三字的繁体共有二十八画。1915年9月，毛泽东用此笔名向长沙各校发出“征友启事”，首先响应的便是罗章龙。他也用了化名，即纵宇一郎。据他在《椿园载记》中回忆：“我赴司马里第一中学访友，于该校会客室门外墙端，偶见署名‘二十八画生征友启事’一则，启事是用八裁湘纸油印的，古典文体，书法挺秀。我伫立浏览，见启事引句为《诗经》语：‘愿嘤鸣以求友，敢步将伯之呼。’内容为求志同道合的朋友，其文情真挚，辞复典丽可诵，看后颇为感动。返校后，我立作一书应之，署名纵宇一郎。逾三日而复书至，略云：接大示，空谷足音，跫然色喜，愿趋前晤教云云。”数日后，久雨初晴，丽日行空，毛泽东和罗章龙如约在定王台湖南省立图书馆会面。他们坐在馆内一长条石上，畅谈政治、经济、治学以至宇宙和人生。初次会面，彼此给对方留下深刻的印象。这是两人订交的开始。两年多后，毛泽东赠诗送行，真挚地表示了惜别之情；祝愿行人像鲲鹏展翅成就一番事业。后来罗章龙到了上海，忽闻东京发生日警侮辱殴打中国爱国学生事件，为抗议日本暴行，学生们纷纷罢课回国，罗章龙亦中止赴日。这便是后话了。

笺注 JIANZHU

一、“云开”四句

【衡岳】 衡州，岳州，均在湖南省境，通以为湖南省代称。

【天马凤凰】 传说中的灵异动物，古人以它们的出现象征着圣贤的出世。

【屈贾】 楚国大诗人屈原，西汉杰出政治家贾谊。都曾贬谪长沙。马司迁《史记》将他们合为一传：《屈原贾生列传第二十四》，后人因称屈贾。

【山川奇气曾钟此】 钟，聚集；此，借前言衡岳，实指长沙。古人认为杰出人才的产生是山川奇气所集。此乃以屈贾喻今朝。

二、“君行”四句

【鲲鹏击浪】 《庄子·逍遥游》说鲲所化的大鹏，从北溟飞到南溟时，“水击三千里，抟扶摇而上者九万里。”击浪，即击水，亦即水击。

【艟艨】 chōngméng，通作“艨艟”，战舰，此指轮船。

三、“无端”八句

【要将宇宙看稊米】 稊，tí。草名，结实如小米。《庄子·秋水》：“中国之在海内，不似稊米之在太仓乎？”这里是说，要把世界大事看做稊米一般小事。

四、“名世”六句

【名世于今五百年】 《孟子·公孙丑下》：“五百年必有王者兴，其间必有名世者。”名世者，指称名于世，辅佐兴王，平治中国的人物。

【诸公碌碌皆余子】 诸公，指当权人物。碌碌，平庸。《后汉书·弥衡传》载：“（衡）常称曰，大儿孔文举，小儿杨德祖。余子碌碌，莫足数也。”余子，其余诸人。

【崇明对马衣带水】 长江口的崇明岛和日本的对马海峡，相隔只一衣带宽的水。一衣带水，言其近。《南史·陈后主纪》记隋文帝准备出兵伐陈时对大臣说：“我为百姓父母，岂可限一衣带水，不拯之乎？”此一衣带水指长江。

【东瀛濯剑】 指到日本留学。以剑自喻，谓有志革新，这是当年一般青年的风气。

【我返自崖君去矣】 《庄子·山木》：“送君者皆自崖而反，君自此远矣。”崖，岸；反，通作返。

赏 析 SHANGXI

此诗作于1918年，是毛泽东青年时期的作品，也是我们得见的留传诗词中最早的一篇。衡岳云开，洞庭水涨，在意气昂扬中，欢送好友远行，濯剑东瀛。诗篇所显示的勃勃生机一往无前的气概，使读者不禁联想起："携来百侣曾游。忆往昔峥嵘岁月稠。"那些"恰同学少年，风华正茂；书生意气，挥斥方遒。指点江山，激扬文字，粪土当年万户侯"。那些凝塑在《沁园春·长沙》中的豪情壮志，当然涵盖着这里的"君行我为发浩歌"，"要将宇宙看稊米"了。虽非钜制，亦称长歌，体用七古，又一韵到底，一气呵成，实是难以写得这般气势奔放，声调铿锵，要当为"胸中日月常新美"的情愫显现，亦自是青年时代积极用世、意志高远的明证。惟"沧海"联语意复出，读下去辞情间有未畅。白玉微瑕，仍不得掩其情景交错，布局奇特，突兀参差之美。从总体上看，还是耐读的，且富艺术表现力与感染力，的确是大家，堪称出手不凡也。

贺新郎

一九二三年

挥手从兹去。更那堪凄然相向，苦情重诉。眼角眉梢都似恨，热泪欲零还住。知误会前翻书语。过眼滔滔云共雾，算人间知己吾和汝。人有病，天知否？　今朝霜重东门路，照横塘半天残月，凄清如许。汽笛一声肠已断，从此天涯孤旅。凭割断愁丝恨缕。要似昆仑崩绝壁，又恰象台风扫寰宇。重比翼，和云翥。

题解 TIJIE

词作于1923年11~12月间，调寄《贺新郎》，无副标题，是写夫妻别情的。1920年冬，杨开慧与毛泽东在长沙结婚。翌年中国共产党诞生，中共湘区委会建立，毛泽东亲任书记，杨开慧亦于是年入党，在湘区委协助工作。1922年10月生长子岸英。1923年4月毛泽东调中央工作，告别长沙，赴上海；是年夏杨开慧亦去上海。6月毛泽东去广州参加中国共产党第三次全国代表大会，当选为中央执行委员会委员、中央局委员、中央局秘书。会后复回上海。9月经武汉返长沙。杨开慧亦返长沙，11月生次子岸青。刚刚生产不久，毛泽东奉中央通知，由长沙到上海，再转广州，准备参加国民党第一次全国代表大会。此词当即作于这次离开长沙的时候，是写给夫人杨开慧的，革命激情与儿女柔情有机结合，一首真挚的革命爱情诗。这首词最早发表于1978年9月9日《人民日报》。

笺注 JIANZHU

一、"挥手"十句

【挥手从兹去】 唐李白《送友人》:"挥手自兹去,萧萧班马鸣。"宋张孝祥《水调歌头·金山观月》:"挥手从此去,翳凤更骖鸾。"

【恨】 离愁别绪。唐杜甫《春望》有"恨别鸟惊心"句,且有诗题《恨别》之作。李白《忆旧游寄谯郡元参军》:"问余别恨知多少?落花春暮争纷纷。"

【零】 落。俗谓花落为零落。

【知误会前翻书语】 翻,通番,前翻、前次。书语,信中的话语。全句意谓知道是误会了前次信中的话语。何事无考。

【过眼滔滔云共雾】 宋苏轼《吉祥寺僧求阁名》:"过眼荣枯电与风。"过眼,从眼前掠过。从句意谓人世滔滔,都好似过眼云雾,转瞬就消散了。

【算】 点数,掂量。

【人有病,天知否】 病指内心隐痛。难言之隐,痛极呼天。在这里人谓"吾",天谓"汝"。紧承上句。

二、"今朝"十句

【今朝霜重东门路】 今朝,今晨。霜重,霜厚。东门路,指长沙城东小吴门外的大路。

【照横塘半天残月】 此句倒装,照字动词作谓语前置,主语为后面的残月,原意即"半天残月照横塘"。横塘,大塘,指小吴门外清水塘。1921~1923年,毛泽东与杨开慧曾住于此,中共湘区委机关亦设在这里。

【如许】 如此。

【汽笛】 火车开动前发出的蒸汽啸音信号。

【肠已断】 喻极度伤心。南朝梁江淹《别赋》:"是以行子肠断,百感凄恻。"

【孤旅】 独自远行的客子。

【凭】 义同请,请求。诗词用语。唐杜牧《赠猎骑》:"凭君莫射南来雁,恐有家书寄远人。"唐·曹松《乙亥岁诗》:"凭君莫话封侯事,一将功成万骨枯。"

【愁丝恨缕】 离愁别恨的形象化比喻。缕,细丝。

【要似……又恰象】 两句言自己此去,一定要乘势促成中国大革命爆发。"昆仑崩绝壁"、"台风扫寰宇",对理想中之大革命的艺术性描绘。

【比翼】 比翼双飞，多用于夫妻。《尔雅·释地》："南方有比翼鸟焉，不比不飞。"阮籍《咏怀诗》："愿为双飞鸟，比翼共翱翔。"

【和云翥】 和云，挟带云朵。翥，飞举。意谓直上云霄。

赏 析 SHANGXI

抒写离别，歌咏爱情，在毛泽东诗词中，这是仅见的一首，弥足珍贵。仅只一首，也足以说明共产党人，决然不是像一般论客所指说的铁石心肠。他们尽如常人，也有悲欢离合，也有哀婉愁苦，也有凄清感伤。因为他们也同样具有生命意识，渴望在这有限的生命中，多一些圆满，少一些缺憾，每遇生离死别，自亦悲莫悲兮。不过更真挚，更灼热，且得将之升华到宇宙人生境界，结晶于改天换日的伟大事业中去，而不会为凄凄惨惨戚戚所陷溺。

就以这首《贺新郎》而论，终以其属于现代诗词，纵写离别，也不见南浦阳关，而是把时空隐限在一个冬晨的车站上。开篇便说："挥手从兹去"，是在等候登车了，不免黯然。更何况还有一肚子苦水，长子犹在襁褓，次子尚不满月，这样丈夫便匆匆远行，怎能不"眼角眉梢都似恨，热泪欲零"呢？终于忍耐了，所以"还住"。这就更揪心。开慧呀，你满腹委屈，"知误会前翻书语"。什么误会呢？这里没有说，我们也便无须浪猜。反正夫妻间事，猜出了，也许只是针头线脑，反而没啥意思。好在下面紧接着说了："过眼滔滔云共雾"，已经雾消云散了。这人间知己，还是数着"吾和汝"。生活上难得周到，我的心里是有疚愧和隐痛的呀，天呵，你可会知道的吗？话似乎是说了好多，只是一霎间心理活动，都没说出口。是两颗真挚的心灵感应呀。这是上阕。

过片下阕，一闪念又想到送别途中，头顶半天残月，脚踏遍地清霜，穿过凄清的横塘，并肩踽踽行进在东门外大路上。没有言语，也没写内心活动，全用苍凉的景色衬托出凄苦的心境。这是在车站候车时浮起的意念，拂也拂不掉的印象呀！而忽然"汽笛一声"，兀的又回到现场，真个要"挥手从兹去"了，正是断肠人对断肠人。"从此天涯孤旅"，不禁神驰海阔天空……。到此，如若往昔词人，该留下多少悱恻，抑或不尽缠绵，或悬念："今宵酒醒何处？杨柳岸，晓风残月"；或哀怨："此去经年，应是良辰好景虚设，便纵有千种风情，更与何人说？"或悔忏："早知恁么，悔当初，不把雕鞍锁"；或叮咛："语已多，情未了。回首犹重道：记得绿罗裙，处处怜芳草"；或期盼："后回君若重来，不相忘处，把杯酒浇奴坟土"。……但是这些，能装进现代词境中吗？更何况在毛泽东大手笔下,看他是怎样接下去的。就好像被那“汽笛一声”惊醒一般:“凭割断愁丝恨缕!”振作起来吧,坚决地。这不只是豪情壮语,而是山雨欲来的大革命形势的绘影绘声。“要似昆仑崩绝壁,又恰象台风扫寰宇”。还会有什么排不去的愁与恨呢?于是,在依依惜别之时,便铮铮预言了:“重比翼,和云翥。”把热情和挚爱升华到如许这般宇宙人生境界,非只源于观念,而是凝练生命意识显像于自然造化的结晶。大悲无痛。大爱不宠。这便是伟大诗人同于常人又高于常人处。或曰:“要似”、“又恰象”两句是形容“凭割断愁丝恨缕”的坚决性或坚定性。如此呆读,有用牛刀杀鸡之嫌。不是不沾边儿,却不止于此,不限于此。诗词语,正以其模糊处见出多义性,猜不准才更饶有意味。

杨开慧与幼年时的毛岸英、毛岸青。

西江月

秋收起义

一九二七年

军叫工农革命，旗号镰刀斧头。匡庐一带不停留，要向潇湘直进。　　地主重重压迫，农民个个同仇。秋收时节暮云愁，霹雳一声暴动。

题解 TIJIE

1927年4月12日和7月15日，蒋介石、汪精卫先后叛变革命，大批共产党人和革命群众惨遭屠杀。为了挽救革命，中共中央于8月7日在汉口召开紧急会议，纠正了陈独秀的右倾投降主义路线，确立了武装反抗国民党政权的屠杀政策和开展土地革命的总方针，并决定发动农民在秋收季节举行武装起义。会后，毛泽东赴湖南、江西两省交界地区，领导江西安源的工人、两省的农民和一部分北伐军，组成了一支工农革命军，于9月9日举行了秋收起义(亦称秋收暴动)。经与国民党军激战，部队损失很大。9月19日，起义各部在湖南浏阳文家市会合，整编后由毛泽东率领，向井冈山进发。10月，到达井冈山，开创了第一块农村革命根据地。本篇作于秋收起义开始时。首见于《解放军文艺》1957年7月号所载邓叙萍撰《读毛主席诗词的一点感受》一文。词题原作《秋收暴动》，收入人民文学出版社1986年11月出版《毛泽东诗词选》时，编者据毛泽东修改稿改今题。

笺 注 JIANZHU

1937年5月9日毛泽东在延安和当年参加秋收起义的部分同志合影。

一、“军叫”四句

【镰刀斧头】 当时中国工农革命军旗上的图案。

【匡庐】 即庐山，传说商周间有匡俗在今江西庐山结庐，因称匡庐或庐山。此处代指江西。二字原作“修铜”，指江西西北部的修水、铜鼓二县。收入《毛泽东诗词选》时，据作者修改稿改作“匡庐”。

【潇湘】 借潇水和湘水，指湖南。原作“平浏”，即平江、浏阳，据修改稿改作“潇湘”。

二、“地主”四句

【同仇】 同心协力，对付敌人。《诗经·秦风·无夜》：“修我戈矛，与子同仇。”

【暮云愁】 象征黑云压顶，反动势力气势汹汹，农民生活陷于窘迫的情状。

赏 析 SHANGXI

上下片中二句 “头”、“留”、“仇”、“愁” 相叶，为一部平韵；上下片末句“进”、“动”相叶，为一部仄韵，实本不同部，此盖用方言相叶。按：本调一般用同一部韵平仄相叶，此首仄韵改用别部，是变格。

假如说，秋收起义是标志中国革命的里程碑；那么，这首《西江月》便是矗立在中国革命风云中的纪念碑的碑文。它本身就是一杆刺破凛凛秋风的红缨枪，就是绣在飘展的红旗上的斧头镰刀。让理论家们去争论什么“外宇宙”、“内宇宙”吧，难道秋收起义对诗人说来仅是所谓客观生活反映吗？

六言诗

给彭德怀同志

一九三五年十月

山高路远坑深，大军纵横驰奔。
谁敢横刀立马？唯我彭大将军。

题　解　TIJIE

六言诗，即每句6个字的诗。始于汉代。后亦有古近体之分。本篇不拘平仄，属于古体。1935年10月19日，党中央暨红军北上抗日先遣队结束了长征，到达陕北保安的吴起镇（今陕西吴旗县城）。这时，国民党军的5个骑兵团尾随而至。为了不把敌人带进陕北根据地，10月21日，彭德怀指挥先遣队在吴起镇附近的大峁梁进行了“切尾巴”战斗，歼灭敌军一个骑兵团，打胜了中央红军到达陕北后的第一仗。为此，毛泽东特作本诗，给予高度赞扬。彭德怀阅诗后，谦逊地提笔将末句改为“唯我英勇红军”，并将原诗送还了毛泽东。本篇首见于1947年8月1日冀鲁豫部队《战友报》。原编者注曰：1935年彭德怀率红一军团强攻腊子口，侦察完地形后发一电报给毛泽东，毛泽东即以此诗作为复电云云。与事实不符。又据《彭德怀自述》所记，诗云“山高路险沟深，骑兵任你纵横。谁能横枪勒马，唯我彭大将军”，文字与《战友报》所载略有不同。此诗收入人民文学出版社1986年11月出版的《毛泽东诗词选》。今题即由编者所加。

笺 注 JIANZHU

一、"山高"二句

【坑深】 指黄土高原地区特多的沟壑。此处《彭德怀自述》所记另稿即作"沟深"。

【大军纵横驰奔】 另稿作"骑兵任你纵横"。大军,自称,有自豪感;"骑兵",指敌方,意不谐,且横字亦失韵。当以"大军"句为是。

二、"谁敢"二句

【谁敢横刀立马】 另稿作"谁能横枪勒马"。两句词意仿佛,"立马"句较"勒马"句似更威风凛凛,潇洒有神。

1945年,毛泽东和彭德怀在延安。

【彭大将军】 1935年9月红军长征出腊子口到哈达铺时,因部队减员,彭德怀建议将三军团并入一军团;随后红军一方面军主力和军委纵队整编为中国工农红军陕甘支队,毛泽东兼任政委,彭德怀任司令员。到达陕北后第一仗便是在这期间打的,这首诗也就是在这时期所作。诗称"彭大将军",是褒扬赞赏,当然也是职名实称。

赏 析 SHANGXI

中央红军刚到陕北,就打了一个漂亮仗,围歼了穷追不舍的敌军一个骑兵团,干净利落地切掉了讨厌的"尾巴"。这对长缨在手、誓缚苍龙的红军统帅来说,无疑是一件令人开颜的快事。因而按捺不住内心的激动和兴奋,满腔热情地展纸濡笔，挥写了铿锵明快的六言诗。

这首诗，字里行间跳动着凯歌的欢快音符，更跳动着革命统帅的那颗“爱将”之心。“山高路远坑深”，自是对战地地形特点的描绘，同时也是对长征艰险经历的反映，一个“高”字、更尤其一个“远”字，于无意间透露了初到陕北征鞍未解的心境。而且是“红军不怕远征难”，所以还在“大军纵横驰奔”，这便更加发扬了“五岭逶迤腾细浪，乌蒙磅礴走泥丸”的气概了。此以白描出之，尤见朴纯质实。倏地一声诘问：“谁敢横刀立马？”实为万钧雷霆，声震环宇，“横刀立马”这种威风凛凛雄姿，令人不禁重闻：“问苍茫大地，谁主沉浮？”于是叱咤风云，威慑天地：“唯我彭大将军。”在这里，读来当是不觉间加了惊叹号的。一个“我”字，透露出多么亲切、信赖、钦佩，更尤其饱溶着多少欣慰、骄傲、自豪！仅此浅明的六字白文，便充分表现了对将才的赞扬和称颂，在读者心目中树立起一位胸怀大略、指挥若定的彭大将军的高大形象。它会引我们不胜感慨地联想起多少历历往事啊！但在这里首先还是说诗。诗写得短小精练，明白晓畅，读来如数鼓点，而寓意深长。主题是赞扬称颂彭大将军，读者也完全能够随着笔锋指向，倾注爱心和敬意。可是读罢全诗，还是自自然然仿佛看到了一位“胸中自有雄兵百万”、危难时刻表现出轻松、豁达、潇洒自如、充满革命乐观主义精神、富有诗情智慧的伟大统帅，并且令人不禁联想到苏东坡《赤壁怀古》中“谈笑间、樯橹灰飞烟灭”的情境。论者或云有所谓无我之境，而假若真正无我，恐怕也就不成其为诗了。此义当可于此短诗中会之。

临江仙

给丁玲同志

一九三六年

壁上红旗飘落照，西风漫卷孤城。保安人物一时新。洞中开宴会，招待出牢人。　纤笔一枝谁与似？三千毛瑟精兵。阵图开向陇山东。昨天文小姐，今日武将军。

题解 TIJIE

1933年5月14日，中共党员、中国左翼作家联盟党团书记、女作家丁玲，在上海遭国民党便衣暗探绑架。舆情哗然，激起文化界进步人士极大愤慨，复以蔡元培、宋庆龄、鲁迅等38人致电南京政府大力营救，国民党当局未敢遽下毒手。特秘密押赴南京，软禁达3年之久。1936年9月18日，在党组织的救援下，丁玲逃离南京，潜回上海。10月中旬，乔装赴西安。11月初，赴陕北，月中顺利到达保安，受到毛泽东、周恩来、张闻天、博古等党中央领导同志的热烈欢迎。毛泽东问她打算做什么，她回答说："当红军。"22日，苏区第一个文艺团体——中国文艺协会在保安成立，丁玲当选为主任。此后，根据她本人的要求，党中央派她随红军总政治部出发，到前方去工作。行军十余日，抵达陕西定边。12月12日西安事变爆发，红军前敌总指挥部率主力部队向西安方向运动，丁玲亦随军南下。此期间，毛泽东作此词，用电报发往红一方面军，遥赠丁玲。电报于12月30日送达丁玲手中。1937年初，中央转移延安，丁玲由前方返回，毛泽东复以毛笔手书此词相赠。本篇首先见于《新观察》1980年7月号。人民文学出版社1986年11月版《毛泽东诗词选》有题曰《给丁玲同志》,盖为编者代拟。

笺　注 JIANZHU

一、"壁上"五句

【壁上红旗飘落照】 壁指城墙。落照,夕阳。全句是说城头红旗在夕阳中飘扬。

【保安】 旧县名,在陕西西北部。1936年7月至1937年1月,中共中央、中华苏维埃共和国中央政府曾驻于此。后转到延安,保安县改名志丹县。

【洞中开宴会】 洞,指窑洞。丁玲初到时,中共中央宣传部曾在一个大窑洞里开会欢迎,并设宴款待。

二、"纤笔"五句

【纤笔】 精巧的笔,指丁玲手中写下无数文章的生花妙笔。

【谁与似】 谁能与之相比。

【三千毛瑟精兵】 毛瑟,德文Mauser的音译。德国威廉·毛瑟及彼得·毛瑟兄弟所设计、为毛瑟工厂所制造的枪支称毛瑟枪。这里是说丁玲一枝纤笔,顶得上三千支精良的毛瑟枪。精兵,精良的武器。孙中山先生在1922年6月21日《与报界的谈话》中曾说:"常言谓:一枝笔胜于三千毛瑟枪。"此处,或亦可解作三千名装备精良的士兵。

【阵图】 指阵地、战场。

【陇山东】 指陕甘边境一带,当时聂荣臻、左权率红一军团在此作战。

赏　析 SHANGXI

本篇守谱押用一部平韵,韵脚分别为"城"、"新"、"人"、"兵"、"东"、"军"。按,"城"、"兵"与"新"、"人"、"军"与"东",本不同部,此盖以方言取叶。

这是一首寄赠诗,以明快的笔调,娓娓道出了共产党人之间的那一种珍贵的同志之情。全词举重若轻,不见用力之迹,而力透纸背。

上片先从写景下笔。起二句,"落照"点明时间是傍晚,"西风"点明节气是深秋。城头"红旗"在夕阳中飘扬,暗示丁玲已来到安全而自由的地方,投入了党的怀抱。旗之“红”与夕阳的余辉相映,色彩鲜明。“红旗飘”与“西风漫卷”构成一幅动态的图画;而“壁上”与“孤城”又是静态的;可谓动静相间。第三句具体点出地点“保安”,同时由写景转到写人,劈空而来,设一悬念,从而逗出下二句:“洞中开宴会,招待出牢人”。丁玲是党培养起来的革命文艺战士,脱离囹圄,重获自由,岂不是一件值得庆贺的事吗?两句语浅情深,具有浓厚的生活气息。

下片由上结的“出牢人”引出,塑造了一个英姿飒爽、文武双全的女战士形象。“纤笔”二句用今典。上文皆叙语,一气道来,至此间变作一问一答,便有波浪起伏之妙。以“纤笔”对“毛瑟精兵”,以“一枝”对“三千”,把两种质量毫不相关又相距甚远的事物放到一起相比较,显得既奇且妙,既是对一位巾帼英豪的称颂赞美,又是对当时方兴未艾的革命文艺工作的肯定与鼓励。这诗句直到今天读起来,犹当令人心动。以上两句写人,下一句则写事:“阵图开向陇山东”,写的是当日史实,但事中仍有人,因为丁玲正是随军开往陇山东的。写战争形势自然也就涵盖了丁玲的行踪,而且使“纤笔”两句也就有了更坚实的着落。——看,丁玲手中的“纤笔”,不仅胜似三千精兵,且已冲锋杀敌了。于是,结句水到渠成:“昨天文小姐,今日武将军。”一个光彩照人的女中豪杰跃然纸上。这两句笔力超迈,体现了诗人一贯的豪放词风。

这首词在结构上的特点是以丁玲的行踪为次序,写出了真正的生活和细节。空间和时间的转换与推移,有条不紊,井然有序。在表现手法上,没有浓笔重墨,纯用白描。而巧妙运用对比:红旗在孤城上空飘扬,已在与孤城以外的世界暗比;继之一枝纤笔与三千精兵明比;又昨天与今日对比,文小姐与武将军对比;整体上更暗中隐含着身陷囹圄与喜获自由的对比。在对比中逐渐完成了诗人对丁玲同志的赞叹之情的抒发,完成了丁玲这一艺术化了的人物形象的塑造和刻画。

本论参考潘百齐的“赏析”文字写成,文见《毛泽东诗词鉴赏》(江苏古籍出版社 1990 年版)。

五　律

海鸥将军千古

一九四二年

外侮需人御，将军赋采薇。
师称机械化，勇夺虎罴威。
浴血东瓜守，驱倭棠吉归。
沙场竟殒命，壮志也无违。

题　解　TIJIE

1941年12月，太平洋战争爆发。次年2月，日本侵略军为了切断盟国援华抗战物资的重要运输线——滇缅公路，以泰国、越南为基地，向当时为英国殖民地的缅甸大举进攻。应英国政府的请求，中国国民党政府派遣远征军共3个军约10万人赴缅参战。自3月中旬至4月，远征军先后在同古、仁安羌、腊戌等地与日军进行了激烈的战斗。4月底至5月，因作战失利而总退却，一部撤至印度，大部撤回国内。

是役，远征军的主力第五军第二〇〇师师长戴安澜将军率所部奋勇搏杀，表现最突出。后因撤退途中遭日军伏击，身负重伤，不幸于5月26日殉国，享年38岁。同年秋，戴安澜将军追悼会在广西全州举行。远在延安的毛泽东特为撰此挽诗，遥奠忠魂。本篇转录自解放军文艺出版社1982年4月出版的黄济人著《将军决战岂止在战场》。诗体标目“五律”，系引注者代拟。五律，即五言律诗。《昆仑》1990年第2期陈立人撰《野人山记——中国远征军缅甸抗战纪事》，载此诗前有“海鸥将军千古”6字，盖属挽辞，亦可视为诗题，或为原作所题写。海鸥，戴安澜将军自号。

笺 注 JIANZHU

一、"外侮"四句

【外侮】 外来的欺凌，此指日本帝国主义的侵略。

【赋采薇】 《诗·小雅·采薇》小序曰："《采薇》，遣戍役也。文王之时，西有昆夷之患，北有猃狁之难。以天子之命，命将率，遣戍役，以守卫中国，故歌《采薇》以遣之。"此诗"赋采薇"取"赋诗言志"之义，谓戴安澜将军毅然出征，远赴国难。

【机械化】 第二〇〇师是精锐的机械化部队，故云。

【勇夺虎罴威】 称赞将士勇武，气盖强敌。纵使虎豹熊罴一般的敌人，也会被镇压住丧失了军威。虎罴，比喻凶猛的敌人。

二、"浴血"四句

【东瓜守】 东瓜，即缅甸南部重镇同古，同名异译。守，指保卫、防守。1942年3月8日，中国远征军先头部、第二〇〇师于千里跃进之后抵达东瓜，即同古，从英军手中接防。因前方英军弃守仰光，日军重兵直趋同古。3月19日第二〇〇师小试锋芒，在城外与日军打了一场遭遇战，歼敌300余。3月21日和22日，日军出动350架飞机，摧毁了驻缅的英国空军，掌握了制空权。同时又以四倍于我的优势兵力，将同古合围。戴安澜将军率孤军浴血奋战，坚守十日，予敌人以重大杀伤，全师1.2万余众亦阵亡三分之一。在友军受阻、后援不继的严峻形势下，于3月30日放弃同古，杀出重围。

【驱倭】 驱逐倭寇。倭，古代对日本的称呼。《汉书·地理志》："乐浪海中有倭人，分为百余国。"注："《魏略》云：倭在带方东南大海中，依山岛为国。渡海千里复有国，皆倭种。"

【棠吉归】 第二〇〇师撤出同古后，退至缅甸中部的棠吉。嗣因中英联军连战失利，远征军总司令部下令总退却，乃撤离棠吉，夺路回国。

【殒命】 死亡，战死。

【无违】 没有背离。

赏 析 SHANGXI

1942年秋在广西全州举行的戴安澜将军追悼会上，不仅有毛泽东遥寄的挽诗，还有周恩来的挽联："黄埔之英，民族之魂。"还有朱德、彭德怀的挽联："将略冠军门，日寇几回遭重创；英魂羁缅境，国人无处不哀思。"新中国成立后，我中央人民政府内务部追认戴安澜将军为革命烈士。凡此都充分说明了中国共产党人站在全民族的立场上，热情支持一切爱国力量反对日本帝国主义侵略的正义行动，光明磊落，坦荡无私。这适与国民党反动当局上年制造"皖南事变"，掀起反共高潮，置民族利益、抗战大局于不顾的政治自私行为，形成鲜明对比。就此而言，也足见这首"五律"所具有的特殊政治意义。

单就诗本身来看，毛泽东抗战时期的诗作，目前可见者仅此一首，其五言律诗，目前可见者亦仅此一首。吉光片羽，弥足珍贵。作为挽诗，是一种社交性质的应用文，贵在朴实庄重，平正得体。本篇得称规范风格。首联二句，直书事始，即从戴安澜将军率部入缅，远征抗敌写起。"赋采薇"三字正用远征赴敌的古典，精切不移，于叙事则有雍容不迫之气度，于行文则有渊雅流丽之风致，尤见精彩。颔联、颈联，均守律对仗。前者于主客两方，陪衬军威，"机械"、"虎罴"，自对工致，合读则气韵生动，神采飞扬，亦一篇之警策。后者叙说在缅战斗历程。"东瓜"、"棠吉"，以域外战地译名入诗，均实录，称诗史。四句都不是专写将军，而是写将军所统率的部队，写远征军艰苦卓绝的战斗。这自然是写龙必以云的方法。无云涛雾澜的烘托，则飞龙又安见其腾骧九霄的矫健呢？此不写将军乃所以正写将军也。尾联二句，收笔回写将军本身，哀悼其赍志以终，显示挽诗主题。一个"竟"字写出震惊与痛惜，结句志壮志无违，则更见有重于泰山之义。孔子曰："三军可夺帅也，匹夫不可夺志也。"（《论语·子罕》）将军为国捐躯，死可瞑目矣，我们全部奋起的抗战军民则必将前仆后继，踏着先烈血迹向前，誓将反侵略战争坚持到最后胜利。这便是"壮志也无违"的真实涵义，其笔重矣，其旨大矣！

浣溪沙

和柳亚子先生

一九五〇年十一月

颜斶齐王各命前，多年矛盾廓无边，而今一扫纪新元。　　最喜诗人高唱至,正和前线捷音联,妙香山上战旗妍。

附:柳亚子原词

浣溪沙

中央戏剧学院舞蹈团演出《和平鸽》舞剧,欧阳予倩编剧,戴爱莲女士导演兼饰主角。四夕至五夕,连续在怀仁堂奏技。再成短调,欣赏赞美之不尽矣。

白鸽连翩奋舞前。工农大众力无边。推翻原子更金圆。　　战败集团仇美帝,和平堡垒拥苏联。天安门上万红妍!

题　解 TIJIE

1950年10月于新中国建立之初,毛泽东曾填写《浣溪沙》词《和柳亚子先生》以庆祝"人民五亿得团圆",中国人民站起来了。事隔一个月,这是又一次同题和词，其背景是，当时新生的中华人民共和国面临新的严峻考验。是年6月25日，朝鲜内战突然爆发。27日，美国派出海军和空军，武装干涉朝鲜内政，并命令第七舰队向我国领土台湾沿海游弋，声称台湾为其不沉的“航空母舰”，阻止中国人民解放台湾。28日，我外交部长周恩来受权声明，强烈谴责美国政府侵略朝鲜、台湾及干涉亚洲事务的行为。9月，美军在仁川登陆，使朝鲜战局急转直下，它还打着联合国军的旗号，越过三八线，向鸭绿江和图们江进逼，直接威胁我国东北边境的安全。面对美帝的侵略气焰，中共中央经过慎重考虑，决心承担最大的民族牺牲，组成中国人民志愿军，出兵朝鲜，抗美援朝，保家卫国。10月8日，中国人民革命军事委员会主席毛泽东发布《给中国人民志愿军的命令》：“着中国人民志愿军迅即向朝鲜境内出动，协同朝鲜同志向侵略者作战并争取光荣的胜利。”并任命彭德怀为中国人民志愿军司令员兼政治委员。这个决定得到全国各族人民热烈响应和支持。在全国人民支援下，中国人民志愿军于10月25日到达朝鲜前线。就在此时，“联合国军总司令”麦克阿瑟还在美国总统杜鲁门面前保证：“在感恩节前，南北朝鲜各地的正式抵抗都将告终。”中国人民志愿军以迅雷不及掩耳之势，粉碎了敌人的梦想。10月25日至12月24日，中国人民志愿军在朝鲜人民军的配合之下，接连发起第一、二次战役，歼敌5万余人，收复平壤，把敌人赶回三八线附近，扭转了朝鲜战局。正是在这期间，毛泽东读到柳亚子先生欣赏赞美歌舞剧《和平鸽》的词作，非常喜欢与兴奋，遂挥笔写下这首《浣溪沙·和柳亚子先生》。匝月之间，同题两和，岂止酬唱风雅，实则于轻描淡写中，唱出了有关国家命运、人类前途的大主题。本词首见于人民文学出版社1986年11月版《毛泽东诗词选》。

笺注 JIANZHU

一、“颜斶”三句

【颜斶齐王各向前】 颜斶(chù)，战国时齐人；齐王，指齐宣王。《战国策·齐策》记载，齐宣王召见颜斶，说：“斶前！”颜斶也说：“王前！”宣王不悦，左右的人也都说颜斶违反君臣之礼的不是。颜斶对曰：“夫斶前为慕势，王前为趋士，与使斶为慕势，不如使王为趋势。”王忿然作色，曰：“王者贵乎？士贵乎？”

颜斶对曰："士贵耳，王者不贵。"本句以颜斶喻柳亚子，以齐王喻蒋介石。各命前，谓让对方实行自己的主张。

【多年矛盾】 柳亚子1926年为国民党中央监察委员时，就曾指斥蒋介石是新军阀。1927年蒋介石发动"四·一二"反革命政变后，遭通缉，亡命日本。1928年回国，进行反蒋活动。抗日战争时期，积极从事抗日民主活动。1941年"皖南事变"后，发表宣言谴责国民党当局制造分裂，破坏抗战，被开除党籍。解放战争期间，在香港继续从事民主革命活动。1947年至1948年与李济深等组织国民党革命委员会，当选为中央常务委员兼秘书长。凡此都说明诗人柳亚子与蒋介石的矛盾实在"廓无边"，广大无边。

【而今一扫纪新元】 而今新中国建立，开始了新的纪元，往日那些"多年矛盾"都被扫进历史垃圾堆里去了。

二、"最喜"三句

【高唱】 高妙的词作，指柳亚子的原词《浣溪沙》。

【前线捷音】 指抗美援朝，抗击美帝侵略军，自10月25日至11月8日，歼敌1.3万余人的胜利，见本篇题解。

【妙香山】 朝鲜西北部著名山脉，东北—西南走向，海拔约1000米。主峰妙香山，海拔1900米。

赏 析 SHANGXI

一首小词，于平易之中，寄寓遥深，表达崇高兴会，实是发人深省。善于从眼前景物，穿织寥廓时空，写出了历史感，给正反黑白以鲜明对比的评价，歌颂了革命胜利。总是从大处落笔，看上去却似全然不费力气。过片顺手转入现实，一步跨越了三千里，自然而生动，引人入胜。如非胸中自有变幻万千的五洲风云，怎得恁般从容？

诗人柳亚子说："我论诗不喜艰涩，主张风华典丽；作诗不耐苦吟，喜欢俯拾即是。"(《我对于创作旧诗与新诗的感想》)柳诗尚自然流出，不欲强为之，这与凑泊填塞是不可同日语的两种境界。毛泽东诗词，于兼柳之长外，更奔迸泉涌，以意趣和气势胜。即以这首小词而论，兴之所至，妙字俊语涌跳喷发，不费揣摩，不练而精，声色俱佳。友人端木蕻良说它是“运用中国古典诗词的特点，以最少的字句，表达最丰富涵义所奏出的一首爱国主义与国际主义交响乐，是一幅韵味无穷的时代画卷。”(《爱国主义与国际主义交响乐》)信然。

七　律

和周世钊同志

一九五五年十月

春江浩荡暂徘徊，又踏层峰望眼开。
风起绿洲吹浪去，雨从青野上山来。
尊前谈笑人依旧，域外鸡虫事可哀。
莫叹韶华容易逝，卅年仍到赫曦台。

题　解 TIJIE

毛泽东1955年10月4日致周世钊书中说："读大作各首甚有兴趣，奉和一律，尚祈指正。"下文即录此诗。周世钊(1897~1976)，时为湖南省教育厅副厅长兼第一师范学校校长。他写有《七律·随从毛主席登岳麓山》一首："滚滚江声走白沙，飘飘旗影卷红霞。直登云麓三千丈，来看长沙百万家。故国几年空咒虎，东风遍地绿桑麻。南巡已见升平乐，何用书生颂物华。"毛泽东所和者，或即此首。细省书信语气，和诗应作于写信之当日或稍前，亦即1955年秋，而诗纪春令，似出追咏。所咏登长沙岳麓山疑在当年春季，与周世钊诗所言同时同事，此见"和"诗之意。本篇随首次公开发表于人民出版社1983年12月版《毛泽东书信选集》，人民文学出版社1986年11月版《毛泽东诗词选》据以收录，题作《和周世钊同志》，盖编者代拟。

笺　注 JIANZHU

一、"春江"四句

【春江】　指湘江，源出广西灵川东海洋山西麓，流贯湖南东部，经长沙

1955年，毛泽东在南京郊区尧辰乡十月农业生产合作社视察。（吕厚民　摄）

北去。

【层峰】 此指湘江西岸的岳麓山峰，为诗人旧日与同学友人惯游之地。

【绿洲】 此指橘子洲，在长沙西湘江中。

二、"尊前"四句

【尊前】 谓筵席上，尊，尊同樽，酒杯。诗人年轻时曾与周世钊等友人杯酒谈宴，数十年后重叙旧欢。

【域外】 谓中国以外的世界，此盖特指当时腼居盟邦的某大国。

【鸡虫】 杜甫《缚鸡行》诗："小奴缚鸡向市卖，鸡被缚急相喧争。家中厌鸡食虫蚁，不知鸡卖还遭烹。虫鸡于人何厚薄？吾叱奴人解其缚。鸡虫得失无了时，注目寒江倚山阁。"明王嗣奭《杜臆》："鸡得则虫失，虫得则鸡失，世间类此者甚多，故云'无了时'。"清卢元昌《杜诗阐》："叱奴解缚，使虫鸡得失自还虫鸡，于虫不任怨，于鸡不任德。天下皆可作虫鸡观，我心何必存虫观见也。"此处盖借喻某大国领导层内部的权力斗争。

【卅年】 30年。如依1925年写《沁园春·长沙》计，到此诗之作整30年过了。

【赫曦台】 赫曦，光明盛大貌。《乾隆长沙府志》卷一二《古迹》："赫曦台，在岳麓山上。文公（按：为朱熹）《文谷山记》曰：予名岳麓山顶曰赫曦，张伯和父为大书台上。悬岩有古篆字数十，隐见不明。嘉靖戊子（按：为1528）知府孙存建。"是知赫曦台宋朱熹命名，今存者为明建。

赏　析 SHANGXI

一首酬和诗，俱见对少年情谊的珍视。从结构上看，四联八句，对仗工整，俱如通常七律式样，前半写景纪游，后半抒情寄兴，一般读来，自极平顺，似无多可评说。但有一点，不可不察，诗随信发，成于同时。信写在深秋，而诗则纪春令，盖为追咏，此于题解中已述及。不过为什么偏要这样写法呢？这就免不了费人猜测了。或从虚写的角度看,说这是通过诗人的想像所创造的一种典型环境,是借这种景来抒发情怀,把当时的国内政治形势寄寓其中。主要是指正以全力推动的农业合作化运动。诗人放眼全国,不禁油然而生欣喜之情,联想到在全国这块"绿洲"和"青野"上全面铺开的合作化运动。把发生在960万平方公里上的事情,尽取眼底。"风"、"吹"、"雨"、"上",全都处在动态之中,把农业合作化运动潮涌迅猛的态势,全都表现了出来(请参阅尹一之《酬唱奉和友谊深》,载臧克家主编《毛泽东诗词鉴赏》)。或从实写的角度看,略为仔细揣摩,又觉得全诗纯然是"却话巴山夜雨时"(唐李商隐《夜雨寄北》)式的追咏,一切景语、情语均在无拘无束的叙谈中融为一气,如绿洲风起,雨罩青原。天然而又浑成。诗的前四句,就正是追忆重登岳麓山的情景,诗人仿佛在深情地叩问老同窗:"你还记得么,那江、那山、那风、那雨啊……"他生动地再现了自己当时的奇妙感受:那浩荡的春江和层层的峰峦任我流连而攀登,那风和浪、雨和山皆因我的瞬间感觉而喜结良缘。特别有意味的是,风起绿洲风也绿,雨从青野雨亦青。诗人呼吸领会到了一种朦胧无边、充满生机的青春气息(参阅何永康《〈七律·和周世钊同志〉赏析》,载江苏古籍出版社《毛泽东诗词鉴赏》)。这确实是"诗人未必然,读者何必不然"。读者作为再创作,是容许如此恁般自由的。只是后者断为"追咏"同我的猜想近同,我自更多倾斜于后一种赏析。并且连"赏析"文字接下去所作的联翩浮想,由"虚"转"虚",也颇感引人入胜。作者情不自禁地说:"再者,风本无形,却因吹浪远去而获得了浪的形骸;雨从天降,却因诗人的登高送目而飘飘然上得山来。看来作者主要不在写实,而是以"意"驭"象",使物象成了心象的象征。象征什么?象征生命之树常青,人的风华总是大写在万物流转、生生不息的整幅自然彩卷之上。这样,就相当自然地引发了后四句的人生咏叹。这段文字为"赏析"而作,实亦堪"赏析",因特未增减一字,照录于此。不曰必其然,然可当一说,如此读诗,便自不止徒见其平顺,而枯于无多可评说也。

说到下四句。确实是在抒发人生咏叹。这本是于饱经沧桑,旧友重逢,人之恒情。于此,在一个老化了的心态中,似也引不起多少皱纹。不过在前文既已形象地显示了生命之树常青,生生不息的整幅自然彩卷就洋溢着生命意识的潇洒。那么,这里的尊前谈笑依旧,卅年重到赫曦,自然便应该更多读出些勃勃生机,更峥嵘、更激昂的情调。这就一任读者去调动自己的"感受"或"感应"吧。人各不同,勉强不得。只有几句题外却并非诗外的话,想在这里说一说，就是诗的颈联："尊前谈笑人依旧，域外鸡虫事可哀。"守律工整，骈俪对仗，读起来音调铿锵，令人神驰。这在修辞学上叫对偶。明何景明《与李空同论诗书》说："诗文有不可易之法者，辞断而意属，联类而比物也。"辞断意属，意味着跳跃性强，诗行间的空白大，给读者想像或联想留下充分的余地。所以峰断云连，更具审美景观。中国古典诗词，有讲求对偶的传统，这也是历久摩挲砥砺而形成的。对偶可以把不同时间和空间的意象组合在一起，让人看了这一面由不得也便联想到另一面，于是东西南北，春夏秋冬，天上人间，红颜白发，无论时间和空间上有多大飞跃，读来都极自然地把意象放在一起。比如"无边落木萧萧下，不尽长江滚滚来"(杜甫《登高》)，全然不相干的两种景物，上句着眼于空间的广阔，下句着眼于时间的悠长。而两个意象通过对偶联接起来，便表现出一派无边无际的秋色。这是在汉字运用过程，历久的熏陶中才养成的一种寓美鉴赏能力。再回头说这里的"尊前"与"域外"一联两句。是怎样联系起来的呢？如果不用对偶，便会给人以不着边际之感，是吗？而一用对偶，却又这般自然。这里不仅词对意对，可供读者联想；甚至还可想像得到，当老朋友们杯盘谈笑中，那"域外鸡虫"诸般情事，大约也会偶入话题吧，只是说来有点煞风景，未免于"事可哀"的慨叹。这在1955年，我们虽然于《秘密报告》有所保留，但对"同盟"犹怀憧憬，谈及"鸡虫"，便难得完全释然也。所以，这虽似题外话，却仍属诗中意，而且大大丰富了增添了"尊前谈笑"的内涵。看似斜枝远扬，而裁去它岂不就少了些生气吗？

杂言诗

八连颂

一九六三年八月一日

好八连，天下传。为什么？意志坚。为人民，几十年。拒腐蚀，永不沾。因此叫，好八连。解放军，要学习。全军民，要自立。不怕压，不怕迫。不怕刀，不怕戟。不怕鬼，不怕魅。不怕帝，不怕贼。奇儿女，如松柏。上参天，傲霜雪。纪律好，如坚壁。军事好，如霹雳。政治好，称第一。思想好，能分析。分析好，大有益。益在哪？团结力。军民团结如一人，试看天下谁能敌。

笺注 JIANZHU

【八连】 1949年5月，人民解放军某部八连进驻上海最繁华的地段南京路。多年来，这个连队的一批批干部、战士身居闹市，一尘不染，勤俭节约，克己奉公，热爱人民，助人为乐，受到了群众的高度赞扬。1963年4月25日，国防部批准授予这个连队“南京路上好八连”的光荣称号。同年“八一”建军节，毛泽东作此诗对该连加以歌颂，并对全国军民提出了一系列期望和要求。本篇首次发表于1982年12月26日《解放军报》。

【杂言诗】 古体诗的一种。最初出于乐府诗。句度长短间杂，无一定标准。全篇字数、句数不拘，亦无需调平仄。押韵方式也较自由。本篇以三言为基础，末二句殿以七言句。

赏 析 SHANGXI

“在民歌和古典诗歌基础上发展新诗。”据说，这个口号是毛泽东于1958年时提出的。于此前后，他还提出过“从民歌中吸取养料和形式，发展为一套吸引广大读者的新体诗歌”。并且曾认为要依此方向努力，大约需要50年或可达到成功。这些都是毛泽东谈及“发展新诗”问题时说的。这样看来，我们实可以把这首杂言诗看做毛泽东依照自己的主张试写的一首新体诗歌。

这是我们所见到的毛泽东惟一的一首新诗。它的特殊意义及重要价值当即在此。可惜这种试验只此偶一为之，漫说50年，甚至不曾看到过第二篇。这样，便使着这首杂言诗摆在毛泽东诗词中，显得有些异样、孤立，也难以就其据作实践的原则来进行检验。只可作为一件珍贵的历史文献来传诵。

七 律

吊罗荣桓同志

一九六三年十二月

记得当年草上飞，红军队里每相违。
长征不是难堪日，战锦方为大问题。
斥鷃每闻欺大鸟，昆鸡长笑老鹰非。
君今不幸离人世，国有疑难可问谁？

题 解 TIJIE

罗荣桓(1902~1963)，湖南衡山人。1927年加入中国共产主义青年团，同年转为中共党员。8月，参加领导鄂南秋收暴动。9月，参加毛泽东领导的湘赣边界秋收起义。历任红军连、营、纵队党代表。1930年任红四军政委。1932年任红一军团政治部主任。1933年起，先后调任江西军区政治部主任、红军总政治部巡视员等。长征后期于1935年9月任红一军团政治部副主任。1937年任红军后方政治部主任。抗日战争时期，历任八路军一一五师政治部主任、政委兼代理师长，山东军区司令员兼政委，中共中央山东分局书记。解放战争时期，历任东北民主联军副政委、东北人民解放军政委、第四野战军第一政委。建国后，历任中央人民政府委员、最高人民检察署检察长、解放军总政治部主任、国防委员会副主席等。在第一、二届全国人大会议上当选为人大常委会副委员长，在党的七大、八大会议上当选为中央委员，在党的八届一中全会上当选为中央政治局委员。他一生忠于党，忠于人民，为中国人民的解放事业特别是为中国人民解放军的政治工作作出了重大贡献。因积劳成疾，1963年12月16日，罗荣桓不幸病逝于北京。当噩耗传来时，中共中央政治局常委正在开会，毛泽东带头起立默哀。默哀后，他说：罗荣桓同志逝世了，一个人数十年如一日，忠于党的路线，很不容易啊！罗荣桓同志是很有原则的人，他对敌恨，不背后议论人。党内要有原则、要有原则精神。会议结束后，毛泽东亲莅医院向罗荣桓遗体告别。旋作此诗以志悼念。本篇首次公开发表于 1978 年 9 月 9 日《人民日报》。

笺 注 JIANZHU

一、"记得"四句

【草上飞】 一般指走得快，此谓驰骋战斗，借用传说中唐朝末年农民起义领袖黄巢的绰号。宋陶谷《五代乱离纪》载：黄巢起义失败后僧于洛阳，曾绘像题诗云："记得当年草上飞，铁衣著尽著僧衣。天津桥上不相识，独依栏干看落晖。"按：唐·元稹《智度师》诗二首云："四十年前马上飞，功名藏尽拥禅衣。石榴园下擒生处，独自闲行独自归。""三陷思明三突围，铁衣抛尽衲禅衣。天津桥上无人识，独凭栏干望落晖。"所谓黄巢自题像诗，即割裂缀合元诗并稍加修改而成。巢兵败后自刎于泰山虎狼谷，为僧一事盖出传闻，诗亦后人伪托，均不可信。草上飞三字已成，日用口头语，此亦不必视为典故。

【每相违】 每每相违。相违有二义，一谓人相分离，二谓意相对立。此处可作双关语理解，意谓自己和罗荣桓在红军时期每曾因为党内军内发生意见分歧或路线斗争而暂时分开。按：自秋收起义上井冈山时起，罗荣桓就在毛泽东直接领导下工作。1929 年夏于闽西龙岩召开红四军第七次党代会，会上就建军与作战一系列重大问题发生了激烈争论，当时任二纵队九支队党代表的罗荣桓是支持毛泽东的意见的。会后，毛泽东被迫离开了红四军前委书记的领导岗位，到闽西特委指导工作。这是两人第一次"相违"。后数月间，红军屡次失利，损失很大，11 月，毛泽东重返红四军前委主持工作。1932 年 10 月中共苏区中央局宁都会议后，王明"左"倾机会主义者又撤了毛泽东红一方面军总政委的职务，委派他做政府工作。继而罗荣桓亦被调离红一方面军。这是两人第二次"相违"。直到长征中，罗荣桓才又重新回到毛泽东身边。

【难堪】 难以忍受。

【战锦方为大问题】 指 1948 年秋冬锦州解放战争，方算解决了"大问题"。按：1948 年，亦即解放战争第三年，中共中央军委和毛泽东决定首先在东北战场与国民党军进行战略决战。9月至11月,我东北野战军组织了辽沈战役。战役开始前,敌军分别据守在长春、沈阳、锦州等三个孤立的地区。是先攻打锦州,断敌退路,全歼敌之主力于东北;还是先攻打长春,驱敌逃窜,退回山海关内。采取何种打法是至关重要的。虽曾一度犹豫,而很快就决定采取了全面贯彻执行中央军委和毛泽东的作战方针,从而取得了全歼敌军47万的重大胜利。在对于全中国的解放具有决定意义的三大战役中,辽沈战役是首战;而在辽沈战役中,锦州之战又是关键的一仗。所以才称之为“大问题”。意谓解决了大问题。

二、“斥鷃”四句

【斥鷃欺大鸟】 化用《庄子·逍遥游》语意,原典谓大鹏鸟因高飞远举,而遭到斥鷃小雀的讥笑。斥鷃,同斥鴳,鴳鹑之类。欺,欺侮。大鸟,指鹏。

【昆鸡常笑老鹰非】 昆鸡,语出汉司马相如《上林赋》:“乱昆鸡”唐颜师古注:“昆鸡似鹤,黄白色。”此篇只当一“鸡”字用。笑,讥笑。俄国克雷洛夫寓言《鹰与鸡》中写道:鸡耻笑一只偶然低飞的鹰,鹰回答说:“鹰有时飞得比鸡还低,但鸡永远不能飞得像鹰那样高。”此借用其喻。

赏　析 SHANGXI

噩耗传来,毛泽东悲痛逾常,亲到医院向老战友的遗体告别。归来,一直沉浸在哀思之中。据身边的医护人员回忆:“在这之后几天中,主席讲话很少,总是若有所思。有一天,主席服了大量的安眠药,仍睡不着觉,躺在床上写东西。那时已是半夜了,我怕他的安眠药过劲,让他先睡觉,起床后再写。他说放不下,叫我先去休息。”《七律·吊罗荣桓同志》,就是在这种沉重的激情中写成的。想像诗人在这几天里,痛悼亡友,一定想了很多很多,数十年来,生死与共,历历往事,俱上心头。缅怀之情不禁从笔下滚滚涌出,何暇煅词炼句,只见率真而质实。诗写得诚挚,所以看似平易,却极耐人寻味。即如本篇韵脚,为“飞”、“违”、“题”、“非”、“谁”,俱属上平,而分隶“五微”、“八齐”、“四支”,邻韵通叶,实从宽例。这些地方,都未遑雕琢,反暗合积淳复朴之道。有重大而真实的情感作潜流,虽不求工巧,不务文采,而其人其事其诗,自然感人肺腑,令人神往。

诗从回忆往事说到当前。“记得当年草上飞”，突出英勇善战，亦见活泼性情。“红军队里每相违”，突出路线斗争觉悟，亦见形违而神合。两句说来好像全不着意，在辗转反侧、寤寐思服中，该是想了多少是是非非啊！“长征不是难堪日”，突出战胜困难的革命乐观主义精神，实则作为出句，在此只是衬笔，意在逗起下文。“战锦方为大问题”，突出在关键时刻得与共成大业，克服困难。这是令老战友感触最深，永生不忘的。这些都是往事，平平道出，却暗含着无限感慨。就说颔联“长征”、“战锦”两句，特别下句“方为大问题”，这之中到底在说什么，便有不少读者曾作出种种猜测。其实从平实的角度看去，无非是说长征是伟大的，但比较起来，那时经历的一切艰难困苦还不算顶难堪难忍的，1948年攻打锦州之战，能否取胜，才是中国革命进程中的重大问题。为什么？因为解放战争打到这时候，已经到了进行战略决战的阶段，中国的历史发展到了一个转折点。如在笺注中已曾约略说到的，辽沈、平津、淮海三大战役获得胜利，实现了这个伟大的转折，而三大战役以辽沈战役为发端，辽沈战役又以攻打锦州为最关键的一仗。这就意味着攻打锦州乃直奔夺取全国胜利。“战锦”能否成功就自然“方为大问题”了。诗人于此没有明提罗荣桓，正如上句“长征”也没有明提一样。但这两句却都是在缅怀故人时方想到的，当然是说我们共同走过了这些道路，度过这些难关，完成了这些事业。往事与故人，故人与往事，在感情中融合成一体了。有的读者从中看出了意在称赞故人坚定的原则性，说“方为大问题”，是在斥责林彪、赞扬罗荣桓，说当年身为东北野战军司令员的林彪，在锦州之战中曾一度发生动摇，后经罗荣桓劝说，才又定下攻打锦州的决心。以至连类而及，把下文颈联中斥鹍、昆鸡也便认为指的是林彪。这样理解，似乎也相当普遍。实际上是极不合理，也不符合实际的。顷据《罗荣桓传》编写者黄瑶同志在《党的文献》上发表的文章，对以上看法就提出不同意见，他引用不少确凿的文献资料，证明毛泽东不可能在这首诗中斥责林彪。1948年10月2日，由于国民党海运大批增援部队在葫芦岛登陆，当晚东北野战军曾致电中央军委，建议放弃攻锦计划回师打长春。电报署名是林、罗、刘(亚楼)。经过研究，于翌日凌晨3时再致电中央军委，“拟仍攻锦州”，电报署名仍是林、罗、刘。人谓前电是林彪一人打的，后电是由罗劝谈后再打的，即使这种说法属实，毛泽东当时也不会觉察到罗、林间的分歧。至于斥鹍、昆鸡云云，为指林彪，这就使着此后数年间，直到九大时的中国社会历史大事没法解释了。

"斥鷃每闻欺大鸟，昆鸡长笑老鹰非。"这显然是与此后不久所作《念奴娇·鸟儿问答》同词同义，指的是60年代在国际共产主义运动中，曾出现过的围绕着一系列原则问题的大论战，论战双方，主要是以毛泽东为代表的中国共产党人和苏联赫鲁晓夫等人。在这里于悼念亡友之际，怎么忽然又提说起这个"大论战"来呢？这是因为在当时这个大论战又"为大问题"了。诗人缅怀故人，实际上是从红军暴动、长征抗日、解放战争这个大的历史轮廓来叙说的，此之谓其人其事，其事其人，老战友相信赖、相追随，岂不都是在这中国革命历史道路上一个阶段一个阶段走过来的吗？如今正在进行着的便是这个反修正主义大论战。如果说"国有疑难"，而今主要便是在这关口上。因此才浩然长叹："君今不幸离人世，国有疑难可问谁？"这自是悼念亡友，加重语气来说的，益见其沉痛耳。有的读者说往事历历，引发了诗人的无限感慨；后四句遂从历史跨入现实，愈加深深陷入悼念之情。须知这里并非意在评论是非，而是讲述党和国家的现实处境。这恰是为悼念逝者盘空蓄势，乃正是从回忆历史谈到当前，在这严峻的时刻，更需要杰出帅才，更需要久经考验富有才德阅识的老战友，而今而后，遇到问题，还怎得找你去商量啊！诗中最后这一呼问，虽是直陈，却包容着巨大的艺术效果，把前面貌若一般叙事，尽与悼念逝者联系起来，既明白表达了诗人深深的沉痛之情，又含蓄而充分地表现了罗荣桓具有高度的智慧和才能。当我们掩卷沉思，愈加感到逝者高大形象的光彩照人，诗人悼念之情的深刻真挚。

贺新郎

读 史

一九六四年春

人猿相揖别。只几个石头磨过，小儿时节。铜铁炉中翻火焰，为问何时猜得？不过几千寒热。人世难逢开口笑，上疆场彼此弯弓月。流遍了，郊原血。　一篇读罢头飞雪，但记得斑斑点点，几行陈迹。五帝三皇神圣事，骗了无涯过客。有多少风流人物？盗跖庄蹻流誉后，更陈王奋起挥黄钺。歌未竟，东方白。

题 解 TIJIE

此词调寄《贺新郎》，题标读史。首次发表于1978年《红旗》第9期。“1964年春”是这首词发表时所署写作时间，乃根据原在毛泽东身边做医护工作并帮他保存诗稿的同志的回忆。1964年春，我国人民经过艰苦奋斗，度过3年经济困难时期，在政治、经济、思想、文化、科技、军事战线上均呈现一派生机勃勃、欣欣向荣的景象，举世瞩目。面对大好形势，毛泽东展读史籍，纵览万古，雄视千秋，在高度概括人类发展历史的同时，更借古颂今，书写了这首时空跨度极大极大的《贺新郎》。

笺 注 JIANZHU

一、“人猿”十句

【人猿相揖别】　概括说明从猿到人的进化过程。揖别，拱手拜别。揖，作揖。人、猿本来同祖,有一部分类人猿在漫长的进化过程中因劳动促使手、脑不断发达,从而在距今约300万年以前的时期结束了消极适应自然条件的生活阶段,发展成为能够制造和使用简单生产工具的原始人类。从此,人与猿分道扬镳,人类有了社会和社会历史。本句谓此。

【只几个石头磨过】 喻指石器时代。约经历了二三百万年,由旧石器时代、中石器时代而到达新石器时代,主要生产工具是石器,种类少而简陋,故说"只几个"。

【小儿时节】 指石器时代是人类在漫长发展过程中的幼年时代。在这个"小儿时节",先后出现母系氏族社会、父系氏族社会,实行生产资料公有,没有剥削、没有阶级的原始公社制度。

【铜铁炉中翻火焰】 概括奴隶社会和封建社会生产力的发展变化。约4000年前,我国发明了红铜冶炼术。夏朝时有了铜鼎等器物,商朝时更出现青铜礼器、农具和兵器了。后来由奴隶社会进入封建社会,主要标志是出现铁制生产工具,生产力有了更大的发展。"翻火焰",是指冶炼及锻造的生产情景。

【为问何时猜得】 为问,犹请问、试问。猜得,犹猜中。当年中国史学界正展开有关中国历史分期的讨论,争论最多的是奴隶制与封建制的断代问题。

【不过几千寒热】 赵朴初谓"不过"二字下脱落"是"字,盖依词律应为上三下四七字句而云然,见1978年10月号《诗刊》。但诗人手书真迹俱在,未见疑痕,似乎亦可视为变格,另作一体。全句是说青铜时代和铁器时代不过经历几千年,比石器时代短多了。猜不猜得也仅只几千年罢了。

【人世难逢开口笑】 杜牧《九日齐山登高》句:"尘世难逢开口笑。"此说人类过去的历史充满了各种苦难和战争。

【上疆场彼此弯弓月】 弯弓月,指战争。月,弓之形状,未开如半月,开满如圆月。苏轼《江城子·密州出猎》:"会挽雕弓如满月。"

【郊原】 原野。

二、"一篇"十句

【一篇读罢头飞雪】 一篇,统指一部人类历史,特指一部中国历史。头飞雪,头发变白。李白《将进酒》:"君不见高堂明镜悲白发,朝如青丝暮成雪。"

【但】 只。

【五帝三皇】 依序应作三皇五帝,此按平仄格律改作五帝三皇。中国古代历史传说中号称最贤明的统治者。具体所指,众说不一。五帝,或谓黄帝、颛顼、帝喾、唐尧、虞舜,见《世本》卷四《五帝谱》,司马迁《史记·五帝本纪》本之;或谓太皞(伏羲)、炎帝(神农)、黄帝、少皞、颛顼,见《礼记·月令》;或谓少昊(少皞)、颛顼、高辛(帝喾)、唐尧、虞舜,见旧题汉孔安国《尚书序》。三皇,或谓伏羲、神农、黄帝,见《尚书序》;或谓天皇、地皇、泰皇,见《史记》卷六《秦始皇本纪》;或谓伏羲、神农、祝融,见汉班固《白虎通义·号》;或谓伏羲、女娲、神农,见汉应劭《风俗通义》卷一《皇霸》引《春秋运斗枢》;或谓虙(伏)羲、燧人、神农,见同上引《礼含文嘉》;或谓天皇、地皇、人皇,见《艺文类聚》卷一一《帝王部》引《春秋纬》。

【无涯过客】 无边,无数的路过之人。唐·李白《春夜宴桃李园序》:"夫天地者,人生之逆旅;光阴者,百代之过客。"这里指以往读史的人。

【有多少风流人物】 风流人物,指历史上的杰出英俊。在这里以问句提唱,意在承上启下。

【盗跖】 相传为春秋末期奴隶起义的领袖。名跖,"盗"是剥削阶级加给的诬蔑之称。《庄子·盗跖》言其"从卒九千,横行天下,侵暴诸侯","所过之邑,大国守城,小国入堡。"《荀子·不苟》:"盗跖吟口,名声若日月,与舜禹俱传而不息。"

【庄屩】 相传为战国时期楚国奴隶起义的领袖。《韩非子·喻老》言楚庄王时,"庄屩为盗于境内"。汉王充《论衡·命义》:"盗跖、庄屩横行天下,聚党数千。"

【流誉】 美名流传。按古籍中言及跖、屩,一般皆贬词,此谓流誉,是以被历来的剥削阶级谩骂为荣的反语。

【陈王】 陈胜(?~前208),字涉,阳城(今河南登封东南)人,秦末农民起义领袖。初为人佣耕。秦二世元年(前209),被征戍边,途中于蕲县大泽乡(今安徽宿县东南)率同行戍卒900人揭竿起义。起义军迅猛发展至数万人,并在陈县(今河南淮阳)建立张楚政权,胜为王。后为秦兵优势兵力围攻,退至下城父(今安徽涡阳东南),被叛徒杀害。事与"陈王"之称,并见《史记》卷四八《陈涉世家》。陈胜起义,是中国历史上第一次农民大起义,虽失败,但对摧毁暴秦有首先发难之功。

【挥黄钺】 《书·周书·牧誓》:"王左杖黄钺,右秉白旄以麾(挥)"。盖记周武王率义师伐商纣王之事。黄钺,以黄金为饰的长柄斧型兵器。

赏 析 SHANGXI

题标“读史”,是咏史诗。一般咏史诗,或书人物,或写事件,多抒胜败兴衰的感慨,抑发是非得失的议论,虽不乏具情韵,有识见,且富理趣之作,但是像毛泽东这一首《贺新郎》,如许风格豪放、气象雄浑,更复庄而不板、谐而不谑,其历史跨度,纵贯古今,对人类社会的全部历史发展进程予以概括描绘并深刻评弹,写得这般博大宏阔,却又似在诙谐谈笑间,隐寓着智者的卓识、仁者的义愤、勇者的信念。在这里歌唱的是历史,而引人看到不尽的明天。这样的咏史诗确实是前无古人的。

诗人站得高,他是以辩证唯物主义和历史唯物主义的观点看待历史的。“劳动创造了人本身”,经历了漫长的旧石器和新石器时代的人类的童年期,自从进入有文字记载的历史,则“一切社会的历史都是阶级斗争的历史”,亚细亚东方型的中国古代奴隶制与封建制的界限虽迄难判分,而刀光剑影羽箭纷飞的流血战争却一直延续着。上阕仅用56个字,便写尽了人类社会,主要是中国社会的历史。这自然包含着一段大学问、大道理。但是“诗有别才,非关学也;诗有别趣,非关理也。”这是宋严羽《沧浪诗话》中揭示的名言,虽然下文紧接着也说了:“然非多读书,多穷理,则不能极其至”;但是仅由读书穷理悟得的学问道理,还作不成诗,为诗尚有待“别才”、“别趣”,这是无庸置疑的。那么,在这首《贺新郎·读史》中的“别才”、“别趣”,又是怎样表现出的呢?这便不是仅仅看它表达了什么,而更要看它是怎么表达的。咏史当然免不了要写史,这么长的历史如何写法?诗人写原始社会,轻轻一笔带过,把重点放在阶级社会的历史上。写阶级社会,重点写阶级斗争,也只是写阶级对阶级或一个阶级内部的战争。因为,弯弓流血的战争,才是阶级斗争的最为激烈的形式。这样,整个社会发展史的描绘,就显得特别精练。仅56字,就写了一部历史,而且是一部惊天动地的历史;这岂不是高度的时间浓缩的艺术?这种浓缩的奥秘在哪里?就在这一“揖”、一“磨”、一“翻”、一“猜”、一“弯”五字中。大学问、大道理,全然不以概念出之。历史的第一页,是人含笑挥手与猿“揖别”的卡通画。原始氏族公社时代,人类在“磨”石头中度过了童年。这些都写得是多么机智而富风趣?接下来,青铜器与铁器的制造与使用,是进入奴隶社会与封建社会的重要标志,诗人用“铜铁炉中翻火焰”,形象地渲染这段历史的特色。同时还幽默地问了一声“何时猜得”?人们记得,于20世纪五六十年代我国史学界曾热烈地展开过一次关于古史的讨论,只是奴隶制与封建制的划限,就有西周、春秋、战国、秦统一、东汉和魏晋等等诸说,迄无定论。诗人虽然“为问何时猜得”,却又说猜得不猜得也没有什么大不了的问题,横竖不过是几千年罢了。在这种夹叙夹议中,显示出多么恢宏有余、从容不迫啊!再接下去,便慨叹:“人世难逢开口笑”,只缘于“上疆场彼此弯弓月”。更加形象地描绘了阶级斗争的残酷性,以及人民的内心痛苦,且加重点染:“流遍了,郊原血。”用6个字便高度概括了一部阶级斗争史,并把“弯弓月”的动作雕绘在大地上。有的论者说这里表现出第一流的艺术思维。我们说是的,假若不是饱于学而深于理,怎得成就如许大手笔;但是,假若只凭饱于学而深于理,就能成就这般大手笔吗?这就使我们不得不于学理之外之上,再着意揣摩,而意会到诗的“别才”、诗的“别趣”了。

这里还是仅就上阕说的,虽已见才胆识力,而终止敷陈其事,基本上尚不动声色。只于插话式夹议中闪现一丝笑容,只让人由语言音调中依稀闻见,浮光掠影而已。待纵笔进入下阕,则形势陡变:大发议论,大声镗鞳,爱憎分明,情绪激昂。过片“一篇读罢头飞雪”,诗人一下子就显象于读者面前。这在上下阕间,既藕断丝连,又奇峰突起。使读者至此精神为之一振,又不禁猛吃一惊。啊哟!“头飞雪”?这是说的过去的史书浩如烟海,一部二十四史就有3200多卷,如今“一篇读罢”,已是两鬓苍苍了。抑或说的尽是一部血泪史,读来难禁悲愤填膺,掩卷直使“头飞雪”了。想来这两种解释,并不矛盾。历时性与共时性完全可以结合起来。接着读下去,“但记得斑斑点点,几行陈迹”。不由地使人联想起鲁迅先生《狂人日记》中那几句话:“我横竖睡不着,仔细看了半夜,才从字缝里看出字来,满本子都写着两个字,是‘吃人’!”那么,这里已成“陈迹”的“斑斑点点”,岂不正是那“血泪”吗?读着这令人“头飞雪”的血流浮杵、泪雨成河的历史,却看到满纸荒唐,尽记载些“五帝三皇神圣事”,无非是为着维护封建正统,专为帝王将相树碑立传,歌功颂德,好像历史果真便是这些“英雄”创造的,一套假话骗了一代一代的老实人,诗人慨然称之为“无涯过客”。这颠倒的历史,只有通过斗争实践,才得把它颠倒过来。这就驱使着诗人不得不在滔滔浊流中去寻求前进的动力,于是自自然然便提问:“有多少风流人物”?在这里首先想到的是盗跖、庄蹻。跖、蹻在古籍中,不管怎样宣扬,一般都是作为贬辞的,宣扬也还是为了作为“名不贵苟传”的反面人证,像《荀子·不苟》篇中所说的,以至后人遂将他们连在一起作为“穷凶极恶”的标本,如晋葛洪《抱朴子·塞难》称："盗跖穷凶而白首，庄跻极恶而黄发"，简直是恶毒的诅咒。但这些正好从反面证明了他们的大得人心，所以能"横行天下"，"名声若日月"，并得寿考善终。诗人赞曰"流誉"，也便是流芳了。而且继跖跻起义更想起秦末的陈胜来，尊之称"陈王"，叙述其斗争曰"奋起挥黄钺"，用了这么些庄严的言语，实缘于这是中国历史上第一次农民大起义，对于摧毁秦王朝的暴虐统治有首先发难之功，所以是值得大书特书、大唱特唱的。而且理所当然也想所当然，于此还要继续唱下去的：赤眉、黄巾、黄巢、方腊、李自成、洪秀全……大小数百次的农民革命战争，"才是历史发展的真正动力"。不过，拘于词律，也受着艺术手法的节制，在这里是不容再点唱偌多的，而远龙无爪，远树无枝，因而便以虚代实，将无寓有，"歌未竟"三字都表达了出来，这是唱也唱不完的，不是吗？并且也不只是徒以口唱"东方白"，还是以社会实践来表达吧！我们是以"敢教日月换新天"来为历代先行者高奏凯歌的。这就将读者的关注，转到现实，并指向前方了。这也是"数风流人物，还看今朝"啊！历史是人类无法切断而不停地从过去向现在以至未来涌动的流。读史，假若总读不见这"流"的"涌动"，那还是该当再反复咏诵琢磨这《贺新郎·读史》吧。

当然，好诗所给予读者的首先还是艺术的享受或感染。这就使我想到所谓意境的问题。"意境虽然很重要，但不能把有无意境当成衡量艺术高低的惟一标尺。中国古典诗歌有以意境胜者，有不以意境胜者。有意境者固然高，无意境者未必低。"这是袁行霈在其《中国诗歌艺术研究》中提出的似乎有违时调的意见，衡以毛泽东此诗，我倒觉得这话是合乎实际的。如果硬以意境的理论套用在这首《贺新郎·读史》中，恐怕是免不掉拆补拼凑的尴尬，那又何必呢？我们虽然于此难以创构起超然或悠远的境界来，但是由那些泉涌般闪着智慧光芒的众多意象所烘托出的宏观俯仰的历史气度，岂不也构成一种雄浑的气象，显示着豪放的风格吗？而雄浑豪放却又不掩没其幽默从容，更未失其深刻犀利。这些标志着诗家的哲人风范、浪漫情怀，更洋溢着生命意识的潇洒。我们如若沉浸在这种无章云锦里，不觉粲然飘飘，能够不感到亲切、愉悦，且实实在在变得更聪明些吗？

水调歌头

重上井冈山

一九六五年五月

久有凌云志，重上井冈山。千里来寻故地，旧貌变新颜。到处莺歌燕舞，更有潺潺流水，高路入云端。过了黄洋界，险处不须看。　风雷动，旌旗奋，是人寰。三十八年过去，弹指一挥间。可上九天揽月，可下五洋捉鳖，谈笑凯歌还。世上无难事，只要肯登攀。

题　解 TIJIE

1927年10月，毛泽东率秋收起义的工农革命军来到井冈山，开辟了中国第一块农村革命根据地。1929年1月，他和朱德、陈毅等率红四军主力出击赣南，自此与井冈山阔别30多年之久。1965年5月22日至29日，毛泽东在巡视大江南的过程中重上井冈山。这期间，他居住在茨坪，视察和了解了井冈山地区的水利、公路建设和人民生活状况，会见了老红军、烈士家属、机关干部和各界群众。25日，赋此词抒感写怀。本篇首次公开发表于《诗刊》1976年1月号。

笺　注 JIANZHU

一、“久有”九句

【凌云志】《后汉书》卷二八《冯衍传》载衍自谓“常有凌云之志”。本指大

1965年，毛泽东重上井冈山。

志、壮志。此处用为双关语，兼指登高即重上井冈山的志愿，而复有象征“重上”之意。

【高路】 公路，修在山间的公路，英语即称 highway，可直译作高路。此指 1960 年冬修建的从江西宁冈砻市至井冈山茨坪的盘山公路。

【黄洋界】 江西宁冈和湖南酃县通往井冈山区的要隘。在井冈山区西北部，海拔 1342 米，两侧为深谷、峭壁，是当年根据地五大哨口中最险峻的一处。

二、“风雷”十句

【三十八年】 从 1927 年至 1965 年，毛泽东两次上井冈山的时间跨度为 38年。

【弹指一挥间】 弹指，佛家语。钩指弹一下的工夫，极言时间的短暂。宋释法二《翻译名义集》卷二《时分》引《阿毗达磨俱舍论》：“壮士一弹指顷六十五刹那。”一挥间，一扬手的时间，一挥，即弹指的动作。

【可上九天揽月】 李白《宣州谢朓楼饯别校书叔云》:“欲上青天揽明月。”九天,谓九重天,言其高。揽,摘。

【五洋】 指世界五大洋,即太平洋、大西洋、印度洋、北冰洋、南冰洋(实为南极洲)。

【捉鳖】 喻擒拿敌人。元康进之《李逵负荆》第四折:“管教他瓮中捉鳖,手到拿来。”

赏 析 SHANGXI

这首《水调歌头·重上井冈山》,并在此前后吟成的《念奴娇·井冈山》,是在“毛泽东诗词”中我们得以读到的最后的诗作。1965年5月,伟大诗人方年逾古稀,精力依然健旺,巡视大江南北,注目世界东西,日理万机,庶务宏繁,而在诗路历程上则好像已达终点,此后10年间未见再有吟咏。当然这还有待时间来证明,我们姑且以此词视为压轴之作吧。仔细品读,确实也圆熟到炉火纯青。上片叙事写景,描述井冈山充满勃勃生气的崭新面貌;下片抒情言志,发挥无产阶级革命家之壮采雄怀。通首诗情澎湃,格调清新,气势磅礴,意境深远。全词如行云流水,浑然天成;语言明丽,情景交融。诚如王国维《人间词话》中所说的:“大家之作,其言情也必沁人心脾,其写景也必豁人耳目,其辞脱口而出无矫揉装束之态。以其所见之真,所知之深也。”而其见真知深,仍还有待吟咏而耐人体味,这便正是于平易中寄寓遥深吧。

“久有凌云志,重上井冈山。”首句破空而来,气魄非凡,有如刘熙载《艺概》所说:“其妙在笔未到而气已吞。”写出了革命家意志的高旷。“凌云志”,借状井冈山势的巍峨,衬托诗人境界的崇高,此自一读可见。而再读则便感到旨意当不止此,似应更着眼在“重上”两字。“重上井冈山”,井冈山自是实境,下面接着说的便是;但同时是否亦在虚化,变作了一个意象?它不就是改天换日大震荡的象征吗?那么这破空而来的两句,实际上便无异于所谓“无产阶级专政下继续革命”的形象显示了。这种凌云壮志,作为理论,固然早已为实践所证误,而作为精神,岂不熠熠生辉永葆阳刚之美的魅力吗?诚哉,“看似寻常却奇崛”,两句明明白白的话,却在我们眼前恍惚展开一个广阔的意境。但纵马收缰,全不费力便再回到现场:“千里来寻故地,旧貌换新颜。”真个是不似当年，胜似当年。看这里到处是“莺歌燕舞”，而不是“鲲鹏展翅”，不是“鹰击长空”；到处是“潺潺流水”，而不是“水拍云崖”，不是“浪遏飞舟”。在这赏心悦耳中，更飞驰在“高路入云端”，这就于欢快中更抒发了豪情，于轻松间更透露出壮志。于是，“过了黄洋界，险处不须看”。这是何等的豪壮！这里所强调的当然并不仅仅是黄洋界之险，实际上更是对一切艰难险阻的蔑视。“不须看”三字，轻轻道出，从这种语气中可以想见其气概。

过片，“风雷动，旌旗奋，是人寰”。三个短句，一气读来，凝聚有力，铿锵有声。这不是故地新颜，而是站在故地上又面对神州大地，思绪如潮，回忆当年。回忆当初红旗插上井冈山头，处于四面白色政权包围中，“红旗到底打得多久？”在革命队伍中也不时听到这种悲观论调。然而，斗争的实践给了响亮的回答。打从井冈山起步，“红旗跃进汀江，直下龙岩上杭”；武夷山下，“风展红旗如画”；广昌路上，“风卷红旗过大关”；龙岗之战，“不周山下红旗乱”；直到“六盘山上高峰，红旗漫卷西风”……红旗从南打到北，又从北打到南，打到“百万雄师过大江”，又打到“一唱雄鸡天下白”，打断了中国人民身上的铁链，打出了一个崭新的中华人民共和国。从井冈山打到天安门，是一条胜利的道路，也是一条漫长的道路，一条艰苦而曲折的道路。诗人曾在一首词的自注中说：“万里长征，千回百折，顺利少于困难不知有多少倍，心情是沉郁的。过了岷山，豁然开朗，转化到了反面，柳暗花明又一村了。”其实这自然也概括了中国革命的整个历程。谁能指得出，在中国革命的整个历程中，是在哪里“过了岷山”的？是不是“战锦方为大问题”呢？总之，革命毕竟胜利了，人民毕竟解放了。到而今，经历了“风雷动，旌旗奋，是人寰”，已是“三十八年过去”，不觉地“弹指一挥间”啊！革命虽然胜利了，还不过犹似当年万里长征的第一步，面前还有很长很长的路要走；路漫漫其修远兮，革命者还将上下而求索。于是，“可上九天揽月，可下五洋捉鳖，谈笑凯歌还”。这就不限于回瞻，而且转向展望了。两个“可”字，显示出无产阶级革命家的豪迈气概，以革命浪漫主义的笔触写出了凌云壮志，到得那时，也还定会是“谈笑凯歌还”的。到此，蓄势已足，便自自然然生发出充满哲理意味，且表现出无坚不摧胜利信心的总结：“世上无难事，只要肯登攀。”妙在把一句普通谚语升华为含义深刻的格言。并且隐隐回应了起句所暗示提出的问题。试截取首尾四句一读：“久有凌云志，重上井冈山。世上无难事，只要肯登攀。”岂非一首完整的五言古绝？那么，这个化作意象的“井冈山”，自然已经冲出罗霄山脉，而下通五洋，上达九天了。不是吗？

对于毛泽东这首压轴之作，诗人程光锐曾以“凌云一曲意纵横”相赏鉴，其言略谓：《水调歌头》词调基本以五字句组成，其中间以三字和六字句，节奏于轻快流利中又有回环起伏。填写得挥洒自如，妙笔生花。写景则信手拈来，“莺歌燕舞”，“潺潺流水”，有声有色，活泼生动；言情则重彩绘出，“风雷动，旌旗奋，是人寰”，波诡云谲，壮阔遥深。词的开头奇崛，结尾警策。“久有凌云志”笼罩全篇，中间的“高路入云端”与“九天揽月”、“五洋捉鳖”一再重复，以加深“凌云志”给人的印象。最后以“世上无难事，只要肯登攀”回应词首，强调主题。全词有如一部交响曲，前部舒缓，后部激越。随着词调的进展，境界不断开阔，意义不断加深，声调逐步上升，结尾达到高潮，訇然震响，余音绕梁。它给人以希望与信心，给人以勇气和力量，鼓舞人们树立凌云壮志，勇敢地攀登壮丽事业的高峰。信哉，如能单独沉浸在这部大手笔的交响曲中，确实人人都得分享恁般审美愉悦。是知形象大于思想，艺术高于理论，惟政治思维方式不但不得用于创作实践，而且也不可施诸阅读释解也。

念奴娇

井冈山

一九六五年五月

参天万木，千百里，飞上南天奇岳。故地重来何所见，多了楼台亭阁。五井碑前，黄洋界上，车子飞如跃。江山如画，古代曾云海绿。　　弹指三十八年，人间变了，似天渊翻覆。犹记当时烽火里，九死一生如昨。独有豪情，天际悬明月。风雷磅礴。一声鸡唱，万怪烟消云落。

题　解　TIJIE

1965年5月25日赋《水调歌头·重上井冈山》，此词似当作于其后至29日离开井冈山前的数日间。之后21年才首次发表，收在人民文学出版社1986年出版的《毛泽东诗词选》中的副编。据该书《出版说明》称："副编诸作……作者写成后都没有最后定稿。其中虽可能间或有因作者忘了，未及再看到和考虑修订的，但一般是作者所不准备发表，有些还明确表示过拒绝发表的。可以推想，作者至少对这部分作品(尽管各篇情况不同)中的许多篇不认为满意。"据此，可视此词为初稿，尚待修订，而未及动笔，或放置起来忘了。但我们仍可从中看到寄慨遥深，有着丰富的内涵，与《水调歌头·重上井冈山》参照研读，益见其心潮逐浪，有风雷磅礴、真力弥漫的气概。

笺　注 JIANZHU

一、"参天"十句

【奇岳】　雄奇的大山。此谓奇岳飞上南天,言其高。

【五井碑】　井冈山地区以茨坪为中心,有大井、小井、上井、中井、下井等地,合称五井,立有碑记。

【海绿】　谓有人曾说,这里古代是苍青色的大海。

二、"弹指"十句

【天渊翻覆】　义同天地翻覆。极言变化之大。渊,深潭。

【天际】　天边,天空。

【万怪】　泛指大大小小各种妖魔精怪、牛鬼蛇神,即反动势力。

赏　析 SHANGXI

前于题解中,曾指出可与《水调歌头·重上井冈山》参照研读。确实两首井冈山,同时同地同境同题。但《水调歌头》是完成了的精品,这首《念奴娇》则还没有最后定稿。因此,两词相较,这后者不免显得平直,且气势亦稍逊色。不过,读来仍琅琅上口,内涵丰富,寄慨亦深。这些无庸多说,自可一目了然。

可以作一点补充说明的是1965年的时势,作为历史背景来看,是有助于对词的真实理解的。这里说,"独有豪情,天际悬明月,风云磅礴"。这到底是说的什么呢?抽象说,那也便是"重上井冈山"的"久有凌云志"吧。落实来把握,现在我们知道,后来发生在中国大陆960万平方公里土地上的、全民被卷入的、历时10年之久的"文化大革命",早在1965年初,诗人已经运筹帷幄,成竹在胸了。在农村《社教后二十三条》中,就曾点出过"睡在我们身边的赫鲁晓夫";作为"文革"信号弹的《评新历史剧〈海瑞罢官〉》这时已数易其稿,并经过多次审阅……可见词中的"独有豪情"便是"无产阶级专政下继续革命"的信念,"天际悬明月",实乃"壮志凌云"的意象化。那么,待到"风雷磅礴",再"一声鸡唱,万怪烟消云落",那憧憬的又是什么呢?在这里,就难于再以形象大于思想、艺术高于理论来淡化政治,而分享审美愉悦了。不过,据曾致力于毛泽东诗词的翻译家叶君健记述:“特别是作者不愿意对自己的作品作出任何解释,理由是:文学作品应该由读者自己去体会,不需要别人去为它们画框框。”(臧克家主编《毛泽东诗词鉴赏》第308~309页)我仿佛又曾听人传述,毛泽东曾说过,诗不宜写得太实,太实了就没有诗了。那么,这首《念奴娇·井冈山》,是否还是尽量从大处着眼,莫要太黏滞于现实更好些?我想是的。还是把它同《水调歌头·重上井冈山》等量齐观吧。

井冈山

念奴娇

鸟儿问答

一九六五年秋

鲲鹏展翅，九万里，翻动扶摇羊角。背负青天朝下看，都是人间城郭。炮火连天，弹痕遍地，吓倒蓬间雀。怎么得了，哎呀我要飞跃。　　借问君去何方？雀儿答道：有仙山琼阁。不见前年秋月朗，订了三家条约。还有吃的，土豆烧熟了，再加牛肉。不须放屁，试看天地翻覆。

题　解　TIJIE

此词采用寓言的形式，通过大鹏鸟和蓬间雀的问答对话，批判国际上某些人在世界革命战争与和平等问题上的机会主义观点。历史背景是："加勒比海危机"之后，赫鲁晓夫集团被美帝核讹诈吓破了胆。他们一方面不惜牺牲原则向美帝乞求和平，一方面到处散布核战争恐怖论调，说自从核武器出现以后，人类生活在"一个装满热核武器的火药桶里"。说"原子弹不遵循阶级原则"，"不会辨别帝国主义者在什么地方，而劳动人民又在什么地方"。今天的人类处境"就像一个被处死刑的人头上悬着断头台的铡刀的情形，这个人只好躺在那里等着，不知什么时候这把铡刀会落下来把他的头砍掉"。他们还害怕一切战争，说："任何一个小小的局部战争，都会成为引起世界大战的火灾的星星之火。"还哀嚎："脑袋掉了，原则有什么用？"1963年6月14日中共中央致信苏共中央，提出《关于国际共产主义运动的总路线的建议》，赫鲁晓夫完全不能接受。《鸟儿问答》即以寓言形式概括反映了这场大辩论。本篇公开发表于《诗刊》1976年1月号。

笺注 JIANZHU

一、"鲲鹏"十句

【鲲鹏展翅】 语出《庄子·逍遥游》,其言曰:"穷发之北有冥海者,天池也。有鱼焉,其广数千里,未有知其修者,其名为鲲。有鸟焉,其名为鹏,背若大山,翼若垂天之云,抟扶摇羊角而上者九万里,绝云气,负青天,然后图南,且适南冥也。斥鴳笑之曰:彼且奚适也?我腾跃而上,不过数仞而下,翱翔蓬蒿间,此亦飞之至也。彼且奚适也?"

【翻动扶摇羊角】 翻动,翅膀扇起。扶摇,即飙,旋风。羊角,也是旋风名,谓其盘旋而上,状如羊角。

【炮火连天,弹痕遍地】 指亚、非、拉革命人民为挣脱枷锁而进行的革命斗争景象。

【蓬间雀】 蓬蒿间的小雀,《庄子》中指斥鴳等,比喻指害怕帝国主义同时也害怕革命人民的机会主义分子。

【飞跃】 飞离逃脱。

二、"借问"十句

【借问君去何方】 鲲鹏问蓬间雀,你要飞跃到哪里去?

【仙山琼阁】 仙山,仙人居住的山;琼阁,美玉珍宝装修成的楼阁。白居易《长恨歌》:"忽闻海外有仙山,山在虚无缥缈间。楼阁玲珑五云起,其中绰约多仙子。"虚无缥缈实乃海市蜃楼。这是借指赫鲁晓夫集团向壁虚构的所谓"三无世界"(即无武器、无军队、无战争)。

【前年秋月朗】 前年秋天,指1963年7月。

【三家条约】 指1963年7月至8月苏联与美国、英国在莫斯科签订的《禁止在大气层、外层空间和水下进行核试验条约》,亦称"部分禁止核试验条约"。这个条约旨在剥夺其他国家为抗拒核讹诈而试验核武器的权利,维护几个大国的核垄断,以利于他们对全世界进行霸权主义统治,是一个大骗局。

【土豆烧熟了,再加牛肉】 赫鲁晓夫1964年4月1日在匈牙利布达佩斯电机厂讲话时,曾将所谓"共产主义"归结为"需要一盘土豆烧牛肉的好菜"。对此,帝国主义表示欢迎:"俄国牌的共产主义是把土豆烧牛肉放在第一位的，这很好。土豆烧牛肉共产主义比战争共产主义好，肥胖和舒适的共产党人比瘦弱和饥饿的共产党人要好。”

【天地翻覆】 天翻地覆，指世界形势的巨大变化。1962年1月30日，毛泽东在7000人大会（中共中央在北京召开的扩大的工作会议）上的讲话中说：“从现在起，五十年内外到一百年内外，是世界上社会制度彻底变化的伟大时代，是一个翻天覆地的时代，是过去任何一个历史时代都不能比拟的。”

赏　析 SHANGXI

《念奴娇·鸟儿问答》，这首词，无论在主题方面，还是在体裁方面，俱是独具特色的。它庄重、雄浑；又诙谐、幽默；也很辛辣。通篇借用庄子《逍遥游》中关于鲲鹏和斥鷃的寓言，却作了创造性的发挥，赋予这个典故以崭新的意义。庄周原意在于泯灭“大”、“小”的差别，无论“鲲鹏”或“斥鷃”同样都要有所待，都未能达到“无待”的“逍遥”境界。诗人于此，则进行了一番巧妙的改造，只取庄周虚构的“大”、“小”两种形象的对比，将大鹏比喻坚持马克思主义的共产党人和革命者，而将蓬间雀则比作赫鲁晓夫之流的机会主义分子。有趣的是，赫鲁晓夫确曾以鹌鹑，也便是“蓬间雀”自喻过。1959年9月21日，他在美国圣约瑟市计算机工厂举行的宴会上讲话说：“山鹬约请鹌鹑到它那里去做客。他们之间进行了这样的谈话。山鹬说：‘唉，你在田野生活得怎么样？那里很干燥，没有水。而我在这沼泽里，我们这里很好。’鹌鹑回答说：‘你在沼泽里都快腐烂了，你不了解陆地，请看，我们这里多好——阳光普照，鲜花遍野。’山鹬和鹌鹑谁也不了解谁，都认为自己正确……你们认为你们的生活方式最好，我们认为我们的生活方式最好。时间会证明，谁坐在沼泽里，谁在天空里飞翔。”自然，如今这个被“炮火连天，弹痕遍地”吓破胆了的蓬间雀，“哎呀我要飞跃”，很有点丢魂落魄的样子，没有像在美国圣约瑟市宴会上自鸣得意，“在天空里飞翔”那么悠悠然。虽然如此，但当过片大鹏问它：“借问君去何方？”它还是胡诌出一大套天花乱坠来。雀儿答道：“有仙山琼阁。不见前年秋月朗，订了三家条约。还有吃的，土豆烧熟了，再加牛肉。”这就是说，我们要到那没有武器、没有军队、没有战争的“三无”世界去。你不信？你没有看见前年秋天，也就是1963年8月5日在莫斯科签订了苏英美三家条约吗？这便是三家联合经营的“核俱乐部”，从此天下大事，人类命运，就掌握在这世界上三两个大人物手里了。再一说，我们还有美妙的前景，就要过渡到“土豆烧牛肉"的共产主义乐园去了。当蓬间雀洋洋洒洒地说完了这一大套,早已听得不耐烦的大鹏,倏地喝斥了一声:"不须放屁,试看天地翻覆。"这样就完成了"鸟儿问答",并从此嘲讽中,可以看出鲲鹏的心境、意气。所谓"燕雀安知鸿鹄之志。"鲲鹏抖擞的精神与斥鷃猥琐的丑态,互为映衬,这正是于博大中显现渺小,于渺小间见出博大,尽管笔墨多用于写斥鷃,而鲲鹏的形象却异常突出。鲲鹏与蓬间雀,一个高瞻远瞩,英勇无畏;一个寸光短视,怯懦自私。这种反衬对比,给人以深刻的哲理启示和愉悦的审美享受。此于诙谐、幽默中深寓庄重雄浑,于辛辣中不废严肃,形似喜剧,实乃一篇寓意深远的政论。当然这是就其实质说的。

作为政论,已经是历史课题。我们而今似已无庸再期期不放,且更无缘亦无容再重新挑起。但作为诗篇,作为诗人,则于此仍可悟得许多道理,而且它是永具不朽生命的。曾被恩格斯称为"天才的预言家"的英国19世纪诗坛巨星雪莱说过:"诗人和哲学家、画家、雕刻家、音乐家一样,在一种意义上是他们时代的创造者,在另一种意义上又是他们时代的创造物。"(《〈解放了的普罗米修斯〉》)诗人,即使是伟大的诗人,也不能超脱他所生活的时代。我们可以站在今天的高度审视评论历史,但却不可以以超越当时的客观环境去苛求诗人。诗如其人。作为20世纪在国际斗争中有崇高威望和巨大影响的大政治家和大战略家,毛泽东在任何时候也不曾感到无所事事,无可作为,不曾感到他所置身的这个世界会有一天是真正消停的。这是他终生都在坚信的"斗争哲学"在起作用。可是他还有一个特点:"不怕"!"不怕压,不怕迫。不怕刀,不怕戟。不怕鬼,不怕魅。不怕帝,不怕贼。"对于原子弹,他说:"不怕纸老虎";对于战争,他讲过:"我们有两条:第一反对;第二不怕。"我们可以设想,这些就是幻化出鲲鹏与蓬间雀两种截然不同形象的思想渊源吧。假如说,精神是物质的异化,生命的升华;那么艺术或诗则是精神的结晶与复归,是物化了的生命,所以它是活的,有体温和呼吸的,它的音容笑貌可以突破时代局限,永具不朽的魅力。这就是为什么在我们初读《念奴娇·鸟儿问答》,甚或可能引起某种不顺适感;但反复读过,反复驰想,还是会仿佛受到某种启示而感到会心的愉悦,如果认真运用或通过形象思维来接受它,而尽可能消除"惟政治思维方式"的话。

毛泽东诗词六首

五　律

看　山

一九五五年

三上北高峰，杭州一望空。
飞凤亭边树，桃花岭上风。
热来寻扇子，冷去对佳人。
一片飘飖下，欢迎有晚鹰。

（根据手稿刊印）

笺　注 JIANZHU

【北高峰】　在杭州灵隐寺后，与南高峰相对峙，为西湖群山之一。在北高峰及其附近有飞凤亭、桃花岭、扇子岭、美人峰等名胜。根据作者自注，诗中的“扇子”指扇子岭，“佳人”指美人峰。“美人”换作“佳人”，为仄声换作平声。

【飘飖】　同飘摇，飘荡，飞扬貌。这里指鹰翔。

1955年10月29日，毛泽东在中南海勤政殿邀集全国工商联执行委员座谈私营工商业的社会主义改造问题。（吕厚民 摄）

七　绝

莫干山

一九五五年

翻身复进七人房，
回首峰峦入莽苍。
四十八盘才走过，
风驰又已到钱塘。

（根据手稿刊印）

笺　注 JIANZHU

【莫干山】 在浙江省德清县西北。相传春秋时吴国在此铸“莫邪”、“干将”二剑，故名。为浙北避暑、休养胜地。

【七人房】 指作者使用的卧车，可坐七人。

【四十八盘】 泛写曲折盘旋的山间公路。

【钱塘】 旧县名，这里指杭州市。

1956年，毛泽东在最高国务会议上。

七　绝

五云山

一九五五年

五云山上五云飞，
远接群峰近拂堤。
若问杭州何处好，
此中听得野莺啼。

(根据手稿刊印)

笺　注 JIANZHU

【五云山】 是杭州西湖群山之一，临近钱塘江。据传因有五色彩云萦绕山顶经时不散而得名。

七　绝

观　潮

一九五七年九月

千里波涛滚滚来，
雪花飞向钓鱼台。
人山纷赞阵容阔，
铁马从容杀敌回。

(根据作者修改件刊印)

笺　注 JIANZHU

【观潮】 指观赏钱塘江的涌潮。

【钓鱼台】 即钓台，在钱塘江中段的富春江滨，相传为东汉严光(子陵)隐居垂钓处。

【铁马】 配有铁甲的战马，借喻雄师劲旅。陆游《十一月四日风雨大作》："夜阑卧听风吹雨，铁马冰河入梦来。"钱塘江涌潮来袭时，波涛汹涌，如闻"十万军声"。

赏　析 SHANGXI

在举国上下隆重纪念毛泽东诞辰一百周年的日子里，我们高兴地读到了1993年12月17日《人民日报》转载的《党的文献》杂志1993年第6期发表的毛泽东《诗四首》。嗣后全国各地报刊很多予以再转载。1994年第1期《诗刊》于转载时加编者按语说：

本刊于1957年1月首次发表毛泽东诗词而创刊，如今又在创刊37周年之际转发毛泽东诗作，毛泽东思想和毛泽东诗词伴随着《诗刊》不断“成长发展”(毛泽东语)。无论读者、作者，还是编者，都会为此而感到欣慰。

是的，这确实也道出了我们的心声。我们欣慰，不仅看到《诗刊》以至整个诗坛37年来的不断“成长发展”，更尤其是由于《诗刊》创刊，毛泽东诗词才成批量地正式公开发表，我们才有幸接触到这些艺术精华。而今我们又读到这“未入其集”的《诗四首》，这使我们看到毛泽东诗词的丰富多彩，它于阳刚之美、壮丽之美、崇高之美、奔放之美的主旋律外，也还有着轻柔、清丽的一面。这诗四首，都写于风光明媚的杭州，三首时在1955年，一首时在1957年。当时正是国民经济出现前所未有的好势头，以第一个五年计划为标志，大规模的经济建设全面展开。政通人和，国泰民安，社会风气达到少有的好水平。早于前两年即1953年夏，毛泽东代表中共中央正式提出过渡时期的总路线和总任务：“要在一个相当长的时期内，基本上实现国家工业化和对农业、手工业、资本主义工商业的社会主义改造。”同年12月，根据这条总路线，中共中央通过《关于发展农业生产合作社的决议》。社会主义改造，首先在幅员辽阔的农村展开。翌年初，中共中央根据过渡时期总路线的基本精神，着手制定中华人民共和国的第一部宪法。在经过广泛讨论后，同年6月14日，毛泽东在中央人民政府委员会第20次会议上，作了《关于中华人民共和国宪法草案》的报告。他号召全国人民，经过50年即十个五年计划，把祖国建设成为伟大的社会主义国家。他深信，这是一项前人没有做过的极其光荣伟大的事业。他认为，这个目的一定要达到，这个目的一定能够达到。正是以此“换了人间”的信念，迎来胜利的1955年，东风劲吹，这期间毛泽东在社会主义革命和建设的高潮中，几度巡视全国，每以“万里长江横渡，极目楚天舒”的情怀，发出“不管风吹浪打，胜似闲庭信步，今日得宽余”的感兴。这里前三首，恰是这样一种心境的写照吧。1957年在继续健康发展的形势下，于整风过程中出现所谓“大鸣大放”的局面，略显严峻，但总的看来还是在认真执行“八大”的正确方针，是建国以来经济工作效果最好的一年，这种气氛在《七绝·观潮》中似于有意无意中有所折射。七言绝句，毛泽东作的极少，五言律诗似仅此一见。这是《诗四首》最值得珍视的所在。当然,我们同《诗刊》编者抱着同样的心愿:“今后, 我们仍将尽力搜集并随时刊发毛泽东同志未入其集的诗词。”他们这样说,我们认为毛泽东诗词佚作定然还会不断被发现、被发表出来的。我们期待着……

虞美人
枕上

一九二一年

堆来枕上愁何状，江海翻波浪。夜长天色总难明，寂寞披衣起坐数寒星。　晓来百念都灰尽，剩有离人影。一钩残月向西流，对此不抛眼泪也无由。

题解 TIJIE

虞美人，词牌名，又名《虞美人令》、《一江春》、《玉壶冰》、《忆柳曲》等。枕上，取首句中语词，表明写枕上思念之情、乍别失眠之苦。作于1921年，诗人与夫人杨开慧是1920年冬结婚的，翌年春夏间外出考察，此词盖写新婚初别愁绪者。1994年12月26日《人民日报》编者按："为纪念毛泽东同志诞辰101周年，特首次正式发表由中共中央文献研究室编辑校定的毛泽东诗词《虞美人·枕上》、《七律·洪都》。"并于词后附注："根据作者审定的抄件刊印，手迹是未经修改的原稿，有几处与发表的文字不同。"这手迹是1961年作者自己抄写的，同时刊载在《人民日报》第8版。

笺注 JIANZHU

【离人】 指夫人杨开慧。杨开慧1901年生，湖南长沙人，1920年冬，同毛泽东在长沙结婚。1921年加入中国共产党，在中共湘区委员会负责机要兼交通联络工作。1930年11月被国民党反动派杀害。

【残月】 拂晓时形状如钩的月亮。宋代梅尧臣《梦后寄欧阳永叔》："五更千里梦,残月一城鸡。”

赏 析 SHANGXI

我们曾说作于1923年的《贺新郎》(挥手从兹去),是“抒写离别,歌咏爱情,在毛泽东诗词中,这是仅见的一首,弥足珍贵”;现在得睹这首《虞美人·枕上》,必须补充修正了。这后者写于更早的二年以前,几乎可以判定是新婚别,这离情更炙热,这恩爱更鲜活,是完全可以想见的。据说,当年杨开慧曾把这首词稿送给好友李淑一看过。36年后,1957年1月,李淑一曾写信给毛泽东,说只记得这首词的前两句,想请他写出全词,毛泽东回信说:“开慧所述那首不好,不要写了吧。”于是另作《蝶恋花·答李淑一》。说者每谓:毛泽东在诗词创作中态度极为严谨,对自己的诗词要求极高,从思想内容到表现方法如有不满意之处,往往再三修改,从不轻意发表。这也许是这首词在作者生前没有公之于众的一个原因吧。我们以为,这话固然完全正确,但有一点尚须补述:这首生前没有公之于众的《虞美人·枕上》,容或还有不自满意之处,但在诗人心目中却占着一个极重极重的位置,它重到36年间梦魂萦绕,未尝一日去怀,且老而弥深、弥坚。虽然对李淑一说:“那首不好,不要写了吧。”可是,还是暗自写了出来,在1961年的一天,更把手迹情不自禁地交赠卫士张仙朋,嘱咐:“这个由你保存!”可见诗人对这首词是多么珍视。而且在遣词造境上还一改再改,最显著的如把手迹上联末句“无奈披衣起坐薄寒中”,改作“寂寞披衣起坐数寒星”,意蕴和色调都更深更浓更富感染力,这是颇费了一番斟酌的。如果说,通读全词,也只是写了别情:上阕写惜别之愁,一个“堆”字,形象地表现了愁闷之多,“江海翻波浪”,更给以强烈的夸张;于是因愁闷而失眠,长夜难明,只好披衣起坐,望夜空,数寒星,充分显示出寂寞孤独的情怀。从而过渡到下阕,还是写伤别之

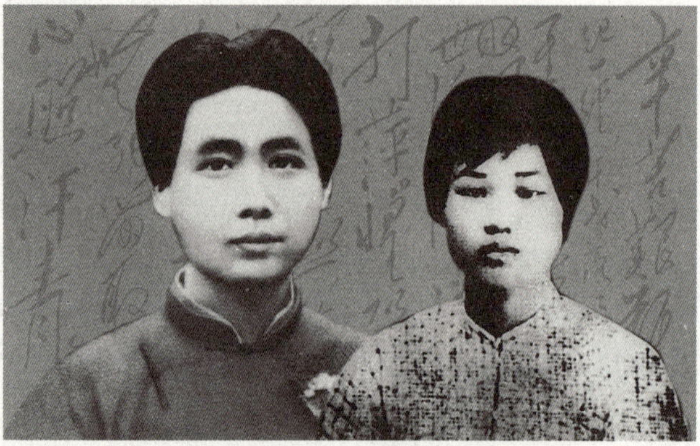
1920年,毛泽东与杨开慧在长沙结婚。

苦，辗转反侧，彻夜无眠，直到破晓，百念俱灰，只有离人的影像浮眼前，拂也拂不去，唤又唤不来，到此不禁遥对着西流的一钩残月，汹涌倾泻出两行酸泪来。凭实说来，这自是真人之情，也实为真人之诗。新婚乍别，想得通宵睡不着觉，想得酸泪湿透枕巾，这种感情是真实的。其所以真实，乃是为一般人所具有的，所俱有的。这是真人之情之诗，也是常人之情之诗。我们当然无妨把它放在词苑传统中来评议，说诗人毛泽东曾自称："我的兴趣偏于豪放，不废婉约。"此词风格乃属于婉约的一类。不过，我们阅读此词，它的感人之处，却并不在其缠绵悱恻，儿女情长；在这些方面，徒见其尽如常人，也有悲欢离合，也有哀婉愁苦而已。我们反复吟咏它，内心里不知不觉引起共鸣，甚至震动，甚至痛裂心肠，乃是看到诗人毛泽东在词成36年之后，以至过了46年、56年，也许是由于李淑一的点醒吧，还总在念念不忘，还总在辗转反侧。当他在长歌当哭"我失骄杨"的时候，岂不是犹自暗暗苦吟："堆来枕上愁何状，江海翻波浪。夜长天色总难明，寂寞披衣起坐数寒星。晓来百念都灰尽，剩有离人影。一钩残月向西流，对此不抛眼泪也无由。"诗人是多么深情地酷念着他的初恋啊！我们这样来读，我们听到诗人这样来读自己的少作，一遍一遍，一年一年，故人何在，恍兮若昨，哪里分得清旧恨新愁？想一想吧，读者至此，岂不同样"对此不抛眼泪也无由"吗？

七　律

洪　都

一九六五年

到得洪都又一年，祖生击楫至今传。
闻鸡久听南天雨，立马曾挥北地鞭。
鬓雪飞来成废料，彩云长在有新天。
年年后浪推前浪，江草江花处处鲜。

题　解 TIJIE

洪都，旧南昌府的别称。隋、唐、宋三代曾以南昌为洪州治所，又为东南都会，因而得名。这里指南昌市。1965 年夏毛泽东在巡视江南过程中，曾于 5 月 25 日至 29 日在井冈山写过《水调歌头·重上井冈山》和《念奴娇·井冈山》两词，此诗当作于其前后，南昌正在往返井冈山途中。作为一首述怀明志的政治诗，当年时势，诗的政治背景，自与“重上井冈山”的豪情是相衔接的。此诗正式发表过程见前《虞美人·枕上》题解。

笺　注 JIANZHU

【又一年】　诗人 1964 年曾到过南昌，所以这次到南昌称“又一年”。

【祖生击楫】　祖生，即东晋名将祖逖。公元 304 年匈奴族刘渊在黄河流域建立汉国。中原大乱，祖逖率领亲党数百家来投镇守建邺的晋元帝，建邺今南京市。313 年祖逖要求率兵北伐，被任为奋威将军、豫州刺史，率部曲百余家渡江北上，中流击楫，立誓说：祖逖不能清中原而复济者，有如大江！击楫，敲打船桨，后用以形容有志报国的抱负和气概。

【闻鸡】 这里化用闻鸡起舞的典故。《晋书·祖逖传》："与司空刘琨俱为司州主簿，情好绸缪，共被同寝。中夜闻荒鸡鸣，蹴琨觉曰：'此非恶声也。'因起舞。"祖逖和刘琨年轻时都有大志，互相勉励振作，因此听到鸡鸣就起床舞剑。后以"闻鸡起舞"比喻有志之士奋起行动。

【久听南天雨】 是诗人自述在我国南方生活战斗了四十多年，经历了风风雨雨。

【立马曾挥北地鞭】 白描，纪实。以立马对闻鸡，以曾挥北地鞭对久听南天雨。自谓在我国北方戎马生涯，也曾进行了翻山倒海的战斗。

赏 析 SHANGXI

如题解所说，这是一首述怀明志的政治诗。当时诗人正在满怀着"重上井冈山"的"豪情"巡视大江南北，来到南昌，这个1927年"八一"起义、中国工农红军诞生的圣地。从而顺理成章，联想起历史上祖逖击楫，立誓报国的往事。这诗的首联起得自然，而又极有气势，平平道出，如不经意，却在精神上贯注全篇，并暗示南昌乃惯游之地，且直接唤出下文。颔联即径由祖逖击楫，说到祖逖和他的好友刘琨闻鸡起舞的故事。出句化用闻鸡这一为人熟知的旧典，轻巧地逗出"久听江南雨"，这才重落到实处。久听江南雨，是自述诗人在我国南方生活战斗历有年所，经历了风风雨雨。既有国家艰危的风雨，又有革命受挫的风雨。毛泽东早年就胸怀救国救民的大志，后来投身中国革命洪流，在三十多岁时创建了中央革命根据地，特别是独创性地开辟了农村包围城市的道路，为中国革命的胜利作出了不可磨灭的贡献。凡此一切，当都包涵在这

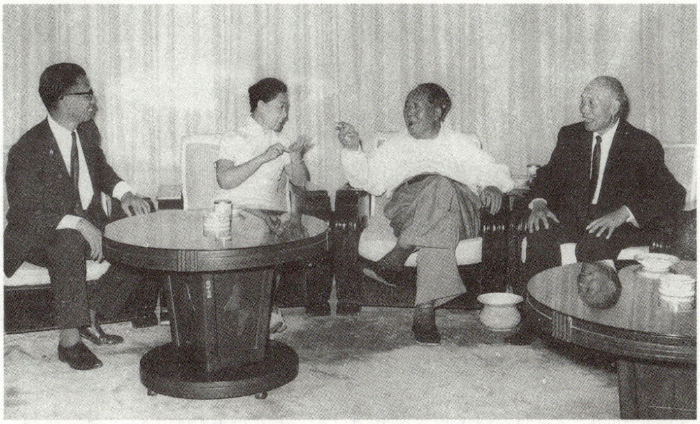

1965年，毛泽东会见回归祖国的前国民党政府代总统李宗仁和夫人郭德洁。

“久听江南雨”中。颔联对句则写诗人在我国北方的戎马生涯。经过铁流二万五千里长征，到了我国的北方。在抗日烽火中，领导八路军、新四军进行了惊天动地的民族解放战争，战胜了日本侵略者；在解放战争中，又运筹帷幄，指挥人民解放军进行了震惊中外的大战，推翻了蒋家王朝，建立了新中国。诗中“立马”、“挥鞭”，亦如《六言诗·给彭德怀同志》的“谁敢横刀立马”？又如朱德《出征》诗“立马太行侧”，雄壮威武，大气磅礴。颔联生动形象地对诗人及其群体大半生革命生涯作了高度的艺术概括。它定将会成为脍炙人口的名句。

颈联出句笔锋陡转，出人意料地自书两鬓飞霜，年迈衰老，感到力气不足了。实则，“废料”云云，只是在“久有凌云志”中近似乎自嘲的偶一闪念，决非“顾影古稀徒自怜”也。决非！勿宁乃是故作语气迭荡，以诙谐的口气，表达如曹操《龟虽寿》诗“老骥伏枥，志在千里；烈士暮年，壮心不已”的心情。这于对句的一片葱茏中就透露了消息：“彩云长在有新天”，这岂不是说病树前头万木春，革命自有后来人吗？是的，马克思主义真理和共产主义理想永葆革命的青春，在科学真理和革命理想的光辉照耀下，我国就会有社会主义以至共产主义的新天地。这些才是这颈联的真意所在。并从而引向尾联。末尾两句，诗人写对我国未来的展望和憧憬。后浪推前浪，寓有新陈代谢、一代胜过一代之意。宋代文王向《过苕溪》：“只看后浪催前浪，当悟新人换旧人。”诗人于此，正是说的年年新人换旧人、新事物代替旧事物，我国就会日新月异，不断前进。“江草江花处处鲜”，形象地描绘了我国欣欣向荣的锦绣前程。诗人移情于物，托景寄情，对我国未来殷殷期待，其情意是极为感人的。或谓：时当1965年夏，诗人南巡，在政治上是有具体奋斗目标的，诗中意有所指，当可一一落实。我们说：事或当然，理实不必。“路漫漫其修远兮，吾将上下而求索。”吾人读诗，难道还非得测量出屈原的路到底走了多么长吗？诗是现实的反映，但诗不复制现实，无所明指的象征性可以长存，复制品却不能。毛泽东此诗，正是以含蓄手法揭示主题，内涵丰富，寄慨遥深，富有象征意义，使诗篇的高度得到升华，增强了它的思想性和艺术魅力。

有的论者指出：这首诗同毛泽东的绝大多数诗词一样，继承和发展了宋代的苏轼、辛弃疾为代表的豪放派风格。诗的意境雄浑，气象恢宏，意蕴深长，格调高昂，是一首充满生气的好诗，能给人以力量、信心和希望（吴正裕：《读新发表的毛泽东诗词二首》）。我们说：信然。但还要会读、善读。

毛泽东诗十首

为了纪念毛泽东逝世二十周年，经中共中央批准，由中共中央文献研究室编辑，中央文献出版社出版《毛泽东诗词集》，于1996年9月公开发行。共收入毛泽东的诗词67首，分正编副编，各以写作时间先后为序。正编42首，都经作者校订定稿，除个别篇章外，都是作者生前发表过的。副编25首，各首情况不尽相同，多数是没有公开发表过的作品，手稿绝大部分没有保存下来，刊印依据多为作者身边工作人员当年的抄件。其中有诗10首是首次正式公开发表，为我们过去所不曾阅读过的。它们是：

五古　挽易昌陶　一九一五年五月

五律　张冠道中　一九四七年

五律　喜闻捷报　一九四七年

七绝　刘　蕡　一九五八年

七绝　屈　原　一九六一年

七绝二首纪念　鲁迅八十寿辰　一九六一年

七律　有所思　一九六六年六月

七绝　贾　谊

七绝　咏贾谊

以上诗十首，除一首五古外，都是五七言律绝。最早的《挽易昌陶》作于1915年，突破了我们得见的最早作于1918年的《送纵宇一郎东行》；最晚的《有所思》作于1966年，晚于前此我们所读过的作于1965年秋《念奴娇·鸟儿问答》。在此前此后，或其中历经五十年间，大可能会续有发现，我们作如此期待，是合情合理的。当然，必须在真实性上得到验证，否则便失去文献意义，没有历史价值了；至于艺术性，作为诗词自然是有所要求的，那就更难于保证了。基于这样的认识，我们的增补，暂以诗十首为限，坊间虽尚有传述，一般还未得权威确认，不作数量上的追求。

现在谨将这诗十首，依前例作题解、笺注、赏析。内容多依据《毛泽东诗词集》的注释，并参证了中央文献出版社《毛泽东传》(1996年8月)。

五　古

挽易昌陶

一九一五年五月

去去思君深，思君君不来。愁杀芳年友，悲叹有余哀。
衡阳雁声彻，湘滨春溜回。感物念所欢，踯躅南城隈。
城隈草萋萋，涔泪侵双题。采采余孤景，日落衡云西。
方期沆瀣游，零落匪所思。永诀从今始，午夜惊鸣鸡。
鸣鸡一声唱，汗漫东皋上。冉冉望君来，握手珠眶涨。
关山蹇骥足，飞飙拂灵帐。我怀郁如焚，放歌依列嶂。
列嶂青且茜，愿言试长剑。东海有岛夷，北山尽仇怨。
荡涤谁氏子，安得辞浮贱。子期竟早亡，牙琴从此绝。
琴绝最伤情，朱华春不荣。后来有千日，谁与共平生？
望灵荐杯酒，惨淡看铭旌。惆怅中何寄，江天水一泓。

（这首诗根据《毛泽东早期文稿》刊印）

题　解　TIJIE

五古，五言古诗的简称。每句五个字，句数不限，偶句押韵，首句可押可不押，可以换韵，不像五律那样讲究平仄对仗。

挽，哀悼死者。易昌陶，名永畦，湖南衡山人。湖南省立第一师范学校学生，与毛泽东同班。1915 年 3 月病死家中，5 月 23 日学校为他开追悼会。

毛泽东在致湘生（生平不详）信中说："同学易昌陶君病死，君工书善文，与弟甚厚，死殊可惜。校中追悼，吾挽以诗，乞为斧正。"信是1915年6月25日写的，这首挽诗随信最早发表在湖南出版社1990年7月版《毛泽东早期文稿》。

笺注 JIANZHU

【去去】 越去越远。汉代《别诗》四首(旧作苏武诗)其三："参辰皆已没，去去从此辞。"

【衡阳雁声彻】 湖南衡阳有回雁峰，相传雁不过此峰。雁声响彻衡阳，比喻思友悲叹的深切。

1919年，毛泽东同父亲毛顺生(左二)、伯父(左三)、弟弟毛泽覃在长沙合影。

【春溜(liù)】 即春水。

【踯躅南城隈】 踯躅(zhízhú)，徘徊。南城隈(wēi)，南城墙弯曲处。

【涔泪侵双题】 涔(cén)泪，不断流下的泪。题，额也，见《说文》。頟与额同字。此云双题，盖泛指面颊，即两脸，泪流两脸的意思。

【采采余孤景】 采采，盛貌，众多。余，剩下。孤景，同孤影，这里作者自指。

【日落衡云西】 衡云，衡山上的云烟。衡山在长沙之南，这里衡指长沙之西属衡山七十二峰的岳麓山。

【沆瀁(hàngyǎng)】 犹汪洋，水深广的样子。左思《吴都赋》："鸿溶沆瀁，莫测其深，莫究其广。"

【零落匪所思】 零落，这里以草木凋零比喻人的死亡。匪所思，匪同非，没有想到，出乎意料。

【汗漫东皋上】 汗漫，本义是漫无边际，这里指漫步。东皋，城东的田野或高地。

【冉冉望君来】 冉冉(rǎnrǎn)，慢慢地。这里是说飘渺间看见你缓缓走来。

【握手珠眶涨】 两手相握，泪眼迷茫。

【关山蹇骥足】 蹇(jiǎn)，阻碍。这里是说关隘山川阻碍良马的奔跑，骥足，比喻俊逸的人才。

【飞飙拂灵帐】 急风在超度亡灵，吹拂死者的灵帐。

【茜】 一作蒨(qiàn)，红色。

【愿言试长剑】 言，杨树达《词诠》谓为语中助词，无义。韩峥嵘《古汉语虚词手册》说是词缀，嵌在动词的前面。《诗经·终风》："寤言不寐，愿言则嚏。"又《二子乘舟》："愿言思子，不瑕有害。"这里是说我愿以此来试我长剑的锋芒。

【岛夷】 古代指分布在我国东部沿海及附近的岛屿与岛上的民族。这里借指日本。

【北山尽仇怨】 北方群山间尽是仇视我们的国家。这里指沙皇俄国。

【荡涤谁氏子】 澄清祖国大地，到底是由谁来主宰。

【安得辞浮贱】 我辈怎得以浮浅贫贱为由来推动匹夫之责呢？

【子期竟早亡，牙琴从此绝】 《吕氏春秋·本味》称，伯牙弹琴，钟子期听了，完全懂得伯牙琴曲的意境。钟子期死，伯牙碎琴绝弦，终生不再弹琴。

【铭旌】 灵柩前的旗幡。

【泓(hóng)】 水深的样子，这里以长江水无限地飘向远方，来比喻深情。

赏 析 SHANGXI

这是写于1915年5月的《五古》,一首追忆同学好友的悼亡诗,是我们得以读到的毛泽东诗词中最早的一首。十年后在《沁园春·长沙》词中所抒写的"书生意气,挥斥方遒"的峥嵘岁月,当正指在长沙的湖南省立第一师范学习的这一期间。青少年时期的毛泽东,是非常喜欢交游,并且很重友谊的。这些在《沁园春·长沙》、《七古·送纵宇一郎东行》等诗词的题解中,我们已经作了叙述。所以当同学兼好友易昌陶不幸英年早逝,遂令诗人扼腕叹惜,充满了无尽的哀思,赋诗以寄悲伤之情。但又不仅仅只在悲伤情绪中呜咽唏嘘,而是在悲伤中贯注了一股遒劲有力的少年壮志。读来令人感到悲壮激烈,英气回荡,这是与一般悼亡诗所不相同的。

全诗五节,每节八句,抒情言志,辗转相生。既缠绵悱恻,又一气呵成。读起来颇能引人入胜。

开端两节十六句,写尽了对好友去世的悲伤之情,在暮春湘滨的明丽风光中回忆与亡友的交往。易君青春早逝,正值"恰同学少年,风华正茂"之时;现在又是春天,大雁在衡山之巅凄切地鸣叫飞翔,湘江春水又碧透了。就在这万物复苏欣欣向荣之际,诗人独自一人徘徊流连,沉埋在回忆中。他回忆往昔,与好友易君在城南相聚,一边畅谈理想,一边眺望祖国壮丽的山河,不胜神往。而今诗人又漫步到城南旧地,睹景思情,青山未改,江水长流,风物依旧,而良人已逝,不禁悲从中来,泪水夺眶而出。诗人就这么徘徊复徘徊,想到曾与易君相约去共同远游祖国的江河湖海,可这一切都已成梦幻,永远不可能实现了。诗人边想边感慨,鲜亮明媚的暮春白日只剩下苍茫渐暗的黄昏,夕阳冉冉向西沉落,黑夜随即降临大地,直到午夜梦中又被鸡鸣惊醒,不觉怅然如有所失。

中间两节十六句,以浪漫手法,写在虚实之间,似幻似真,哀伤沉痛,激昂慷慨。先是紧承上节从午夜鸣鸡声中跃起,如梦如醒,仿佛从床榻飘出外面,恍惚来到旧游的东皋上;朦胧中望见易君慢慢走来,向前相握又不见了,急得珠泪盈眶。举目回顾,只剩下雄关漫漫,良驹举步维艰;狂风吹拂着故人的灵帐,不禁忧心如焚,痛裂肝肠,遂乃背倚群峰,长歌当哭。更想到当年,共誓许身为国，而今屹立在青山之间，斗然兴起要向这万仞碧峰一试长剑的雄心：试看东海有日本侵略者进逼，北疆有沙俄强盗窥伺。国家兴亡，匹夫有责，祖国大地到底应由谁来主宰？我们怎得以出身低微而推脱重任？怎奈你昌陶呀，竟然英年早逝，这真是壮志未酬身先死呀！从而想到古代钟子期死、伯牙便碎琴绝弦的故事，这是熟典，取以表示痛悼失去知音的无限哀思罢了。

最后一节八句，是结束。紧承前面碎琴绝弦、痛失知音的情景，不胜凄凉，万紫千红的春花也伤心地不再开放了。诗人展望自己人生之旅的漫漫长途，失去像易君这样的好友可以相诉衷肠，自然感到无限怅惘。于是自谓：让我把酒向前祭奠英灵吧！旌幡上易君的名字在冷风中惨淡地吹动着。诗人的悲伤，于惆怅中将何所寄托？惟有像长江水向无涯的天际飘荡。话到此戛然而止，而哀思绵绵无尽长。

这确是一首具有充沛情感的悼亡诗。在诗中诗人一边深情地怀念着亡友，一边抒发着高飞远举献身的理想；这理想曾是同亡友共有的，如今却只有诗人挑起重负独自远航了。到此怎不痛感凄凉？诗文题标五古，实已律化：不只整齐用韵，紧守黏对规则，而且全诗五节，每节八句，隔句相对，一节一韵，转韵处出句用语必与前句相叠，如顶针续麻，辗转连环，读起来抑扬顿挫，铿锵上口。这种古体形式，显然形成于齐梁之后，已近唐风。诗人于青少年时期，便写得如许纯熟，足见才情之高，而且功底之深了。前面曾说，这是我们得能读到的毛泽东诗词中的最早的一首，但显然不会是出手之作，在此前数年间，“激清扬浊，挥斥方遒”，必然会还有长长短短的许多篇章，蓝田日暖，润玉生烟，可以想见，只待有心人的广采博搜耳。

五　律

张冠道中

一九四七年

朝雾弥琼宇，征马嘶北风。
露湿尘难染，霜笼鸦不惊。
戎衣犹铁甲，须眉等银冰。
踟蹰张冠道，恍若塞上行。

题　解 TIJIE

五律，五言律诗。这首诗根据抄件刊印，首见于《毛泽东诗词集》。1947年3月中旬，胡宗南指挥国民党军14万余人，向中共中央所在地延安发动进攻。3月18日晚，毛泽东率领中共中央机关撤离延安。随后，他在陕北延川、清涧、子长、子洲、靖边等县转战。张冠道，是他当时转战中经过的一条道路。

笺　注 JIANZHU

【琼宇】　即玉宇，指天空。

【征马嘶北风】　征马，战马。嘶北风，在怒号的北风中长鸣。

【露湿尘难染】　寒露打湿黄土地，尘土难以沾染衣物。

【霜笼鸦不惊】　冷霜笼罩长空旷野，群鸦都静悄悄不噪不惊。

【戎衣犹铁甲】　军服因雾沾露湿而结冰，像铁衣一样又重又硬。

【须眉等银冰】　胡须眉毛都像树挂一样结成银冰。

【踟蹰(chíchú)】 徘徊不进。形容行进迟缓。

【塞上】 边远地区。这里指我国北方长城内外。

赏 析 SHANGXI

中共中央关于暂时放弃延安和保卫陕甘宁边区的两个文件，是1946年11月和1947年4月发出的。两个文件都由毛泽东同志起草，刊印在《毛泽东选集》第四卷。文件中指出："蒋介石日暮途穷，欲以开'国大'、打延安的两项办法，打击我党，加强自己。其实，将适得其反。""国民党之所以采取这些步骤，丝毫不是表示国民党统治的强有力，而是表示国民党统治的危机业已异常深刻化。其进攻延安和陕甘宁边区，还为着妄图首先解决西北问题，割断我党右臂，并且驱逐我党中央和人民解放军总部出西北，然后发动兵力进攻华北，达到其各个击破之目的。"在上述情况下，中央决定："一、必须用坚决战斗精神保卫和发展陕甘宁边区和西北解放区，而此项目的是完全能够实现的。二、我党中央和人民解放军总部必须继续留在陕甘宁边区。此区地形险要，群众条件好，回旋地区大，安全方面完全有保障。三、同时，为着工作上的便利，以刘少奇同志为书记，组织中央工作委员会，前往晋西北或其他适当地点进行中央委托之工作。"以上三项决定，是主动撤出延安前作出，早已执行。所以当国民党军袭来(前称14万余人，只是指西安绥靖公署前进指挥所主任裴昌会指挥两个整编军15个旅14万人开始向北进攻，实际上国民党军队用来进攻陕甘宁边区的总兵力共34个旅25万人)，虽然其势汹汹，我解放军只以3万人相与周旋，而从容自若，胜利在握。在撤离延安时，毛泽东就指出："将来人们会看到，蒋介石占领延安，决不是他们的胜利，而是搬起石头砸自己的脚，他要倒霉了！"又说："少则一年，多则二年，延安仍要回到人民的手中的。"(吕玉莲《毛泽东与转战陕北》)。正是在这种情况下，行进在张冠道中，写作此诗。料在行军初期，故有铁甲银冰的感觉，而"踟蹰张冠道，恍若塞上行"，有如游山观水，不胜悠然。实则一切都按照毛泽东提出的"蘑菇战术"办理，我西北人民解放军在彭德怀大将军率领下以不足3万人的兵力，同比自己多达十倍的国民党军队从容周旋，在尔后一个半月中，于青化砭、羊马河、蟠龙，三战三捷，消灭胡军1.4万多人，拖住胡宗南军这支蒋介石的战略预备队，有效地策应了其他战场的人民解放军，并为西北战场的胜利奠定了基础。

毛泽东同志自1947年3月18日撤离延安，直到1948年3月21日东渡黄河，在极其艰险的环境中转战陕北，共371天，行程1000多公里，居住过12个县境内的38个村庄，并从这里领导着全国解放战争的胜利进展。这是一段富有传奇色彩的经历。在这期间，纵极度紧张，当复有吟咏。而我们现在只得读到这首五律，质朴平实，弥足珍贵。

1947年，毛泽东在转战陕北途中。

五律

喜闻捷报

一九四七年

中秋步运河上，闻西北野战军收复蟠龙作。

秋风度河上，大野入苍穹。
佳令随人至，明月傍云生。
故里鸿音绝，妻儿信未通。
满宇频翘望，凯歌奏边城。

（这首诗根据抄件刊印）

笺注 JIANZHU

【蟠龙】 在延安城东北70多里，是一个古镇。

【度】 通渡，过的意思。

【大野入苍穹】 大野，一望无际的原野。入，溶进。苍穹，即苍天。

【佳令】 美好的节令，这里指中秋节。

【鸿音绝】 音信已断绝。鸿即大雁，《汉书·苏武传》载有大雁传书之事。

【凯歌奏边城】 1947年8月，西北野战军在陕北取得沙家店战役胜利，9月中旬，又收复青化砭、蟠龙等城镇。

此照录中共中央文献研究室编《毛泽东诗词集》。反复吟诵，颇启疑窦。细衡文义，似或有误：

一者，运河，一般特指京杭大运河，由北京直通杭州。考1947年中秋，毛泽东未离陕北。8月23日从佳县梁家岔转移到朱官寨宿营，住了将近一个月，9月21日，移驻佳县神泉堡。11月13日又转移到米脂县的杨家沟，在这里住了三个多月，直到翌年3月21日离开陕北。"中秋步运河上，闻西北野战军收复蟠龙作"，有违情实，不像身居统帅地位的口吻。

1948年5月，毛泽东在河北平山县西柏坡村。

再者,“收复蟠龙”在5月2日至4日蟠龙战斗后,旋即放弃,不应迟至中秋才得传闻。8月沙家店战役,歼灭胡宗南集团三大主力之一的整编第三十六师6000多人。这是西北野战军转入战略反攻的转折点。战役进行时,毛泽东就在离战场只有20里的梁家岔。炮声一打响,他就兴奋地说:“好! 我看这回胡宗南怎样交代! ”战斗一结束,他就来到西北野战军司令部,高兴地说:“胡宗南是个没有本事的人,阴险恶毒,志大才疏。他那么多军队,打我们没有一点办法?我们打了这么多次,就没有吃过败仗。他的本事,就是按我们想的行动。”“那有什么办法?我们哪样想,他就哪样办,当然要吃亏了。”他又说:“沙家店一战,把敌人的嚣张气焰完全打掉了! 形势对我们非常有利,我们要找机会再打几个这样漂亮的胜仗,到那时候,陕北的敌人就没有立足之地了。”(阎长林:《警卫毛泽东纪事》)至于蟠龙的一度收复在5月2至4日,已为前述;青化砭战斗打响在3月25日,均不在9月中旬。如此种切,都与诗文及注释(按:中共中央文献研究室编《毛泽东诗词集》对本诗“凯歌奏边城”一句的注释为:“一九四七年八月,西北野战军在陕北取得沙家店战役胜利;九月中旬,又恢复青化砭、蟠龙等城镇。”)不相符合。

三者,“这首诗根据抄件刊印”。没有说明谁人何种抄件。意为作者身边工作人员当年按手稿照录的抄件,是否可能误把别人作品转录下来,混淆了。依诗文语意,很像是一位原籍陕北、分配到华北工作的干部所作,所以说:“故里鸿音绝,妻儿信未通”,这些都不是转战陕北,身居统帅者的语气,且毛泽东也不能称西北战场为“边城”。

由此,谨录原诗存疑,不作赏析。

七绝

刘蕡

一九五八年

千载长天起大云，中唐俊伟有刘蕡。
孤鸿铩羽悲鸣镝，万马齐喑叫一声。

（这首诗根据作者审定的抄件刊印）

题解 TIJIE

七绝，七言绝句的简称。

刘蕡（?~842）字去华，幽州昌平（今北京市昌平）人。中唐文宗大和二年（戊申828年）举贤良方正，刘蕡对策，极言宦官之祸，其略曰："陛下宜先忧者，宫闱将变，社稷将危，天下将倾，海内将乱。""忠贤无腹心之寄，阍寺持废立之权"，"四凶在朝，虽强必诛。"痛论宦官专权，危害国家，劝皇帝诛灭他们。考官左散骑常侍冯宿等见刘蕡策，皆叹服，而畏宦官，不敢取。令狐楚、牛僧孺等征召他为幕府从事，后授秘书郎。终因宦官诬陷，贬为柳州司户参军，客死他乡。毛泽东在读《旧唐书·刘蕡传》时，对刘蕡的策论很赞赏，旁批："起特奇。"因有是作。

笺注 JIANZHU

【孤鸿铩羽悲鸣镝】 孤鸿，孤单失群的大雁，喻指刘蕡，谓其孤身奋战，冒死陈言，稀世忠贞也。铩(shā)羽，羽毛摧落，比喻受挫、失意。鸣镝，也叫响箭。悲鸣镝,比喻受宦官的中伤和打击。

【万马齐喑叫一声】 喑(yīn),哑。苏轼《三马图赞引》:“振鬣长鸣,万马皆喑。”谓骏马抖动颈上的鬃毛嘶叫时,其它的马都鸦雀无声。后用来比喻一件沉闷的局面。叫一声喻指刘蕡冒死大胆攻击宦官,名动一时。

赏 析 SHANGXI

唐自元和之末,宦官益横,建置天子在其掌握,威权出人主之右,人莫敢言。刘对策,直言不讳。自谓“臣非不知言发而祸应,计行而身戮,盖痛社稷之危,哀生人之用,岂忍姑息时忌,窃陛下一命之宠哉!”考官叹服,而慑于宦竖权威,不敢录取。诏下,物论嚣然称屈。谏官御史窃论欲奏请,亦为执政抑止。同举贤良方正李郃愤谓:“刘蕡下第,我辈登科,能灭厚颜!”乃上疏,以为:“蕡所对策,汉魏以来无与为比。今有司以蕡指切左右,不敢以闻,恐忠良道穷,纲纪遂绝。况臣所对不及蕡远甚,乞回臣所授以旌蕡直。”亦不为报。刘蕡由是不得仕于朝,而终于使府幕僚。毛泽东读史至此,不禁拍案赞赏,叹为长天大云,中唐俊伟,可昭千载知音矣。

七　绝

屈　原

一九六一年秋

屈子当年赋楚骚，手中握有杀人刀。
艾萧太盛椒兰少，一跃冲向万里涛。

（这首诗根据作者审定的抄件刊印）

题　解　TIJIE

七绝，七言绝句。屈原（公元前340~前278），名平，字原，战国楚人，是我国最早的大诗人。曾辅佐楚怀王，官至左徒、三闾大夫，遭谗去职。楚顷襄王时被放逐。因无力挽救楚国的危亡，深感自己的政治理想无法实现，遂投汨罗江而死。

笺　注　JIANZHU

【手中握有杀人刀】　喻指屈原作《离骚》所发挥的战斗作用。

【艾萧太盛椒兰少】　艾萧，即艾蒿，臭草。这里比喻奸佞小人。椒兰，申椒和兰草，皆为芳香植物。这里比喻贤德之士。《离骚》："何昔日之芳草兮，今直为此萧艾也！岂其有他故兮？莫好脩之害也。""固时俗之流从兮，又孰能无变化。览椒兰其若兹兮，又况揭车与江离！"

【一跃冲向万里涛】　指屈原在悲愤和绝望中投汨罗江而死。《九章·惜往日》："宁溘死而流亡兮，恐祸殃之有再。不毕辞而赴渊兮，惜壅君之不识！"

赏 析 SHANGXI

毛泽东同志一如常人赞赏中国古代第一个伟大诗人屈原，是人所共知的。比如，1958年他在一封信里写道："我今晚又读了一遍《离骚》，有所领会，心中喜悦。"(郑松生《毛泽东与美学》202页)这首七绝，是在什么情境下写的，待考。以"手中握有杀人刀"，喻指屈原作《离骚》发挥的战斗作用，质实而奇绝，一般人少有这种感受。

七绝二首
纪念鲁迅八十寿辰

一九六一年

其 一

博大胆识铁石坚，刀光剑影任翔旋。
龙华喋血不眠夜，犹制小诗赋管弦。

其 二

鉴湖越台名士乡，忧忡为国痛断肠。
剑南歌接秋风吟，一例氤氲入诗囊。

（这两首诗根据抄件刊印）

题 解 TIJIE

鲁迅（1881~1936），浙江绍兴人，现代伟大的文学家、思想家和革命家。毛泽东高度评价鲁迅，尊称为中国“文化新军的最伟大和英勇的旗手”。1961年10月7日，亲抄鲁迅《无题》一诗：“万家墨面没蒿莱，敢有歌吟动地哀。心事浩茫连广宇，于无声处听惊雷。”书赠日本访华的朋友们。这两首绝句当是在此期间写的。

笺注 JIANZHU

【龙华喋血不眠夜】 指1931年2月7日深夜,国民党反动派在上海龙华,秘密杀害包括“左联”作家柔石、胡也频、李伟森、白莽、冯铿在内的革命青年共23人。鲁迅在《为了忘却的纪念》一文中说:“在一个深夜里……我沉重地感到我失掉了很好的朋友,中国失掉了很好的青年,我在悲愤中沉静下去了,然而积习却从沉静中抬起头来,凑成了这样的几句:惯于长夜过春时……”喋血,血流遍地。

【犹制小诗赋管弦】 犹制小诗,指上文所说“凑成了这样的几句”,即七律·无题:“惯于长夜过春时,挈妇将雏鬓有丝。梦里依稀慈母泪,城头变幻大王旗。忍看朋辈成新鬼,怒向刀丛觅小诗。吟罢低头无写处,月光如水照缁衣。”赋管弦,配上音乐。

【鉴湖越台名士乡】 鉴湖,在浙江省绍兴市城西南两公里。附近有山阴(今绍兴)人陆游吟诗处的快阁。清末女革命家秋瑾(1875~1907),亦是山阴人,自号鉴湖女侠。越台,即越王台,春秋时越王勾践在会稽(今绍兴)为招贤士而建。本句是说,鲁迅的故乡绍兴是古今名人荟萃之地。

【剑南歌接秋风吟】 剑南歌,指陆游的诗集《剑南诗稿》所收诗作。秋风吟,指秋瑾作的《秋风曲》诗和被清政府杀害前写的惟一供词“秋风秋雨愁煞人”。接秋风吟,与秋风吟起。

【一例氤氲入诗囊】 一例,即一律、一样。氤氲(yīnyūn),形容烟或云气很盛,这里比喻陆游、秋瑾和鲁迅的诗篇富有诗味和爱国热忱。诗囊,装诗的袋子。李商隐《李长吉小传》称,李贺“背一古破锦囊,遇有所得,即书投囊中”。

赏析 SHANGXI

毛泽东一贯号召学习鲁迅,在《新民主主义论》中指出:“鲁迅是中国文化革命的主将,他不但是伟大的文学家,而且是伟大的思想家和伟大的革命家。鲁迅的骨头是最硬的,他没有丝毫的奴颜和媚骨,这是殖民地半殖民地人民最可宝贵的性格。鲁迅是在文化战线上,代表全民族的大多数,向着敌人冲锋陷阵的最正确、最勇敢、最坚决、最忠实、最热忱的空前的民族英雄。鲁迅的方向,就是中华民族新文化的方向。”

这两首七律,写得都质朴平实。第二首从起句便平仄失调,可能是属于写作后忘记或手稿散佚而没有再修订的未定稿。

七 律

有所思

一九六六年六月

正是神都有事时，又来南国踏芳枝。
青松怒向苍天发，败叶纷随碧水驰。
一阵风雷惊世界，满街红绿走旌旗。
凭阑静听潇潇雨，故国人民有所思。

（这首诗根据作者审定的抄件刊印）

题解 TIJIE

七律，七言律诗。《有所思》一首缘情言志的咏怀诗，抒发其对经心发动亲手燃起的“文化大革命”烈火的感想。诗写于1966年6月南巡期间，“文化大革命”正是在这期间发动起来的，这也便是诗作的时代背景。“文化大革命”正式发动的标志是1966年5月的中央政治局扩大会议和同年8月召开的八届十一中全会。但在此之前却经历了长期思考，特别是由1965年11月到1966年4月的舆论准备阶段。在这整个发动过程中，毛泽东都进行了直接领导。一是，上海《文汇报》于1965年11月发表了姚文元执笔写的《评新编历史剧〈海瑞罢官〉》，揪住所谓“单干风”、“翻案风”，暗含着批中央一线领导同志。文章发表前是征得毛泽东同意的，发表后毛泽东在12月杭州谈话中又公开表示支持。从而对《海瑞罢官》的批判带上了浓重的政治色彩，并进而扩展到史学界、文艺界、哲学界等社会科学领域。二是，在1966年初毛泽东指责中宣部和北京市委“包庇坏人,压制左派”,提出了“打倒阎王,解放小鬼”的口号,并三次修改了林彪和江青在上海搞的所谓《部队文艺工作座谈会纪要》,在这一《纪要》中全面否定了建国以来党领导的文艺事业,断言文艺界“被一条与毛主席思想对立的反党反社会主义的黑线专了我们的政”,提出要“坚决进行一场文化战线上的社会主义大革命,彻底搞掉这条黑线”。三是,确定了对彭真、罗瑞卿、陆定一、杨尚昆的错误批判。正是经历了上述准备之后,才于1966年5月在北京召开了中央政治局扩大会议,通过了《中国共产党中央委员会通知》(即《五·一六通知》)。这次会议是按照毛泽东同年4月在杭州主持的中央政治局常委会扩大会议的部署和毛泽东在会前的安排进行的,并且整个会议期间由康生向毛泽东负责请示汇报,会议通过的《五·一六通知》也是由毛泽东主持起草并亲自修改的。《通知》全篇在错误地批判“文化革命五人小组”制定的《二月提纲》的同时,提出了整套“左”的理论、方法、政策,并对形势做了错误估计,认为:“混进党里、政府里、军队里和各种文化界的资产阶级代表人物,是一批反革命的修正主义分子……这些人物,有些已经被我们识破了,有些则还没有被识破,有些正在受到我们信用,被培养为我们的接班人,例如赫鲁晓夫那样的人物,他们现在正睡在我们的身旁。”《通知》反映了毛泽东对中央第一线的错误估计和要发动“文化大革命”的主要论点,彻底贯彻着“无产阶级专政下继续革命”的精神,因而标志着“文化大革命”的全面发动。于《通知》发出同时毛泽东离京南巡。由于《通知》中有些地方语意含混,加之当时主持中央工作的刘少奇、邓小平等人不了解毛泽东的真实意图,也不理解和不同意毛泽东的若干言论,这就导致“文化大革命”没有全按毛泽东的预想发展下去。在对待北京大学贴出的第一张大字报和北京及各地的造反问题上中央与毛泽东采取了不同的态度和做法,中央集体做出了派出工作组的决定。可是,7月下旬,毛泽东从外地回到北京,则指责中央,说工作组是“灭火队”,是“镇压学生”,并说派出工作组是“方向问题,是路线问题,是路线错误”。同时毛泽东公开表示对红卫兵的支持,给清华大学附中红卫兵写信,肯定了“对反动派造反有理”,并说“我向你们表示热烈的支持”。对北大的大字报表示赞赏,说“北京大学聂元梓等七人的大字报,是20世纪60年代的巴黎公社宣言——北京公社。”同时毛泽东又亲自写了《炮打司令部——我的一张大字报》,把中央内部关于“文革”指导思想上的分歧说成是两条路线、两个司令部的斗争,从而把斗争锋芒指向了“以刘少奇为首的资产阶级司令部”。正是在这种情势下，毛泽东于1966年8月主持召开了八届十一中全会，并由全会通过了《中国共产党中央委员会关于无产阶级文化大革命的决定》。在这《决定》和其他一些有关文件中，是这样描写当时的政治形势的：一大批资产阶级的代表人物、反革命的修正主义分子，已经混进党里、政府里、军队里和文化领域各界里，相当大的一个多数的单位的领导权已经不在马克思主义者和人民手里。党内走资本主义道路的当权派在中央形成了一个资产阶级司令部。它有一条修正主义的政治路线和组织路线，在各省、市、自治区和中央各部门都有代理人。过去的各种斗争都不能解决问题，只有实行“文化大革命”，公开地、全面地、自下而上地发动广大群众来揭发上述黑暗面，才能把走资派篡夺的权力重新夺回来。就这样，从《评新编历史剧〈海瑞罢官〉》的发表到《决定》的发表，毛泽东一步步战胜了中央集体，使“文化大革命”终于按其预想，在其领导下发动起来了。这些便是这首《七律·有所思》写作前后的历史背景。

笺　注 JIANZHU

【神都有事时】　神都，古谓京城，这里指北京。有事时，发动“文化大革命”的时候。

【又来南国踏芳枝】　南国，南方的泛称。作者写这首诗的前后，再度来到南方巡视，5月5日到6月15日在杭州，途经长沙于17日到韶山滴水洞。住了11天，28日赴武汉。

【凭阑静听潇潇雨】　化用岳飞《满江红·怒发冲冠》词“凭阑处潇潇雨歇”句。阑同栏。潇潇，骤急的雨势。

【故国】　即祖国。

赏　析 SHANGXI

《七律·有所思》写成30年后才公开发表，这使我们读到它，得以能够冷静看待。诗是写那场史无前例的“文化大革命”的。关于“文化大革命”，我们今天加上引号，说明历史已经证明它既不真正是文化领域的革命，也不是任何意义上的革命或社会进步，而是一场给党、国家和各族人民带来严重灾难的内乱。于此大家当已全然没有异议。至于诗读过以后的感受,人们或尚有不同,是很自然的。顷读龚育之同志《关于〈有所思〉》(1996年10月19日《光明日报》),他说:“我觉得,这首《有所思》中反映的作者心境,在胜利的豪情中,在笔下的雷声中,也隐藏着某种沉郁以至苍凉”,并以之与1927年春作者所写《菩萨蛮·黄鹤楼》,1935年2月作者所写《忆秦娥·娄山关》相比附,说它们同是“反映作者在中国革命发展的重要历史关头的复杂心境”。这一点示很有启发,不过却又难以令人认同。“一九二七年,大革命失败前夕,心情苍凉”;1935年,“万里长征,千回百折,顺利少于困难不知多少倍,心情是沉郁的”。凡此都出作者自注,信而有征,自然不难理解;但是1966年,中国革命发展虽可断为“重要历史关头”,而并不处于逆境中。反复吟读,深感这首《七律·有所思》与《菩萨蛮·井冈山》、《忆秦娥·娄山关》相距很远,倒是与1965年5月两首题标井冈山的词,即《水调歌头·重上井冈山》和《念奴娇·井冈山》气韵相近,可以联系起来解读。前面对于两词的赏析中,我曾指出,“久有凌云志,重上井冈山”,似应更着眼在“重上”两字。“重上井冈山”,井冈山自是实境,但同时是否亦在虚化,变作了一个意象?它不就是改天换日大震荡的象征吗?那么这破空而来的两句,实际上便无异于所谓“无产阶级专政下继续革命”的形象显示了。这种凌云壮志,作为理论,固然早已为实践所证误;而作为精神,岂不有熠熠生辉、永葆阳刚之美的魅力吗?又曾提问:“独有豪情,天际悬明月,风云磅礴。”这到底是说的什么呢?经过分析验证,最后指出:“独有豪情”便是“无产阶级专政下继续革命”的信念;“天际悬明月”实乃“壮志凌云”的意象化;那么待到“风云磅礴”,再“一声鸡唱,万怪烟消云落”,便自然是意味着“继续革命”的胜利发展,“革命对象”的彻底扫除了。两词主题概同,蓄势俱足,所以便自然生发出充满哲理意味,且表现出无坚不摧的胜利信心:“天下无难事,只要肯登攀。”在这里是看不见沉郁与苍凉的。过去我们曾以为题标井冈山的两首词,是毛泽东在中国革命行程中的压轴之作,此后十年间未见再有吟咏;如今,这个判断必须改变了:这首《七律·有所思》,岂不正是“久有凌云志,重上井冈山。天下无难事,只要肯登攀”的充分体现吗?假如说,两词还是象征反映,此律则是直赋其事,直抒胸臆了。

当然上述这些也只是一种理解,是否正确尚有待讨论。现在谨据以对诗文加以解读,试作印证:

首联:“正是”、“又来” 两句, 看来只是平实纪事,“神都有事”、“南国踏芳”，似乎只是在时间上偶然衔接起来，其实两者原是具有密切的内在联系的。正由于在北京燃起了熊熊烈火，所以再度南巡踏芳寻幽，当然决非游山观水，而是意在扩展“新生力量”，为烈火助燃。而且深一层来看，在其时其境，离京南巡，把熊熊之势交给当时的中央来收拾，是不是含有将取固与、欲擒先纵的深意呢？总之，“正是神都有事时，又来南国踏芳枝”，于不经意间，显示出从容、主动，且具有“革命”的策略意义，大有“羽扇纶巾，谈笑间，樯橹灰飞烟灭”的情态，哪里能“隐藏着某种沉郁以至苍凉”呢？

颔联：“青松”、“败叶”，阵线分明。这自然是对于“文化大革命”运动的正面描述。可以想像，这里所说“怒向苍天发”的“青松”，与“纷随碧水驰”的“败叶”，都是处在什么状态？所谓“青松”，约料总是从红卫兵、革命小将、“文革”英雄，等等等等算起，以至往上数到王关戚、姚王张、江青、陈伯达、康生、林彪之流这些这些吧。在当时他们确是在龙腾虎跃，“怒向苍天发”了。至于“败叶”，当然指的是那些被列身于“文艺黑线”的文艺界人物，被定性为“资产阶级反动权威”的文教界人物，以及被认识出来的钻进党里政府里的“走资本主义道路的当权派”，在当时，彭、罗、陆、杨是刚刚被揭发出来的，“纷随碧水驰”，便是被打个落花流水。试看，能够从这种描述中感到沉郁的苍凉吗？

颈联：“一阵风雷惊世界，满街红绿走旌旗。”正面赞颂“文化大革命”的声威。这只能是特指，无从泛指。“文化大革命”的风雷骤起，震惊中国，也震惊世界。当然它同《水调歌头·重上井冈山》中的“风雷动，旌旗奋，是人寰”，以及《念奴娇·井冈山》中的“风雷磅礴。一声鸡唱，万怪烟消云落”，是一气相通的；至于那“一从大地起风雷”(一九六一年十二月《七律·和郭沫若》)与“五洲震荡风雷激”(一九六三年一月《满江红·和郭沫若》)，则可视为遥相呼应，或者终可汇成一片吧。而在这里语意极明，仅能是特指。这说明，“风雷”一词乃作者喜欢的意象，惯用的熟语。至于“满街红绿走旌旗”，则更是“文化大革命”所特有的景象，如果说6月间，烈火初燃，还处于发动阶段，大鸣、大放、大辩论、大批判、大字报，主要还局限于高等院校和部分社团及党政机关内部，满街旌旗是8月以后的事情，这便过实过死了，须知这里是以激情和诗的语言在赞颂啊！

尾联：遥应开端，又把视线收归南巡的主体。“凭阑静听潇潇雨”，化用岳飞《满江红》：“怒发冲冠，凭阑处，潇潇雨歇”句意。岳飞《满江红》是一首悲壮的词，于“潇潇雨歇”间，不禁高唱：“抬望眼，仰天长啸，壮怀激烈”，“待从头，收拾旧山河”。诗人在这里“凭阑静听潇潇雨”，慨然感叹：“故国人民有所思”，是不是也在“壮怀激烈”，猛烈地想像着“待从头，收拾旧山河”呢？是的，在新中国怎么来的旧河山？其实由诗人眼里看来，正如《五·一六通知》所估计的，中国已经跌到了修正主义边沿，非打烂从新整治，已经没有别的办法了。这样想，自然是非常悲壮的。不过如果说这样的壮怀，“不能不带有沉郁和苍凉的一面”，如同龚育之《关于〈有所思〉》中所指出的，那恐怕只是作为接受主体的读者的感受；作者于此，既已看到青松怒发，败叶纷驰；又复指出风雷惊世界，红绿走旌旗，胜利信心是充沛的，哪里容得沉郁、苍凉呢？

毛泽东这次南巡在武汉，于写这首诗的前后，曾给江青写过一封信，讲自己身上的虎气和猴气，讲自信又有些不自信，讲盛名之下其实难副，讲天下大乱，达到天下大治，过七八年又来一次，讲前途光明和道路曲折，……。这封信于林彪事件爆发后在党内广泛传达过。龚育之同志指出，信中所表露的心情，是复杂的。这样的心情，是不是会反映到同时写作的这首诗中来呢?这种提示是非常重要的。不过信是对别人说话，比较全面；诗是内心独白，比较集中；两者虽然可以互相参照，着重点仍然容有不同。这样用信来解读诗，往往还是不免渗进了读者的感受。更尤其是，“文化大革命”的发展是波谲云诡，几经曲折，并不像发动时所估计的，“怒向苍天发”的“青松”，在勾心斗角中，一批一批变成为“纷随碧水驰”的“败叶”，不但远远没有达到预期的理想和目的，而且实际上已经变为很难把握和控制的局势，陷入了欲罢不能、骑虎难下的境地。毛泽东晚年的心境，应该说是孤独和悲凉的。从 1975 年为他读诗文的芦荻所记述他在董必武逝世的日子里，终日不语，流泪吟诵张元干《贺新郎》送胡铨词的情况，可以证明这一点。人们往往把此情此境渗入读其诗作的感受中，自是势所难免的。但是这毕竟不同于原诗有本真，而是读者的生发。尽管如此，这却更加突现了毛泽东历史悲剧的深刻性。思之，不禁催人泪下!

据说毛泽东病重时，曾回顾平生，说：我一生干了两件事。一是与蒋介石斗了那么几十年，把他赶到那么几个海岛上去了。抗战八年，把日本人请回老家去了。打到北京，总算进了紫禁城。对这些事持异议的不多，只有那么几个人，在我耳边叽叽喳喳，无非是要我及早收回那几个海岛罢了。另一件事情你们都知道，就是发动“文化大革命”。这事拥护的人不多，反对的人不少。这两件事没有完，这笔遗产得交给下一代。怎么交?和平交不成，就动荡中交，搞得不好，后代怎么办，就得血雨腥风了。你们怎么办，只有天知道。

叶剑英同志在一次党内会议讲述过毛泽东这段话，坊间一些书籍上也刊载过，如今龚育之同志《关于〈有所思〉》文章中又转引了它。我是从龚文中抄来的。

龚育之同志指出，这段话表露的1976年时的心境，不能用以形容写《有所思》的时候。不过那时思考的是“文化大革命”，这时思考的还是“文化大革命”。其间经历了十年，十年实践，使全党许多同志，也使毛泽东同志，对“文化大革命”的思考，大大不同于十年前“文化大革命”开始的时候了。毛泽东不能否定也不可能否定“文化大革命”，但他已经清醒地懂得，尽管进行了十年，尽管打倒了那么多“走资派”，尽管办过那么多学习班，尽管开过了九大又开过了十大，结果“文化大革命”还是(或者说更是)拥护的人不多，反对的人不少。在这前后十年和“不多”、“不少”的对比之间，毛泽东思考了一些什么呢？不论怎样，归根到底，毛泽东写《有所思》，从他的主观意愿来说，他所思考的是：故国和人民。

如上述的分析和论定，无疑是正确的，它加深了我们对于毛泽东晚年历史悲剧的认识，正如《关于建国以来党的若干历史问题的决议》所指出的：“他在犯严重错误的时候，还多次要求全党认真学习马克思、恩格斯、列宁的著作，还始终认为自己的理论和实践是马克思主义的，是为巩固无产阶级专政所必需的，这是他的悲剧所在。”悲剧的实质正在于：毛泽东发动和领导“文化大革命”的基本论点，所谓“无产阶级专政下继续革命的理论”，“明显地脱离了作为马克思列宁主义普遍原理和中国革命具体实践相结合的毛泽东思想的轨道，必须把它们同毛泽东思想完全区别开来”。那么，这首《七律·有所思》呢?诚然，作者的思考，十年间虽有变化，始终都是故国和人民；但又不同于“故国人民”的“有所思”。对于“文化大革命”，“故国人民”真正的“有所思”到底是怎么样?这个问题作者最后也没有作出圆满回答，可以说是“赍志以没”了。这就是为什么使我们于30年后的今天，读到这首《七律·有所思》，不是受到鼓舞，而是深感遗憾，甚至有人引起沉郁以至苍凉的感觉。至于诗的艺术境界，以至于它有无境界有何境界，那也只能取决于不同读者各自不同的艺术再创造了。

七　绝

贾　谊

贾生才调世无伦，哭泣情怀吊屈文。
梁王堕马寻常事，何用哀伤付一生。

(这首诗根据抄件刊印)

题　解　TIJIE

贾谊(公元前200~前168)西汉雒阳(今河南洛阳)人。政论家、文学家。初被汉文帝召为博士，不久迁为太中大夫。文帝想任为公卿，因遭大臣周勃、灌婴等排挤，贬为长沙王太傅，梁怀王太傅。曾多次上书，建议削弱诸侯王势力，劝农立本，使无业游民转归农亩。其政论文有《过秦论》、《陈政事书》(亦称《治安策》)、《论积贮疏》等。因政治抱负无从施展，甚不得意，过湘水时曾作《吊屈原赋》，借悼惜屈原不幸遭遇，抒发自己怀才不遇之感慨。年33岁，忧郁而死，有《新书》。

笺　注　JIANZHU

【贾生才调世无伦】　贾生，指贾谊，借用李商隐《贾生》句："贾生才调更无伦。"才调，指才气、才能。无伦，无与伦比。

【吊屈文】　指《吊屈原赋》："造托湘流合，敬吊先生。……子独抑郁其谁语？凤缥缥其高举兮，夫固自引而举去。"苏轼《贾谊论》："观其达湘，为赋以吊屈原，萦纡郁闷，跃然有远举之法。”

【梁王堕马寻常事，何用哀伤付一生】 贾谊后被征为梁怀王太傅，因梁怀王堕马而死，他以为自己“为傅无状”，忧郁自伤，不久去世。作者非常赞赏贾谊的才华，认为他因哀伤而死不值得，并感到很惋惜。

赏 析 SHANGXI

简明，盖读书时的偶感。就事论事，有惜才之心。这么想，作如此评价，只能是在我们新时代新社会里，参照苏轼《贾谊论》，便另有一番讲究。苏轼着眼点是“非才之难，所以自用者实难”。他说：“惜乎贾先王者之佐，而不能自用其才也。”于是纵论一番，最后说：“愚深怨生之志，故备论之。亦使人君得如贾生之臣，则知其有狷介之操，一不见用，则忧伤病沮，不能自振。而为贾生者，亦谨其所发哉！”请看，同样作为接受主体，引出的感慨就大大的不相同了。

七 律
咏贾谊

少年倜傥廊庙才，壮志未酬事堪哀。
胸罗文章兵百万，胆照华国树千台。
雄英无计倾圣主，高节终竟受疑猜。
千古同惜长沙傅，空白汨罗步尘埃。

（这首诗根据抄件刊印）

题 解 TIJIE

贾谊，见前诗《贾谊》。两首诗都是根据抄件刊印，没有记出写作时日，很可能是同时写的，先成《七绝·贾谊》，兴犹未尽，继而又写了这首《七律·咏贾谊》。

笺 注 JIANZHU

【少年倜傥廊庙才】 本句是说，贾谊年少有才，豪爽洒脱，是国家的栋梁之材。据《汉书·贾谊传》载，贾谊18岁时，以能诵读诗书，善文章，为郡人所称，20多岁任博士，一年之内超迁为太中大夫。倜傥（tìtǎng），风流洒脱。廊庙，指朝廷。廊庙才，指才能和才气可任朝廷要职的人。

【胸罗文章兵百万】 胸罗文章，指贾谊胸有锦绣文章。他的政论文如

《过秦论》、《治安策》、《论积贮疏》等，提出了一系列治国策略和改革制度的主张，表现出卓越的政治远见和才能。兵百万，比喻贾谊的治国策略好像统军韬略，能指挥百万军队。

【胆照华国树千台】 胆照，肝胆相照。华国，即华夏，这里指汉王朝。树千台，指建立众多的诸侯国。汉制设立"三台"，即尚书为中台，御史为宪台，谒者为外台。建立众多的诸侯国则势将设立"千台"。贾谊主张加强中央集权削弱诸侯王势力。他在《治安策》中指出："欲天下之治安，莫若众建诸侯而少其力。"

【雄英无计倾圣主，高节终竟受疑猜】 雄英，出类拔萃的人，此指贾谊。圣主，借用古代称颂帝王的惯用语，这里指汉文帝。这两句是说，贾谊没有办法说服或争取汉文帝接受他的主张，他的特立独行的节操终竟受到大臣周勃、灌婴等人的排挤而被疏远。

【长沙傅】 指被贬谪为长沙太傅的贾谊。

1974年，毛泽东和邓小平在北京。

【空白汨罗步尘埃】 空白，徒然说。汨罗，即汨罗江，在湖南省东北部。这里化用屈原自沉汨罗江的典故。步尘埃，即步后尘。贾谊虽没有投江而死，但因梁怀王堕马死而忧伤死去，同于屈原的投江，还是步了后尘。尤其是屈贾的政治命运相同，都是因谗遭贬，壮志未酬。这是引起"千古同惜”的原因。

赏　析 SHANGXI

仍是很明净的感慨，不外惜才之意，对壮志未酬者，付以无限同情。比前篇更充实些，主题则相同。廊庙、圣主，均陈词，语意平实，不见现实联系的踪影。

学诗启示录

——诗要用形象思维

前言　诗的光辉典范与特殊规律

郭沫若《满江红·读毛主席诗词》中有句说:“经纶外,诗词余事,泰山北斗。”作诗填词,在毛泽东的革命生活中,确是余事,却不是无关宏旨的小道。纵观古今,横览中外,毛泽东诗词在诗坛上确实可称做“泰山北斗”。这些诗词反映着中国革命的光辉历程,这些诗词体现着革命导师的伟大思想。我们学习毛泽东诗词,必须结合着半个世纪以来由新民主主义到社会主义的中国革命斗争史来探讨,必须结合着作为党的指导思想和理论基础的马克思主义、列宁主义、毛泽东思想来钻研。离开了革命斗争的实际,离开了马克思列宁主义、毛泽东思想,要理解毛泽东诗词是很困难的,是办不到的;而这些也便是毛泽东诗词中所反映的现实,所表现的思想。正是在这个意义上,我们说毛泽东诗词是革命现实主义和革命浪漫主义双结合的伟大史诗,是社会主义和共产主义的政治教科书。正是在这个意义上,我们说毛泽东诗词也如同雄文四卷和一切毛泽东著作一样,是马克思列宁主义的普遍真理同当代革命的具体实践相结合的深刻反映,是号召全党全国各族人民以及全世界进步人类“团结起来,争取更大的胜利”的战斗檄文。

但是,必须注意,它又和一般著作有所不同,它又和雄文四卷有所不同,它是诗词,是诗篇,是真正伟大的艺术诗篇。它是在中国以至世界革命的现实基础上写出又推动了这一伟大现实的诗篇,它是在帝国主义和无产阶级革命时代的马克思主义、毛泽东思想指导下写出又丰富了这一伟大思想的诗篇。这就是说,这里的现实(社会实践)和思想(革命理想)是经过了美学点染和艺术熔铸的,它闪烁着炽热的灿烂的感情色彩和意志光芒。它是现实和思想的形象显现。同样作为反映现实和表现思想的形式、诗歌和论文,在有其共性的前提下,又各有其个性:论文抽象地解释世界,诗歌具体地说明世界,同时都是为了改造世界;抽象地解释通过证明提炼为概念,具体地说明通过显示凝铸为形象，两者都要达到说服以产生影响。假如说，概念是事物(物质)的本质属性在人类头脑中的反映；那么，形象也并不仅仅是由对象的直觉反映即表象所组成，形象乃是不只饱含着思想而且也饱含着情感和意志的对于事物的认识。它是把思想、把情感和意志注入到由外界引起的感觉而形成的，它是观念的升华，它是意识的结晶。同时它又必然是主体生命力的表现与投射。形象和概念同样都是由感性认识飞跃到理性认识的产物，在思维过程中，是属于同一序列的东西。而形象则是为感情所修饰为意志所加强了的认识，它赋予理性以脉搏和呼吸，它是活的、有生命的，这也就是诗。至少，真正的艺术诗篇必须具备这种特质。有的论者，鄙薄诗的理性基础，怀疑诗的反映性能，只承认它是对性灵的抒发，而否定它也是对事物的认识。这种片面理解，推源其始，无非是把艺术形象，诗的形象仅仅视作直觉，甚至仅仅视作比喻或象征了。这虽然非常重要，但古今中外一切伟大诗人的伟大诗篇都不会停留在这个局限内，这是无庸置疑的。毛泽东的诗词乃是诗中的诗，诗的太阳，它是同一切封建士大夫和资产阶级文人的作品具有着质的不同的无产阶级的诗篇，所以它正是我们学习和理解诗的特质的光辉典范。

作为光辉典范，我们来学习和研究毛泽东诗词的精深内涵，就会发现：有一根巨大的闪光的红线，从始到终贯穿在这些具有不朽的艺术生命的诗篇中。它闪耀着以实践论为基础的战斗唯物主义和革命辩证法的哲理光芒，炽燃着深刻的群众观点的热情火焰，从而洋溢着超群拔萃的革命英雄主义和革命乐观主义的精神力量，这些都是无产阶级最坚定最彻底的革命精神。无产阶级革命精神是毛泽东诗词的灵魂。

作为光辉典范，我们来学习和钻研毛泽东诗词的精美形体，就会认识：属于观念形态的文学之一种，诗主要是现实的艺术掌握，理性的感性显现。当然现实只有进入主体感觉，经过情绪化才得成为创作素材，而感性则必然源于感情并基于意志，所以诗要使用形象思维方法，通过加强了的、往往是具有一定节奏韵律的语言形式而形成，好的诗篇总是个别形象与普遍本质的统一。所有毛泽东诗词都不只是告诉人们一件什么事情或讲述一种什么道理，而是把无产阶级革命的世界观具体体现在栩栩如生的形象中，虽然诗篇并非世界观的图解，而蕴含量总是无限深广博大的。

"诗要用形象思维，不能如散文那样直说，所以比、兴两法是不能不用的。""要作今诗，则要用形象思维方法，反映阶级斗争与生产斗争"(毛泽东

《给陈毅同志谈诗的一封信》)。这是有关诗创作,艺术创作特殊规律的深刻揭示。这规律在毛泽东诗词中充分地体现着。尽管曾经有人把形象思维判决为"现代修正主义文艺思潮的一个认识论基础",而打入死牢,形成禁区。但理论是灰色的,艺术的生命之树常青。创作实践总是遵循着形象思维的特殊规律进行的。

那么,形象思维这一概念,又是怎样形成,从哪里来的呢?

形象思维这一概念,在中国和欧洲都已源远流长,而把形象和思维两个词明确联系起来,则首见于俄罗斯文艺批评家别林斯基(1811~1848)的著作。他曾反复说过诗或艺术是"寓于形象的思维"(《伊凡·瓦年科讲述的〈俄罗斯童话〉》及《艺术的观念》)。又说:"哲学家用三段论法讲述,诗人用形象和图画讲述,他们两人所讲的东西是一样的。"(《对于一八四七年俄国文学的意见》)把"形象"作"思维"的定语而形成"形象思维"这一术语,现在所知的最早例子,见于苏联作家法捷耶夫(1901~1956)在1930年的题为《争取作一个辩证唯物主义的艺术家》的演说中。他在批评文艺创作的空洞抽象的现象时说过"这已经不是形象思维",并对形象思维作了极为精彩的解释。他指出:"科学家用概念来思考,而艺术家则用形象来思考。这是什么意思呢?这就是说,艺术家传达现象的本质不是通过该具体现象的抽象,而是通过对直接存在的具体展示和描绘,艺术家通过对现象本身的展示来揭示规律,通过对个别的展示来揭示一般,通过对局部的展示来揭示全体,从而在生活的直接现实中仿佛造成了生活的幻影。"尔后一般评论家,特别是苏联和中国的评论家,便往往把科学思维称做逻辑思维,把艺术思维称作形象思维,而把形象思维和逻辑思维相对立。这固然是有道理的,却并不完全确切;这虽然并不确切,却基本上是有道理的。有的同志把这里所说的逻辑思维置代以抽象思维,似乎更比较恰当些,因为形象思维也不见得是没有逻辑的。

一、文主发议论，诗主达性情

散文直说，诗用图画。散文用逻辑思维方法提炼为概念，诗用形象思维方法凝铸为形象。这是诗与文的主要区别，前面已经提出过了。不过，正如列宁所说的“现象比规律丰富”(《黑格尔〈逻辑学〉一书摘要》)，实际情况往往更加错综复杂。就以政论散文和政治抒情诗为例吧，二者有什么相同之点，有什么不同之处，对这一问题，加以考察，作出回答，是有助于对科学思维与艺术思维或者逻辑思维与形象思维加深理解的。

政论散文与政治抒情诗都是对一定现实政治现象的反映和评价，一定的阶级立场与政治观点是它们共同的基础，真理即社会发展客观规律与符合于客观规律的认识是它们的共同内容。假如说政论散文，诸如社论、宣言、声明、演说等等，从基本性质说是属于科学范畴，对世界进行的是科学掌握，但它与自然科学不同，有时也不免热情洋溢，求助于联想和想像，使用着情感的热烈语言和幻想的灿烂形象说话；那么政治抒情诗，则如同一切诗歌一样，属于艺术范畴，对世界进行的是艺术掌握。但决不能为幻想所歪曲，为义愤所淹没，而必然同样燃烧着真理的晶莹火焰，也在判断和思考，甚至有时还直接发议论。

政论散文，如《星星之火，可以燎原》(一九三〇年一月五日)，当然是伟大导师以其理论的解剖刀对当年政治形势的客体加以去粗取精，去伪存真，由此及彼，由表及里的改造制作工夫，经过分析、综合、推理、判断，达到理论概括；它把任何主观愿望的因素都滤除净尽，发现出完全符合客观现实的运动规律，从而得出相应的结论：“相信革命高潮有迅速到来的可能”，并应坚持“争取江西的计划”。这就是科学掌握。但是就在文章的结尾，在结语中论及“革命高潮”的现实性决不是“可望而不可即的一种空的东西”，却曾说(原著系散文，这里试改为诗体)：

它是站在海岸遥望海中已经
看得见桅杆尖头了的一只航船，
它是立于高山之巅远看东方已见
光芒四射喷薄欲出的一轮朝日。
它是躁动于母腹中的快要成熟了的
一个婴儿。

你瞧！这不是浮想联翩、激情满怀的诗篇吗？又如在瓦窑堡党的活动分子会议上所作的《论反对日本帝国主义的策略》(一九三五年十二月廿七日)的报告，讲到长征的意义，是怎么说的呢？据曾经与会的同志回忆，当时毛泽东是神采飞扬，富有风趣地说：

……长征又是宣言书。它向全世界宣告，红军是英雄好汉，帝国主义者和他们的走狗蒋介石等辈则是完全无用的。长征宣告了帝国主义和蒋介石围追堵截的破产。长征又是宣传队。它向十一个省内大约两万万人民宣布，只有红军的道路，才是解放他们的道路。不因此一举，那么广大的民众怎会如此迅速地知道世界上还有红军这样一篇大道理呢？长征又是播种机，它散布了许多种子在十一个省内，发芽、长叶、开花、结果，将来是会有收获的。

在这里，岂不也在流露着热情，并且使用着形象和画面来讲述吗？

政治抒情诗，如《如梦令·元旦》(一九三〇年一月)：

宁化、清流、归化，
路隘林深苔滑。
今日向何方，
直指武夷山下。
山下山下，

风展红旗如画。

很显然,作为诗篇,它重在表达行军感受,抒发革命情意,是精神的斧凿在现实生活的岩石上碰击出的火花。抒情诗的反映现实,亦即对现实的艺术掌握,则是要把由现实生活中所得到的感受固定下来,而这感受依然是由三大革命实践中产生出来的认识。不过它是由意志所加强,被感情所修饰了的,往往演化为联翩浮想,翱翔想像的羽翼,飞架联想的桥索,通过幻想、夸张,使用比兴手法,以至孵育成活的形象。即如《如梦令·元旦》这首小令,同上引《星星之火,可以燎原》那篇名文,不但基本上作于同时同地,而且写的同是当时当地的革命战争,自然具有着内在联系。如果没有那"星星之火,可以燎原"的高瞻远瞩,则肯定是看不到这"山下山下,风展红旗如画"的绚丽风光的。如果"不相信革命高潮有迅速到来的可能",因而也不赞成"争取江西的计划";如果"没有在游击区域建立红色政权的深刻的观念",因而也"没有用这种红色政权的巩固和扩大去促进全国革命高潮的深刻的观念",如果不能确信"朱德毛泽东式、方志敏式之有根据地的,有计划地建设政权的,深入土地革命的,扩大人民武装的路线是经由乡赤卫队、区赤卫大队、县赤卫总队、地方红军直至正规红军这样一套方法的,政权发展是波浪式地向前扩大的,等等的政策,无疑义地是正确的",那么是万万写不出这诗意葱茏、诗情酣畅的诗篇的。更万万不能写得这样有绘画美,像一幅鲜明的行军图;有音乐美,像一首雄壮的进行曲。而且,"山下山下,风展红旗如画",这一片火一样的红旗海洋,岂不正预示着"星星之火,可以燎原"吗?这首小令和那篇名文岂不同样都是对"红旗到底打得多久"一类右倾悲观论调的答复与驳斥吗?又如《七律·长征》(一九三五年十月):

红军不怕远征难,
万水千山只等闲。
五岭逶迤腾细浪,
乌蒙磅礴走泥丸。
金沙水拍云崖暖,
大渡桥横铁索寒。
更喜岷山千里雪,
三军过后尽开颜。

在这里，同样讲的是长征。那视险如夷、无坚不摧的革命英雄主义气概和革命乐观主义精神，岂不也正是根生于对工农红军本质的深刻认识吗？而这种深刻的认识自然是有其坚实的理智基础的。“红军不怕远征难”，通篇总纲，便是经过思考所作出的判断，这是不言而喻的。再如《七律·人民解放军占领南京》(一九四九年四月)：

宜将剩勇追穷寇，
不可沽名学霸王。
天若有情天亦老，
人间正道是沧桑。

将古诫今，至理深情，沉着遒劲，瑰伟豪雄。除非是“胸中自有雄兵百万”的伟大战略家，除非是料事如神、指挥若定的革命导师，什么人能以这等濡染大笔发出这等警策的叮嘱呢？试看这些抒情的诗句，岂不正是《向全国进军的命令》(一九四九年四月廿一日)的副本或续篇，并且隐有一整套以实践论为基础的辩证唯物主义和历史唯物主义世界观做骨架相支撑着吗？对于现实的生活与斗争，这自然是最精深的评价最宏伟的议论了。法国早期马克思主义者拉法格说：“发议论——是人的特点和他的精神上的快乐。不发议论的作家——只是个手艺匠。”诗人自然也不例外。只是这议论要怎样发法，诗与文之间还是有区别的。

那么，诗与文二者的区别是什么呢？各自的特点是什么呢？那特点，亦即区别，是否只在形式格律上体现出来呢？诚然，格律形式往往成为区分诗歌与散文的重要标志；但这不是本质的问题，更不是问题的本质：有押韵的散文，也有无韵的诗篇；有八股文，也有自由诗。要区分散文中的情感与形象同诗篇中的判断与思考，还是必须正确理解诗主达性情、文主发议论这一基本特性。作为思想感情，诗人的与政论家的，与其他任何人的，都没有什么质的不同；对待日常事物，他们的思维方式，也不该有什么两样。不过诗歌的表现，则必须通过达性情而发议论，思考与判断要形象地显示出来，使读者从“山下山下，风展红旗如画”那一片火样的红旗海洋中，展望到“革命高潮有迅速到来”的胜利前景；使读者从细浪五岭、泥丸乌蒙、暖寒金沙大渡、等闲万水千山的豪情胜概中,去体会“红军不怕远征难”的英雄本质;使读者在聆听“宜将剩勇追穷寇,不可沽名学霸王”的谆谆叮嘱当中,领悟到“天若有情天亦老,人间正道是沧桑”的湛深哲理:在这里“有情”亦即“沽名”;思想不是外加进去的,而是从形象中自然流露出来的;全部诗篇是有机构成,是浑然整体,所谓“必须一气浑成,神完力足,方为合作”(施补华《岘镛诗话》)。至于散文的表达,则是直接发议论,理智直接用于理智。理智和思想直接碰面,无须以幻想和情感为中介,即使有时不免借助于情感和形象,也只是次要的辅助手段。它主要的是靠抽象的逻辑线索贯串着,无论是形式逻辑,抑或是辩证逻辑,判断和思考必须遵循着这根线索展开,连同它有时出现的情感的热烈言辞与幻想的灿烂形象,也只是缀在这线索上的花结。就像出现在《星星之火,可以燎原》一文中的“航船”、“朝日”、“婴儿”等形象,就像出现在《论反对日本帝国主义的策略》报告中的“宣言书”、“宣传队”、“播种机”等比喻,统统仍是置于严格的理智控制之下。我们读时只是被那真理的明确的逻辑力量所吸引,更加感到那真理是可信服的而已。诗歌对生活现实的反映与评价,亦即它的思想与感情,连同它的思考与判断,就不同了,它们主要的不是由一根抽象的逻辑线索所连结,而是必然为一个完整的感性形象统一起来,或者说都必然体现在一个完整的感性形象之中。比如《念奴娇·昆仑》,主题思想是反对帝国主义,不是别的。但是我们读了它,却仿佛遥望到一个时代巨人,在铁流两万五千里的征途中,背靠半壁青天,抽出万丈长剑,指点着“横空出世”的“莽昆仑”,数说它的高寒与功罪,并且要挥手把它裁成三截,分别赠送给欧美东国,让“太平世界,环球同此凉热”。正是通过对昆仑的这种奇特想像和描写,抒发了无产阶级要在全世界消灭帝国主义,消灭剥削制度,最后实现共产主义的伟大理想和坚定信念。又比如《沁园春·雪》,主题思想是反对封建主义,批判二千年封建主义的一个侧面。但诗篇却引导我们进入了一幅气势宏伟、波澜壮阔的江山如此多娇的画面,并看到历代帝王在这“多娇”面前纷纷倾倒,一一没落,从而突出地树起了现代无产阶级的英雄形象。批判封建主义的主题思想,乃是由读者从这完整的感性形象中领悟出来的,并不曾直说。所有诗篇都是如此,这是它和散文极不相同的特点。这也正如杜勃罗留波夫所说:“艺术家所处理的,不是抽象的思想与一般的原则,而是活的形象,思想就在其中显现。”(《黑暗的王国》)诗人理应站在艺术家的前列。

文主发议论,诗主达性情,同样是对生活现实的反映与评价。文可直说，重在表现，是科学掌握；诗用图画，重在创造，是艺术掌握。这种区别，古人也曾约略指出过，清人吴乔《围炉诗话》中"答万季楚诗问"一段话，正是这样说的：

> 又问："诗与文之辨？"答曰："二者意岂有异？惟是体制辞语不同耳。意喻之米，文喻之炊而为饭，诗喻之酿而为酒；饭不变米形，酒形质尽变；啖饭则饱，可以养生，可以尽年，为人事之正道；饮酒则醉，忧者以乐，喜者以悲，有不知其所以然者。如《凯风》、《小弁》之意，断不可以文章之道平直出之，诗其可已于世乎？"

在这里，"意"是属于主观范畴。虽然说"无论诗歌与长行文字，俱以意为主。意犹帅也，无帅之兵，谓之乌合"（王夫之《姜斋诗话》），这话不是没有道理的；但是，作为观念形态的文艺作品，是一定的社会生活在人类头脑中的反映的产物，所以如果把"意"置代以"社会生活"，便更确当些，自然，这社会生活又必须意象化了，才得入诗，是无庸多言的。而"饭"与"酒"的比喻，则更非常富有启发性。论文可以直说，因为重在表现，所以"不变米形"；诗歌要用比兴，因为重在创造，所以"形质尽变"；而它们又同是对现实的反映与评价，"二者意岂有异"？当我们结合着雄文四卷及毛泽东其他著作来研读毛泽东诗词，于此当更有真切的领会。

那么，在思维过程中，作为认识的结果，为什么诗与文实同形异，而艺术形象又是怎样产生的呢？

"二者意岂有异"？"他们两人所讲的东西是一样的"。从认识论的角度来看，作为现实的反映，作为不同的观念形态，诗与文的内容，当然没有区别。斯大林说："如果我们把物质方面，外部条件，存在以及诸如此类的现象叫做内容，那么我们就应当把观念方面、意识以及诸如此类的现象叫做形式。"（《无政府主义还是社会主义》）艺术（诗）与科学（文）是不同的观念形态，即不同的思想形式。就其内容说，都是客观物质存在，是没有什么不同的；不同的是"形态"即"形式"。从形式上看，艺术（在这里特指诗歌）的主要特征就是形象性。

同样是客观现实反映，艺术或者说是诗歌，为什么必定要体现为一个完整的感性形象呢？

这并不是什么神秘的或深奥难解的问题。同样反映现实,艺术对象与科学对象有没有相对的区别呢?有的。“各种物质运动形式中的矛盾,都带特殊性。”“科学研究的区分,就是根据科学对象所具有的特殊的矛盾性。”“对于某一现象的领域所特有的某一种矛盾的研究,就构成某一门科学的对象。”(《矛盾论》)科学把握的是现实整体的某一或某些方面,例如,物理学中的声、光、电、磁以及化学中的有机无机诸种运动规律,社会科学中的生产力和生产关系、阶级和阶级斗争,哲学中的唯心论和唯物论,形而上学和辩证法等等,它是透过现象把握本质,把本质从现象中抽象出来。它的对象是真,是纯客观的,是属于理性范畴的。而艺术(这里特指诗歌)把握的则是人以及人的生活,包括三大社会实践以及其综合和总和;也反映自然,人化了的自然。艺术对象是统一的整体。高尔基曾说过“文学是人学”,这论断是深刻的。它说明与科学不同,艺术则是通过现象揭示本质,把握由现象到本质的统一体,它的对象是真善美的综合,是主客观的相互渗透,是立足于表现为感性的理性基础上,是隶属于显示着理性的感性范畴的。正是这种内容上的特点要求着或者说决定着它在形式上的形象反映。这就是说,艺术或诗,不应当把极其复杂的情感简单化,它不是对现实的纯客观的认识。这不仅具有认识实践或实践认识的一般属性,而更其具有自身独特的学科形态。因而于其固有的客观性、逻辑性、规律性、普遍性、精确性、规范性之外,有必要更加注意它的直观性、直觉性、偶然性、个别性、情绪性、模糊性等。这就决定了在我们坚持的马克思列宁主义的、毛泽东文艺思想的鉴赏学当中,不是排斥而是吸收与消融某些主观经验性方法,如心理学的方法、变态心理学的方法、情感现象学的方法,具体说诸如精神分析的方法、直觉的方法、感悟的方法、心灵体验的方法,等等,都有合理因素,有利于解开文艺现象的心理根据、人本根据。这些都在证明艺术或诗区别于科学或论文,乃在于它的主体性与客体性是综合显示的,二者互相渗透,永不孤存。因而它在形式上便最好和必须采取形象反映。

二、浮想联翩与联翩浮想

那么，对于现实的形象反映，亦即艺术的形象塑造又是怎样进行的呢？

《七律二首·送瘟神》（一九五八年七月一日）的题下，曾写了一段非常优美的序文：

> 读六月三十日《人民日报》，余江县消灭了血吸虫。浮想联翩，夜不能寐。微风拂煦，旭日临窗。遥望南天，欣然命笔。

让我们结合着诗篇及当日《人民日报》所载有关文字，仔细研究研究这段序文，对于理解艺术或艺术创作的特点，亦即诗或诗创作的特点，是会有很大帮助的。

试设想看，余江县消灭了血吸虫，就这同一事件，当然可以从不同的角度来反映。医务工作者可以就防治医疗方面，进行科学研究，提供新的医理；政治工作干部可以就组织领导方面，进行经验总结，巩固和扩大战果。正如1958年6月30日《人民日报》社论《反复斗争，消灭血吸虫病》及《第一面红旗》的报道中所指出的："消灭血吸虫病是一场关系到改变千百万群众生活、生产习惯的艰巨任务"，"在农业生产大跃进的新形势下，消灭血吸虫病就有着更加迫切的重要意义。"所以"一九五六年春天合作化高潮到来后，中共余江县委领导人民紧紧依靠着合作化的优越条件，勇敢地提出了半年准备、一年战斗、半年扫尾的苦战两年消灭血吸虫病的计划，掀起了全面歼灭血吸虫病的防治运动。"他们在防治过程中还发扬了共产主义的独创精神，运用毛泽东思想，敢想敢说敢做，打破了血吸虫病不能根本消灭和不能在短期内消灭的迷信，为世界血吸虫病防治史上创造了新的纪录，影响是极其深远的。当时"某些科学技术人员"曾散布悲观论调，他们说："国民党统治时期搞了二十多年，没有搞出什么名堂；日本搞了几十年，也没有把它消灭；难道共产党能赤手空拳把血吸虫病消灭掉？”又“有人断言，要把建头村的旧沟填平，消灭钉螺，不等胡子白，也得几十年”。可是“余江县人民有力地驳斥了这些人的悲观论调”：“建头村的人民利用自己的力量，在几个月内就填平了全部旧沟，并且修成了一个新的灌溉网。”“在治疗工作上以革命精神打破常规，大胆采用新法治疗。陈旧的三月疗法，二月疗法，二十天疗法，都为新的二日疗法和三日疗法所代替。”这证明“余江县人民说得好：苦战两年胜千古”。这些报道，在事后看来，显然是夸大了主观意志和主观努力的作用，不免浮现着高指标、浮夸风的影像；可是在当年确实也反映了广大人民群众迫切要求改变我国经济文化落后状况的普遍愿望。我们现在不是从其具体实际内容来复述它，而只是就其报道形式来加以探讨。像这些便仅仅是就其政治意义和组织活动这一个侧面来论述的；因为“每一种社会形式和思想形式，都有它的特殊的矛盾和特殊的本质”（《矛盾论》）。这一个侧面，所反映的便是余江县消灭了血吸虫这一事件的某种特殊矛盾和特殊本质。它们只能是在概念中显现的东西，因而只要依靠事件发生的前后顺序和彼此联系，加以抽象概述，就可以了。即使把它们摄制为科教影片，也只是把概念图解而已。

但诗篇却不能这样平直地写出。诗篇所反映和表现的是事件的整体，是由事件所引起的诗人的全部内心活动。它不是抽象的，而是具体的，是有血有肉、有声有色的。就拿这《七律二首·送瘟神》来说吧，乃是毛泽东读报之后，在极度激动和喜悦的心情下所写的。不难想见，伟大领袖长年累月，日夜操劳的便是组织推进社会主义革命和社会主义建设，在那囊括宇宙包容古今的博大胸怀中，对人民的疾苦、对祖国的命运，永远放射着关注和温煦的光辉。正因为这样，所以当听到消灭血吸虫病的消息后，才感到无限兴奋，才引起极度激动和喜悦，甚至用不着更多的推理和判断，不言自喻：这是一件大好事情，是社会主义建设大跃进的表现，又给社会主义建设大跃进提供了有利的条件。至于在“社会主义大跃进”的过程，于发挥了高度的社会主义积极性和创造精神当中，也还包含着或者说流露着骄傲自满的情绪和急于求成思想，以致使着“左”倾错误严重地泛滥开来。这些在日后才察觉、认识以至总结出来、引为教训的，在写诗的当时，当然还是在“感知”的范围以外。诗人于彼时彼地、其情其境，当欣然命笔之际，无疑还是沉浸于“大跃进”的昂扬愉快的心情中。这说明感情诚然源于感性，但是“感觉到了的东西，我们不能立刻理解它，只有理解了的东西才更深刻地感觉它”。所以不仅感觉和知觉可能有情绪的色彩，而且观念和思考也同样有情绪的色彩。所有认识过程都可能引起这样或那样的情绪。不仅如此，这更说明，真正的感情是以理智为基础的，同时它又加强理智，情与理都属于认识过程，不能把情感与意识分开。虽然情感并不属于意识的内涵，但情感总是由思想引起来的。凡是有感情的作品，便不可能没有思想。而且只有当思想被深刻的情感浸透了的时候，它在文艺作品中才能获得自己的力量。正如列宁在《书评》一文中所说：“没有人的感情，就从来没有也不可能有人对真理的追求。”(《列宁全集》第20卷第255页)这就是为什么诗主达性情，而同时又是对现实的反映与评价，只是这反映与评价却不能像社论与报道那样直说，而是通过情感因素的烘托与渲染。情感唤起想像的活动，想像的意象又产生着情感。陆机《文赋》说：“其始也，皆收视反听，耽思旁讯。精骛八极，心游万仞。其致也，情曈昽而弥鲜，物昭晰而互进，倾群言之沥液，漱六艺之芳润，浮天渊以安流，濯下泉而潜浸。”正是指这种情境说的，由“浮想联翩”，以至“欣然命笔”。浮想就是想像，浮想联翩就是想像的意象一个连着一个，像鸟儿一样在天空中飞舞；一场接着一场，像电影一样在银幕上闪映。想像、联想、幻想、夸张，正是这些心理活动产生出比兴的表现手法。唐代僧人皎然《诗式》说：“取象曰比，取义曰兴，义即象下之意。”象下之意，意由象显，象以意成，这岂不就是寓思想于形象的意思吗？刘勰《文心雕龙·比兴》赞曰：“诗人比兴，触物圆览。物虽胡越，合则肝胆。拟容取心，断辞必敢。攒杂咏歌，如川之涣。”恰好概括说明了这个道理。这结果就是诗的创造与诗篇的形成。

毛泽东一夜没有睡，想了很多很多，当然有个出发点，有个轴心，亦即有个主题，这就是消灭了血吸虫。可以设想，经过通宵的酝酿，已经诗意葱茏，充溢心头。当此之时，拂微风，临旭日，“遥望南天，欣然命笔”。映入眼帘的，恰是南国的锦绣江山，于是开端便写道：“绿水青山枉自多。”为什么“枉自多”呢？因为是从血吸虫说起的。这里是说旧中国血吸虫为害之烈，人们对它没有办法：“华佗无奈小虫何。”血吸虫疯狂肆虐，绿水青山有什么用？尽管山青水绿，还不是搞得“千村薜荔人遗矢，万户萧疏鬼唱歌”吗？在这里，“华佗”云云，“千村”、“万户”云云，这些意象都是借助于记忆保存的材料和历史记载的材料而重新配合创造出来的，而这种薜荔、萧疏的情景，也正渲染出诗人内心里对这种阴暗历史的强烈愤怒与深刻憎恶。想到这里，更进一步发掘旧中国沉沉数千年,实在是苦海无边,一天天过去了,一年年过去了,那个悲惨的情境有没有改变呢？没有啊！可是诗人并不是在这样抽象思辨,而是上天下地,张开幻想的羽翼,翱翔在壮阔的景象中:“坐地日行八万里,巡天遥看一千河。”八万里、八万里地走过了,一千河、一千河地看过了,这正是以空间的寥廓来表述时间的流逝,这样便给了没有容颜的时间以写状。这些似是震世惊俗的奇思遐想,依然还是使用的现实材料:“坐地”、“巡天”,是诗的语言,却又都有科学依据,“八万里”,是有数据的,这是地球自转(即一天时间)的里程;当然又作了诗的夸张,比如“一千河”,我们人类所居住的这个地球,随着太阳系每日每时都在银河系里穿来穿去,只是“巡”在一条“河”中,而“看”则可以无数,故云“一千”。像这些,如果不是在近代科学基础上,单凭古人的登遐远游,任何奇诡的幻想也是无从臆造的。继而又从这“一千河”联想到住在天河岸边的“牛郎”。中国三千年来,创造了无数的神,只有牛郎织女是劳动者,最好的两个劳动人民形象,他关心世间广大人民的疾苦是极自然的:“牛郎欲问瘟神事”,这时“巡天”的诗人只能以沉郁的声调相回答:“一样悲欢逐逝波。”随着时光的流水而去的,人民的悲苦与瘟神的欢畅常是一样,没有变化,这可真正是“长夜难明赤县天”啊！

这样,第一首就完成了。而联翩的浮想,泉涌般不可抑止。旧中国是那个悲惨的样子,今天呢？解放后的今天大大不同了。于是接着写下去,再来个“其二”。同样是这些“绿水青山”,过去是“枉自多”,而今天却截然改观,呈现在眼前的,是一片袅娜风光:“春风杨柳万千条。”情调由沉郁一转而为明快。什么缘故？因为六亿人民已经站立起来了,已经在党的领导下发挥着无限的集体智慧和无穷的创造力量了。“从来没有看见人民群众像现在这样精神振奋,斗志昂扬,意气风发。”这真是“六亿神州尽舜尧”啊！怎么说“尽舜尧”呢？瞧吧:“红雨随心翻作浪”,在三面红旗指引下,一浪翻过一浪,一个胜利接着一个胜利,掀起了社会主义革命和社会主义建设的高潮;“青山着意化为桥”,那一脉青山,远连蓝天,恰是一座长桥。啊！共产主义是天堂,人民公社是桥梁,看来这大自然也要依照人们的意志被建设为通向美好未来的桥梁了。“天连五岭银锄落”,广大的公社社员头顶着青天,在高山峻岭上举锄垦植;“地动三河铁臂摇”,无数的劳动英雄震撼着大地,在大江小河旁挥臂开发,真是一幅热气腾腾,惊天动地的大跃进图画,气魄多么宏伟,声势多么壮阔！而值得注意的,这里明明说的是新中国新生活,明明说的是社会主义大跃进,却全用比兴,春风杨柳，红雨青山，描绘出一片明媚风光。并且随心着意，都仿佛具有了灵性，似真又幻，似幻实真。这些夸张以至虚构当然都是由前诗联翩而来的浮想，因为彼时正当盛夏，眼前并无春色。这联想是多么新颖而丰富啊！这是一。其次，“银锄落”，“铁臂摇”，翻天覆地，在大进军，这之中自然也把消灭血吸虫的成就概括进去了。正如当日《人民日报》社论所说的“要削山填河，移石补湖，彻底消灭钉螺，根除血吸虫病”。在这联翩浮想中，始终是以消灭血吸虫为出发点，为轴心，为主题的。这是二。在这样的时代，在这种大跃进的声势威慑下，瘟神还能照旧躲下去吗？瘟神也无处容身了吧？“借问瘟君欲何往”，瘟君啊，你要逃去吗？欢送：“纸船明烛照天烧。”天上地下，一片光明，瘟神想赖着不走也不行了啊！到此就把由余江县消灭了血吸虫这一事实所引起的喜悦之情更加凝练，更加坚固下来；并且通过这些具体生动的形象反映，连同把产生这喜悦之情的思想基础，即对消灭了血吸虫这现实的理性认识也作了深刻表达。这就是通过达性情而起到了发议论的作用，虽然在这里并没有发一句议论。

从这里，我们体会到：浮想联翩正是诗的特点或者说诗的创作的特点。当然，从事任何工作，包括体力劳动工作，更尤其是意识形态工作，都不能不运用想像。没有想像力，在任何领域中也不能进入创造性活动。当一个学者要创立新的假说或者新的理论时，他必须把“充分的活动的余地交付给他的想像”，列宁甚至对于最抽象的科学，如数学，也强调地说明着想像的必要性。他指出，如果没有想像，那就不可能有巨大的数学的发明了。尽人皆知，列宁是最重视想像的，甚至总用“幻想”一词来表述它。他对察捷尔工程师说：“是的，是，是。我们永远认为不仅诗人、艺术家需要幻想，在科学技术里也应该有幻想。在我们日常生活中也应该有。没有幻想连十月革命也是不可思议的。”列宁在《怎么办》一文中引用皮萨列夫的话说：“幻想是丝毫没有害处的，它甚至能支持和加强劳动者的毅力。”“只要幻想和生活多少有些联系，幻想决没有什么不好的地方。”所以马克思也曾称道“想像力”是“这个十分强烈地促进人类发展的伟大天赋”(《路易士·亨·摩尔根〈古代社会〉一书摘要》)。但是，无论如何，想像的作用，在任何领域也没有在艺术中亦即在诗的创造中的那样特殊的意义。在科学中，想像的意象仅只是创造性思考所利用着的一种资料，一种手段而已。当越走近结论以至到达结论的时候，它便越被客观现实规律以及完全符合于这客观现实规律的认识所排挤、所置代；即如法国生理学家贝尔纳致力于斑疹伤寒的研究时，在想像中把疾病人格化，但在其推导出的结论中，疾病仍然是疾病，只能如此，而不得使疾病具有人性。在艺术中，在诗歌中，创造性想像的意象就是创作的目的，想像在这里占据着中枢的地位，它实际上就成为诗的构思。雪莱曾说："诗是想像的表现。"艺术或诗创作的特点是塑造艺术形象，而产生这些形象的思考活动便是想像。余江县消灭了血吸虫这一现实事件反映到诗人的头脑中，诗人对它作出了积极判断，引起强烈的情感，由这情感又唤起一系列的想像，这想像的意象又助长了这情感。这就是浮想联翩。而把这联翩的浮想，经过剪裁，加以润色，用一定工具，在这里是用加强了的书面语言形式记载，使之确定起来，便成为诗篇。而前面所说的报道《第一面红旗》和社论《反复斗争，消灭血吸虫病》，只是在防治医疗方面和组织领导方面，找出规律性的东西，加以概括总结。它们所追求的是抽象本质的把握。这样做，纵然也需要借助于想像，也不妨满怀激情，使用热烈言辞和灿烂形象说，甚至摄制成为科技影片的形式加以表现；但这些只能是次要的因素或辅助的手段，充其量不过是图解说明。思维的逻辑只能紧紧依附于自然的逻辑，即以揭示客观现实的规律为依据，决不能随着联翩的浮想去漂流。这就是艺术与科学，亦即诗与文的区别之所在，这也就说明了为什么科学或者说散文要贯穿于一定的逻辑线索，而艺术或者说诗歌要体现为一个完整的感性形象。这感性形象是怎样形成的呢？莎士比亚在他的名剧《仲夏夜之梦》中，借人物的道白说出了自己的见解："……诗人转动着眼睛，眼睛里带着精妙的疯狂，从天上看到地下，地下看到天上。他的想像为从来没有人知道的东西构成形体，他笔下又描出它们的状貌，使虚无缥缈的东西有了确切的寄寓和名目。"这便是说，诗人依据想像创造出"生活的幻影"。

诗或者说诗创作是随着联翩的浮想去漂流吗？是的。诚如列宁所说："幻想可能追过自然事变进程，也可能完全跑到任何自然事变进程始终达不到的地方。"(《做什么？》)但是却必须说明，这联翩浮想或浮想联翩，可并不是信天游，不是无所待而游于无穷的逍遥游，不是幻生，更不是天启。唯物主义哲学家费尔巴哈曾说："幻想决不由自身生出什么东西，不然，我们就必须相信无中创有了；幻想必须接触自然和历史的材料，才能点燃起来。"(《宗教本质讲演录》)诚然如此，一切想像的观念都是由以前所知觉过的或在记忆中所保存着的资料构成的。对这些资料进行加工改造而创造出新的意象，就是想像。最奇妙的和最虚幻的想像，也永远是根生于现实的土壤中。也只有根生于现实土壤中的想像才有可能通向诗,诚然是作为抒情主人公的诗人,有时会通过主观世界的抒发间接地反映现实, 而任何诗人的主观世界也必须是一定时代、一定社会的集中表现,甚或是典型表现;否则,只凭什么“直觉+情调+想象”是产生不出真正诗篇来的。这就正如别林斯基所曾指出:“平凡的撰写家们认为诗在于想像的虚构。然而不论是睡汉的呓语还是疯子的狂想都是想像的虚构;不过,这些东西不是诗。诗的虚构必须具备某种特定的性质,以区别于其他种类的一切虚构。诗是把现实作为可能性加以创造性的再现。因此,凡是在现实中不可能有的,在诗中也就是虚假的;换一句话说,凡是在现实中不可能有的,也就不可能成其为诗的。”这就是说,凡是诗的想像纵然是“上穷碧落下黄泉”,不论多么荒诞、奇僻以至诡谲,也必然是或只能是现实生活的折射。尽管幻想与想像往往结晶为或升华为灵感,而灵感也不过是沉思冥想的顿悟,或者说潜意识活动的突然显现。它也是在人类思维过程中,无论科学研究,更尤其艺术创作所经常出现,非常有益,不可或缺的一种心理现象,它的根须仍然扎在现实生活土壤中。灵感的火花,作为创造性思维,或以抽象方式,或以形象方式,它不构成为第三种思维方式。所以任凭浮想联翩或任何联翩浮想,甚至表现为灵感的火花,只是创作过程中的一种极为重要的思维活动,一种创造性思维活动。高尔基就曾说过:“认识就是思维。想像,在本质上,也是关于世界的思维。不过它特别是凭借形象的思维,是艺术的思维。”(《我的文学修养》)而既然是思维,即使是艺术思维吧,也便是认识,而且是理性认识,纵然是无所明指的象征,包容着非理性因素,也必然上升到理性阈域,因为它无论对客观现实说来,抑无论对主观世界说来,就不可能不是类化了的间接的认识,就不可能不具备一定的目的指向性,从而也就当然要有逻辑性,当然要经抽象化,就是说不能不通过抽象逻辑的途径。为什么是这样的呢?这是由于第一,它必然要接受世界观的制约和指导,即使是半自觉或不自觉的;第二,它必然要以语言为工具;第三,它必然是符合生活现实的逻辑,即使表现为荒诞的形式。凡属思维,都是这样。在这些方面,以想像为主要表现形式的形象思维也不会有所例外。这自然还须要论证。

三、必然要接受世界观的制约和指导

无论逻辑思维，无论形象思维，所有思维都不能不受世界观的指导和制约，甚至从感觉开始："人的眼睛的享用不同于粗野的非人的眼睛，人的耳朵的享用不同于粗野的耳朵等等，是自明的。"这说明人的感性是受理性支配的，"所以这些感觉直接在其实践中成为理论家"。这是马克思在他的《1844年经济学——哲学手稿》中所曾论定的。正因为如此，感性认识才能向理性认识飞跃。而到达了理性认识阶段，在形象塑造过程中，在典型化过程中，世界观将更以主帅的身份直接来参与，更是通常的现象。"意犹帅也，无帅之兵，谓之乌合。"王夫之于此说的"意"，如果理解为诗人的世界观，那应该是适当的。而诗人的世界观，无非是诗人基于其阶级立场，基于其社会实践和理论学习而形成的对于周围世界、对于自然现象和社会现象的一切观点的总和，包括哲学的、美学的、社会政治的、伦理道德的、自然科学的及其他等等的观点的总和。这些观点的核心或其中的某些部分，对于诗人的创作，定会发挥积极的作用，无论是正面的，抑或是负面的。一定的世界观往往形成一定的心理定势，对于经由感受器的窗口而内化的信息，起着选择作用和整合作用。难道这还容置疑吗？

自然，在典型化过程中，在形象塑造的过程中，世界观的参与和发挥作用，也只是意味着导向与影响，它并不改变思维，始终是与一定的物质运动形式即与人脑的活动联系着的反映客观现实的一种能动的过程。对于客观现实的反映，正如通过逻辑思维提炼为概念一样，通过形象思维则凝铸为形象，这形象与概念同样都是物质的最高产物即人脑的最高产物，它们是在一定的世界观的指导和制约下产生，却不得视为世界观的自我显现。世界观只能削弱或加强思维的运行，亦即人的认识活动，却不能代替它。艺术作品或诗篇作为客观现实的反映，当然也会表露出作者或诗人的世界观，但却不得把艺术或诗看做世界观的图解。

世界观是怎样指导和制约着形象思维的呢？

如前所述，以想像为主要表现形式的形象思维，既然是思维，当然就具有着思维的一般特征：第一，它是客观现实的间接的认识，尽管它始终伴随着生动具体的形象；第二，它是类化了的现实的认识，因为任何个别都是一般。这就是说，形象思维也如同一般思维一样，乃是已经类化了的而且是间接地认识现实的过程。不过这认识又总是为感情所修饰，为意志所加强了的体现于感性形象中。由生动的直观到科学的抽象，与由生动的直观到艺术的形象，这行程距离是相同的，同是到达了理性认识，自然是间接的和类化了的认识。作为间接的认识，当思维超出感觉和知觉，在纷纭万象、芸芸众生间翱翔想像的羽翼，飞系联想的绳索；作为类化了的认识，当思维基于已知或既有的经验，在寻觅自然的和社会的联系和关系，而创造具体的生动的个别化的形象；当这时候，就如同飞机从跑道上起飞，世界观便是由导航台发射出的电波起着定向和指挥的作用。飞机降落到哪里，也必须听从导航台的命令。思维的终点，认识的结果，将以何种形式固定起来，诗人的政治立场和审美观念便起着决定的作用。这就是说，任何浮想联翩或任何联翩浮想，都必然是一种有目的指向性的心理活动过程，否则便不成其为创作过程。而这目的指向性是由世界观决定的，就如同飞机的飞行听从着导航台来定向和指挥。

试以《蝶恋花·答李淑一》（一九五七年五月十一日）为例来略作解析，词是我们大家所熟知的：

我失骄杨君失柳，杨柳轻飏直上重霄九。
问讯吴刚何所有，吴刚捧出桂花酒。
寂寞嫦娥舒广袖，万里长空且为忠魂舞。
忽报人间曾伏虎，泪飞顿作倾盆雨。

词是对革命烈士的悼念，又是对战友兼亲人的悼念。首句以沉痛的语调记实，同时便以极为巧妙的艺术构思，运用修辞上“双关”语的手法，把杨柳二烈士的忠魂化作杨花柳絮，从而引出下句“杨柳轻飏”并进入神话世界，开创出独特意境。在这里运用丰富的艺术想像和高度的艺术夸张的手法，通过对神话故事的批判吸收，加以革命性的改造，使革命现实和幻想世界融为一体，把烈士的忠魂放在美丽的仙境中，又登上古老的优美的神话故事中仙人的酒筵舞席，让当代英雄与神话人物同场出现，既是将人神化了，又是将神人化了。杨柳二烈士忠魂上天，进入月宫，饮酒观舞，泪水化雨，这不是神化了吗？吴刚受罚伐桂，嫦娥偷药奔月，却为烈士忠魂的到来而献酒起舞，当然出发于对烈士的同情，对烈士忠魂的崇敬，神仙何如此之有人情味？这种人的神化和神的人化，想入非非，神游渺渺，反映的则是中国新民主主义革命的现实，当然这是间接的类化了的对于现实的认识，而这种认识又体现于一个多么富于艺术感染力的美妙神奇的境界中啊！这境界乃是精练地运用革命的现实主义和革命的浪漫主义以及超现实主义三结合的原则创造出来的。这种三结合的创作方法，实际上乃是在现实主义精神统摄下的多种创作方法，是具有多样化综合性的创作方法。在不同诗人间，或同诗人的不同时空间，自然也会是各有所不同的侧重点的，这无非是在意识地或非意识地共同把艺术或诗作为：时代的反映，生活的缩影，生命的表现，而对三者的顺序排列，轻重取舍，又各自千差万别的缘故。而且这种三结合的原则仅仅是一种创作方法吗？它岂不更是由于革命发展阶段论和不断革命论相结合的世界观所决定的吗？如果没有这种革命的世界观的主导，烈士忠魂怎么能轻飏直上到重霄九？吴刚嫦娥又怎能对革命事业表示崇敬和同情？这种美妙的艺术想像和奇特的艺术夸张，乃是由革命的世界观的导航台发射出的电波所指挥，而定向而起飞的，这是显然可见的吧。如果再同李淑一同志的《菩萨蛮·惊梦》(一九三三年夏)对照一读，世界观对于艺术构思，对于形象思维的关系就更清楚了。李词说："兰闺索寞翻身早，夜来触动离愁了。底事太难堪，惊侬晓梦残。征人何处觅？六载无消息。醒忆别伊时，满衫清泪滋。"同样是对作为亲人和战友的烈士的悼念，同样是真挚情感的流露；不同的是它作于反动统治压迫下，当时还远没有"忽报人间曾伏虎"的喜讯；纵然如此，词的充满感伤的情调，不也反映出作者世界观中还缺乏近于钢性的气质吗？所以我们完全可以说两首词在思想境界上是极不相同的。

一定的世界观决定着诗人或艺术家的形象思维活动要站在一定的阶级立场上，遵循着一定的思想理论学说，采用着一定的创作方法。这在不同时代不同阶级的诗人或艺术家之间，表现得特别清楚，自不待言。即使是属于同一时代同一阶级的诗人或艺术家，具有着同样正确的、先进的、革命的世界观，而由于世界观的广度深度不同，也会决定着艺术概括的广度深度不同。请读《七律·和郭沫若同志》(一九六一年十一月十七日),针对着郭沫若同志原诗《看孙悟空三打白骨精》:“千刀当剐唐僧肉”,毛泽东则说:“僧是愚氓犹可训”。显然这中间对唐僧的态度和政策是不一致的。结合当时的历史背景,不难看出,这种不一致实际乃是对于赫鲁晓夫之流的估计还有差别的反映:郭诗说他是“人妖颠倒是非淆,对敌慈悲对友刁”;毛泽东说他是“妖为鬼蜮必成灾”,“只缘妖雾又重来”。两诗同具“反修”的政治意义,其识见的高低就差别很大了。再请读《满江红·和郭沫若同志》(一九六三年一月九日),郭沫若的原词,内容也是“反修”的,但主要是歌颂伟大领袖毛主席,歌颂毛主席领导中国人民,坚持马列主义原则,同“现代修正主义”进行英勇斗争所表现的顶天立地的英雄气概和匡危扶正的丰功伟绩,并宣告马列主义必胜,“修正主义”必败,无产阶级革命红旗必将在全世界普遍高扬的光辉远景。这些也不出一般革命知识分子诗人的常套;至于提到“现代修正主义”逆流,则还是用了“沧海横流”,“天垮下来”,“世披靡矣”等等一类话头,似乎很不得了;言及胜利,也只是“听雄鸡一唱”,便“天下白”、“太阳出”,便“展红旗”、“乾坤赤”,似乎得来也极容易。这些就未免稍觉空泛了。试看毛泽东诗词是怎么说的:

小小寰球,有几个苍蝇碰壁。
嗡嗡叫,几声凄厉,几声抽泣。
蚂蚁缘槐夸大国,蚍蜉撼树谈何易。
正西风落叶下长安,飞鸣镝。

这又是何等气魄!试看在时代巨人的眼中,赫鲁晓夫之流是一副怎样卑琐的形象?但是,在战略上蔑视与在战术上重视统一起来,这才是辩证法。所以谈及敌人的溃灭,可不是徒托空言,而是经过斗争,把目光注视着“四海翻腾云水怒,五洲震荡风雷激”。充分表现了胸中自有雄师百万,笔底涌起千顷波涛的无产阶级革命家和无产阶级诗人的豪情。两词对照一读,则确然可见,伟大领袖诗篇中所表现的识见,实非常人所可企及。而这里的所谓识见,岂不正是彻底的科学的世界观、马克思列宁主义政党的世界观,亦即辩证唯物主义和历史唯物主义吗?毛泽东所以要和郭沫若,当然不是单单为了酬和吟咏,而是在对于现实的认识上给同志以启发和提示。这是多么深厚的革命情谊啊！

综上说明，形象思维必然要接受世界观的指导和制约。但世界观只能制约和指导而不能代替形象思维，这也如同“马克思主义只能包括而不能代替文艺创作中的现实主义”（《在延安文艺座谈会上的讲话》）。不过这里说的“制约和指导”还不相当于“包括”，因为现实主义与马克思主义是从属关系，二者是属概念与种概念的关系；而形象思维和世界观是并列关系，二者各有自己的外延，互不包含，却又共同包含在文艺创作这个种概念中。有如理论与行动，我们只能说理论指导行动，却不能说理论包括行动。而有的同志竟把这种世界观的作用与影响认为是逻辑思维对形象思维的指导。这是把世界观同逻辑思维错误地混同起来了。其实逻辑思维也同形象思维一样，只是一种思维的规律与方法，一种思维方式；而世界观则是通过思维所获得的思想成果，世界观的形成不仅经由逻辑思维，也还经由形象思维。如果把制约与指导形象思维的世界观看作逻辑思维，那么同样制约与指导逻辑思维的世界观又是什么呢？本来在形象思维活动中，时而有逻辑思维介入；也如同在逻辑思维活动中偶尔有形象思维出现，这是常有的事，不足为奇。艺术中的思考与判断，以及科学中的想像与形象，并非罕见的现象。但是这并不改变也不混淆科学的逻辑思维与艺术的形象思维之为两种不同规律与方法，两种不同的思维方式。而这两种思维方式同样受着世界观的制约与指导。这说明形象思维也如同逻辑思维一样，必然要由感性认识上升到理性认识，亦即对现实的间接与类化了的认识，否则世界观便无从对它发挥影响与作用了。比如《七绝·为女民兵题照》（一九六一年二月），如果说前两句：“飒爽英姿五尺枪，曙光初照演兵场”，还没有离开生动的直观，但是这之中已经有了审美的评价，有了素材的选择，自然是在一定的理性的指导下才这样进行的。因而“曙光初照演兵场”的“飒爽英姿五尺枪”，便具有了典型环境中的典型性格的意义，实际上那思维的银燕早已脱离现实的基地腾空而起飞了。下接两句：“中华儿女多奇志，不爱红装爱武装。”则是把照片中的女民兵作为“中华儿女”的表率，更把她们同旧时代旧中国的儿女，同外国资本主义国家的儿女作了比较。通过具有特征的形象描绘，显示了新时代新中国妇女们新的精神面貌。这样便再推进一层，从个别到全体，从典型到一般，从表面形象到精神世界，透过所写的事物本身赋予了更高更深的思想和意境。在这之中才倾注了诗人的革命情感，显示着诗人的政治立场和审美观点。从而才使着诗的境界更高了，诗的主题更深化了。这种驰骋想像，“精骛八极、心游万仞”，有如银燕的漫天翱翔，当然只有在革命世界观的导航台指挥下，才有可能。怎么能说形象思维只是由形象到形象，只是粘附于原初的感觉印象？那样还怎么能有世界观用武的余地，又怎么还能称得起思维呢？事实上只有被诗人的世界观所决定着的理想的指向性，才是创造性想像的最基本的原动力。

四、必然要以语言为工具

一切想像，任凭浮想联翩或任何联翩浮想，既然是思维，就都要运用语言来进行，不可能是赤裸裸的、空荡荡的，与所谓“自然规范”(马尔的用语)没有联系的。正常人的思维总是要凭借语言为媒介。是的，有例外，比如哑聋的人。在《马克思主义与语言学问题》一书中，斯大林曾指出哑聋人的思维是在工作着，思想是在产生着。而“哑聋的人底思想之产生和能够生存，只能是根据他们日常生活中由于视觉、触觉、味觉、嗅觉而形成的对于外在世界对象及其相互关系的形象、知觉和观念。在这些形象、知觉、观念之外，思维是空洞的，没有任何内容，就是说，它是不存在的”。正如我们从银幕上所看到的，美国的聋哑人协会曾召开有关社会、政治、文化、历史的各种学术讨论会，他们的聋哑人剧团很成功地演出了莎士比亚和莫里哀的名剧。在这些活动中所借以使用的表达工具，主要是眼神与手势。这说明什么呢？这只说明，语言不是用以思维的惟一的工具。但对正常人说来，仍然是主要的工具。这一点也正是斯大林在《马克思主义与语言学问题》一书中所明确指出的。

音乐家用声音旋律来表达，舞蹈家用动作节奏来表达，美术家用色彩线条来表达，雕塑家用土木金石来表达，所以我们就有了所谓音乐语言、舞蹈语言以及色调语言、线条语言等等。而无论是音乐家、舞蹈家，无论是美术家、雕塑家，当他们在对事物作出判断，进行推理的时候，仍然不能不使用语言、一般的语言。当然，各种类型的艺术家日常用视觉、听觉、触觉、嗅觉、味觉所获得的映象，在他们进行创作的过程中，也定然会浮现在脑际的。例如有的画家善于唤起一种特殊想像的风景、人物、事况的清晰的视觉意象。列维坦所画的夏天的风景，多半仅用在夏天对实景所作的画稿和素描为根据，而在冬天画成的。法国风景画家柯罗德兰完全不从实体的风景来作画稿，他仅只用长时间精细地观察他感兴趣的天然画面，当他回到自己的画室之后根据记忆来画出绝好的风景画。又例如大作曲家们几乎能够以知觉真正声音的那种清晰与活跃的程度,产生关于他们所编制的音乐的观念。莫扎特自己承认,他的任何音乐作品,无论如何复杂,都是"在头脑中"编作的,而且他还能"在思想中,一眼便把这些音乐作品看成一幅美丽的图画或一个美丽的人"。贝多芬能如是清晰地、准确地产生关于音乐的声音的观念,以致虽然他在完全耳聋之后,仍然创作出著名的第九交响乐。这后一个事例可以说明,贝多芬于全聋之后仍能创作出第九交响乐,可见他"产生关于音乐的声音的观念",不是用声音,而是用语言。这也就是说不是用声音来思维,而是用语言来思维的。至于作家和诗人,纯粹的语言艺术家,语言就自然更成为他们思维的主要工具。而这一点同下述情况并无矛盾:文艺创作当然需要调动全部感官,视觉的意象、运动和声音的等等意象,活泼而清晰地复呈着,这原是形象思维的特点。19世纪法国的两个剧作家列古韦和斯柯利布曾有过一段非常有趣的对话,列古韦对斯柯利布说:"当我写某一幕时我听见了,而你写时,你却看见了;在我写每一句话时,主角的喉音在我耳中发着声响;而你呢,角色们在你目前行走着、表演着。我是听戏的人,你是看戏的人。"斯柯利布回答:"对极了,你知道,当我编作戏剧时,在思想上,我是在哪里呢?我是在池座的中央呢。"狄更斯也曾说:"我并没有编造着书的内容;但我看见了这些内容,而且我就记录着它而已。"冈察洛夫描写他的写作过程时,也如此说:"这些人物不让我安静,他们在舞台上纠缠地表示着姿态,而且我听见了他们谈话的片段;我时常觉得,这不是我想出来的,而是时时围绕在空中旋转着;我不过只须看一看,更向里面追索而已。"有人向高尔基提问:"你在什么知觉上最常构出意象,是视觉知觉,抑或听觉、触觉的知觉呢?"他带有十足把握地答道:"当然是在一切的知觉之上了。"

这种经验是我们人人所常有的。我曾亲耳听到《红旗谱》的作者梁斌一个人在屋里自言自语,有说有笑,问他在同谁谈话,他说:"跟朱老忠,他来访问我了。"诗人何其芳忽然闭起眼睛笑道:"我看见了,我看见了:在那高高的天安门上,一杆红旗忽喇喇飘。"这时我正同他对坐在延安桥儿沟的窑洞里整理陕北民歌,我说:"你在梦想,你在作诗了。"是的,梦想就是指向将来的而且是所愿望的将来的想像。它时常成为创造性想像的预备阶段,有的时候诗创作就是这样开始的。

创造性想像的前提与基础是丰富的表象或观念的积累,这些观念和表象是由于知觉外界对象的结果而构成的,这种积累在进一步发展中充作了改造制作的资料,想像就是这样发展起来的。而在想像的发展中巨大的迈进则是语言的运用所引起的。语言不仅把具体的知觉的表象包括在想象中,而且把比较抽象的观念也包括在想像中,把各种形态的表象或观念,包括视觉的意象、听觉的意象以及其他各种知觉的意象,过渡为语言,而不减弱其活跃性与明确性。正如高尔基所说:“可以用词画出生动的图画。”诸如:“马蹄声碎,喇叭声咽。”这不是把听觉的意象化成为言语了吗?“苍山如海,残阳如血。”这不是把视觉的意象化成为言语了吗?“高天滚滚寒流急,大地微微暖气吹。”这是以言语表达了触觉的意象;“战地黄花分外香”,“饮茶粤海未能忘”,这是以言语表达了嗅觉与味觉的意象。正是由于这样,由于把各种形态的表象或观念过渡为同一的语言,而又过渡得如此活泼明晰,富有情趣,于是,才得形成为一种有目的指向性的浮想联翩或联翩浮想,这便是形象思维。如果说做梦,这“夜的想像”,还算不得真正的形象思维;那么说梦,把无意识的观念与表象化为有意识的语言,就有类似于形象思维了。

由此可知,形象思维也如同一般思维一样,它和语言有着扯不断的联系,就像马克思所指出的那样:“思维者借以活动的语言。”(《1844 年经济学——哲学手稿》)又说:“思想的直接现实,就是语言。”(《德意志意识形态》)这说明正常人的思维总是要凭借语言来进行的。如果说思维乃是语言的内容,那么语言便是思维的形式,而且也是思维的工具。逻辑思维如此,形象思维亦然,特别是在文学创作诗创作当中,语言给予一切印象、感情、思想以形态,文学尤其诗篇乃是借语言来雕塑描写的艺术。比如,单凭视觉的意象,可以幻想出彩虹、斜阳、苍山、村壁、弹洞等等图景,也可能在脑际连续复现,但若联缀成为一个完整的形象体系,并从而对生活现实有所反映,并表达出诗人的一定的思想感情,则必须把这些意象化为语言。于是,一首美丽的诗篇就出现了:

菩萨蛮

大柏地

一九三三年夏

赤橙黄绿青蓝紫,
谁持彩练当空舞?
雨后复斜阳,

关山阵阵苍。
当年鏖战急，
弹洞前村壁。
装点此关山，
今朝更好看。

为什么是这样的呢？这就正如黑格尔所曾说过的："诗所表现的总是普遍的观念，而不是自然的个别细节；诗人所给的不是事物本身而只是名词，只是字，在字里个别的东西就变成了一种有普遍性的东西，因为字是从概念产生的，所以字就已带有普遍性。"(《美学》)在这里，黑格尔所说的"字"，也就是我们所说的"语言"。这说明，对生活的认识与评价，有赖于语言；形象思维的进行，有赖于语言。

而"任何语言(词)都已经是在概括"，"在语言中只有一般的东西"。这些都是列宁在其《哲学笔记》中所曾指出过的，也就是前引黑格尔所说的"带有普遍性"。不论是描绘语言，更不论是说明语言，不论是就其具象性来说，更不论是就其抽象性来说，和思维紧密地联系在一起的语言，总是"在概括"，总是"只有一般"，亦即"带有普遍性"。有的同志说，语言或词也表明个别。是的，这是不错的，正如马克思所说，作为思维要素的语言"具有感性的特点"。但是，感性与理性本是相通的，个别与一般本是互相转化的。列宁说："树叶是绿的，伊万是人，哈巴狗是狗等等。在这里(正如黑格尔天才地指出过的)就已经有辩证法：个别就是一般。"凡在语言中出现的，由一定的词所表现的：个别就是一般。这就是语言的特质，否则它就失去交际的职能，也不能体现思维的职能了。

语言不仅表现着思想，而且还表现着情感与意志，因此它是富有表现力的。它是思维的必要的和主要的工具。但是，却不能因此就把思维的过程都归结到语言上，不能说思想就意味着说出声音来的或是在内心里说的话。这二者之间的区别，首先在于同样的思想可以用不同的语言表现出来，不同的民族语言，不同的地方语言，可以表现完全相同的一种思想，那么，能在思想与语言之间无条件地画上等号吗？不止如此，而且"可以意会，不可言传"，这种情况也确实经常碰到。这是每个人都熟悉的，有时自觉得了解了某种思想，就是不能用语言把它表达出来。于是这样问题就被提出来了:“是不是有一种没有言词的思想呢?”对于这些问题,我们只能这样回答:思想不等于语言,但没有语言则思想便不存在。“可以意会,不可言传”,并不说明存在着一种没有言词的思想,而在于不能从内部语言所表现的思想顺利地过渡到外部语言所表现的思想。所谓内部语言是用以进行思维的语言,所谓外部语言是用以表现思想的语言。二者的区别,还不仅在于内部语言是无声的,而且它的结构也是另样的,一般说它是极缩短、极片段的,它只要自己“洞晓”,并不要求别人“清楚”,有时是一闪念,有时是跳跃式,而且也很难避免循环反复。很显然,从内部语言过渡到外部语言,要求着语言的重大改造。怎么想就怎么说,怎么说就怎么写。这原是马克思的教导,但做到却须要努一把力。“我手写我口”,假如说还不太困难;“我口述我怀”,则实在大非易事。即兴作诗或口授笔录,看似内部语言与外部语言完全统一起来了,其实也必然经过或长或短的酝酿,打好了腹稿。下笔千言,倚马可待,那不过是有如建筑工程中使用了预制件,如果临时再坯砖烧瓦,那便决不能如是之快速。因为这过程实际上也便概括了由诗的构思到写作,由浮想联翩到欣然命笔。这便是诗创作的全过程,也是形象思维的全过程。

由内部语言过渡到外部语言每每遇到困难,一个主要的原因就是思维的路数模糊不清。如果自己的思想难以“用言词表达”,那多半是思想本身还有空白、有漏洞,还有不清楚、不确定的地方。如果一个人所说的所写的都脱离不开糊涂混乱,那便是他的思维过程还缺乏确切性和清晰性。这就需要再沉思冥想,“整理脑筋”,先把自己彻底搞明白,决不能以己之昏昏,求人之昭昭,这是自明的。不过从事文艺创作,特别是诗创作,这个过渡就不这样简单,这之中还有一个语言的艺术运用和写作技巧问题。“诗要用形象思维”,全面地来看,势必也要涉及这方面的问题,不只是属于如何反映现实,而且也是属于如何表现思想。不只是属于认识问题,而且也是属于方法问题了。

毛泽东诗词所用的语言都明白畅晓,通俗易懂,并没有什么艰深古奥的词句。但它毕竟是诗的语言,而且是旧体,受着一定形式限制,讲求一定的艺术技巧,诸如音韵、格律、对仗、用典。以及字句的锤炼,篇章的结构,还有不同的体裁,不同的风格等等。都须细加考究,才能符合体制。比如“春风杨柳万千条,六亿神州尽舜尧”,就不能作“千万条”,不能作“尧舜”,也不能作“神州六亿”;而在《浣溪沙·和柳亚子先生》一词中,却作“人民五亿”,而不能作“五亿人民”。而且旧体诗词是用古汉语写作的，虽然也用了一些俚语、俗语以及现代汉语，但都是经过溶化了的，基本上还是古汉语的型式。在造句上为了与旧体诗词形式谐和，又往往采用旧的词语。比如，不但用“中国”，也用“赤县”、“神州”；再如，不用“重庆”，而用“渝州”，不用“冲锋枪”、“大操场”，而用“五尺枪”、“演兵场”；不用“中华女儿”，而用“中华儿女”等等；另外总是用古典诗词常用的词语、故事、成语来表现新的思想内容，赋予它们以新的意义。诸如，神话人物有不周山下的共工，有九嶷山上的帝子，有巫山神女，有月里嫦娥；历史人物除秦皇、汉武、唐宗、宋祖、成吉思汗而外，还有沽名的霸王，挥鞭的魏武，无奈小虫何的华佗，躬耕桃花源的陶令；用典则有一枕黄粱，长缨在手，鲲鹏展翅，帝子乘风，斑竹一枝，金瓯一片，蚂蚁缘槐，蚍蜉撼树，黄鹤何去，沧海桑田；运用成语或化用古句则有“飞起玉龙三百万”，“天若有情天亦老”，“一唱雄鸡天下白”，“东临碣石有遗篇”，“子在川上曰：逝者如斯夫！”“正西风落叶下长安”，等等等等。凡此一切，都必然是在由内部语言过渡为外部语言时作了本质的改变的。不过，这里说的是关于古典诗词的语言技巧，已经超出了形象思维必然要以语言为工具的问题范围，适可而止吧。

五、必然要有逻辑性

整个创作过程是从实践到认识，从认识到实践循环反复的过程。在这里我们着重从认识方面来讨论，目的在说明其必然谙合于思维逻辑，特别在观察、感受、取材、想像、构思阶段，即使到遣词造句、剪裁、推敲、谋篇之际，都不得违背一般生活规律的。正是在这个意义上，整个创作过程是可以看做一个认识过程的，至少是全部认识过程中最后一个阶段，或者可以说是调动起了全部心理活动的一个阶段：全部认识过程自然不能归结为一个创作过程，而整个创作过程则当是认识过程的继续深化和完成。有的同志曾试图论证创作过程开始于认识过程之后，或者至少把创作同认识分别看做为两种不同性质的思维活动。总之，由这些同志们看来，所谓创作，只是表现，不是反映，只属于方法论的范畴，不属于认识论的范畴。其实艺术构思与创作实践，总是你中有我，我中有你，难于截然划分为两码事。而且，任何艺术作品或诗篇，既然都是观念形态的产品，怎么能不是认识的结果呢？而且列宁早就说过，方法“不是人的用具，而是自然界的和人的规律性的表现……”(《哲学笔记》)怎么能把方法论同认识论割裂开来并对立起来呢？所以创作过程理应归属于至少是开始于认识过程，即使就算是开始于认识过程的最后一个阶段吧。当然，人的心理活动可以分为知与意两大范畴。知是认识，意是意向。如果说科学思维主要属于知的范畴，意向仅仅起着辅助的作用；那么艺术思维则是知与意两大范畴的对立统一，认识与意向的两相结合。所谓全部的内心活动，也就是上面说的为感情所修饰为意志所加强了的认识。而本质上总是认识。那么，认识在本质上又意味着什么呢？正如恩格斯在《自然辩证法》中所指出的：

> 事实上，一切真实的，详尽无遗的认识，都只在于：我们在思想中把个别的东西，从个别性提高到特殊性，然后再从特殊

性提高到普遍性；我们从有限中找到无限，从暂时中找到永久，并使之确定起来。

不言而喻，认识，亦即人的意识，“不是从头脑中，而仅仅是通过头脑从现实世界中得来的。”(《反杜林论》)人脑只是加工厂，原料或半成品来自人民群众的社会实践，经过脑细胞的生理运动的加工制作，形成思想成品。这也就是说，无数客观外界的现象通过人的眼、耳、鼻、舌、身这五个官能反映到自己头脑中来，开始是感性认识；这种感性认识的材料积累多了，就会产生一个飞跃，变成了理性认识，这就是思想，体现于各种观念形态中的思想。这就是一个认识过程。一般说来，情感意志这些心理状态不属于认识论的范畴；但是，马克思说：“热情、激情是人类向他的对象拼命追求的本质的力量。”(《1844年经济学——哲学手稿》)列宁也说过：“没有人的感情，就从来没有也不可能有人对真理的追求”(《列宁全集》第20卷第255页)。所以感情和意志对人的感觉和认识却产生强烈的影响，对人的感觉和认识的能力起强化或弱化的作用，这就是说，对思维活动是大有帮助、大有关系的。如意志能养成人在认识事物过程中的顽强性、坚持性，情感能修饰人的认识。这后一点是极为重要的，特别在形象塑造方面，如前所曾说，形象乃是被意志所加强被情感所修饰了的认识。而且情感和意志不能不是由思想引起的，又总是以思想为基础的。在认识过程中，或者说在作为全部认识过程的一个特殊阶段的创作过程中，如果不是滤清和排除而是加强和加浓意志力量和感情色彩，使认识以栩栩如生的形象显示出来，便是艺术或诗；反之，如果不是加强和加浓而是滤清和排除意志力量和感情色彩，使认识以抽象的概念的形式加以证实，便是科学或散文。二者必然同样都是合乎逻辑的，同样都是有逻辑性。这后者，即科学或散文，不必说了；那前者，即艺术或诗歌，它不依然是由个别性、特殊性、普遍性——这全部“概念论”在其中运动着的三个规定所组成的吗？这种运动规律在诗创作过程中表现的是极显明的：娄山关、山、昆仑、雪、梅，都是外在的自然，都是个别的存在；当进入认识领域作为描写对象，便必然转化为实存，成为现象，现象是具体的；而当它们进一步被采取为诗的素材或题材，自然便生发为现实的东西，由个别性提高到特殊性，因为已经由直观的存在发展到为一定主观所掌握的存在了，而且向诗人思想中暗示着主题，并逐渐明确起来，这会是因人而异的；到最后经过想像与联想，幻想与夸张，创造出一系列完整的形象,这意味着经历了信息符号型的艺术实践过程,从而形成艺术成品《忆秦娥·娄山关》、《十六字令三首》、《念奴娇·昆仑》、《沁园春·雪》、《卜算子·咏梅》诸诗篇,在这些诗篇中所显示的,已是综合反映了一个时代,整个阶级以及全部进步人类的思想感情,自然是具有极大普遍性的了。这也如同前引黑格尔在《美学》中所说的:“诗所表现的总是普遍的观念”,“诗人所给的……个别的东西就变成了一种有普遍性的东西。”正是这样通过艺术掌握的特殊途径,达到个别形象和普遍本质的统一,所有毛泽东诗词无一例外地都具备着这种特质,这是显而易见的。因此,艺术创作,诗创作,作为一个认识过程,一个实践过程,从形式上看,它是通过特殊性而体现着普遍性的个别性;从内容上看,它是通过特殊性而保留着个别性的普遍性。艺术形象,自然是客观现实的反映,而实质上也就是一定概念的感性显现。它的构成决不仅仅是由偶然的印象,也不仅仅是由个人感受,而是包含着更丰富得多的阶级的、集团的、社会历史的综合成分。概念的第一个特性是普遍性,而感性则源于个别性。这种体现着普遍性(概念)的个别性(感性)愈具体,形象也就愈生动、愈鲜明;这种保留着个别性(感性)的普遍性(概念)愈充分,思想性也就愈重大、愈崇高。这二者由表现为作者的从实践到认识的特殊性(艺术掌握)连接起来,统一起来,而形成为富有艺术生命的诗篇。在这个意义上来说,真正的艺术诗篇总是艺术与哲理的统一。毛泽东诗词中的任何一首,总是掌握一定的现实题材,通过独具匠心的艺术安排,运用丰富多彩的艺术形象,反映出具有诗人的独特风格的无产阶级的先进世界观,革命导师的共产主义世界观。这就是为什么毛泽东诗词有如日月经天而光景常新。它写的个别事件,具有着特殊内涵,而反映出普遍真理。产生它的现实条件、历史背景已经过去了,而在不断出现的新形势下,在每一次新的斗争中,它都给予我们以无穷的精神鼓舞和智慧的启发,它永远激发着我们的战斗热情和前进思想。

试以《沁园春·长沙》(一九二五年)为例作解。这首词是集中写秋游的。写景:“看万山红遍,层林尽染,漫江碧透,百舸争流。鹰击长空,鱼翔浅底,万类霜天竞自由。”写得多么生气勃勃!写人:“恰同学少年,风华正茂;书生意气,挥斥方遒。指点江山,激扬文字,粪土当年万户侯。”写得是多么神采洋洋!在这里,不但楚天湘水,鲜明如绘,意气英发,俊爽风流;而且苍茫沉浮,兴寄旷远,击水遏舟,斗志昂扬。整个说来,浮雕着绚烂的艺术形象,洋溢着炽热的时代精神。这样,它仅仅是反映偶然的个别事件的记游和忆旧吗?当然不是,当然不仅仅是。透过这诗情画意，涌现在读者面前的，岂不是翻卷着的革命洪流中的滔天激浪吗？有的同志说，毛泽东奔走南北，献身于民，在那革命如火如荼的时日，哪里会有闲情逸致去游山观水？这说法固然不错，可是并不能说明问题。甚至有人试图用象征主义的所谓“寻找思想的客观对应物”以及“建立感情方程式”来解释它。这更是莫名其妙地把富有生机的诗篇看做谜语了。诗篇中明明写的是秋游，上片记今游，下片忆往事。如果把这些具体内容抹掉，以至于称之为什么“对应物”，视之为什么“方程式”，诗意不就掏空了吗？问题是怎样在秋游中生发出重大的主题，怎样把分散的景物人事连缀成有机的画卷，又从中概括出革命的情义？怎样从个别上升到特殊、又从特殊上升到普遍的？正如列宁对黑格尔《逻辑学》一书中一段话所加的评语：

> 绝妙的公式：“不只是抽象的普遍，而且是自身体现着特殊，个体、个别东西的丰富性的这种普遍”（特殊的和个别的东西全部丰富性！）！！好极了！（《哲学笔记》）

如果否定了秋景和秋游，则诗的全部丰富性岂不会受到亏损吗？那么，诗篇果真是着意在写秋景和秋游吗？当然也不是，而且决不是。秋深了，枫叶红了，江水碧了，岳麓山上层林如醉；湘水中流千帆竞发，鹰在天空飞，鱼在水里游。这些，原都是各自单独存在着的外在自然。而“景物无自生，惟情所化”。感情是人强烈追求自己的对象的本质力量，是把景物化为形象的融合剂。从“独立寒秋”的诗人眼中望去，那本来似乎并无联系的山红江碧，鹰击鱼翔，便浑然成为一个整体，并仿佛呈现出宇宙万物都在不断的变化中，不断的发展中，不断的斗争中，而且正是在这不断的变化、发展、斗争中显示出无限的生机，无限的美。并从而深致感慨：“怅寥廓，问苍茫大地，谁主沉浮？”这自然是由沉没在水里的鱼和浮升于天空的鹰这一直接映象而触发出的哲理性问题。但不仅仅如此。古人说：“诗言志。”这里写的是眼前景，抒的是心中情。这景这情，难道仅是钟灵毓秀于楚天湘水的自然风光吗？当然不是。论其源泉，乃在于当年工人运动和农民运动掀起的轰轰烈烈的革命风暴；乃在于毛泽东和他的年轻战友们在长沙度过的激情的革命生涯。而这些，作为构成诗篇源泉的社会生活，并不附丽于诗中之景，而是结晶为诗中之情（志）。这情（志），也就是一定的社会生活在诗人头脑中反映的产物。它说明，诗人的情感等主观因素,必然有其客观必然的规定性,必须是与生活本质相一致相符合的。否则是不能结晶到诗篇中去的。所以说,任何艺术作品,任何诗篇,“都是一定的社会生活在人类头脑中的反映的产物”,而“革命的文艺,则是人民生活在革命作家头脑中的反映的产物”。正是那方兴未艾的大革命高潮,以及诗人跃身投入这一时代洪流的社会实践,才会产生那种击水遏舟的昂扬斗志和自由沉浮的旷远兴寄,而不是相反。诗人拥有来自社会生活、来自斗争实践的切身感受,当他面对自然的时候,这种感受就作用于他对自然的感受:“昔我往矣,杨柳依依;今我来思,雨雪霏霏。”(《诗小雅·采薇》)这样,诗篇中的杨柳和雨雪就充满了人的感情色彩,而被赋予了一定的社会意义,有时海在笑,鸟在歌,花在溅泪,风雷在武装着天空,都是这么一回事。有人说:“心不孤起,仗境方生。”心是主观因素,境是客观因素。心就是心情,就是思想,就是观念;境就是环境,就是时代,就是生活。描写的是心情,反映的是生活;这叫形象反映。因此,把那红遍尽染、碧透争流的绚烂色彩,加以剪裁,融进诗篇,它就不仅仅是长沙一地寒秋景色的写照,而且更是中国当年热火朝天的革命形势的反映了。因此,相继生发出来的鹰击鱼翔、自由沉浮的感慨,也就不仅是面向自然提出的哲理性诘问,而且更尤其是对中国革命所提出的一个现实性问题了。于此,联系当年形势,实在是有感于右倾机会主义路线对中国革命领导权的放弃而慨乎言之:“使无产阶级跟随资产阶级呢,还是使资产阶级跟随无产阶级呢?这个中国革命领导责任的问题,乃是革命成败的关键。”(《中国共产党在抗日时期的任务》)正由于这里如此提出了“谁主沉浮”的问题,所以在下片才回忆起那些革命小将勇往直前的凌云壮志和激昂慷慨的造反精神,击水遏舟,豪情壮采,以隐笔作了回答。这仅仅是写秋吗?仅仅是记游和忆旧吗?

是的,“从个别到特殊,并从特殊到普遍的上升运动,并不是在一种样式中,而是在许多样式中实现的。”(《自然辩证法》)在这里,无论山红江碧,无论鹰击鱼翔,都不能直接概括出深刻的本质内容,它们只是由于机智和智慧,经过想像和联想,才反映了重大的社会意义,焕发出灿烂的哲理光芒。作为个别的自然存在,作为特殊的直接感受,只能以直观和表象给诗篇提供形象,而形象中所显示的普遍真理,则是从现实生活、现实斗争中提炼出来的。这提炼,自然也是经历了从个别到特殊,再到普遍的长期过程,是潜在进行的,或者说是先于创作已经完成了的,如前所述,并不附丽于诗中之景,而是结晶为诗中之情,便说明了这一点。单就这一点说,诗篇之于描写对象,并不完全相同于对世界作科学的掌握，把普遍的东西保存在自己的单独的东西中，像列宁所说："任何个别(无论怎样)都是一般。任何一般都是个别的(一部分或一方面，或本质。)"(《谈谈辩证法》)艺术形象并不仅仅是把直观表象加工成概念这一过程的产物，而是概括了更丰富的由现实生活现实斗争吸摄来的东西。所谓使在物之形与神，与在我之情与理，整然融合，而构成艺术形象。科学概念并不容许夸张，艺术形象则少不得夸张，原因就在这里。艺术形象既是客观现实的重要特征的集中反映，也是具备特定思想感情的诗人对生活的特殊感受的表现。这就是说，形神与情理的关系以及二者的融合构成艺术形象，便意味着题材的客观性与主题的主观性；同时还必须指出，这主观性仍然是由客观现实所决定的，因而仍然是客观现实的反映。这客观性也只有在主观关注下才得进入诗境，因而也还是主观性的表现。这就是表现论与反映论之所以形成与统一。这便是艺术创作在思维样式上所往往遵循的不同于科学论著的途径。费尔巴哈说："在人的脑袋里，跟一般地从自然里面抽取出来的本质结合在一起的，又有特别地从人里面抽取出来的本质。"(《宗教本质讲演录》)杨公骥曾通俗地解说这意味着"物的反映与人的反应相结合"。我们说，艺术形象，诗的形象正是"物的反映与人的反应相结合"。而正如前述，必须补充指出，这"人的反应"究其实仍然还是源于"物的反映"。比如《卜算子·咏梅》(一九六一年十二月)序曰："读陆游咏梅词，反其意而用之。"试将陆游词与毛泽东词比较一读：两首词都是咏梅，而表现出两种极不相同的思想感情，极不相同的襟怀气度，极不相同的世界观。它们是任意表现的吗？当然不是。陆词中的"寂寞"、"愁"、"苦"、"零落"又"香如故"，岂不正是时当南宋危局，生为封建士子，抗金爱国的壮志未酬，功名利禄的雄心不就，悲观失望，无力反抗，而又自视高洁、孤芳自赏这一现实的缩影吗？毛泽东词则是悬崖一枝俏，傲对百丈冰，报春不争春，含笑花丛中。这岂不是一个无产阶级先锋战士，国际共产主义革命家，在60年代初期，面对着现代修正主义的淤泥浊浪，而毅然独立的形象概括吗？情与理是属于主观世界的东西，但"在阶级社会中，每一个人都在一定的阶级地位中生活，各种思想无不打上阶级的烙印。"(《实践论》)"任何意识不是别的东西，它只是有意识的存在，而人的存在，就是他们的现实生活过程。"(《德意志意识形态》)一切情与理属于任何个人的主观因素，都是属于一定时代，一定阶级或集团的现实生活过程的客观反映。社会主义诗歌，必然充溢着无产阶级的革命精神。在这一方面，毛泽东的诗词无疑是典范。反复诵读作品，便得从中领会：同是属于主观世界的情与理，二者又互相渗透，互相滋生。情必以理为酵母，理必以情为激素。理充实情又制约情，情强化理又冲击理。理在情的煽扬下飞腾，升华为概念，在达到结论之前，逐渐冲淡以至滤清情的因素，概念的参照系是客体，重在发现。它背向诗歌冉冉离去了。情在理的助力下燃烧，结晶为形象。在整个熔铸过程中，不断增添以至融进理的成分，形象是主客体的统一，重在创造。它就是诗，所谓诗要用形象思维。当然，从本质上看，它不会是违背逻辑的。而理之所常无，又安知非情之所必有？有时诡谲、荒诞、变形，似乎是违反自然逻辑，但它正是感情的真实。所谓真情实感，是随着想像的翅膀翱翔。这种非理性表现，岂不恰合感情的“逻辑”吗？

六、富有思想的形象与赋予思想以形象

总而言之，艺术思维，从生动的直观到艺术的形象，与科学思维，从生动的直观到科学的抽象，既然同样都是思维，便同样都是受着世界观的制约和指导，同样都是以语言为工具，同样都是遵循着由个别到特殊再到普遍的上升的运动的逻辑。也就是说，形象思维的进行也同样都是通过抽象逻辑的途径。不过这抽象并不意味着对感性的舍弃，而是加强意志力量，加浓感情色彩，经过选择与概括，经过类化而凝练为形象。艺术形象，正如同宗教中的神。“神的本质”这概念是从世界所有的感性本质中抽象出来，这个概念是一个类概念。而在每个类概念中，被排除出去的个体形象，又要浮现在我们面前。因此，诚如前面所曾说过，艺术形象，实质上是一定概念的感性显现。而这只是就其内容实质说的，并不是就其塑造过程说的，如果从方法论的角度来看，便不能这样说。正如黑格尔在其《美学》中所指出：“在艺术里不像在哲学里，创造的材料不是思想而是现实的外在形象。所以艺术家必须置身于这种材料里面，跟它建立亲切的关系。”因此，艺术形象就其源泉说，乃来自现实生活而不是来自概念，不是概念的比附或图解；就其形成来说，乃是知与意的综合，亦即全部内心活动的产物。“表象(事物的直接映象)——概念(思想)——表象(新创造的形象)”这个公式是不能概括艺术创作的思维过程的。这个公式认为，艺术创作就是，把对“事物的直接映象”抽象化为“概念”，然后再“根据自己的思想意图去‘想’与之相适应的‘象’”。这就是说，“概念转化为形象”，或者说，“这个形象，是由创造者一定的思想转化而成的”。这同黑格尔所说的“艺术作品”乃是“概念从它自身出发的发展，是概念到感性事物的异化”，实际上是毫无区别，完全相同的。或者设计师的图案可能是这样绘制的，甚至科技影片也可能是这样编导的，但任何艺术作品，任何诗篇，却难以这样创造出来，这样无动于衷地去从事艺术创作，是罕见的。如果这是可能的话，电子计算机自然可以成为最伟大的诗人了。

德国古典诗人歌德(1749~1832)曾提出过一个问题并自己作了回答：

> 诗人究竟为一般而找特殊，还是在特殊中显出一般，这中间有一个很大的分别。由第一种程序产生出寓言诗，其中特殊只作为一个例证才有价值，但是第二种程序才适合诗的本质，它表现出一种特殊，并不想到或指明到一般，谁若是生动地把握住这特殊，谁就会同时获得一般，而当时却意识不到，或者只是到事后才意识到。
>
> ——《箴言和回忆》

这些意见确实是经验之谈，是经得起创作实践的检验的。有人认为，席勒便是从一般、从抽象概念出发；所以马克思曾指出说，席勒把个人变成了“单纯的时代精神的号筒”，而歌德则是从特殊、从具体事物出发，他的作品是对现实加以观察和体验而产生的，我们今天的现实主义创作方法就是直接承袭歌德的道路。须要补充说明，歌德是创造富有思想(情与理)的形象，这固然“适合诗的本质”；即使席勒是赋予思想(情与理)以形象，这也不同于“表象——概念——表象”的公式。因为给思想穿上形象的衣服，给崇高理想与博大精神赋形和着色，这是需要巨大热情的，在形象中灌注激情和理想，正是形象思维的特点；并且这形象也必然是摄取自生活之树，或采掘于现实的土壤中，无论怎样生发夸饰，想入非非，总是从“此岸”出发的。即以席勒的几部代表作而论，他年轻时期作的、被恩格斯评断为“一个向全社会公开宣战的激昂的青年的颂歌”的《强盗》，它的故事并不是发生在久远的过去，也不在遥远的外国，而是诗人极其大胆地一把抓住了德国的现实生活。40岁时完成的历史剧《华伦斯坦》，是以30年战争为题材的，是以他自己所写的《三十年战争史》为依据，在华伦斯坦身上，通过其屡遭变异的命运，不只是反映了德国当时的割据状态，而且也刻画出抛除教会的分裂和诸侯的自私等阻碍建立一个中央集权民族统一的德国的企图。45岁时完成的《威廉·退尔》，这个历史剧的主题则是从瑞士联邦为摆脱哈布斯堡统治、争取独立的延绵几世纪的斗争中节取的一个片断。据说这个素材是歌德首先发现,但他自己并未加工,而把它留给了席勒。这一切说明什么,这一切说明无论是歌德,也无论是席勒,总是首先掌握了题材,这题材自然是已经由外在自然、个别存在,转变为一定主观所掌握的现实存在;继而提炼出主题,这主题乃是由生活的暗示,把潜伏在作家印象仓库里还未形成的思想给点亮起来,从而它就成为形象塑造的核心或轴线。到这时候,才有所谓从生活出发,即依照生活的面貌反映生活,与所谓从概念出发,即依照主观的要求去描绘生活。这二者,从来的作家和诗人,或各有所侧重,但总又往往是交互使用,甚至密切结合的,这便是浪漫主义同现实主义相通的契机。即使是寓意诗,也不等于设计图案或科技影片,不仅仅是抽象概念的图解,而是对世道人生的形象表达,它寓褒贬,别善恶,富有机智,洋溢着爱憎之情,它的倾向性更直接地表现出来,这正说明它们是形象思维的产物。至于抒情叙事的艺术诗篇,当然是个别形象与普遍本质的统一,同时又总是实有所感而形诸歌咏,就更不能把艺术形象只看做一种比喻或象征了;纵然比喻或象征的手法在诗创作中是惯常用的,其极端甚至发展为现代诗派流行的象征主义。不过,即使是象征主义所说的"寻找思想的客观对应物"与"建立感情方程式"的方法,也还是把形象作为事物固有的本质,作为事物本质的直接表现来使其成为对应物的;决不是设计图案或概念图解。至少凡属好的诗作决不是如此。

我们认为,"在特殊中显出一般",塑造富有思想的形象,与"为一般而找特殊",赋予思想以形象,二者殊途同归,以前者为基础,以后者为主导,这乃是现实主义与浪漫主义的相结合。这在中国古典诗论中,大致可以从王渔洋的"神韵说"与袁随园的"性灵说"看到相近似的主张。如果说"神韵说"是从作品的客观形象来着眼立论,主要涉及在物之"形"与"神"的问题,要求塑造"富有思想的形象";那么,"性灵说"就是从作家的主观心灵来着眼立论,主要涉及在我之"情"与"理"的问题,要求"赋予思想以形象"。前者为现实主义奠基,后者为浪漫主义引路。而在我之"情"与"理"又总是为在物之"形"与"神"所诱发的,所谓"人秉七情,应物斯感";所以二者总是相结合的,所谓"感物吟志"。无论是塑造"富有思想的形象",无论是"赋予思想以形象",都说明了文艺创作规律的特点在于使用形象思维。因为它们都是在一定生活基础上,不同的只是如何处理题材,表现主题,只是方法问题。文艺创作决不能"画饼充饥",决不是"无米之炊"。那种"表象——概念——表象"的公式则是臆想的,完全不符合艺术思维方式的实际。这个公式否定了生活而肯定了概念为文艺创作的主要关键,不只势必导致公式化、概念化,而且在客观上也给"主题先行"、"从路线出发"等等主观唯心主义文艺谬论提供了理论基础。列宁曾指出:"用抽象的概念来代替具体的东西,这是革命中一个最主要最危险的错误。"(《论口号》)是的,最主要最危险的错误,列宁讲的是政治运动,我们说在文艺创作中也是这样,甚或更是这样。

"在特殊中显出一般",塑造富有思想的形象,这种诗创作的途径是最通行的,也是极正常的,让我们以《沁园春·雪》(一九三六年二月)为范例来加以说明吧。

《沁园春·雪》是"初行陕北看大雪之作",是一首咏雪的词。而所咏的雪,不是一般的雪,乃是特定时间特定地区的雪。是结束了空前壮举的长征,并粉碎了蒋介石国民党对陕北根据地第三次"围剿",决定建立抗日民族统一战线的策略,正要挥师渡河东征之际,在中国北方秦晋高原所见所感的雪;且是伟大诗人、革命导师在彼时彼地所见所感的雪。雪的形貌,雪的神态,雪的气魄,都是客观存在;而熔铸为诗的形象,则显然又融入了诗人的胸怀,诗人的抱负,诗人的理想。这些并不是什么神秘的事物,它无非是从历史地发展着又历史地规定着的民族的、人民的、阶级的心理状态,思想感情中所凝练出的精英。因此,我们通过诗篇所看到的雪,亦即雪的形象,就具有了一定的特色与一定的性格。起句就指出了"北国",二三句又紧承起句,写得那么开阔:"千里"、"万里",极言降雪地区之广;"冰封"、"雪飘",极写严冬寒威之烈。两句总写,就使"北国风光"落实了。"望长城"以下四句,又进一步细写"北国风光"的具体内容。诗人置身高处,极目远望,只见"长城内外,惟余莽莽",这"莽莽"乃是望中所见,而既曰"惟余"则意中所想又不止此;又见"大河上下,顿失滔滔",这"滔滔"乃是意中所想,而既曰"顿失",则望中所见不言而喻。这些既紧紧上承"千里""万里"两句,又隐隐下启"须晴日"三句,构思的谨严,正于用字精审处见之。更妙的是再纵目环顾,看那山峦原陵的景象:"山舞银蛇,原驰蜡象。"从常人眼中望去,不过只是覆盖着白雪的连绵的山峦与起伏的原陵罢了;而诗人于此,却驰骋想像,通过联想,化作了银蛇舞动,蜡象奔驰。不但色彩鲜明,而且神态生动,这就于事物的形神中融入诗人的情理了。而且山舞原驰,这可不是无目的的乱动,不是眼花缭乱的结果,它们是在干什么:"欲与天公试比高。”如果不是旗乱不周、剑裁昆仑的巨人，如果不是“刺破青天锷未残”的英雄，如果不是“万丈长缨要把鲲鹏缚”的革命领袖，能够如此深刻地揭示出山原的精神吗？写望中雪景，到此已止；而精思遐想却远远超出了这个界限：“须晴日”以下三句，更设想出红日白雪交辉互映的奇丽景色，使人仿佛看见溶溶漾漾的一片晴光。这是虚笔，却发生于前面的实写。虚实变化，飞动灵活，于雪晴的对比描绘中，更纵情地歌颂了祖国的雄伟的江山，直赋予它以美的性灵，以人的色相：“看红装素裹，分外妖娆”，极赞景色之美，这是指晴日而言，但也连带地赞美了雪时；因为既然设想晴后“分外妖娆”，那么当此雪时也定是“妖娆”的。同时，诗意如此酣畅，热情如此洋溢，它更引导着我们进一步推想：冬天的景色如此，那么，春天的更可知；北方的景色如此，那么，南方的又可知。啊！“江山如此多娇”，换头处一方面总束上段，一方面又领起下文，过渡得多么巧妙。下面一句：“引无数英雄竞折腰”，接得是多么自然，多么挺劲。江山既然像一位美人如此多娇，英雄们当然要争相倾倒，顺理成章，风起云飞，天衣无缝，所以说自然；上面全是写景，到此一转评论人物，别开生面，异军突起，收纵绵密，所以说挺劲。只可惜这些所谓英雄，尽管热衷，有几个真相配称呢？就如秦始皇和汉武帝吧，虽以武功见称，但“略输文采”；再如唐太宗和宋太祖吧，纵然军威尚盛，但“稍逊风骚”。至于那号称“一代天骄”的成吉思汗铁木真，就更等而下之了，他算什么呢？“只识弯弓射大雕”罢了。在这里，举出秦皇汉武、唐宗宋祖，以至成吉思汗，只是“无数英雄”的几位代表而已。古来逐鹿中原者，当然还大有人在，不过在“多娇”面前，他们岂不一律都是些莽汉子？这七句同上段“望长城”七句，结构全同，惟于彼是空间的描写，静中有动，于此是时间表述，夹叙夹议。就笔势论，都是坂上走丸，累累如贯珠，一气呵成，各极兴酣墨饱之至。在这里，更于抑扬评价中暗暗点示出：尽管这些所谓“英雄”，为了个人的权利，一枕黄粱，对祖国的壮丽江山垂涎三尺；但我们伟大祖国是不喜欢他们的，是看不上他们那一副副蠢相的，这就是通过形象在发议论了。而列举古人，也还是为下文作势：“俱往矣”，三个字一把铁扫帚，一挥扫清陈迹，就势转入现实：“数风流人物，还看今朝。”以“今朝”作结，一山飞峙，峻嶒而起，突出主题，落在对新时代、新人物的歌颂，也就是对人民大众、对无产阶级的歌颂；从而批判了两千年来封建古代的一个侧面，表现出对革命前途的无限乐观，对祖国未来的坚强自信。战马收缰，戛然而止，兴会淋漓，气势磅礴，真是字字敲打得响；水穷云起，有余不尽，神韵隽永，意味深长，更觉句句颠簸不动。这是何等功力，这是何等手笔！如此种种，仅只是咏雪吗？如此种种，又哪不是咏雪呢？这是身为革命领袖的伟大诗人于特定时间空间，用特定语言形式所咏之雪，是通过雪的自然形象对伟大祖国所作的历史的批判和现实的颂歌，横括一万里，纵贯三千年，其气魄的宏伟，胸怀之阔大，除非我们伟大领袖毛泽东，常人谁能当之？而有的读者却认为，表面写的是雪景，实际指的是革命：开头"北国"七句，隐喻在帝国主义、封建主义、官僚资本主义统治下的旧中国的阴暗景象；"山舞"三句，隐喻广大人民在中国共产党领导下起来进行斗争；"须晴日"三句，隐喻驰想革命胜利后的光明前景。这样就把诗的形象理解为概念的图解，为主观精神的射影，而不是雪的形神与诗人的情理之整然的融合。这种读法，不但割裂了诗的形象的完整性，而且使着上下片也无从相衔接，显然是不合诗旨的，不知诗的创作，总是"应物斯感，感物成吟"，又总是"在心为志，发言为诗"，正是这二者，即彼应物之感与此在心之志的交流合一。这也就是说，诗的形象是从审美上掌握的现实，而又非简单等于直接描写的对象。《沁园春》是咏雪的词，是"初行陕北看大雪之作"，它写的自然是雪景。雪的主题，脱离不得，脱则离题，漫无边际，不知所云；但又粘滞不得，粘则涉呆，雕绘满纸，了无意味。如果咏雪就是咏雪，雪而已，那又何取乎诗？因此咏雪首先应该就是咏雪，所谓应物之感；其次必然又不只是咏雪，所谓在心之志。若使这二者，水乳交隔，相互渗透，正如刘勰曾说："物以貌求，心以理应。"(《文心雕龙·神思》)貌是特殊，理是一般，这就是所谓"在特殊中显出一般"。这才是诗，这才是真正的好诗。刘熙载《词概》说："咏物，隐然只是咏怀，盖其中有个我在也。"这说明形象塑造也便是抒发性情，艺术思维的主要特征正在于此。

艺术形象是客观现实的重要特征的集中反映，也是具备特定感情的诗人对生活的特殊感受的表现。传神的艺术形象，既是客观对象的艺术概括，也是作者自己从对象得来的感受在起作用。这就是刘勰所说："思理为妙，神与物游。神居胸臆，而志气统其关键；物沿耳目，而辞令管其枢机。"(《文心雕龙·神思》)通过现象的展示，达到本质的揭发；通过特殊的展示，达到一般的揭发；使读者在特殊中领悟到一般，有如触景生情，即不得把景看做喻体，把情看做被喻体，这种诗篇是大量的。但是，这并不排斥有时也可以缘情设景，实际上那景便是喻体，那情便是被喻体，这样诗的形象也就等于是一个比喻了。比如《七律·冬云》(一九六二年十二月二十六日)，不能设想，在命笔之际，眼前曾真正出现了“雪压冬云白絮飞”的实景。诗中所云,显然是用以象征一种政治气候。当时国际共产主义运动当中,现代修正主义突然冒了出来,反革命逆流猖獗一时,反华反共叫嚷甚嚣尘上。诗一开头就描绘了一幅大雪飞扬、阴云浓重、万花纷谢的严冬景象。不难看出,这些只是拟设出来,用以象征当时那种政治气候。全诗描写的是冬景,寄托的是时事。诗的激情,并不是由“冬云”所触发,而是有感于修正主义的猖狂与反修斗争的激化。诗的形象乃是比喻性的象征性的表现手法,这是一目了然的。又比如《满江红·和郭沫若同志》(一九六三年一月九日),诗中描述苍蝇碰壁,嗡嗡叫,凄厉抽泣;以至蚂蚁缘槐,蚍蜉撼树,也同样是比喻,是象征,并不构成一个完整的形象体系。它们只是统一在一种战斗的激情当中,这激情当然是奠基于深刻的理智基础之上,而这情与理是具有典型性的。假如我们把诗的情理看做一般,把诗的形象看做特殊,在这里岂不正好是“为一般而找特殊”吗?但是,无论是“冬云”或“苍蝇”,以及“蚂蚁”、“蚍蜉”等等,它们只是作为现代修正主义叛徒,或是由这等叛徒集团所造成的一种政治形势的写状,出现在诗篇中。作为诗的形象,还是充溢着强烈的感情色彩的,并不简单是抽象概念的图解。“表象——概念——表象”的公式,依然不能于此得到证明。

还有一种情况,是介乎以上二者之间,比如前面曾经引述过的《卜算子·咏梅》(一九六一年十二月),乃是“读陆游咏梅词”通过语言文字,巴甫洛夫所谓的第二信号系统,唤起了记忆中的关于梅的表象;而诗人来自社会生活的现实感受,则是帝国主义、修正主义和各国反动派联合起来进行反华叫嚣闹得正凶。诗的形象,岂不就是这种梅的形与神和诗人的情与理的融合或结晶吗?作为咏物,诗篇中梅的形象是完整的。在这一点上,不同于“冬云”,也不同于“苍蝇”、“蚂蚁”、“蚍蜉”等等,那些只是作为修辞格上的比喻出现,决不是咏物;而这完整的梅的形象,却题作《咏梅》,同时更使我们联想到坚持真理、英勇卓绝的革命者的高贵品质。它所表现的实际上是无产阶级伟大革命家威武不屈的战斗意志和革命乐观主义精神。在这后一层上,实质上也是比喻性象征性表现手法的运用,又和《沁园春·雪》、《忆秦娥·娄山关》、《十六字令三首》等等,有所不同。它是“为一般而找特殊”呢?还是“在特殊中显出一般”呢?似乎都是,又都不完全是。“表象——概念——表象”的公式在这里就更不贴边儿了。

无论是“为一般而找特殊”,无论是“在特殊中显出一般”,无论是“赋予思想以形象”,无论是“富有思想的形象”,都如同高尔基在《俄国文学史序言》中所说:“文学使思想充满血和肉,它比哲学或科学更能给予思想以巨大的明确性和巨大的说服力。”因为“组织思想之最经济的方法就是形象”。这论断在毛泽东诗词中可以得到非常清楚的说明。

七、生产实践与美感活动

用形象来“组织思想”，包括“寓思想于形象”和“用形象来思考或讲述”两个方面。用形象来思考或讲述，使形象思维化，是对现实的反映，属于认识论的范畴；寓思想于形象，使思维形象化，是对观念的表现，属于方法论的范畴。两者都是形象与思维或思维与形象同时到来，这正是形象思维的双重性。

艺术或诗使用形象思维，科学或散文使用抽象思维。二者，必然都是合乎逻辑的，而且正如出现在散文中的科学的抽象思维也不能完全排除形象，出现在诗篇中的艺术的形象思维也不得彻底杜绝抽象。这些我们在前面已经论述过了。二者主要的区别，亦即形象思维的主要特征乃在于它是以浮想联翩或联翩浮想的形式出现。从而它是为意志所加强为情感所修饰了的认识。这些在前面我们也已经论述过了。必须进一步指出的是，体现着艺术创作或诗创作的特殊规律的形象思维，作为一种思维方式，还具有着生产实践的性质和美感活动的性质。这是怎么说的呢？

艺术创作与科学研究，都必须从感性材料开始，以感觉材料作起点。在这个起点上，艺术与科学，不同的只是思维对象，其思维方式并没有区别。但是科学不止于感觉，艺术也不止于感觉。在感觉之后，科学便进入研究过程，还必须进行抽象思维。如前所述，在这抽象思维中，也还免不了借助于形象，并且亦给想像留有充分的活动余地；艺术便进入创作过程，还必须进行形象思维，如前所述，在这形象思维中，也不能完全排除抽象化，并且一定要具有逻辑性。在艺术或诗的创作过程中所开始的形象思维，才意味着艺术之所以为艺术、诗之所以为诗。艺术与诗既是观念形态，又是产品，它是观念形态式的产品。不同于科学技术直接通向物质生产，经过物质能量型实践而生产出物质性产品；艺术创作则属于信息符号型实践，主要是经过脑力劳动，创造出精神产品。而总之也是生产或创造产品。正如马克思所指出：“艺术对象创造出懂得艺术和能够欣赏美的大众——任何其它产品也都是这样。因此,生产不仅为主体生产对象,而且也为对象生产主体。"(《政治经济学批判·导言》)而艺术既然是产品,艺术创作既然是生产,就是说,它是一种"自由的意识活动"。而"有意识的生活活动直接把人类和动物底生活活动区别着"。怎样区别着呢?"动物只依照它所属的物种底尺度和需要来造形,但人类能够依照任何物种底尺度来生产并且能够到处适用内在的尺度到对象上去;所以人类也依照美底规律来造形。"(马克思《1844年经济学——哲学手稿》)这"也依照美底规律来造形",则更尤其是艺术生产、诗的生产所要求的。这些,照俄罗斯革命民主主义批评家杜勃罗留波夫的解释,便是"对事物的向往"。他说:"诗是立脚在我们内部的感情,立脚在我们的灵魂对于一切美丽、善良并且理智的事物底向往上的。在只有我们的精神生活这些方面的任何一方面来参与,彼此互相压制的地方,就不会有诗。……崇高的诗就在于这三个原则的整然的融合,诗的作品越是接近这种完整,它就越是好。"(《A·B·柯尔卓夫》)这就揭示出诗的特质包含着不可或缺的真善美三个方面:真是被认识的客观现实与符合客观现实的认识,它以理智的火炬照亮通往未来的道路;善是以人民利益为准则的社会功利性,它以意志的飓风扫涤罪恶的污秽;美是依附在先进人类向上生活的外形,它以情感的灼热赋予真与善以活的呼吸。脱离了现实生活,便失去了源泉,谎言不能成为诗;脱离了功利目的,便失去了意义,梦呓不能成为诗;脱离了形象表现,便失去了力量,教条不能成为诗。一切真正的诗,都必须是真善美的三位一体。真是根本,只有真的才能够是善的;只有真的又是善的才能够是美的;而只有真的善的美的三者紧密结合才能够是诗的。诗是真与善的美,又是美的真与善。法国18世纪唯物主义者狄德罗说:"真善美是紧密结合在一起的。在真和善之上加上一种稀有的光辉灿烂的情景,真与善就变成美了。"(《画论》)美就是真与善的感性显现。而在这种意义下所说的美,也就是诗;也只有在这种意义下所说的美,才就是诗。正如杜勃罗留波夫所说:"了解真理,每个智慧的人都可以这样做到;对善良表示向往,也是每个还没有丧失灵魂底高洁的人,应当而且正要这样做的。然而要强烈地体会到真,又是善,又能在其中寻到生活与美,把它们在美丽而明确的形象中表现出来——这只有诗人,或者一般说来,所谓艺术家才能这样做。"(《A·B·柯尔卓夫》)这就是说,凡是好的诗,都必然是为美所浸透了的真与善的结晶;凡是好的诗,总是响彻着为美丽的光辉所采濯了的真理的智慧与善良的愿望的合唱。这种艺术或诗的特质，决定着它的创作过程也便是一个生产过程，同时又是一个美感活动过程。它需要注意力的高度集中，创造性的紧张劳动，这种劳动是根据感觉素材加以选择、组织、刻画、概括化、理想化乃至于夸张虚构，来塑造成自认为满意的具体形象。贯穿于整个阶段的这种“意匠经营”，包括着创造活动与欣赏活动；伴随着这种活动本身而发生一定程度的快感或不快感，不快感或快感，这便是美感活动。这美感并不限于对最后完成的形象的评价或欣赏，而是在整个阶段中都起作用，影响着对形象的不断琢磨、洗练、增删与修改。比如把“春风又到江南岸”的“到”字改为“绿”，又比如“僧推月下门”改为“僧敲月下门”。就拿这两个例子来说，显然是“到”字不及“绿”字更富有形象性，“推”字不及“敲”字更符合诗人美感要求。在毛泽东诗词中，如此不断修改的例子也是频见的，比如《卜算子·咏梅》：“已是悬崖百丈冰”，原稿原作“万丈冰”；《减字木兰花·广昌路上》：“漫天皆白，雪里行军情更迫”，末三字“情更迫”，初发表时原作“无翠柏”。这些改动，显然都是从审美角度来着眼的。这样全部创作的过程便是美感在欣赏和创造中逐渐深化和丰富化的延续过程，从而是调配感觉素材与观念形态的关系使二者符合程度逐渐达到理想，直到把经过修饰与加强了的认识确定在一个完整的感性形象体系中。这一过程的创造与欣赏活动也就是所谓形象思维，或者说是形象思维的主要内容。正由于形象思维的这一特点，决定着艺术创作的技巧性或技术性。在艺术创作过程中如果脱离了形象思维的轨道，则势必导致艺术技巧或技术的丧失。不是干巴巴味同嚼蜡，就是硬邦邦面目可憎。

就以对于伟大祖国锦绣江山的描绘来说吧。“江山如此多娇，引无数英雄竞折腰。”但在这多娇面前，真能够领略她，理解她，倚天抽剑改造她，激扬文字光耀她，以哲理的精义启发她，以诗意的光辉采濯她，自古以来，又有几人？就此而论，确乎也是“数风流人物，还看今朝”呵！就单从写山来看吧：山，是毛泽东诗词涉及最多的素材，在39首中，以山为题的有13首，或多或少提到山的有15首，二者之和超过三分之二；特别是在第二次国内革命战争期间的作品，专以山名篇者，即有《井冈山》、《大柏地》、《登会昌山》、《娄山关》、《昆仑》、《六盘山》等，还有三首《十六字令》，更是以山作为直接题咏的对象。毛泽东诗歌中这样喜欢提到山，这道理是不难悟出的，“登山则情满于山，观海则意溢于海”。当时无论是开辟革命根据地，无论是指挥反“围剿”，无论是举行万里长征，战斗生活的自然环境，主要是在崇山峻岭间。“在四周白色政权中间的红色割据,利用山险是必要的。”(《井冈山的斗争》)山是革命的屏障,又是进军的困难;既要依靠它,又要克服它。每个红军战士都是同山结下了不解的因缘的。“踏遍青山人未老”,“万水千山只等闲”。诗的情意,诗的想像,当然要同日常生活中所接触的具体事物密切结合着。这就是为什么在毛泽东诗词中山的形象占着突出的地位。而突出中之最突出的,则是《十六字令三首》(一九三四年到一九三五年):

山,快马加鞭未下鞍。惊回首,离天三尺三。
山,倒海翻江卷巨澜。奔腾急,万马战犹酣。
山,刺破青天锷未残。天欲堕,赖以拄其间。

三首俱以山为领句,都是写山的。但是,明写的是山,暗寓的是人;明写的是长征途中的崇山峻岭,暗寓的是穿山越岭的工农红军。它描写的是突兀的山势,而表现的是革命的气魄。它通过刻画山的高峻、雄奇、峭拔,来歌颂工农红军的崇高、雄伟、坚强。它浮雕出一种异常强烈的豪健的美感,这美感乃是长征途中从那些磅礴于天地间的巨岭奇峰挹取了类似为革命家所固有的那种撼天惊地的英雄气质而产生的。它是真正崇高而博大的壮美。它不只使读者认识了在革命英雄主义照耀下的自然的美,而且也促使读者体验了寄托在自然形象里的凌云壮志,由衷地受到了革命的感染。正符合我们在前面所提出的好诗的标准,它是为美所浸透了的真与善的结晶,它是为美丽的光辉所采濯了的真理的智慧与善良的愿望的合唱。第一首写山之高,实际上则反映出无产阶级战士摧坚历险一往无前藐视困难的大无畏英雄气概;第二首写山之大,实际上则使人联想到长驱二万五千里的红军铁流,即雄伟博大的气势,汹涌澎湃的心潮;特别是第三首,写山之坚,写山之峻峭,刺破青天,又上擎崩天,不只把握住了山的外形,而且突现出了山的精神。怎样把握住,怎样突现出的呢?它是渗透着革命激情,结合着实践经验,依照审美理想,对作为客观事物的山峰所达到的形象认识。这形象是美的自然出色的反映,也是崇高的革命者的人格的化身。它岂不正是挹取自现实的自然存在的个别山峰,通过伟大领袖主体特殊的艺术掌握,而上升到马克思列宁主义的普遍真理吗?这形象,正是通过特殊而体现着普遍的个别;这真理,正是通过特殊而保留着个别的普遍。这才是真正的艺术诗篇,这才是艺术和哲理高度统一的诗篇,这才是具有了不朽艺术生命的诗篇。试想想看，长征期间，打破旧中国的反动统治又支撑着中国大局的是谁呢？遵义会议前后，打破党内机会主义路线统治又支撑着革命大局的是谁呢？没有刺破天又撑住天的伟大胸怀和具体感受，怎能塑造出这样高大坚强的形象来呢？这诗篇产生于中国工农红军二万五千里长征战斗在云贵高原的途中，它产生于彼时彼地，反映的其情其境；但到另一历史关头，在任何新的斗争形势下，都是有概括性，都是有烛照力的。当赫鲁晓夫现代修正主义叛徒集团背叛了马克思列宁主义，背叛了列宁斯大林的苏联共产党，背叛了苏联人民，背叛了国际工人阶级和共产主义运动；以毛泽东为首的中国共产党，同全世界真正的马克思列宁主义政党和组织一起，坚定地高举马克思列宁主义的革命红旗，顶逆流，战妖风，揭露叛徒嘴脸，拨正革命航程，率领世界革命人民，沿着解放斗争的大道，斩关夺隘，继续前进。在这时候，岂不也正是“山，刺破青天锷未残。天欲堕，赖以拄其间”吗？当两个超级大国，摽得火热，既争夺又勾结，疯狂地侵略、颠覆、控制、干涉、欺负亚非拉人民和世界各国人民，妄图实现大国霸权主义和强权政治；伟大领袖毛泽东及时指出了：“帝国主义和一切反动派都是纸老虎！”并发出号召：“全世界人民团结起来，打败美国侵略者及其一切走狗！”而今整个世界正处在一个大动荡、大分裂、大改组的局面，国际形势的发展，进一步证明这样的科学论断，一方面是帝国主义阵营四分五裂，修正主义集团也日趋瓦解，“无可奈何花落去”；一方面是天下大乱，民族要解放，国家要独立，人民要革命，革命斗争蓬勃发展，“山雨欲来风满楼”。在这时候，岂不也正是“山，刺破青天锷未残。天欲堕，赖以拄其间”吗？如果说，这里讲的，仅是在特定条件下的具体形势，不免随时有所变化；那么陈旧的、保守的、貌似强大的力量，将被新生的、发展的、暂时还显得弱小的力量所突破、所克服、所置代，事物在矛盾中前进，不断产生矛盾，又不断解决矛盾，历史就是这样完成的。这是规律，是具有普遍意义的。而这，也便是诗篇所显示的真理。一首小令，仅仅16个字，为什么竟有这样巨大的包容量呢？这正如列宁所说：“任何个别经过千万次的转化而与另一类的个别(事物、形象、过程)相联系。”(《谈谈辩证法问题》)条件是已把这个别上升到特殊，再上升到普遍。这里的剑锋，经过艺术熔铸，经过诗的创造，早已不是原来的客观自然，而是通过幻想用一种自觉的艺术方式加工过的自然和社会形式本身。作为诗的形象，它概括了由无限广阔的现实生活和现实斗争中吸摄来的丰富内涵。因而在这形象中闪耀着战斗唯物主义和革命的辩证法的真理的光芒，充溢着最坚定最彻底的无产阶级革命精神，它的艺术生命力量是长青的。这也就是为什么它并不因为事过境迁而失去意义，反而随着革命的发展在每一次新的斗争中都能发挥动员和鼓舞作用。这也正好说明，人类的社会生活较之文艺作品中所反映出来的虽然有着不可比拟的生动丰富的内容，而艺术形象却"比普通的实际生活更高，更强烈，更有集中性，更典型，更理想，因此就更带普遍性"(毛泽东《在延安文艺座谈会上的讲话》)。

这就是说，艺术形象，诗的形象既是现实反映，是为意志所加强为情感所修饰了的认识；又是创作实践，是伴随着美感活动的创造性劳动的产品。培根说："诗是一门学问，在文字的韵律方面大部分有限制，但在其他方面极端自由，并且和想象确有关系。想象因为不受物质规律的束缚，可以随意把自然界里分开的东西联合，联合的东西分开。这就在事物间造成不合法的配偶和离异。……'虚构的历史'之所以能给予人心一些满足，就是由于它具有一种比事物本性中所发现者更为丰富的伟大、更为严格的善良、更为绝对的多样性。"正是这种"虚构的历史"形成为像法捷耶夫所说的"从而在生活的直接现实中仿佛造成了生活的幻影"。怎样理解这幻影同现实的关系呢？放眼宇宙、神游造化，不难想见，整个自然界是在意识以外，不依赖于意识而存在着的客观实在。自然界是永恒地发展的，在时间上无始无终，在空间上无内无外。有机生命、物质的感觉能力以及思维着的精神——地球上最完善的花朵，都是从无机物质产生的。人是自然界的一部分，是自然界的高级产物。人在认识自然界的客观规律后，就以他创造的生产工具去作用于自然界，改变自然界，迫使自然界为人类的目的服务。这便意味着人类通过劳动，从第一自然界创造第二自然界。正如康德所谓"自在之物"与"为我之物"，中国古代哲人老子也曾说："无名，万物之始；有名，万物之母。"这无名世界是自在的，大体相当于我们所说的第一自然界；这有名世界是为我的，大体相当于我们所说的第二自然界。第二自然界包括自然宇宙和人类社会两个方面。人类生活于第二自然界，科学技术与文学艺术的本身以及一切属于意识形态的东西，都是第二自然界的有机组成部分。而科学技术只能创造或改造第二自然界；文学艺术则除此以外，更创造和组成了第三自然界。康德曾说："想像力(作为生产的认识机能)是强有力地从真的自然所提供给它的素材里创造出一个像似另一自然来。"(《判断力批判》上卷)达·芬奇论画家，也说："他的心就会像一面镜子，真实地反映面前一切，就会变成好像是第二自然。"(参阅朱光潜《西方美学史》上卷)这“另一自然”或“第二自然”便是法捷耶夫所说的“生活的幻影”,亦即我们所说的第三自然界。这第三自然界是以人类活动为核心的第二自然界的反映,是影子世界,是精神世界,它不存在于意识以外,它不是客观存在,而是观念形态,这就是由艺术或诗所建立的形象的王国。这个形象的王国同由宗教所建立的神的王国是同宗和邻邦,对现实的人间世界来说,都是幻影。不过,艺术承认它所创造的幻影是假象;宗教则自欺欺人说它是实体。这就表明:前者由于认识,后者由于困惑;前者基于斗争,后者基于依赖;前者导向自由,后者导向屈服;前者把人充实,后者把人掏空。二者同是现实的反映,都在创造形象,不过前者在理性的基础上伴随着美感活动,依照美的规律来造形;后者则是发生于无知、灾难、无助和野蛮的黑夜里,幻想力为荒唐的观念和热昏的情感支配着,从而产生出人类生活上最初的虚妄的文化形式。所以从我们今天的眼中来看,艺术或诗与宗教早已是分道扬镳,以至背道而驰了。尽管如此,二者既然是宗亲,所以在人类童年时期,一切艺术与诗歌,都是属于宗教及其代表人物的事情,古代诗歌具有魔术和咒语的性质,稍后诗乐往往用于祭神祀祖的典礼,直到周诗《三百篇》还是“颂者,宗庙之歌”,所谓“美圣德之形容,以其成功告于神明者也”。因此,我们仍然可以说,艺术与宗教共同创造了第三自然界。当然,第三自然界也不是停滞和静止的,它随着第二自然界,特别是人类社会的发展演进,也在不断地发展演进。通过毛泽东诗词,这诗的光辉典范,所投向整个第三自然界的形象,乃是无产阶级登上历史舞台的威武生动的演出,继鲍狄埃、高尔基之后,更发展和丰富了巴黎公社的黎明、十月革命的曙光,而渲染出一派东方红、太阳升的图景,在第三自然界中也是划时代的。

八、抒情主人公的性格形象

诗主达性情，要用形象思维；文主发议论，要用抽象思维。这结果便是，主达性情的诗篇，最终便树立起了抒情人物形象；主发议论的散文，一般的却树立不起这种抒情人物形象来。

为什么是这样的呢？

思想理智，如果仅仅是思想理智的话，不同的人们，至少属于同一时代、同一阶级的人们，是可以共有的，它具备更多的共同性、普遍性、一般性与抽象性，它是可以言传，可以聆受的。幻想与感情，当然也有时代性与阶级性，而就其内容说，则更多属于个人，它具备更多的差异性、特殊性、个别性与具体性，它是只能意会，只能感染的。因此，政论散文，诸如社论、声明、宣言、总结等等，都可以授意别人代作，可以有代言人；政治抒情诗，也如同一切诗篇一样，却不能倩人代笔。马克思曾指出："真理是普遍的，它不能属于我一个人，而为大家所有；真理占有我，而不是我占有真理。我只有构成我精神个体性的形式。"于此更着重引用了法国启蒙思想家布封的名言："风格就是人。"（《评普鲁士最近的书报检查令》）这道理是相通的，因为独特的风格，独特的精神个体性的形式，乃是使用形象思维方法抒发性情的结果，往往更多地表现在诗篇中。

政论散文，也如同一切科学著作一样，以揭示客观现实的本质和规律为目的。如前所述，它是通过理智直接作用于理智，理智和思想直接碰面，无须以幻想和情感为中介，即使偶然陶醉充溢了思想家的心灵，而使用了热烈语言和灿烂形象说话，也只是次要的辅助手段，仍必置于严格的理智控制下。因此，当我们阅读哲学或政论时，只是被那真理的明确的逻辑力量所吸引。那些热烈的言辞和灿烂的形象也只是使我们更加感到那真理是可信的而已。我们不能从中听到和看到作者的声色笑貌，感受不到作者的心境神志。一般说，在科学著作中没有所谓“说理人物形象”。假如说，“风格就是人”，而好的政论散文和哲理散文也是有风格的，但仍以理智与逻辑叩击读者的智慧之门，还是不能提供说理人物形象。只能有抒情人物形象，不能有说理人物形象。如果在散文中也树起了抒情人物形象，虽然一般少见，却并非绝不可能；不过，那就近于诗的境界了，那就是诗的散文或散文的诗了。

在抒情诗中，以及在政治抒情诗中，抒发生活感受以反映现实，诉说直接激动的事物，直接传达生活在内心深处所激起的感性印象，以揭示自己心灵。创作以情感为灵魂，并通过幻想而完成。诗人的思想与信念，诗人的判断与思考，当然是发自衷心并扎根在时代历史与社会现实的土壤里，而它们必须是浸润着浓郁的情感的色彩，显现于生动的幻想的形象。这就是说，对诗的艺术说来，主观因素即个人因素是占着优势的。我们只能要求个人与时代、社会、人民的更大限度的一致，诗人的思想感情与人民大众的思想感情打成一片。诗人要成为时代的喇叭，阶级的鼓手，却不能反对主观因素或个人因素。如果没有这些，便没有诗的艺术。高尔基说：“艺术家是善于分析自己个人的——主观的——印象，从中找到具有一般意义的——客观的——东西，并且善于用自己的形式表达自己概念的人。”又说：“人有一个任务，就是要发现自己，发现自己对生活、对人、对某一件事的主观态度，并用自己的形式、自己的语言把这种态度表达出来。”这话是非常中肯的。因此，我们从诗篇中总是能看到诗人自己，即抒情主人公的性格形象。如果看不到，或者根本不曾树立起这形象来，那便是诗的散文化，那便是散文化的诗，那便不是真正的好诗。是的，凡诗中明或暗都有个“我”，要抒写“自我”。但并不是说，凡诗只应该是“自我表现”；更不是说，凡诗就必须是“自我扩张”。别林斯基说得好：“任何一个诗人也不能由于他自身和靠描写自己而显得伟大，不论是描写他本身的痛苦，或者描写他本身的幸福；任何伟大诗人之所以伟大，是因为他的痛苦和幸福的根子深深地伸进了社会和历史的土壤里，因为他是社会、时代、人类的器官和代表。”是的，是富有实感的器官，是富有真情的代表，是活生生的器官和代表，因而每个伟大诗人，又是“这一个”，惟一的“这一个”，总是显示着“抒情主人公的性格形象”。

在毛泽东诗词中，塑造了一系列鲜明如绘的英雄群像，它们浮雕在伟大的抒情诗篇中，反映的是生活，描绘的是心情。正因为在那颗巨大的心灵中，饱含着时代的风雨，燃烧着阶级的希望，所以直抒胸臆，便成革命史诗；言在心之志，也便是抒人民之情；写亲历之境，也便是记人民之事。柳亚子先生奉和毛泽东《雪》词中有句云："算黄州太守，犹输气概；稼轩居士，只解牢骚"，是就"气概"一面讲的；郭沫若同志奉和毛泽东《雪》词中有句云："岂等沛风，还殊易水，气度雍容格调高"，是就"雍容"一面讲的。其实毛泽东诗词是"气概"与"雍容"二者的结合，或者说是豪放与妖媚二者的结合，壮美与优美二者结合。这等豪情壮采，不是别的，乃是共产主义的远大理想所鼓铸成的革命乐观主义和坚定胜利信心的自然流露或形象显现。在风雨如磐、魔舞蹁跹的年代，在二万五千里的长征途中，伟大领袖过草地，登雪山，面向着"横空出世"的"莽昆仑"，不禁激情浩荡，放声长歌：

> 而今我谓昆仑：不要这高，不要这多雪。安得倚天抽宝剑，把汝裁为三截？一截遗欧，一截赠美，一截还东国。太平世界，环球同此凉热。

这是何等气概，又是何等雍容！这种豪情壮采，是怎样形成的呢？不言自明，这和一切骚人墨客徒托空言的自我膨胀是全然不同的；这和狂热诗人随帮唱影的豪言壮语也毫无共同之处。它不是产生于对现实各种羁绊的假想的解脱，不是"幻想中摆脱自然规律而独立"。而是从千难万险、千锤百炼的革命实践中，从一往无前不断击毁各种现实羁绊中，从"认识这些规律，从而能够有计划地使自然规律为一定的目的服务"(《反杜林论》)的斗争中形成的；它不只是产生于千里雷声万里闪、红军不怕远征难的寒彻周天的铁流中，而且更是由作为"新人类始祖"的无产阶级，在执行其结束社会"前史"开创"人类真正历史"的伟大历史任务的征程中形成的。自觉的共产主义战士，清醒地明若观火般地意识到，每一踏足，都在推动着资本帝国主义更濒临全面崩溃；每前进一步，都意味着科学社会主义更接近全世界胜利。这种豪情壮采是来自对生活、对世界以至整个宇宙所取得的主动，是来自一种突破"必然"而到达的真正"自由"，是来自"借助于对事物的认识来作出决定的那种努力"(《反杜林论》)。正如前引马克思所指出的，和动物不同，"人类能够依照任何物种底尺度来生产并且能够到处适用内在的尺度到对象上去；所以人类也依照美底规律来造形"。当人民认识了客观事物的规律并且主动地自由地驾驭了它，以变革美化这个世界，同时就在这一被变革美化的世界中，发现并且深深肯定了发自自身、发自集团和阶级、发自全体劳动人民和进步人类的伟大力量和美。在这时候就产生了真正的豪情壮采。这也就是在毛泽东诗词中所激扬着的、为光焰无际的毛泽东思想所采濯了的共产主义远大理想。有了这种理想,还有什么阴霾能遮住他的广阔视野?所以在冰封雪飘中,唱道:“须晴日,看红装素裹,分外妖娆。”(《沁园春·雪》)有了这种理想,遇到任何机缘,自然都要引起相应的遐想,所以在波涌人歌里,高唱:“我欲因之梦寥廓,芙蓉国里尽朝晖。”(《七律·答友人》)革命乐观主义,坚定胜利信心,正深深根生于这种指导斗争实践的辩证唯物主义的世界观中。但也并非单是高瞻远瞩于未来,而不明察审视着现在;也并非专一注望着前途的光明,而不暇一顾现实的困难。不断革命论和革命发展阶段论是相结合的,在战略上藐视敌人和在战术上重视敌人是统一的。真正的共产主义战士是永远从现实出发的。正因为不断地以血汗和智慧从现实斗争中打开通向未来的闸门,所以才得能使革命从胜利走向胜利,不为任何困难所吓倒。让我们再仔细阅读《菩萨蛮·黄鹤楼》、《清平乐·会昌》、《忆秦娥·娄山关》三词吧。这些词都是作于逆境中。当时正值“大革命失败前夕”,“形势危急”,“顺利少于困难不知多少倍”,其中有“苍凉”,有“郁闷”,有“沉郁”,但是,从此反衬出的却没有半点衰飒之气,没有丝毫低沉之感,而是恢宏、阔大、豪迈、雄浑,坚韧不拔,无坚不摧;而是永葆青春的真理精神,坚信正确路线之必然胜利。“把酒酹滔滔,心潮逐浪高。”这不是激情满怀,跃跃欲试于时代洪流之前吗?“战士指看南粤,更加郁郁葱葱。”这不是预示着革命前景的无限光明、无限美好吗?“从头越,苍山如海,残阳如血。”这不是显示出革命发展之愈更雄奇,愈更壮丽吗?这种乐观和信心,乃是把暂时和长远,把局部和整体有机联系起来的结果。黄河九曲,不改东流。站得高,望得远。放睛能够望尽海洋的人,怎么能在河曲处迷失方向呢?胸中怀着共产主义远大理想的人,怎么能在所谓困难面前徘徊止步呢?“彻底的唯物主义者是无所畏惧的”。更何况是“天生一个仙人洞,无限风光在险峰”(《题仙人洞照》);更何况是“梅花欢喜漫天雪,冻死苍蝇未足奇”(《冬云》);矛盾是一切运动的基础,要达到预期的目的,全赖于解决矛盾的斗争。所以“与天奋斗,其乐无穷;与地奋斗,其乐无穷;与人奋斗,其乐无穷”。既已通过斗争实践,在现实中把“徘徊在欧罗巴的幽灵”赋予了“亚细亚的形象”,所以在诗篇中才得以自自然然地歌唱:“俏也不争春,只把春来报。待到山花烂漫时,她在丛中笑。”(《卜算子·咏梅》)而这,岂不正是矗立于那些光辉诗篇中的抒情主人公的性格形象吗?

他那么崇高,那么博大,那么雄浑,那么明睿,那么富于豪情胜概,而又那么从容不迫，恢宏有余。啊！实在是仰之弥高，钻之弥深，任何语言，都未能尽其万一。有如面对着宇宙奇观，“言之不足，故嗟叹之；嗟叹之不足，故咏歌之”。以至于二三其言，三四其言之也：

念奴娇

更无豪杰怕熊罴

不周山下，红旗奋，战罢百年魔舞。直上九霄揽日月，触断地维天柱。地陷东南，天倾西北，涤荡澄琼宇。泱泱华夏，五洲四海瞻瞩。　眄彼播种虬龙，竟生虼蚤，又城狐社鼠。毁榇焚尸复咋咋：土豆红烧牛肉。献媚纽约，肆凶捷克，侧目窥东土，云其狂矣，蚍蜉堪笑撼树！

（一九六九年四月）

沁园春

丛中笑赞，祝八十寿辰

怒触不周，地维断绝，天柱折崩。任西北天堕，剑峰撑住；东南地陷，雪浪填平。魔舞蹁跹，蝇声凄厉，小小寰球冷眼横。飞鸣镝，抖长缨万丈，缚住苍龙。　而今迈步从容，且漫道雄关铁铸成。乃金鸡一唱，万里飞白；昆仑三截，四海喷红。弁彼美欧，同斯凉热，烂漫山花笑绿丛。天难老，御沧桑正道，步步雷声。

（一九七三年十二月二十六日）

扬州慢

颂　歌

刺破青天，问呆大地，苍茫谁主沉浮？到中流击水，掀浪遏飞舟。树红旗井冈山顶，颠连东海，倾倒不周。擎火炬，拨正航程，遵义城头。　雄关如铁，从头越，踏步神州。更剑裁昆仑，同匀凉热，分赠美欧。天若有情亦老，是沧桑，正道必由。乱纷纷，冷眼向洋，小小环球。

（一九七二年五月）

这些,只能谈出点滴的体会罢了。那伟大的性格形象,亦即最坚决最彻底的无产阶级革命精神的化身,乃是马克思列宁主义的普遍真理与奠基在五千年文化传统,悠久的战斗传统上的民族特质相结合,又经过中国和世界革命斗争烽火千锤百炼而形成的。这是个大题目,把它说清楚,限于水平,实在缺乏这等才胆识力,不是我辈常人所能胜任的。最好还是直接阅读诗篇,充实完美的表达,到39首诗词中去寻找吧。只要反复地专诚地诵读,自然就能心领神会的。

诗要用形象思维。

这是说写诗要用形象思维,读诗也要用形象思维。鲁迅先生说:"诗歌不能凭仗了哲学和智力来认识,所以感情已经冰结的思想家,即对于诗人往往有谬误的判断和隔膜的揶揄。"(《诗歌之敌》)这是为什么?因为诗的欣赏过程,对读者来说,也就是主动发挥自己的同质的感情,向诗的呼唤发出回响和共鸣的过程;因为从一定意义上说,读诗也就等于诗的再创作,要求在想像中重复以至扩充诗人创作活动的过程,单只用抽象思维是不够的;而只要善自用形象思维方法来读,诗篇的抒情主人公的性格形象自然便会跃然纸上了。

是的,实践是检验真理的惟一标准。真正伟大的诗人是永远以生命为诗篇,而不是以诗篇为生命。生活现实比任何诗的豪情胜概光照得更强,它的生命力更久长。因为生活现实才是更宏伟更雄辩的诗篇。让我们不停留于文字著录,而打开这更宏伟更雄辩的诗篇来诵读吧。那高大的抒情主人公的性格形象,就如同气象堂皇的琉璃宝塔,纵然也不免有灰尘沾浮,有风雷侵蚀,以致残伤而留下斑驳迹痕,只眼望去,亦实触目;但它仍然屹立在天地间,永世铭刻在人民感激而痛悼的心中。特再补缀《七律·书怀》四首,以竟此意:

一

父母生身党给魂,骄阳霹雳炼精神。
披丹谛领一席话,颔笑嘉歌八路军。
没齿缅怀延水暖,有情永忆瀛风熏。
东方红续成三叠,脉脉铭戢寸草心。

二

寸心脉脉三十年，唱彻九州唱九天。
唱到务头曾落泪，探明诗眼顿开颜。
腾空雾瘴青峰暗，卷地飚狂白日寒。
极目悠悠思渺渺，西风旋耳射眸酸。

三

旋耳西风转北风，乱鸦噪晚遮遥空。
蓦讶兽云吞落日，倏欣弓月弹流星。
浮驼苍狗随波逝，苗火溶光泻地明。
一唱雄鸡天又白，依然万里东方红。

四

喷红泛绿近清明，几处阴霾难再冬。
欲晴犹雾疏疏雨，乍暖还寒细细风。
细细细风风送暖，疏疏疏雨雨含晴。
浮云纵使能翳日，不废环球凉热同。

1978年5月北京

结论　既是认识的途径，又是表现的方法

思维是人脑这种最高级的物质的属性，是人类社会实践的产物，其发生与发展同人类社会相联系。它是人类有目的有意识地认识世界的一种理性活动，是客观世界的反映，以客观物质为基础，并依赖于客观物质的存在而存在。存在与思维的基本形式具有矛盾的同一性。一般思维，即真正符合客观运动规律并能够认识事物本质的思维，可以称之曰辩证的思维。恩格斯说："所谓主观辩证法，即辩证的思维，不过是整个自然界中到处盛行着的由于对立而产生的运动的反映而已。"(《自然辩证法》)这辩证的思维，理应也包括着归纳、演绎或所谓三段论法等思维活动方式在内。

如果把思维或辩证的思维视作总名或共名，那么形象思维(艺术思维)与逻辑思维(科学思维)便是别名或分名。前者是依照事物运动的普遍规律进行的；后者是依照特殊规律进行的，即对物质世界各个特殊领域中现象的发展变化的反映与认识。思维或辩证的思维之与形象思维或逻辑思维的关系，是种属关系；形象思维与逻辑思维的关系是并列关系。

所谓形象思维乃是艺术或诗进入创作过程之后的一种特殊思维活动方式或方法；它是同科学研究过程中的思维活动方式或方法相比较相对称而言的，后者一般叫逻辑思维，或者叫做抽象思维。形象思维与逻辑思维二者既属同元，所以首先是相同的，都是实践、认识，再实践、再认识；都是从感性认识而能动地发展到理性认识。都要受着一定世界观的制约和指导；都要使用语言工具；都要遵循着逻辑规律具有逻辑性。其次，又不相同：逻辑思维，即科学思维，由生动的直观到科学的抽象，抛弃现象，揭示本质，滤清或排除感情色彩和意志力量，只求真，提炼为概念，体现为公式、规律、范畴或理论体系；而形象思维，即艺术思维，由生动的直观到艺术的形象，则是保留现象，显示本质，加浓或加强感情色彩与意志力量，真善美整然融合，凝铸为形象，体现为

景色、情节、故事或典型性格。在两种思维方式中，想像都是极端重要的心理活动因素，不过在前者，它只是一种借重的手段；在后者，则直接成为构思的主体。为什么是这样的呢？因为精神不只是物质的异化，而且是生命的升华。人，作为有生命力的自然存在物，于生成具有思维机能的大脑外，还具有自然力、生命力，这些力量作为天赋和才能，作为欲理存在于人身上。当生命力化装成意志与情感，投向了理论思维，当其凝练为概念，便被逐渐抽象掉了；放射到艺术思维，当其结晶为形象，则犹如精灵附体，更加变得有血有肉，有声有色，也就是活了。这就决定了理论是灰色的，而艺术的生命常青。我们说，人类生命本质的对象化正是美及美感产生的契机，其根据当亦在此。所以，艺术创作或诗创作，既具有生产实践的性质，又具有美感活动的性质，在这过程中的思维功能，既是反映，又是表现，或者说是由反映发展而为表现；既是认识，又是方法，或者说是由认识决定而为方法。生命力激活了知识力的思维，这是形象思维的双重性。不能说形象思维仅仅是构思艺术形象的方法，而不属于认识体系。马克思主义不是把方法论与认识论割裂开来并对立起来，而认为二者是统一的。方法不是由人类理智随意创造的规则，而是关于自然、社会和思维的最一般规律的科学。艺术方法当然是反映了又表现了艺术创作规律的方法。

形象思维与逻辑思维，既然同是思维，又是各自体现着一定特殊规律的思维，那么二者的共性有如矛盾的普遍性，是共通的道理，古今中外，概莫能外，是绝对的；二者的个性属于矛盾的特殊性，只存在于一定条件下，所以是相对的。在艺术创作过程的形象思维中，往往含有逻辑思维的介入，正如同在科学研究过程的逻辑思维中，不免偶有形象思维的参与，这都是极通常的事，不足为奇。这种现象一点不能改变形象思维与逻辑思维乃是两种特殊的思维方式或方法的论断。

突出形象思维的意义，深刻揭示了艺术创作、诗创作的特殊规律。假若违反了这个规律，便必然有损于诗篇的艺术成就。“宋人多数不懂得诗是要用形象思维的，一反唐人规律，所以味同嚼蜡。”（毛泽东《给陈毅同志谈诗的一封信》）宋诗的这个缺点或弱点，早在南宋末年，诗评家严羽已经看到，并且同唐诗作了生动的对比，指出说：

夫诗有别材，非关书也；诗有别趣，非关理也。然非多读书，多穷理，则不能极其至，所谓不涉理路不落言筌者上也。诗者，吟咏情性也，盛唐诸人，唯在兴趣；羚羊挂角，无迹可求。故其妙处，莹彻玲珑，不可凑泊。如空中之音，相中之色，水中之月，镜中之像，言有尽而意无穷。近代诸公乃作奇特解会，遂以文字为诗，以才学为诗，以议论为诗；夫岂不工，终非古人之诗也。盖于一唱三叹之音，有所歉焉。且其作多务使事，不问兴致；用字必有来历，押韵必有出处，读之反复终篇，不知着到何处。其末流甚者，叫噪怒张，殊乖忠厚之风，殆以骂詈为诗。诗而至此，可谓一厄也。

——《沧浪诗话·诗辨》

于此，明人也曾作出明确而公允的评判。屠龙在《文论》中说："宋人之诗，尤愚之所未解。古诗多在兴趣，微辞隐义，有足感人。而宋人多好以诗议论，夫以诗议论，即奚不为文，而为诗哉？宋人又好用故实，组织成诗；夫《三百篇》亦何故实之有？用故实组织成诗，即溪不为文而为诗哉？"(《由拳集》卷二十三)这无非说的是宋人作诗，一反唐人规律，不用形象思维方法，而像作文那样直说，不主达性情，而主发议论，不尚情而尚理，因此常常不是"以意胜"，不是"以境胜"，更不是"意境浑成"，而是"以理胜"。不是从生活现实出发，而是从理论概念出发。这结果就搞得"除却书本子，则更无诗"(王夫之《夕堂承日绪论》内编评苏轼黄庭坚语)。试看，不用形象思维，违背艺术规律，这后患是多么严重啊！

建国以来，在当代社会主义新文艺运动中，一再有人站出来反对形象思维，否定形象思维。说形象思维是资产阶级右派的观点，是现代修正主义文艺思潮的认识论基础。而主张艺术思维与科学思维完全相同，并无区别，只有共性，没有个性。说穿了，依照他们的文艺观来指导创作，势必导向使美的客观社会性的内容以赤裸裸的直接的理性认识的形式出现，公式化概念化泛滥，标语式口号式流行。这种观点曾为"四人帮"阴谋文艺所借重，正好给"主题先行"，"从路线出发"等主观唯心主义叫嚷提供了一个理论根据。于是在"四人帮"横行时的十数年间，"形象思维"成为禁区，完全销声匿迹了。以致千篇一律，千口同腔，百花园里，一片荒芜，文艺战线，万马齐喑。自从粉碎"四人帮"

以来，特别是公开发表了毛泽东《给陈毅同志谈诗的一封信》以来，对于“形象思维”的问题又展开了热烈的讨论。这讨论适应着新长征的步伐，有如催阵的战鼓，有如催花的春雷，正为伟大的时代召唤着伟大的诗篇。

不过，到今天，蔽塞聪明的禁区是冲破了，通向未来的闸门是打开了。“诗要用形象思维”，作为规律已被广泛承认了。而在创作实践中，把形象思维既作为认识的途径，又作为表现的方法，善于把“理”通过“情”而融化在“神似”的形象之中，善于把在物之“形”与“神”与在我之“情”与“理”整然融合统一起来，从而创造出壮美或优美的“意境”，这样的诗篇还是不多见的，还是极稀罕的。在文艺批评中也存在着同样的倾向，不是从形象思维所塑造的“意境”的特色出发，不去细致具体地分析诗篇所反映的客观生活的深度广度和所体现的诗人主观的风格手法，不去剖视诗篇中所树立起来的抒情主人公的性格形象，而只是固执在僵死的主题内容的逻辑的复述上。把诗的生命即“意境”问题撇开，而还原为主题思想的抽象简单的图解。这就把形象思维湮没在逻辑思维中了。因此，贬低形象思维，强调逻辑思维，这种艺术创作或诗创作上的是非混淆和轻重颠倒，固然由于“四人帮”的主观主义横行，形而上学猖獗，由于“帮八股”的浮词假话泛滥，大言套语成灾，而一度被特别张扬起来；但是这种现象的产生却具有着更深刻的社会根源和思想根源，不特别努力，不痛下针砭，这种痼疾是不会随着“四人帮”的垮台而烟消云散的。

但也不必过分担心。在健康的机体上，这毛病有如青年人脸上长出的粉刺，它在一定时间内的现实存在，倒有其必然性和合理性。普列汉诺夫论民粹派的作品时曾指出：在某些文学新兴时期，常常是思想内容压倒了表现形式。这种现象在我们今天也每每复呈着。这时期的诗人艺术家常常是“热诚的教导者”，他们首先在理性上，在逻辑思维上接受了新思想的热烈的鼓舞和感动，从而致力于去直接表现和宣传他们的这些主张。他们还不够熟悉生活，还不能深入细致地观察研究生活，还不能感性具体地从生活本身中来提炼和表现主题。因此，在他们那里，就多半把逻辑思维与形象思维等量齐观，或者把形象思维与逻辑思维混为一谈，甚至发展到在理论上否定形象思维。这种论调在今天还是经常听到的。这有什么关系呢？实际上他们只要在严肃认真地创作，说真话，讲实感，敞开心灵，作为艺术创作或诗创作特殊规律的形象思维总还在活动着，只是非意识的非自觉的罢了。这种情况特别用以说明我们社会主义新文艺新诗歌是合适的，以后随着生活的发展，随着斗争的锤炼，诗人艺术家们定将跨过对时代生活的抽象理论的认识阶段，而将日益深入细致地潜沉在广大工农兵的人民生活中。这样，对生活境界就将会有真正切身的把握和体验；这样，就逐渐不但能从理论信念上，而且还更能从感情爱憎上，具体地来了解生活和反映生活；这样，自然就会自觉地有意识地依照形象思维的规律来认识和表现生活。诗人的自我，自然便会在反映时代、浓缩生活中突现出来。从而一个社会主义新诗歌的繁荣时代就会到来了。至于为了强调形象思维而割弃逻辑思维，以至突出感性，否定理性，不承认艺术或诗是现实生活的反映，蔑视它的认识作用，作为物极必反的原则的体现，这种现象未必不会成为另一种偏向，而分蘖劈杈，有所萌生。这也不足为怪，历史向前发展，实践开辟道路，一切支流别派都会汇合于大河长江而东流入海的。即使是无所特指的任何一个象征，岂不还是大千世界中的一缕折射？谁能规定灿烂朝霞到底应该有多少种色调呢？社会主义新诗歌的阳春美景，百花盛开，这是不能阻挡，不得改变的。

后　记

《毛主席诗词》作为一门专题课,从1965年到1978年,在吉林大学中文系课堂上,我前前后后曾讲过五遍,讲义也改写过五稿。现在这一稿,便是最后一次给76级同学授课的补充讲稿,基本上是1978年春天写成的,可以看做是我讲授这门“课程”的总结,论点也大都是从五次讲稿中抽绎出来的。不过,由于当时刚刚公布了毛泽东《给陈毅同志谈诗的一封信》,“形象思维”被禁闭十有二载,至此才时来运转,重见天日,我怀着一种预感,以近似祝贺“改正”的心境,遂将札记命名《诗要用形象思维》。实际上也正是在毛泽东同志提出的这一警语的启迪之下,来着手写这部书稿的。

尔后,《毛主席诗词》这门课程便停开了,但“诗要用形象思维”这个问题,却随着全国文坛的重建一再被提出讨论。经过删补,初稿曾编进《吉林大学文学论丛》。1978年冬赴京参加由《诗刊》社主持的诗歌座谈会,《论丛》为田间同志看到,说是还不无参考价值,遂取去作为春光文艺丛书之一,交河北人民出版社出了一本名为《诗要用形象思维》的小册子。从此便不断接到相识与不相识的同志函索,或相与讨论其中的问题,这就使我放手不下,不免修修补补,日积月累,直到1980年春似乎又变成了这样一个修订本。而手头存书已空,书店又久已脱销,函索或讨论者仍在络绎。现在更适逢毛泽东文艺思想研究会召开第二次年会,研究毛泽东所创作的优美诗词正好是选题之一,因特将这个书稿的修订本呈献出来,算做我的一份作业。如果得有与读者再见的机会,也就偿还了这一文债,了却了我的心愿了。

初稿虽完成于1978年,1979到1980两年间亦稍作修订,而接触这一课题则开始于60年代初期。由于中国当时的政治历史条件,尤其限于我个人的理论认识水平,若干年间,《毛主席诗词》,曾被圣灵化、偶像化;而且对词旨诗义的诠释,不时流露着极左思潮的影子。在我的教学中不敢说没有受到这种学风的影响，在我的讲稿中不敢说没有受到这种文风的沾染。这种痕迹，在这本书里面仍然是极显著地存在着：诸如对于部分诗词的解释，使用了高昂的社会主义建设大跃进的语调，这在论述“浮想联翩与联翩浮想”问题时关于《七律二首·送瘟神》的说解，便是显例，在这里引用了当年《人民日报》的社论与报道，对照分析，自自然然便高扬起“三面红旗”，说了不少“大跃进”式的豪言壮语。又如对于另一部分诗词，像《卜算子·咏梅》、《七律·冬云》、《满江红·和郭沫若同志》等，一般都特别强调其“反对现代修正主义”的战斗意义，凡涉及这些问题时，总是或明或暗地突出我们在世界革命运动中的先锋作用，不知不觉间表现出“以我为中心”的味道，这样对于国际形势发展的估计，便不免脱离实际，而陷于空泛。从而对于“抒情主人公性格形象”的描绘，就难得不显出片面的夸饰，虽缀以《书怀》四首，仍着意在“高大”、“堂皇”，这在主观上纵然是真诚的，但却不能不承认严肃的科学精神尚嫌不足，则是客观事实。

以上这些地方，曾蒙有的同志善意提出要求，再作一些修改和加工：“凡涉及毛泽东同志及其诗词的评价问题，要参照党的十一届六中全会《决议》的精神，有关内容及用语，都应仔细斟酌，力求准确。”我恳切接受，这建议是明确而中肯的。但是几经思量，奈难遵命。因为文章写作于1978年春秋，观点孕育于六七十年代，骨架生就，筋肉秉形，虽经所谓修订，亦只稍事梳拢，如若截肢续颈，剜背补胸，动起大手术来，势必不免失真。顷读舒群同志《文集自序》云：“但愿声明，凡文集文，一仍其旧，所有缺点错误，亦未改正，聊以存真耳。”此言实得我心，存真要紧，失真为戒。如果要用十一届六中全会《决议》精神来作对照，当年作者在有些理论问题上犹处于盲目状态，觉悟与认识实在水平线下；但扪心自问，却是真诚的。而今若硬作一番乔装打扮，那岂不就会变做另外一人，而且迹近弄虚作假吗？

那么，这个书稿还有什么翻弄的必要呢？必要在于：如上云云，虽有失误，却非主旨所在；我所倾注心血与情意的，主要还是力求从中探索有关诗的秘密，从诗篇中发现特殊规律，尽学力所及，达到“真实的认识”，也便是力求“在思想中把个别的东西，从个别性提高到特殊性，然后再从特殊性提高到普遍性”；力求“从有限中找到无限，从暂时中找到永久，并使之确定起来”。当然，在这些方面也只能是管窥蠡测；不过偶有一得，便辄引以为快，或者敝帚自珍，也是情不获已，这就是为什么仍不禁翻弄它并有意呈献它

的缘故。从运用与发展毛泽东文艺思想的角度来说,我觉得有以下几点是可以概括一述的:

一、什么是艺术形象呢?假如说概念是事物(物质)的本质属性在人类头脑中的反映;那么形象也并不仅仅是由对象的直觉反映即表象所组成,形象乃是不只饱含着思想而且也饱含着情感和意志的认识。它是把思想、把情感和意志注入到由外界引起的感觉而形成,它是观念的升华,它是意识的结晶。形象和概念同样都是由感性认识飞跃到理性认识的产物,在思维过程中是属于同一序列的东西。不过概念舍弃了感性,形象却没有,因而形象则是为感情所修饰为意志所加强了的认识,它赋予理性以脉搏和呼吸,它是活的,有生命的,这也就是诗。

二、艺术掌握为什么体现为形象反映呢?这是由于艺术对象与科学对象有着相对区别的缘故。科学把握的是现实整体的某一或某些方面,是透过现象把握本质,把本质从现象中抽象出来,它的对象是纯客观的,是真,是属于理性的;而艺术把握的则是人,人的生活以及人化了的自然,是统一的整体,是通过现象揭示本质,把握由现象到本质的统一体,它的对象是主观和客观的相互渗透,是真善美的综合,是立足于表现为感性的理性基础上,是隶属于显示着理性的感性范畴的。正是这种内容上的特点要求着或者说决定着它在形式上的形象反映。

三、艺术形象是怎样产生的呢?艺术思维亦即形象思维,是浮想联翩与联翩浮想,也便是想像。而一切想像决不能于无中创有,任何想像都是由以前所知觉过或在记忆中所保持着的资料构成的,对这些资料进行加工改造错综配合而创造出新的意象,便是想像。所以最奇妙和最虚幻的想像,也永远是根生于现实的土壤中。而想像在本质上既然是思维,自然也便是认识。从而它必然要接受世界观的制约和指导,它必然要以语言为工具,它必然是符合生活现实的逻辑发展的。而这些规律要体现在以想像为主要表现形式的形象思维过程中,则又必然呈现出各自的轨迹与姿态来。

四、塑造富有思想的形象与赋予思想以形象,是两种艺术创作、诗创作的途径。前者是在特殊中显出一般,是适合诗的特质的;后者是为一般而找特殊,也是诗创作所惯常运用的。作为创作方法来看,这便是现实主义与浪漫主义的区别以及二者又可以相结合的契机。因为无论前者或后者,要从事创作,总是首先掌握了题材,这题材当然是已经由外在自然、个别存在,转变为一定主观所掌握的现实存在；继而提炼出主题，这主题乃是由生活所暗示，把潜伏在作家印象仓库里还未成形的思想点亮起来，从而它就成为形象塑造的核心或轴线。到这时候，才有所谓从生活出发，即依照生活的面貌反映生活，也便是在特殊中显出一般，塑造富有思想的形象；或者是从理想出发，即依照主观的要求去描绘生活，也便是为一般而找特殊，赋予思想以形象。这二者理应是相通的。

五、艺术创作、诗创作既是生产实践，又是美感活动。这在前人的美学思想中，特别是在马克思主义的美学理论中，都是已经精辟而深刻地论述过的了。我们由此生发推演出一个关于"第三自然界"的假说，则是在这个书稿里第一次正式提出，或者说首先确定起来的。它说明：艺术形象、诗的形象既是现实的反映是为意志所加强为情感所修饰了的认识；又是理想的创造，是依照美的规律通过创造性劳动的产品。它"妙造自然"，"在生活的直接现实中仿佛造成了生活的幻影"。人类通过劳动从"第一自然界"中创造出"第二自然界"，人类本身便是这个"第二自然界"的主体并生活于"第二自然界"。而所谓"第三自然界"则是人类想像的产物，但无论怎样浮想联翩与联翩浮想，它总是以人类活动为核心的"第二自然界"的反映，是影子世界，是精神世界，它不存在于意识以外，它便是由艺术或诗所建立的形象的王国。可是这个形象的王国虽然仅仅是由人类想像力所幻生出来的，不是客观存在；而它中间任何一个局部一旦形成，便具有了客观实在性和可感性，人们可以悲欢激赏于其中，从而得到至高的启迪与最大的满足。

以上这些问题，还有抒情主人公性格形象问题，社会主义新诗歌常常陷于思想内容压倒表现形式的问题，或者相反而于诗创作中否定理性基础蔑视认识作用的问题，以及不应把世界观混同于逻辑思维的问题，内部语言过渡为外部语言与格律形式或艺术技巧的问题，个别形象和普遍本质的统一问题……诸如此类，等等等等，在这书稿里都或详或略被提了出来，进行探讨，加以阐释。这些问题都是剖析《毛主席诗词》的题内之义，也就是说，问题是由诗词创作中生发出来的，观点是从诗词阅读中形成起来的。容或不无偏颇与失误，自然尚待研究与商榷。但的的确确、地地道道是经历过十四五年的阅读思考的积累。荡寒溽暑，冷暖自知。

决然不是已经没有修改余地，但作为一本书，暂时也只能如此这般了。断鹤续凫，两手觳觫。瑕不掩瑜，和璧楚璞。两刖其足，泪尽血出。读者玉人，慧眼有珠。既雕既琢，还归其朴。这也正如《庄子》所说："雕琢复朴。"(《应帝王》)诚云："雕琢华饰之务，悉皆屏除，复归朴素。"有什么更充分的理由和什么更高明的用意吗？没有。大不了不外"聊以存真耳"。

公　木

1982年4月于大连干部疗养院南楼203号

追　记

在纪念毛泽东诞辰百周年之际，我接受了长春广播电台的邀请，要谈谈学习毛泽东诗词的心得。我便把写于15年前的这篇旧稿重读了一遍，在大体上肯定中感到仍存在严重的失误，这便是把“反映”的意义理解的过死，对“表现”的意义虽然提到还是理解的不足，实际上是对于艺术或诗的非理性因素未予重视，且有意淡化了。这是我早年形成的观念，近年来虽渐有发展，却仍不彻底，所以是还很不明确的表现。这次重读自己的旧作，把它当做对话的课题来商量，才发现对于艺术创作、诗创作，在我的思想里有个不小的漏洞，于是猛然觉察到我的真正的认识可能已起了变化，至少是应该有所变化了。这样，便尽力之所及在这篇旧稿上加了一些批注，主要是作了某些增补。假如说，对于诗或艺术主体性的认识已在逐步加深，直到近日重读并且反复读了马克思《1844年经济学——哲学手稿》才更确定起来，特别是其中下面一长段话，让我作为札记，全文照录，以备沉思：

> 人直接地是自然存在物。人作为自然存在物，而且作为有生命的自然存在物，一方面具有自然力、生命力，是能动的自然存在物；这些力量作为天赋和才能、作为欲望存在于人身上；另一方面，人作为自然的、肉体的、感性的、对象性的存在物，和动植物一样，是受动的、受制约的和受限制的存在物，也就是说，他的欲望的对象是作为不依赖于他的对象而存在于他之外的；但这对象是他的需要的对象；是表现和确证他的本质力量所不可缺少的、重要的对象。说人是肉体的、有自然力的、有生命的、现实的、感性的、对象性的存在物，这等于说，人有现实的、感性的对象作为自己的本质即自己的生命表现的对象；或者说，人只有凭借现实的、感性的对象才能表现自己

> 的生命。说一个东西是对象性的、自然的、感性的，这是说，这个东西之外有对象、自然界、感觉；或者说，它本身对于第三者说来是对象、自然界、感觉，这都是同一个意思。饥饿是自然的需要；因而为了使自己得到满足、得到温饱，他需要在他之外的自然界、在他之外的对象。饥饿是我们的身体对某一对象的公认的需要，这个对象存在于我的身体之外、是我的身体为了充实自己、表现自己的本质所不可缺少的。太阳是植物的对象，是植物所不可缺少的、确证它的生命的对象，正象植物是太阳的对象，是太阳的唤醒生命的力量的表现，是太阳的对象性的本质力量的表现一样(《马克思恩格斯全集》第42卷第167~168页)。

于此，举例说，饥饿是自然的需要。这非常明白：有肠胃的饥饿，有性爱的饥饿。所以古人就懂得，食色性也。小时在家乡，邻里相见，无论在什么时间，总问候："吃过了吗？"古代谣歌：彼狡童兮，不与我食，季女斯饥。这就是为什么燕饮成欢庆、婚嫁必报喜。那"以快朝饱"的现实的、感性的、必需的对象，比如狡童之于季女，盛馔之于寒士，或者倒转过来亦同，当然就成为其人其事的生命表现亦即本质力量之确证的不可缺少的对象。这还是指有形的、即形下的物质方面，那无形的、即形上的精神方面呢？岂不同样甚至更加显著地也可以说饥饿是自然的需要吗？为了使自己精神得到满足，得到温饱，求知欲便成为了天性。在旺盛的自然力、生命力如饥似渴的驱使下，大脑，这人类智慧的花朵长年发动机能运转着，不停地进行着思维，以有涯逐无涯，这当然也是自然生命的表现。不过，一般投指向科学理论的钻研中，当到达结论，这生命的表现便终止了，在科学定律或理论公式中，如果依然残存着追求它们过程中的激情或幻想的痕迹，那么它们的真理性便立刻遭到怀疑；而假若放射进艺术创作、诗创作当中，则这生命的表现便势必升华到形象中结晶为辉煌、潇洒、光焰或神采。虽然对于生命本体论我还保持着距离，但是尽管由时代指明了方向，由生活提供了源泉，假如没有生命之火的燃烧，没有生命之精的点染，没有生命之力的催化，则难于达到更高、更强烈、更有集中性、更典型、更理想。因此更带普遍性，充其量有如温吞水，沏不开龙井茶。即使茶属一级，也将无色无味。因而，作为艺术实践，也完全可以说："我的劳动是自由的生命表现，因此是生活的乐趣。"(同前引第38页)但即使如此，如果把可以构成第三自然界的艺术世界仅仅看做是人类生命自由运动的同构物,是人类生存的精神代用品,是人类创造的用以表示自己的生命形式和生存状态的象征体,那还是过于片面性和简单化了。诚然,“密尔敦出于春蚕吐丝一样的必要而创作《失乐园》”,是他“天性的能动表现”。不过,写成于1665年、发表于1667年,长达12卷1万行的巨著,记述了撒旦无法忍受上帝的权威,率众天使叛乱,失败后被打入地狱。他决心报仇雪恨,为毁灭上帝创造的人类,他来到伊甸园,引诱亚当和夏娃吃了禁果。激怒上帝,从此开始了流离失所的生活。有的论者认为具有叛逆精神的撒旦是克伦威尔的形象,也有人把他对上帝的反抗看成是英国资产阶级革命的缩影,还有的解释作光明与黑暗进行的斗争,全部故事更可以作出无数具有普遍意义的象征。像这等博大精深的内涵怎么能只归结为诗人的“自然生命表现”呢?当然“自然生命表现”是存在着的,对于艺术实践说来更是非常重要的。但是事实上只能是以艺术实践来涵盖生命表现,却不得以生命表现来涵盖艺术实践。这就是我认真强调生命表现,却不取生命本体的原因。

正是基于新达到的如此这般的认识,在这篇旧稿上加写进这般如此的批注。虽然受着原文格局的局限,未能尽意,但也可以说是又作了一次修订。原稿于10年前承蒙有的编审同志指正、建议再依《中国共产党中央委员会关于建国以来若干历史问题的决议》精神,重新加以修改。我曾苦于“断鹤续凫,两手觳觫”,因而以“瑕不掩瑜,和璧楚璞”请求告饶,且幸蒙获准。这次准备把这部分文稿改题作《学诗启示录》,附缀于新编《毛泽东诗词鉴赏》后,因而便主动作了尽可能不伤大体的修改。虽然,我并没有放弃才能的内在本质乃在于知识力的观点,天才、灵感、顿悟也都成于后天,不是随自然力、生命力与生俱来。人的正确思想,精神产品,不论经由理论思维或艺术思维,都必然是实践认识与认识实践的结果。这个基本观点,并无动摇,此之谓不伤大体。但在承认并且明确突出作为自然力的生命力这一条,还是自觉意识到应予补充,忽略不得。事实上,这比另起炉灶,还要更多费力。以钢筋接植跛足,能否走动灵便,还有待试行。望读者扶持指正。

公　木

1993年12月16日

跋

关于毛泽东诗词的若干美学思考

庄 严

毛泽东诗词作为现(当)代诗词的典范,从思想到艺术,都早已引起国内外研究者的关注。但溶化和渗透在毛泽东诗词之中的诗歌美学思想,及其对毛泽东诗词所起的重要作用,似乎人们的注意与研究都还不够。其实,毛泽东诗词正是在他的诗歌美学思想的烛照下,才闪现出辉耀古今的奇光异彩;毛泽东诗词正是在他的诗歌美学思想这根弦的颤动上所发出的黄钟大吕之声。

心灵的空间

毛泽东诗词美学思想,一个最根本、最关键的出发点,就是以整个世界——天、地、人——作为他的诗词所描绘和表现的对象。"只有以整个世界——天、地、人——为对象的诗人才是真正意义上的诗人。"[①]而这样的诗人,一方面他的心灵空间必然是"三维空间",由天、地、人三个坐标相交在一个"思接千载,视通万里"的心灵之点上;另一方面他必然脚踩在诗与哲学的交界线上,因为仰观宇宙之奇,俯察万物之理,是诗人和哲人共有的气质与情怀。毛泽东以诗人兼哲人的独特禀赋,既继承了我国古代整体化自然哲学的合理内核,又汲取了马克思辩证唯物主义的系统思想,从而对由太空天体系统、地球物质系统、地表人类系统组合而成的天、地、人巨系统,即自然、社会、历史综合体,拥有很深的透视力、很高的洞察力和很强的思维力,终于达到了我国梁代著名诗论家钟嵘所说的"照烛三才,晖丽万有"的至高境界。

从诗歌美学史的角度来考察,我国历代诗歌美学家都对诗人以天、地、人

① 赵鑫珊《哲学与当代世界》,人民出版社,1986年版,第87页。

为对象有所论述，特别是清代诗歌美学家刘熙载，在继承和发展传统的基础上，一方面从诗歌的本质特征上对诗人以天、地、人为对象作了新的界定。他说："《诗纬》《含神雾》曰：'诗者，天地之心。'文中子曰：'诗者，民之性情也。'此可见诗为天人之合。"[①]所谓"天人之合"，就是自然与人相通，自然与人合一，在诗歌创作中，能达到这种境界，就取得了自由。对毛泽东诗词来说，这种自由，不仅表现为对诗词创作规律的认识和运用，而且表现为对天、地、人这一整体结构的理性思辨与艺术把握。在毛泽东看来，天、地、人作为一个对象化、客体化、人格化了的哲学范畴，它同时是认识、实践、自然、社会、历史的主体和客体，它的完整形态是主体与客体的统一，实践与历史的统一。而真正的诗，也就是自然与社会、历史与人生相交融的图画。

另一方面，刘熙载又从诗歌体裁(或创作方法)上对诗人以天、地、人为对象作了如下的区分。他说："诗喻物情之微者，近风；明人治之大者，近雅；通天地鬼神之奥者，近颂。"[②]虽然毛泽东诗词不能据此来加以区分，但在毛泽东诗词中，不仅包含有前两者的内容，而且几乎可以清晰地谛听到"天地之心"的微妙的律动。

众所周知，毛泽东是一个博览群书而又十分尊重我国诗歌优秀传统的人，早在青少年时代，他就曾以与宇宙万物为友、以人间哀乐为怀的胸襟与气度，用诗的语言发出了"与天奋斗，其乐无穷；与地奋斗，其乐无穷；与人奋斗，其乐无穷"的战斗呐喊。参加并领导中国革命后，正如美国 R·特里尔在其所著《毛泽东传》中所说：1935 年的毛泽东，就已是一个与大地谈心、与高山交流的视野开阔的诗人。同时，他还从《沁园春·雪》这首词里正确地看到了毛泽东从大自然的壮丽转向自己理想志愿的壮美。[③]

总之，毛泽东以其高大、壮美的形象，屹立在传统的基地上，并从天、地、人这个审美对象出发，把他对自然、社会、历史、人生的邃密考察与深沉思索，用自己独特的方式，熔炼和凝铸了自己炽热的灵魂与血肉，注入到自己的诗词创作中去，才使这些传世的杰作，具有永久放射光芒的黄金的素质。

---

① 刘熙载《艺概》，上海古籍出版社，1978 年版，第 49 页。

② 刘熙载《艺概》，上海古籍出版社，1978 年版，第 51 页。

③ [美]R·特里尔《毛泽东传》，河北人民出版社，1989 年版，第 157~173 页。

人格的魅力

如果说诗人以天、地、人为审美对象，既包括审美客体，又包括审美主体，是审美客体与审美主体的结合和统一。那么，在这两者结合和统一的过程中，诗人的人格作为一种审美的主体力量，发挥了极为重要的作用。我国历代诗论都非常重视和强调人品与诗品的关系，“有第一等襟抱、第一等学识，斯有第一等真诗。”[①]一个成熟的伟大的诗人，其作品在很大程度上往往就是他的人格的自我写照。因为诗人怎样体验、感受这个世界，主要取决于他的个性、性格、气质和内外阅历，而诗人最为重要的则是发出他人发不出来的自己的声音，这种声音越强烈，他的创作个性就越鲜明，对艺术的贡献也就越大。难怪台湾著名学者韦政通说：“在中国，人生就是广义的艺术，生命史就是自己艺术的作品，最伟大的艺术品就是自己创造的人格。”[②]

毛泽东诗词，从内容到形式，从思想到艺术，都充溢着一种博大恢宏、奇恣纵肆的激情与张力，真所谓“推倒一世之智勇，开拓万古之心胸”，成为中国诗坛上一曲品格、个性强烈，画面、色彩斑斓的绝唱。这是毛泽东人格的魅力在毛泽东诗词中的显现，也是毛泽东诗词能获得广泛喜爱、雅俗共赏的奥秘之所在。这种人格魅力不仅为韶山的雨露烟霞所滋润，为革命的血火雷电所淬砺，而且为中华历史文化长河的圣水所沾溉、所孕育而成的。它在毛泽东诗词中，形成了人格与自然物象的沟通，亦即继承与发展了寄人格美于自然物象——“借物咏怀”——的传统，人因自然物象而美，自然物象也因人而美，双方在情感、德操、意志上始终保持一种互相感应、互相升华的默契。也就是使自然物象在形式结构上与所要比托的人格形态发生现代西方格式塔心理学派所说的“同形同构”(或“异质同构”)的关系。例如：山、水、梅、菊、雪、雷、鲲鹏……等自然物象，无不是毛泽东人格精神的精彩比托，它既受我国“天人合一”的思维方式的制约，又是我国“物我同一”的人生艺术的展示。尤其是“鲲鹏”那人格化的崇高形象，是在庄子原型上的再塑造，内涵更为深广。它既怀抱远大的理想，对自由与光明有执著的追求，又有一往无前、百折不挠的意志和气概。它是一切狭隘、短浅、琐屑、怯懦的藐视者和唾弃者。它既勇于自我否

① 沈德潜《说诗晬语》，人民文学出版社，1979年版，第187页。

② 韦政通《中国的智慧》，中国和平出版社，1988年版，第227页。

定,又敢于自我超越,从而走向无限与永恒的最高境界。一句话,它是毛泽东不可抑制的“生命向力”的审美化再现。因为毛泽东是把自己整个生命溶入到诗词中去了,他的诗词真率地表现着他的为人、他的个性和他的气质。古今中外,一切伟大的诗人总是以他自身的人格和形象来打动读者,使人千载难忘,毛泽东更用他光辉的实践,证明了这条历史的规律。

罗丹说得好:“美,就是性格和表现。”[①]在毛泽东诗词中,人格美往往表现为:阳刚之美、壮丽之美、崇高之美、奔放之美,这是他在革命斗争的大风大浪中培养成的革命英雄主义与革命乐观主义的伟大人格对象化、生命化、客观化的必然反映,是他人格美的主旋律。但人格美在毛泽东诗词中的表现,也有柔婉绮丽的一面,例如《贺新郎》一词,巧妙地将革命激情与爱侣柔情纠合到一起,收到相得益彰、相映生辉的艺术效果。

正像在一切伟大诗人词家的作品中所表现的那样,刚绝不是一味的刚,柔也不是一味的柔,而是有刚有柔,刚柔交错。毛泽东诗词,从整体看,正是阳刚之美与阴柔之美的不可分割的对立统一。值得注意的是,毛泽东以阳刚之美(壮美)为诗词中人格美的主体,不仅显示了人格的主体地位和主体力量,而且显示了他对生命的主体意识以及表现强大生命力的哲理追求。同时,毛泽东在人格整体与外界关联中,由于内在三种人格力量(智慧力量、道德力量、意志力量)的协调发展,就越能克服内外的各种障碍,充分实现人自身的本质力量,并进一步加强了把握历史必然性的自觉,这就为把“天人合一”引向“自然人化”、“古典和谐”引向“现代崇高”提供了必要的前提和条件。

生命的根须

包括诗词在内的一切艺术的发展,都是以它的前在艺术为前提的,在这个意义上,可以说历代诗词艺术是现(当)代诗词艺术生命的根须。正因为如此,作为站在传统基地上俯瞰和透视诗词艺术真谛并加以创造性发扬光大的毛泽东,十分重视借鉴与创新、继承与发展的关系。恰如他自己所说:“我们决不可拒绝继承和借鉴古人和外国人,哪怕是封建阶级和资产阶级的东西。但是继承和借鉴决不可以变成替代自己的创造,这是决不能替代的。”[②]

---

① 北京大学哲学系美学教研室编《西方美学家论美和美感》,商务印书馆,1980年版,第271页。

② 《毛泽东选集》第3卷,人民出版社,1953年版,第862页。

毛泽东对“三李”(李白、李贺、李商隐)诗词的爱好与推崇,无疑在他自己的诗词风格上,留下了不难窥见的印记,这是已为人们所熟知的。但他与苏轼诗词的渊源关系,至今尚少有人提及。柳亚子先生曾在和毛泽东《沁园春·雪》一词中,这样写道:

> 才华信美多娇,看千古词人共折腰。算黄州太守,犹输气概;稼轩居士,只解牢骚。更笑胡儿,纳兰容若,艳想秾情着意雕。君与我,要上天下地,把握今朝。

这是说:毛泽东诗词是我国古代诗词家所无法相比的。苏轼诗词虽然气魄豪迈,但还不及毛泽东,辛弃疾则只会在词中发发牢骚,而满族词人纳兰容若,仅能雕琢一下词句,就更不用提了。从这个颇有见地的评价中,我们可以认为:毛泽东诗词不是从辛弃疾诗词而是从苏轼诗词中,汲取过深厚的养分。这只要略举以下数端,就足以说明和证实这一点。

(1)毛泽东虽然说过“宋人多数”不懂诗要用形象思维,但就苏轼诗词而论,则多数不属这种情况。苏轼诗词有的感情奔放,气势雄浑,粗犷豪迈;有的文笔细腻,自然流丽,清新隽永,这些在毛泽东诗词中都或有迹象可寻,或有神韵可接,只是升华到更高的层次。

(2)柳亚子虽说过苏轼气概不及毛泽东,但清代诗词美学家刘熙载,在总结和概括前人研究成果的基础上,还是用“开拓心胸,推倒豪杰”这八个不寻常的字,来赞美苏轼的气势之雄与气魄之壮,这不就是毛泽东气概的“来源”之一么?

(3)苏轼第一个打破了“诗言志,词言情”的传统藩篱,经常用词抒发他那激昂排宕、不可一世的志向与气概,这不能不对毛泽东诗词产生积极的影响。更何况苏轼在词的创作上,既创立了豪放词,又发展了婉约词,这同毛泽东诗词风格的多样化,也有一定的历史联系。

(4)毛泽东诗词的浪漫主义风格,其最初源头,肇始于庄子,“怒而飞”的鲲鹏形象,就是庄子浪漫主义美学和诗学精神的宣言书。刘熙载说:“诗以出于《骚》者为正,以出于《庄》者为变。少陵纯乎《骚》,太白在《庄》、《骚》间,东坡则出于《庄》者十之八九。”[①]如果说毛泽东诗词也在《庄》、《骚》之间,那它就是

---

① 刘熙载《艺概》,上海古籍出版社,1978年版,第67页。

李白之《骚》和苏轼之《庄》在新的历史条件和新的审美理想下的一种全新的组合。

从毛泽东诗词的整体来看,毛泽东所取法的历代诗词家,决不止上述这些,而是将历代诗词家所积累、所凝聚的诗词艺术精华,一一驱遣于笔端,变化于腕下。甚至连明代袁宏道写诗重在真实感情与独特感受的这一创新主变的诗歌发展观;清代黄遵宪从重视诗歌的时代感与社会性,倡导诗歌表现自己的真情实感与独创精神出发而提出的"别创诗界"的主张,都不会被摒弃在毛泽东的视野之外,而恰恰像清代诗论家沈德潜在评论苏轼时所说:"苏子瞻胸有洪炉,金银铅锡,皆归熔铸。"[①]这样,毛泽东诗词由于生命的根须,深植于传统的沃土之内,饱吸于基地的养料之中,因而茁绽和盛开出雄奇瑰丽的花朵。

历史的源流

中国的古典诗词,发展到近代,在古代与近代、东方与西方政治、经济、文化诸对立因素的撞击下,不断向诗体解放和诗歌革新倾斜,并由此掀起一次又一次的诗歌改革高潮,终于跨过半封建、半殖民地的漫漫长夜,迎来社会主义新诗歌的曙光。

如果把从"鸦片战争"到"五四运动"的一部中国近代史,划分为"资产阶级启蒙时期"、"资产阶级改良时期"、"资产阶级革命时期"这样三个既相对独立又彼此衔接的历史阶段的话;那么,和上述三个历史阶段相对应,每一个这样的历史阶段,都是近代诗词发展的一个转折点,而又各有一名代表性的歌手。在资产阶级启蒙时期,龚自珍以"我劝天公重抖擞"的第一声呐喊,和浪漫主义的狂飚精神,使古典诗词在内容与形式上都得到一定程度的解放。在资产阶级改良时期,黄遵宪高举"诗界革命"的旗帜,并以"我手写我口"的创作实践,使近代诗词呈现出一幅反映时代主要矛盾和重大事变的现实主义画卷。在资产阶级革命时期,柳亚子继承与发展了龚、黄召唤风雷、鼓吹变革的传统,唱出了"屠鲸刺虎"的新声,为诗词的进一步改革举行了奠基礼。而到了新民主主义革命和社会主义革命时期,毛泽东诗词如莽莽昆仑,横空出世,才真正实现了"结束旧时代,开创新世纪"的历史使命,把中华诗词推向现(当)

① 沈德潜《说诗晬语》,人民文学出版社,1979年版,第233页。

代诗词的新阶段。

回顾这段历史,我们至少可以从中取得以下几点重要的启示与认识:

(1)正如法国著名汉学家埃尔韦·圣·德尼在评论中国的诗歌艺术时所指出:"在这个统一民族的文学中,一切都相互联系,前后相续,一切都让人感到传统在起作用,就像在其风俗习惯中表现出的那样。"[①]但是,传统并不是一个固定不变的概念,在中国诗歌发展史上,一切能改变一个时代诗歌面貌的伟大诗人,都是既继承传统,又超越传统的。因为一个大诗人是一种巨大的精神现象,他既置身于历史文化之中,又通过其创造把自己显示为某种新的"源头",具有开创与综合的双重意义。

(2)无论在东方或西方,诗词嬗变和发展的历史,都是产生真正杰作的温床。现在,我们只要站在古代——近代——现(当)代这根历史的链条上,回头一望,连袁宏道都是过程了,后来的袁枚、赵翼之辈,更是过程的过程。从龚自珍到柳亚子那漫长黑夜里的点点星光,只有到了毛泽东手里,才凝成熊熊燃烧的火炬,而后人接过这束火炬,必将继续跑向新的诗歌之路。因此,毛泽东继承和发展我国诗词艺术的功绩,是怎么估价也不过分的。

(3)集百家之长,毓一枝之秀,是历史上各门艺术取得新的突破、获得伟大成就的共同经验,诗词也不例外。在毛泽东诗词的熔炉里,无可辩驳地熔铸了传统作品、民间艺术和现代意识。更为重要的是,毛泽东运用独立的新思维,贯通了这种多元结合的内外两面,一方面从多方位、多侧面深沉地反省我国诗歌的历史与现实;另一方面则从诗与哲学相结合的新高度出发,既创造了新的诗词范式,又登上了新的艺术高峰。

(4)在毛泽东继承和发展我国诗词艺术的全过程中,他作出前人没有作出的最大贡献之一,是对诗词审美理想与审美规律的倡导和探求。从1965年《毛主席给陈毅同志谈诗的一封信》提出"诗要用形象思维"以来,关于灵感、直觉、情感与诗歌审美特性的关系,便成为诗歌界关注的热点。接着,又进一步深入到诗歌意象与意境关系的探讨。随后,诗歌还从诗歌语言学切入诗歌的审美形式批评,改变了历来诗歌批评只重思想而忽视形式的传统格局。所有这些,不仅大大地推进了我国诗词艺术研究与实践的深化,而且也给新诗

---

① 钱林森编《牧女与蚕娘》,上海古籍出版社,1990年版,第6页。

带来巨大的反拨与回响。

我们确信：毛泽东诗词作为一个独立自主、流光溢彩的第三世界，它在川流不息的历史运动中，必将永远引导人们吐故纳新、面向未来。

图书在版编目(CIP)数据

毛泽东诗词鉴赏:纪念版/公木著.—长春:长春出版社,2010.3(2022.6 重印)
ISBN 978-7-5445-1215-2

Ⅰ.毛… Ⅱ.公… Ⅲ.毛主席诗词—鉴赏 Ⅳ.A841.4

中国版本图书馆 CIP 数据核字(2010)第 029072 号

毛泽东诗词鉴赏:纪念版

著　　者:公　木
责任编辑:张中良
封面设计:王国擎

出版发行:长春出版社　　总编室电话:0431-88563443
　　　　　　　　　　　　发行部电话:0431-88561180
地　　址:吉林省长春市长春大街 309 号
邮　　编:130041
网　　址:www.cccbs.net
制　　版:长春出版社美术设计制作中心
印　　刷:吉林省吉广国际广告股份有限公司
经　　销:新华书店

开　　本:787 毫米×1092 毫米　16 开本
字　　数:400 千字
印　　张:25.5
版　　次:2010 年 6 月第 1 版
印　　次:2022 年 6 月第 10 次印刷
定　　价:98.00 元